国家自然科学基金重大项目
大数据环境下的商务管理研究丛书

数据驱动的品牌关系管理

刘业政　孙见山　姜元春　等　著

科学出版社
北京

内 容 简 介

本书从品牌关系管理的数据基础出发,分别从企业端和客户端描述大数据环境下的品牌关系管理。在面向企业端的品牌管理方面,研究了品牌竞争分析与度量方法、品牌画像和品牌销量预测。在面向消费者端的品牌管理方面,研究了客户画像、个性化推荐和面向潜在客户的营销策略。最后,从竞争网络可视化、竞争分析可视化和客户分析可视化三个方面研究了可视化方法。通过这些研究工作,以期揭示大数据环境下消费者需求偏好变化规律,为企业全面制定品牌管理策略提供理论依据。

本书可供电子商务、信息管理与信息系统、市场营销等领域的研究人员、管理人员和工程技术人员阅读、参考,对于相关专业的研究生和高年级本科生也是一部有价值的参考书。

图书在版编目(CIP)数据

数据驱动的品牌关系管理 / 刘业政等著. —北京:科学出版社,2019.12
(大数据环境下的商务管理研究丛书)
ISBN 978-7-03-063292-0

Ⅰ. ①数⋯　Ⅱ. ①刘⋯　②孙⋯　③姜⋯　Ⅲ. ①数据处理－应用－企业管理－品牌营销－研究－中国　Ⅳ. ①F279.23-39

中国版本图书馆 CIP 数据核字(2019)第 255583 号

责任编辑:王丹妮 / 责任校对:杨　赛
责任印制:霍　兵 / 封面设计:无极书装

科学出版社 出版
北京东黄城根北街 16 号
邮政编码:100717
http://www.sciencep.com

三河市春园印刷有限公司 印刷
科学出版社发行　各地新华书店经销

*

2019 年 12 月第 一 版　开本:720×1000　1/16
2019 年 12 月第一次印刷　印张:20 1/4
字数:398 000

定价:198.00 元
(如有印装质量问题,我社负责调换)

大数据环境下的商务管理研究丛书
编委会名单

专业编委会顾问（以汉字拼音为序）：
　　　　　　　高自友　李一军　马费成
　　　　　　　毛基业　杨善林　曾大军

专业编委会主任：陈　剑

专业编委会委员（以汉字拼音为序）：
　　　　　　　陈国青　陈　剑　戴　悦　黄丽华
　　　　　　　贾建民　刘红岩　刘业政　卫　强
　　　　　　　吴俊杰　徐　心　叶　强

总　序

科技发展日新月异，颠覆性的技术不断涌现，特别是最近十几年，互联网、物联网、云计算、智能技术等的快速发展和普及，使我们的社会发生了翻天覆地的变化。支付宝、微信等记录着人们的交易情况；穿戴设备记录着人们的运动和身体状况；社交媒体记录着人们的思考和网络交流；天网工程记录着人和物的出行轨迹，保障社会的稳定和安全；等等。目前，微信每天有450亿次信息发送，数以亿计的镜头更是留下了数量巨大的数据，全球数据量呈爆炸式增长，互联网数据中心（Internet Data Center，IDC）预计到2025年全球数据量将达到175ZB[①]。大数据正在渗透人类社会的方方面面，正在成为改变世界格局、塑造人类社会未来的重要力量之一。在商务领域，一方面，大数据赋能（empower）企业发展，帮助企业增强能力，助力企业转型升级。例如，传统零售商利用大数据开展精准营销，制造企业利用大数据生产个性化产品，医疗健康服务提供者利用大数据开展个性化诊疗等。另一方面，大数据使能（enable）企业创新，为企业创造新的产品、模式，开辟新领域。例如，滴滴和Uber等对传统出租车行业的冲击和改造，支付宝和微信等对支付行业的冲击，亚马逊和京东等对传统零售行业的冲击等。

大数据正在改变着商务的格局，使得当前的商务环境呈现出一些显著的特征，其中有三个特征尤其突出。第一个是移动化，技术的进步和普及推动互联网向移动互联网发展，促进万物智联，便利的移动接入满足了所有商务活动参与者随时随地采取行动的愿望，随着5G[②]等的发展，这个特征将成为常态。第二个是社会化，白热化的竞争进一步加速了企业以核心能力为导向的趋势，技术发展支撑制造和服务向社会化、网络化发展；消费者的行为和决策常常受"社会意见"的影响；商家的决策既要考虑"利益相关者"的诉求，也要顾及"利益无关者"的影响；整个商业生态建立在社会化的基础之上。第三个是个性化，当前顾客成为竞争中的稀缺资源，以顾客为中心成为企业、商家的核心战略；在数字化时代，突出个性、彰显自我是"新人类"的重要标签，企业如何做到随顾客的"意"，即满足他们的个性化要求，是当前竞争的焦点。当然，这三个特征不是相互孤立的，而是相互作用和影响的。

---

① 即zettabyte，中文名为泽字节，是计算机术语，代表的是1021字节。
② 即5th-generation，第五代移动通信技术。

大数据引发的变革是全面而深刻的，且具有颠覆性，既是机会又充满挑战，存在大量的科学问题亟待解决。我们有幸承担了国家自然科学基金重大项目"大数据环境下的商务管理研究"（71490720）的任务。作为国内第一个大数据方面的重大项目，该项目将具体的研究内容确定为：针对大数据的复杂性和大数据环境下商务管理面临的巨大挑战和机遇，采用建模、实验、实证、案例分析等研究方法，从参与者与市场的商务行为机理、顾客洞察与市场营销策略、运营策略优化与协调、商务智能与模式创新、商务分析与计算方法、大数据支撑平台等角度，系统地凝练和解决当前大数据环境下的商务管理中的一些重大科学问题（研究框架如图0-1所示）。通过深入系统的研究，该项目试图揭示大数据环境下商务管理中参与者与市场的交互式商务行为机理，洞察顾客行为与价值实现机制并设计相应的市场营销策略，优化大数据环境下企业运营策略与风险控制方案，构建大数据环境下企业商务智能的能力并剖析商业模式创新的原理和模式，研发面向大数据的商务分析与计算方法。

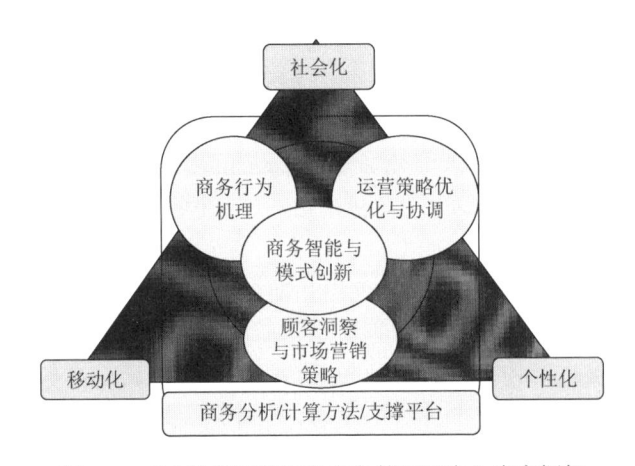

图 0-1　"大数据环境下的商务管理研究"内容框架

为此，我们组织了一支以清华大学、复旦大学、西南交通大学、合肥工业大学和哈尔滨工业大学优秀学者为核心的研究团队，围绕上述研究框架开展深入研究。研究团队紧紧把握立足中国实践，到国际上讲中国故事这个总方针；围绕从实践中发现具有普适性的科学问题，通过我们的努力为人类贡献学术新知这个总目标；采取注重整体、协同攻关的研究思路，经过四年多的努力，取得了一大批有价值的研究成果。主要进展包括以下几个方面。

揭示大数据环境下用户产生内容以目的价值、社会价值和娱乐价值为导向的动机，解析企业商业干预行为对用户产生内容的影响机理，剖析多渠道整合信息传播的商业价值、不同传播内容特征和传播主体特征对用户商业行为的影响规律，以及网络信息传播、社会资本结构、用户商务行为三者之间动态交互与发展的关系，系统地解释企业、用户群体之间共创企业价值和用户价值的逻辑，探索用户评论机制、卖家保证机制和平台治理机制对市场有效性和公平性的理论解释，总结大数据技术与应用采纳和扩散的新过程与新方式，初步构建大数据技术扩散的组织理论。

用网络中心度和多样性等特征来刻画顾客在大数据时代的兴趣系统及全生命周期行为特性，探究基于家庭网络和社区网络行为特征的个体行为向群体行为演化的过程和规律，从网络结构和动态特征上揭示城市与农村之间在社区网络、家庭网络上的差异及其对消费行为和产品扩散的影响，剖析企业在线产品推荐与用户互动行为的机理，解析行为定位如何影响用户对在线广告的反应，并建立两阶段决策模型，设计考虑时间、地理位置和社会关系三维因素以获得动态实时精准的企业电子商务和市场营销策略，探讨"一带一路"框架下中国高铁"走出去"战略，并分析其全球战略价值。

建立几类典型消费者的行为模型，探究大数据环境下的信息设计策略，优化大数据环境下的企业的运作策略（包括企业市场进入策略、价格决策、库存决策、广告竞争决策、平台匹配策略、线上及线下和全渠道运作策略与多职能业务集成的策略优化等），开发数据驱动的企业运作策略优化和协调方法（如定价决策，库存决策，以及选址、选品和库存联合决策等），设计大数据环境下企业间竞争与合作策略（如竞争企业产能合作策略、供应链渠道优化策略、不同场景下供应链企业间的契约设计方法、动态机制设计方法），构建基于大数据的采购风险综合集成管理框架。

构建面向企业内外部数据资源整合的商务智能模型与方法（如性能更优的融合内外部数据的用户辨识方法、新颖代表性测度及代表性信息提取方法、面向特定场景的更高效推荐算法等），揭示 IT 具有应对不确定性以减轻企业绩效波动的潜力的内在规律，探讨了 IT 投资决策时企业偏离行业平均水平后带来的绩效影响，探究了企业信息系统的存在性和实施程度与审计师的工作质量及效率的相关性，基于提出的竞争性测度和模型可智能识别出反映市场用户意图和认知的竞争品牌，提炼出社会化互动营销情境下的任务特征及分类以分析社会化互动模式的创新扩散机理，拓展和加深了技术采纳和使用理论的基础。

提出面向商务管理的大数据获取、评估与融合、学习和预测等方法（如高效检索相似性计算技术、面向商务管理的数据约简方法、面向商务管理的数据融合方法、因果学习方法等），构建面向商业情报分析、个性化推荐的大数据分析与计算方法（如面向用户画像方面的非参数层次贝叶斯主题模型、面向产品个性维度的量化模型和基于语言规则的产品标签筛选方法、针对个性化需求的推荐方法等），初步建立了面向汽车品牌管理的大数据商务分析系统与支撑平台（包括大数据分析平台、多源数据获取和融合系统、面向企业需求和用户需求的品牌管理子系统）。

基于上述研究成果，我们在国内外高水平学术刊物上发表了一大批论文，特别是在相关领域国际顶尖期刊（即管理、数据分析类顶尖刊物：UT Dallas 界定的 24 种期刊、*ACM Transactions on Database Systems*、*ACM Transactions on Information Systems*、*ACM Transactions on Knowledge Discovery from Data*、*IEEE Transactions on Knowledge and Data Engineering*）上发表论文 50 多篇，并在重要国际会议上作了大量的学术报告（包括一些主旨报告、邀请大会报告）。这些结果反映出我们预期到国际上讲中国故事的努力取得了显著的成效，我们讲的中国故事得到了国际学术同行的认可，并在相关领域的国际顶级学术论坛展示和传播我们基于中国实践的学术新知。同时，我们也非常注意将研究成果应用于国内外企业，帮助它们更好地开展相关业务，例如，我们的研究成果被中国人民保险集团股份有限公司、国药控股股份有限公司、安徽江淮汽车集团股份有限公司、奇瑞汽车股份有限公司、苏宁易购集团股份有限公司、IBM 公司等采纳。

为了更为系统地展示我们前期的研究成果，特组织项目研究团队将部分研究成果汇集成这一系列研究专著。本系列专著的出版一方面向大众展示和传播我们的研究成果，另一方面希望起到抛砖引玉的作用，吸引更多的人投身到这个蓬勃发展的研究领域。本系列由下列五部专著组成：《大数据环境下的商务行为机理：理论与实证》（黄丽华等著）、《大数据环境下的顾客洞察与市场营销策略研究》（贾建民等著）、《大数据环境下的运营策略优化与协调研究》（陈剑等著）、《基于大数据的商务智能与模式创新研究》（陈国青等著）、《数据驱动的品牌关系管理》（刘业政等著）。

尽管本重大项目的任务即将完成，然而对大数据环境下商务管理的探索和研究不仅没有结束，而且方兴未艾。毕竟，大数据的时代潮流正在引发巨大的、全方位的社会经济变革。我们的尝试和努力仅仅是一个开头，需要更加深入、全面、系统地认识、理解大数据对商务引发的革命性变革，研究其逻辑和规律，进而顺应变革的潮流、结合科技的力量研究相关的理论、方法和管理技术。至少有三个方向值得特别关注。第一，技术和商务的深度融合将颠覆和重塑人们的思维逻辑、认知方式和行为习惯。需要重点回答下面问题：如何基于数据形成具有因果关系的逻辑分析框架从而指导数据驱动的商务分析理论和方法，如何设计新的机制和规范以适应商务参与者的变化、参与者的思维和行为的改变，等等。第二，大数据、智能技术等导致的自动化、智能化将助力传统行业的转型升级，如机器人、无人仓库、无人超市、自动驾驶等的普及。关键课题包括如何结合领域知识改进商务模型、优化商务流程和经营策略、提升竞争效率等。第三，大数据和新技术也在推动行业破坏性创新，例如，"数据-服务-产品"包将真正实现"产品即服务"，改变产品的产权关系，触发制造业的彻底革命；又如，基因测序的应用和普及将引发医疗健康及保险等行业的革命。那么，接下来就要进一步探索如何在新的商务生态下创新商务模式、设计商务流程和经营策略、创造竞争优势等。

本项目能够在过去四年多的时间里得以顺利、有效的执行并取得了重要进展和成果离不开许多组织和个人的殷切关怀、热情帮助、大力支持和全力投入。首先，感谢国家自然科学基金委员会高瞻远瞩，把握学科发展的前沿，适时立项，并在研究经费上予以支持。感谢国家自然科学基金委员会管理科学部的领导吴启迪主任、李一军主任、高自友主任一贯的关心、指导、支持和鼓励，工商管理处的冯芷艳处长在推动大数据相关研究方面的热情和努力与在本项目启动会上对项目执行规划的具体指导，工商管理处的吴刚处长在项目的执行过程中的指导、督促和支持。衷心感谢项目专家指导组马费成教授、毛基业教授和曾大军教授对项目在研究过程中给予的指导和具体的建设性意见。还要特别感谢项目团队所在单位，清华大学、复旦大学、西南交通大学、合肥工业大学和哈尔滨工业大学为研究团队工作的顺利开展提供了良好的环境和条件，以及一大批企业在项目研究过程中的配合和协助 [包括阿里巴巴（中国）有限公司、北京京东尚科信息技术有限公司、苏宁易购集团股份有限公司、北京嘀嘀无限科技发展有限公司、中国人民保险集团有限公司、中国移动通信有限公司、北京百度网讯科技有限公司、奇瑞汽车股份有限公司等]。也要感谢所有参加本项目研究的老师和同学，包括项目团队核心成员：杨善林院士、叶强教授、徐心教授、刘红岩教授、戴悦教授。各课题的协调人：卫强教授、卢向华教授、肖勇波教授、郝辽刚教授、姜元春教授。各课题组骨干成员：课题一成员包括凌鸿教授、黄京华教授、李玲芳教授、郭迅华教授、王有为教授、张诚教授、彭志伟教授、林丽慧教授、许博教授、李希熙教授等；课题二成员包括徐飞教授、杨沙教授、张紫琼教授、李国鑫教授、耿维教授、Chul Ho Lee 教授、杨洋博士、王欣教授等；课题三成员包括吴俊杰教授、朱岩教授、刘登攀教授、张成洪教授、吴肖乐教授、黄朔教授、黎波教授、叶青教授、杨柳教授、袁华教授、钱宇教授等；课题四成员包括 Doug Vogel 教授、闻中教授、易成教授、吴天石教授、夏昊教授等；课题五成员包括倪志伟教授、李军教授、何建民教授、徐进教授、丁帅教授、王晓佳教授和孙见山教授等。谢谢大家一直以来真诚地配合和全心地投入，正是大家的齐心协力保障了项目的顺利进展。最后向参加本套丛书撰写的所有作者的倾心投入、朱华女士在项目进行和丛书出版过程的尽心协助，以及科学出版社的相关编辑在丛书出版工作中付出的努力致以诚挚的敬意！

陈　剑　清华大学
陈国青　清华大学
黄丽华　复旦大学
贾建民　西南交通大学
刘业政　合肥工业大学
2019 年 7 月

前　言

　　品牌已经成为企业竞争优势和未来盈利的主要来源，加强品牌关系管理和建设，增强企业的行业竞争力，已然得到了业界和学界的广泛关注。大数据时代，社交网络、人工智能等新兴信息技术的兴起为企业关系品牌管理提供了丰富的数据资源和多样化的技术手段。企业可以快速、有效地识别目标客户群，把握消费者需求与兴趣偏好的变化，方便、快捷地掌握品牌的市场地位和发展趋势，使得品牌关系的维护更有针对性，领导者、员工、合作伙伴、消费者等都是品牌建设的积极参与者。大数据的产生帮助企业大幅度提升了产品服务的个性化和智能化水平，为减少与潜在客户群的距离，企业基于潜在用户的网络足迹挖掘用户特征，赋予品牌及产品相应的个性特征，进行拟人化宣传。同时，大数据环境也产生了用户需求多变、品牌关系脆弱、品牌竞争激烈、品牌危机突发等难题，高速增长的数据和快速传播的信息给企业品牌关系管理带来了巨大的复杂性。为了进行品牌关系管理，企业需要进行具有前瞻性的战略规划，研究目标受众的心理需求以明确品牌定位，通过有效传播和推广以提升受众对品牌的认知与理解，通过洞察和诊断以了解品牌的竞争程度与健康程度，通过风险监控和保护以构筑品牌的成长环境，通过优质创新服务以巩固消费者对品牌的认同，最终实现品牌和消费者目标共赢与价值共创。因此，基于海量在线数据，利用数据驱动的人工智能技术，研究品牌竞争分析和度量、品牌画像和销量预测等面向企业端的品牌管理，研究客户画像、个性化推荐和潜在用户的个性化营销策略等面向消费者端的品牌管理，是当前品牌关系管理的研究热点。作者在国家自然科学基金重大项目"面向大数据的商务分析与计算方法以及支撑平台研究（71490725）"、国家自然科学基金优秀青年科学基金项目"个性化营销理论与方法"（71722010）和国家自然科学基金青年科学基金项目"基于在线消费者购买意向挖掘的个性化推荐研究"（71501057）支持下，对上述问题开展了较为系统的研究，形成了一系列成果，这些成果将成为本书的主要内容。

　　本书从品牌关系管理所需要的数据基础出发，分别从面向企业端和面向客户端描述如何开展大数据环境下的品牌关系管理实践，全书共分为9章。第1章是绪论，介绍了品牌关系管理的挑战、机遇和框架等；第2章从数据基础出发，描述了大数据环境下的数据工程方法，主要包括数据获取、数据过滤、结构化工程和数据约简几个方面；第3章介绍品牌竞争分析与度量，提出了基于网络大数据的竞争者识别方法和基于二部图模型的竞争度计算方法，给出了品牌竞争分析评估方法；第 4 章介绍品牌画像，提出了从产品、服务、市场、品牌四大维度构建多层细粒度的品牌画像，设计了基于用户生成内容的品牌画像构建方法，包括品牌本体构建方法、品牌个性构建方法等；第 5 章介绍销量预测，探讨了不同销量预测的方法的作用和局限性，提出了基于时间序列的销量预测模型、基于影响因素的销量预测模型、混合时间序列和影响因素的销量预测模型等；第 6 章介绍客户画像，围绕用户地理因素、人口因素、社会因素、心理因素、能力因素和行为因素等六个维度建立了客户画像的总体框架，提出了人格特质和网络角色为典型代表的用户画像识别方法，包括基于主题模型的人格预测方法和基于交互式主题模型的角色划分方法；第 7 章介绍个性化推荐，提出了融合人格特质的个性化推荐方法、基于协同矩阵分解的群推荐方法和融合产品描述的长尾产品推荐方法；第 8 章介绍面向潜在客户的营销策略，提出了面向推荐产品的个性化价格策略、面向推荐产品的个性化促销策略和渠道策略；第 9 章分别从竞争网络可视化、竞争分析可视化和客户分析可视化三个方面描述品牌管理相关的可视化方法。

本书由合肥工业大学电子商务研究所刘业政、孙见山、姜元春等合作完成，刘业政负责全书的提纲制定、统纂工作并形成最终书稿。各章撰写分工如下：第 1、4 章，刘业政，孙见山；第 2、8 章，姜元春；第 3 章，姜元春，刘业政；第 5 章，刘业政，陈夏雨；第 6、7 章，孙见山；第 9 章，刘业政，孙春华。

在成稿之际，作者首先感谢全体课题组的教师和研究生三年多的辛勤付出；感谢"过程优化与智能决策"教育部重点实验室（合肥工业大学）为项目完成所提供的研究条件。特别感谢国家自然科学基金委员会对本项研究工作的支持。全书在分析、综述相关研究问题时还引用了大量的国内外研究成果，再次向相关的专家、学者表示衷心感谢。

本书涉及信息科学、管理科学、行为学、市场学、心理学等众多领域知识，加上作者水平有限，书中难免存在疏漏或不足之处，某些研究结论甚至可能还存在争议，恳请读者批评指正。

作　者

2019 年 7 月

目　　录

第 1 章　绪论 ··· 1
1.1　品牌关系管理面临的挑战 ·· 1
1.2　品牌关系管理面临的机遇 ·· 2
1.3　品牌关系管理框架 ··· 3
1.4　以汽车品牌关系管理为例 ·· 6
1.5　本书的组织安排 ··· 9
参考文献 ·· 12

第 2 章　数据工程 ·· 14
2.1　国内外研究现状 ··· 14
2.2　数据获取方法 ·· 26
2.3　基于布隆过滤器的海量数据过滤方法 ····························· 31
2.4　数据结构化 ·· 34
2.5　数据约简 ··· 44
2.6　面向汽车品牌管理的数据工程 ······································ 54
参考文献 ·· 60

第 3 章　品牌竞争分析与度量 ·· 68
3.1　国内外研究现状 ··· 68
3.2　基于网络大数据的竞争者识别方法 ································ 72
3.3　基于二部图模型的竞争度计算方法 ································ 81
3.4　品牌竞争分析评估方法 ·· 85
3.5　面向汽车品牌管理的竞争分析 ······································ 86
参考文献 ·· 93

第 4 章　品牌画像 ·· 95
4.1　国内外研究现状 ··· 96
4.2　品牌画像的定义和维度 ·· 103
4.3　基于用户生成内容的品牌画像构建方法 ·························· 109
4.4　面向汽车品牌管理的品牌画像 ······································ 117
参考文献 ·· 125

第 5 章 销量预测 127
5.1 国内外研究现状 128
5.2 基于时间序列的销量预测方法 131
5.3 基于影响因素的销量预测模型 136
5.4 混合时间序列和影响因素的销量预测模型 146
5.5 面向汽车品牌管理的销量预测 151
参考文献 160

第 6 章 客户画像 164
6.1 国内外研究现状 164
6.2 客户画像概述 168
6.3 人格特质 171
6.4 网络角色 176
6.5 汽车品牌管理系统的客户画像 182
参考文献 193

第 7 章 个性化推荐 196
7.1 国内外研究现状 197
7.2 融合人格特质的个性化推荐方法 200
7.3 基于协同矩阵分解的群推荐方法 204
7.4 融合产品描述的长尾产品推荐方法 210
7.5 面向汽车品牌管理的个性化推荐 216
参考文献 218

第 8 章 面向潜在客户的营销策略 221
8.1 国内外研究现状 222
8.2 面向推荐产品的个性化价格策略 228
8.3 面向推荐产品的个性化促销策略 240
8.4 渠道策略 253
8.5 面向汽车品牌管理的 4S 店推荐营销 259
参考文献 262

第 9 章 可视化方法 266
9.1 国内外研究现状 267
9.2 竞争网络可视化 270
9.3 竞争分析可视化 279
9.4 客户分析可视化 288
9.5 实例：汽车品牌管理系统可视化 295
参考文献 305

第1章 绪 论

品牌是自主创新的结晶,是质量和信誉的载体,具有广泛的认知度和市场空间。品牌是企业重要的长期资产,同时也是企业竞争优势和未来盈利的主要来源。作为企业无形资产的核心要素,品牌在市场竞争中发挥着越来越重要的作用。为了应对复杂的市场变化,企业通过加强品牌关系管理和建设,来增强企业的行业竞争力。品牌关系管理是指企业进行品牌建设的行为和努力。企业通过这种行为和努力,建立、维持以及增强品牌与顾客之间、品牌与零售商之间的关系,并且通过互动的、个性化的、长期的、增加价值的接触、交流与沟通,以及对承诺的履行,来持续地增强这种关系。

1.1 品牌关系管理面临的挑战

社交网络、大数据和云计算等新兴信息技术为品牌管理提供了丰富的数据资源与多样的技术手段,也产生了用户需求多变、品牌关系脆弱、品牌竞争激烈、品牌危机突发等难题。在互联网与大数据时代,高速增长的数据和快速传播的信息给企业品牌关系管理带来了巨大的复杂性。

如今,消费者获得信息的渠道不再局限于传统的纸媒等,网络社会关系等信息技术的即时可达性为用户信息获得提供便利,而随着用户信息的增加,用户需求也发生了变化,由此带来的用户需求的多变性给企业准确快速地了解用户需求带来挑战,对用户产品购买产生影响[1]。

在 Facebook 等社交网站上建立和利用品牌社区,是企业建立消费者品牌关系的社交媒体策略之一。社交媒体为消费者与品牌关系的建立提供正向支持,进而形成品牌忠诚[2]。然而,消费者放弃现有关系重新建立品牌关系的成本降低,品牌关系再续意愿被削弱,品牌关系脆弱。尽管品牌拥有"自我-品牌"联结(self-brand connection,SBC)为强联结的用户群,但当消费者面对品牌负面消息时,"自我-品牌"强联结的用户不愿降低品牌评价的动机是保护自己,而不是保护品牌[3]。大数据时代,客户比以往任何时候有更多的购买选择和更多的方式来获得有关产品与服务的信息。传统情况下,品牌信息通过电视、广播和平面广告传达给大众,如今公布在新的渠道和互动媒体上,品牌信息有时候会变成乱码甚至残缺。当顾客在购物决策中寻求指导时,品牌信息可能会在更广泛的人员和内容来源网络中丢失。

大数据为企业获取市场上同等地位的竞争对手信息提供便利，相应地，企业自身信息也更容易被竞争对手掌握。同时，网络自媒体为企业进行的口碑营销等社会化广度营销提供了合适的发展空间，降低了品牌进入市场的难度，极大地丰富了市场上的品牌种类。且在电子商务环境下，实现企业自身价值以及顾客价值，为顾客提供更好的服务，卖方市场向买方市场快速转变等都提高了市场上企业的竞争激烈程度[4,5]。

目前，搜索引擎日志和产品评论等数据在企业营销中得到了越来越多的应用。与访谈和问卷数据的"事后"或者"事前"感知相比，在线数据的产生帮助企业大幅度提升了产品服务的个性化和智能化水平，为缩短与潜在客户群的距离，企业基于潜在用户的网络足迹挖掘用户特征，赋予品牌及产品相应的个性特征，进行拟人化宣传。然而，当因产品问题造成负面宣传或对品牌评价产生负面影响时，与非拟人化的品牌相比，拟人化的品牌受到的威胁更大[6]。对品牌已经转变为敌意并决心对品牌造成损害的个人消费者，通过网络等新技术，可以轻易对品牌形象造成破坏[7,8]。相对于传统的营销模式，网络营销中信息一旦发布，传播过程便无法控制，将面临信息在传递过程中遭遇恶意改变以及传播路径被恶意篡改等风险，信源的真假难辨也可能造成企业的信誉危机，因此营销效果具有不可控性[8]。

1.2 品牌关系管理面临的机遇

大数据为企业品牌管理带来挑战的同时，也为企业品牌管理创造了良好的机遇，企业可以快速、有效地识别目标客户群，把握消费者需求与兴趣偏好的变化；可以方便、快捷地掌握品牌的市场地位、存在的问题以及未来的发展趋势；品牌关系的维护可以更有针对性；领导者、员工、合作伙伴、消费者等都是品牌建设的积极参与者。

大数据、机器学习等新兴信息技术为用户画像、识别目标客户群提供了新的方法和视角。基于网络用户静态信息和动态信息可以分别构建用户画像[9]。利用数据科学对社交网络行为及用户移动通信模式的分析可以有效推断出用户的人格特征，对用户人格特征与行为偏好进行建模，帮助企业深入了解用户[10]。对未购买产品的用户年龄、性别、婚否和教育程度与忠诚用户进行比较，结合用户的Web日志数据，挖掘明星产品的潜在客户，预测潜在客户近期的购买概率[11]，都已成为企业识别潜在目标客户群的重要技术手段。

随着知识经济的发展，产品的设计活动越来越依赖于有效的知识支持、有效获取用户的社交信息及产品偏好信息等相关信息，以及基于用户偏好进行产品设计和推广[12]。因此应精准把握消费者需求与兴趣偏好的变化，有效提高顾客满意度，实现企业价值。

以 Twitter、微博、论坛为代表的在线社交媒体满足了消费者随时随地分享心情、传递观点、交换意见的需求。通过对用户生成内容中所包含的消费者-企业互动、企业-消费者互动、消费者-消费者互动和企业-企业互动等互动信息的获取[13]，方便快捷地掌握品牌的市场地位、存在的问题以及未来的发展趋势[14]。帮助企业实现品牌信息资源的有效管理和组织，针对性地进行品牌关系的维护，为企业发展提供合理的品牌建议。

在品牌关系管理这个全面系统的长期工作中，品牌作为"诱饵"，零售商和其他渠道中间商借之吸引顾客并从他们身上获得价值。顾客是品牌的有形利润引擎，使品牌价值货币化[15]。作为品牌关系管理缺一不可的四个要素（品牌领导者、员工、合作伙伴、消费者），如何协作一直是企业面临的难题之一。信息技术的发展可以将四者高效便捷地集成在同一个系统中，使他们协同工作，成为品牌建设的积极参与者。

大数据使品牌可以掌握消费者此前的行为、正在进行的"实时"行为，还可以对未来行为进行预测分析。大数据使得消费者的整个人生都有可能被追踪、下载、分析。大数据所依据的是消费者真实的行为表现，而不是他们对自己行为的描述，由此可以提供全新的洞见，而这些洞见可以催生出全新的品牌战略。

1.3 品牌关系管理框架

品牌关系管理是企业对品牌进行的建立、维持、增强的行为和努力。为了进行品牌关系管理，企业需要进行具有前瞻性的战略规划，通过研究目标受众的心理需求以明确品牌定位，通过有效传播和推广以提升受众对品牌的认知与理解，通过洞察和诊断以了解品牌的竞争程度与健康程度，通过风险监控和保护以构筑品牌的成长环境，通过优质创新服务以巩固消费者对品牌的认同，最终实现品牌和消费者的目标共赢与价值共创。通过梳理品牌管理相关文献[16, 17]，笔者将品牌关系管理确立为品牌定位、品牌传播、品牌诊断、品牌保护和品牌延伸五个阶段，由此构成了品牌关系管理的实施框架（图 1-1）。企业基于此框架整合相关经营活动，建立符合品牌定位的产品体系，从而达到持续提升品牌价值的目的。

品牌定位 → 品牌传播 → 品牌诊断 → 品牌保护 → 品牌延伸

图 1-1 品牌关系管理的实施框架

以大数据为代表的新一代信息技术，正在改变人们的生活、工作和思维方式，对商业模式选择和企业决策结构等也产生了重要的影响。随着大数据研究的不断深入，大数据应用日益丰富，大数据技术势必对传统品牌管理的基本原则和实施框架产生深远影响。

1. 大数据环境下的品牌定位

企业在进行品牌定位分析时，首先需要明确目标用户和消费需求。虽然消费需求具有隐蔽性和易改变性等特征，但目标用户行动轨迹中透露出的规律却可以暴露其真实需求。通过分析消费者行为模式和规律，可以有效把握消费者的内在需求。例如，福特（Ford）汽车公司正在进行的大数据项目尝试将消费者需求引入汽车产品的开发过程[18]，利用无线射频识别（radio frequency identification，RFID）等传感装置对汽车生产开发环境的数据进行收集，还对互联网上的博客文章、评论和其他类型数据进行实时跟踪，进而对这些流数据和非结构化数据进行有效利用，以期能够更好地了解汽车运转的状态、消费者使用汽车的方法以及消费者的需求，并将这些信息反馈到汽车产品的生产流程中，优化消费者的体验。相对于市场调研、用户访谈和企业经营者经验等传统品牌定位手段，大数据技术通过对大量的用户、市场、监管等海量信息进行深度挖掘，找到数据之间的规律，更容易获取其中隐含的真相。通过不断扩展大数据信息来源，丰富大数据信息分析基础，既有助于提升数据挖掘的准确性，形成企业级的用户画像，也有利于精准品牌定位，最大化企业的收益预期。

2. 大数据环境下的品牌传播

用户需要在众多同类产品中找到适合自己的产品，而企业也需要在千差万别的用户群体中找到与品牌定位相符的用户并实现产品销售。考虑到消费者在Facebook、Twitter、Youtube等社交网络的行为不仅能够反映其社会关系，更能反映消费者对特定事物的情感，基于社交网络平台的大数据分析已经广泛应用于企业的产品推广与传播等商务管理实践中[19]。市场营销专家开始重视日益流行的在线社区，开始通过构建、维护和分析社区中消费者的反应，加强品牌管理[20]。很多知名品牌入驻在线社区，通过公告牌、论坛、聊天室等社交工具来增强与用户的交流，扩大品牌影响力。同时，大数据为实现精准营销提供了有力的工具。企业在大数据环境下可以从更多的渠道获得信息，描述用户偏好的信息趋于真实化，企业可以从公开的数据中了解用户行为，从而可推出更精准的个性化产品和服务以最大化企业利益。eBay通过从消费者的点击、购买、评论等行为大数据中（100PB/天）挖掘消费者的需求和隐性偏好，为制定更为精准的营销策略提供有效支持。与此同时，eBay还建设了基于大数据分析的广告投放优化系统,实现对广告投入产出的及时预测,甚至可以精确计算出每一个关键字为 eBay 带来的投资回报,从而成功降低产品广告投入,维持较好的企业业绩增长。

3. 大数据环境下的品牌诊断

品牌诊断帮助企业洞察其品牌的过去、现在和未来,进一步了解品牌的竞争力和健康程度。品牌诊断的内容是品牌对消费者的价值传递、品牌在市场中的直观表现和品牌的竞争前景。价值传递是品牌的物质基础,没有使用价值,品牌就失去了存在的根基;市场表现是品牌的历史发展的结果,是诊断品牌历史的依据,也是诊断品牌未来的起点;竞争前景是对品牌未来的展望,是对品牌竞争力与成长动力的洞察。大数据技术为品牌诊断和评估带来了便利。通过使用大数据技术,就可在极短的时间收集到有关品牌价值评估指标需要的海量数据。通过大数据的流计算和分析系统对品牌价值做出精准评估,实时向企业决策者动态报告该品牌价值的变动情况,为企业品牌投资、融资、市场开拓、形象扩张做出智慧的决策。著名调研机构新力市场在传统品牌研究的基础上,结合消费者使用习惯和态度(usage and attitude,U&A)行为研究及大规模数据分析处理方法,开发出品牌研究人群结构的研究模型。根据各人群结构的比例计算品牌市场表现量化指数,并对品牌量化指数进行对比分析,量化分析品牌与主要竞争对手之间在市场表现上的差异,研究品牌各组消费人群的分布状况,以及与竞争对手对比的优劣势所在,同时也对品牌人群结构变化情况进行不同时期对比,分析人群结构变化趋势及成因,对不同城市的品牌指数表现进行对比,分析品牌所处的竞争位置。大数据环境下的品牌诊断,帮助发现原有品牌运营和管理流程中存在的问题,优化运营效率。借助大数据,企业可以对市场未来发展趋势进行科学预测。优化分析过程转变为通过搜集数据找出关联关系,基于关联关系对未来进行预测,制订优化解决方案。

4. 大数据环境下的品牌保护

品牌价值增长往往需要很长时间的积累,但品牌价值贬值只需要很短的时间。质量事故、风波事件、谣言传播等都会对品牌形象和价值造成恶劣的影响,因此有效的品牌保护是企业发展过程中的重要建设任务。传统品牌保护措施往往受制于管理者的经验,保护过程为"出现问题后进行分析,继而解决问题",这类事后补救的策略往往需要花费大量精力去挽回品牌声誉。大数据环境下,企业通过建立舆论监测系统,监控媒体舆论导向,提前消除不良影响,维护品牌口碑。很多公司利用大数据平台实时监控社交媒体网站,收集分析数百万的微博、评论等用户在线内容,可以识别消费者对品牌或产品的反应变化并迅速做出市场反应,从而维护和提升品牌价值[21]。品牌商标侵权行为是品牌保护的重要内容，大数据分析技术使企业主动进行商标侵权预警和调查成为现实。企业通过大数据进行证据信息收集，主动发现商标侵权行为，并借助法律手段对其进行终止[22]。企业可以通过对社交媒体信息抓取分析，进行先期的商标侵权和舆论发现等风险预警，缩短企业反应时效。同时，企业还可以通过对 Facebook、Twitter、微博、朋友圈等社交平台上公开信息和半公开信息的分析，有效预测消费者对品牌的情绪变化和关注点变化等。品牌危机管控也是品牌保护的重要内容，企业通过分析丰富信息，识别风险，构建一套完备的风险计量模型，做到事前预警、事中发现和事后补偿，将品牌的风险降到最低。

5. 大数据环境下的品牌延伸

成功的品牌将会为企业带来更多的好处，而品牌的延伸可以进一步打开市场，增加企业的利润链。正确合理的品牌延伸可以让企业最终取得销量的持续增长，品牌价值不断累积。企业无论选择"单一品牌"还是"多元品牌"，采用"独立运营"还是"品牌加盟"等一系列战略决策[23]，都可以利用大数据进行信息分析，选择出最适合自己的品牌延伸策略。企业借助大数据信息分析，找出市场发展的客观规律，并预测市场的未来走向，进而采用符合品牌发展的延伸策略，保证企业的长远发展。企业构建基于大数据信息分析的品牌战略，要联合企业价值链中的各个职能单位，将大数据作为串联各个单位的纽带。大数据弱化了信息地位的重要性，强调从海量信息中提取有价值信息。企业价值链中，不论前台部门还是后台部门，都可以提供有利于品牌战略决策的有用信息。相比传统品牌战略针对有限信息的分析，大数据背景下的全流程信息样本可以提高变异信息的发现率，通过大数据信息分析总结的规律的置信区间可进一步扩大。

1.4 以汽车品牌关系管理为例

随着云计算和大数据的发展，企业的品牌管理也面临许多新的挑战，客户需求多变，数据的爆发增长等给品牌关系的维护带来了很多不可控的因素。为此，本书选择处于消费热点、市场关注度高、品牌数量规模适中、市场化程度高的汽车品牌作为案例，重点介绍大数据驱动的汽车品牌关系管理。

汽车作为我国的支柱产业之一，是对国家经济发展起引导和推动作用的先导性产业，是国家和地方财政重要的收入来源。汽车也是复杂系统的典型代表，其价值高，品牌的建立和维护对产品的销量与市场份额举足轻重，因此也是最早开展品牌关系管理的行业之一。作为目前世界上最大的汽车消费市场，中国已经成为各大汽车品牌的主战场。中国市场是国产汽车品牌发展壮大的根据地，越来越多的国际汽车品牌也将中国视为再续辉煌或者东山再起的依托市场。截止到 2016 年 8 月，中国市场在售的汽车产品主品牌有 127 个，汽车车系 783 个，在售车型达到 4349 款。传统环境下，汽车品牌关系管理已经有了成熟的理论和方法。品牌的定位和形象的维护是企业根据自身产品的定位与特点向公众传递的重要信息。品牌关系的维护也是通过传统的媒体等方式进行的。例如，仅在 2010 年，梅赛德斯奔驰在美国市场投入 2.61 亿美元用于媒体广告的品牌宣传。传统的客户问卷调查、电话访谈、电视媒体广告等方式提供了一种有效的品牌管理的实践经验。

然而，随着云计算和大数据的发展，传统的汽车品牌关系管理已经不再适合。随着存储能力和计算能力的增强，汽车行业可收集的数据呈爆发性增长。汽车行业可用的关于品牌分析的数据大大增长，为汽车行业的品牌管理实践提供了大量可用的有价值的数据。这些数据不仅是汽车品牌营销的依据，也给汽车品牌的定位和形象分析带来了很大的变化。对于汽车品牌关系的分析也不再停留在调查问卷和电话访谈中。例如，通过用户在汽车论坛中的收藏数据，汽车企业可以分析出自身品牌在消费者心目中的地位以及具有竞争关系的汽车品牌。这些数据得到的结果不仅可以帮助企业了解自身品牌在消费者心目中的接受程度，也可以帮助企业了解自己的竞争对手等。此外，相比传统的品牌维护和风险管理，大数据为汽车企业提供了一种新的品牌管理方式。例如，利用消费者价格指数、进出口数据以及汽车的历史销量数据，可以构造新的汽车销量预测模型，只需要收集相关的数据，模型即可给出汽车品牌的销量结果，这种销量预测的方式远快于传统方法，提供了更有效更快速的预测手段，同时企业还可以根据这样的预测结果实时调整自身品牌营销的策略，预测品牌危机等。另外，利用情感分析等方法，企业可以构建消费者的偏好预测模型，促进品牌关系的维护和风险管理。同时，数据的快速增长也使汽车品牌营销变得更加精准，且对潜在客户的接触更早更深。有了丰富的在线用户数据和丰富的 4S 店的数据等，汽车企业可以联合不同来源的数据定位到潜在的目标客户，并根据数据制定不同的定价策略，并联合多种渠道、促销手段达到更精准的品牌营销。

云计算和大数据为企业的品牌管理带来了许多新的挑战与机遇。在当前新的营销方式和传播渠道下，对于汽车行业来说，汽车品牌的管理面临着数据基础和管理方法的挑战，也面临着数据缺失、错误和难以分析的问题。为此，本书将面向汽车品牌管理的应用实践，从数据工程、竞争分析、品牌画像、销量预测、用户画像、个性化推荐、营销策略、可视化方法等方面来描述大数据环境下汽车行业如何开展数据驱动的品牌关系管理。

（1）面向汽车品牌管理的数据工程。数据工程旨在通过数据获取、数据过滤、结构化工程和数据约简等过程，获取到可应用于品牌关系管理的大数据，过滤掉其中的垃圾数据，融合多源异构数据，实现从非结构化数据到结构化数据的转变，从而实现消除数据获取瓶颈和提高数据价值密度以及数据利用率的目标，同时，针对品牌关系管理中的品牌竞争、品牌画像、用户画像、销量预测、个性化推荐、营销策略等内容，从特征和样本角度实现数据约简，从而使数据可进行智能可视化输出。本书将以汽车品牌关系管理为应用案例，详细介绍面向汽车品牌管理的数据工程的实施过程。

（2）面向汽车品牌管理的竞争分析。本书将以汽车品牌关系管理为应用案例，描述如何运用在线数据构建汽车品牌的竞争关系和强度度量，提出基于网络大数据的品牌竞争者识别与竞争度计算的相关理论及方法。

（3）面向汽车品牌管理的品牌画像。对企业而言，品牌画像是品牌形象传播的基础，是品牌战略管理的关键环节；对消费者而言，品牌画像是品牌感知价值的真实写照，是购买决策行为的重要参考。传统意义上的画像是通过对人的各个特征的描述以及总体感觉的把握刻画出的人物肖像。对于品牌而言亦是如此，企业通过获取用户对品牌的认知标签，进而描绘出用户心目中的品牌画像。用户对品牌的认知包含多个构成要素，且与传统的基于企业视角提取的品牌要素存在差异，而互联网时代的到来为构建消费者视角的品牌画像提供了极大的便利。本书将以汽车品牌关系管理为应用案例，定义汽车行业品牌画像维度，为汽车企业的品牌画像提供新的理论方法。

（4）面向汽车品牌管理的销量预测。销量预测是商业预测的主要任务之一，是对产品的未来销量进行预测，或者说，是对消费者的需求量进行预测。对于企业而言，一面是动态的、全球化的和不可预测的商业环境，一面是顾客对产品的价格和质量越来越高的期望，企业已经不能仅仅通过成本优势占据市场地位。进行较为准确的产品销量预测是有效地管理供应链的一个重要方面。对于企业的决策者而言，有效的销量预测是公司未来发展战略的重要参考。根据预测结果，决策者可以对战略方向进行调整，减少或者停止生产某些销量不佳的产品，或者把握市场大趋势重新定位公司的战略，扭转不利的市场局面。同时，根据预测的未来市场趋势，企业的各个部门可以制定更加明智的策略。本书将以汽车品牌关系管理为应用案例，结合销量时间序列和相关销量影响因素，提出一系列汽车销量预测方法和模型。

（5）面向汽车品牌管理的用户画像。互联网信息技术的快速发展和普及，已经改变了人们的日常生活，影响着消费者的消费理念。对于企业而言，深入了解目标用户和用户特征，判断不同产品适合于哪些人群，以及如何针对不同群体采取针对性的营销策略，是企业营销活动面临的重要问题。在大数据环境下，这些问题都可以通过客户画像解决。通过对消费者的个人属性、网络行为、聚类分团等分析，可以抽象出一个标签化的用户模型。简而言之，客户画像就是对消费者的人口统计学信息、行为属性、生活习惯和消费行为等信息"标签化"的过程，这些标签是通过对消费者丰富的行为数据挖掘而来的。大数据与人工智能技术的结合，使得企业可以"勾勒"更加详细准确的多维度客户画像，精准描摹客户。对客户的精准画像，对于企业了解消费者需求、分析消费者偏好、制订个性化的营销方案具有重要意义。本书将以汽车品牌关系管理为应用案例，建立客户画像整体框架，提出客户画像生成方法。

（6）面向汽车品牌管理的个性化推荐。汽车企业将大数据应用于品牌建设、品牌营销和品牌传播等业务中，大幅度提升品牌管理服务的个性化和智能化水平。个性化推荐作为解决信息过载问题的重要工具已经被广泛应用在各个领域中。推荐系统最重要的组成部分是推荐算法，随着近年来推荐算法的大量研究和应用，各类推荐算法层出不穷。尽管推荐系统应用的场景不尽相同，但是它们有着相同的目标，即帮助用户过滤信息，给用户提供更高效的个性化推荐。同时由于应用环境、问题场景等的差异性，推荐算法也越来越多样化。本书将以汽车品牌关系管理为应用案例，提出个性化推荐方法和模型。

（7）面向汽车品牌管理的营销策略。近年来，互联网信息技术迅猛发展，数字化、网络化、移动化成为新一代的标志符号，随时随地影响着人们的工作与生活。与此同时，以互联网技术为基础的科技革命很大程度上改变了企业的品牌营销活动，线上品牌营销已成为企业开展营销活动的主流方式和重要手段。传统针对线下消费者的营销策略已经不能满足企业的要求。为了抓住更多的潜在用户并将其转化为真实用户，提高转化率，企业要及时制定出有针对性的、创新性的面向潜在客户的营销策略来满足消费者不断提高以及不断变化的需求，这对扩大企业的市场份额、保证公司持续稳定发展尤为重要。本书将以汽车品牌关系管理为应用案例，从价格、渠道和促销等方面研究汽车企业面对潜在客户的营销分析方法。

（8）面向汽车品牌管理的可视化方法。可视化是对数据进行交互的可视表达以增强认知的技术。它将不可见或难以直接显示的数据映射为可感知的图形、符号、颜色、纹理等，增强了数据的识别和传递效率。通过可视化呈现，可以揭示多维数据之间的关联，归纳数据内在模式和结构，帮助人们理解各种各样的数据集合。本书将以汽车品牌关系管理为应用案例，介绍一系列围绕汽车品牌管理的可视化展示方法和技术。

1.5　本书的组织安排

本书从品牌关系管理需要的数据基础出发，分别从企业端和客户端描述如何进行大数据环境下的品牌关系管理实践。最终描述品牌关系管理系统的可视化输出方法。本书的组织结构如图 1-2 所示。

```
┌─────────────────────────────────────────┐  ┌──────┐
│  ┌──────┐    ┌──────┐    ┌──────┐       │  │      │
│  │竞争网络│    │竞争分析│    │客户分析│       │  │可视化│
│  │可视化 │    │可视化 │    │可视化 │       │  │输出  │
│  └──────┘    └──────┘    └──────┘       │  │      │
└─────────────────────────────────────────┘  └──────┘

┌─────────────────────────────────────────┐  ┌──────┐
│  ┌─────────────────────────────────┐    │  │      │
│  │    面向潜在客户的营销策略        │    │  │消费者端│
│  └─────────────────────────────────┘    │  │的品牌 │
│  ┌─────────────────────────────────┐    │  │管理   │
│  │         个性化推荐              │    │  │      │
│  └─────────────────────────────────┘    │  │      │
│  ┌─────────────────────────────────┐    │  │      │
│  │         客户画像                │    │  │      │
│  └─────────────────────────────────┘    │  │      │
└─────────────────────────────────────────┘  └──────┘

┌─────────────────────────────────────────┐  ┌──────┐
│  ┌─────────────────────────────────┐    │  │      │
│  │         销量预测                │    │  │企业端 │
│  └─────────────────────────────────┘    │  │的品牌 │
│  ┌─────────────────────────────────┐    │  │管理   │
│  │         品牌画像                │    │  │      │
│  └─────────────────────────────────┘    │  │      │
│  ┌─────────────────────────────────┐    │  │      │
│  │    品牌竞争分析与度量           │    │  │      │
│  └─────────────────────────────────┘    │  │      │
└─────────────────────────────────────────┘  └──────┘

┌─────────────────────────────────────────┐  ┌──────┐
│  ┌────┐  ┌────┐  ┌────┐  ┌────┐         │  │数据基础│
│  │数据│  │数据│  │数据│  │数据│         │  │      │
│  │获取│  │过滤│  │结构化│ │约简│         │  │      │
│  └────┘  └────┘  └────┘  └────┘         │  │      │
└─────────────────────────────────────────┘  └──────┘
```

图 1-2　本书组织结构图

1.5.1　数据基础

大数据环境下，数据分析已由业务驱动转变为数据驱动，数据资源以多种形态碎片化地散落在不同的数据源之中，数据往往存在着质量参差不齐、时效性要求过高且并不总能满足管理需求等问题。品牌的管理与数据息息相关。因此，本书的第 2 章将描述大数据环境下的数据工程方法，主要包括数据获取、数据过滤、数据结构化和数据约简等几个方面。

1.5.2 企业端的品牌管理

品牌管理涉及的方面很多，从企业端的视角来看，品牌管理的工作涉及品牌竞争、品牌画像、销量预测等多个方面。本书从三个方面描述企业端的品牌管理。

第 3 章介绍品牌竞争分析与度量，首先通过国内外研究现状回顾市场竞争分析框架、竞争者识别以及竞争度计算等方面的研究，提出基于网络大数据的竞争者识别方法，然后介绍基于二部图模型的竞争度计算方法，最后给出竞争分析的评估方法。

第 4 章介绍品牌画像，首先通过国内外研究现状回顾品牌产品概念、品牌个性、品牌价值等方面的研究，然后提出从产品、服务、市场、品牌四大维度构建多层细粒度的品牌画像，最后介绍基于用户生成内容的品牌画像构建方法，包括品牌本体构建方法、品牌个性构建方法等。

第 5 章介绍品牌销量预测，首先回顾国内外学者在销量预测问题上开展的研究，然后探讨不同销量预测的方法的作用和局限性，最后提出基于时间序列的销量预测方法、基于影响因素的销量预测模型、混合时间序列和影响因素的销量预测模型等。

1.5.3 消费者端的品牌管理

品牌管理不仅涉及企业端的工作，也涉及企业客户的分析与研究。从消费者端看，企业的品牌管理与客户的特征等息息相关。本书从两个方面描述消费者端的企业品牌管理。

第 6 章介绍客户画像，通过国内外研究现状，回顾围绕用户地理因素、人口因素、社会因素、心理因素、能力因素和行为因素等六个维度建立客户画像的总体框架，提出人格特质和网络角色为典型代表的用户画像识别方法，包括基于主题模型的人格预测方法和基于交互式主题模型的角色划分方法。

第 7 章介绍个性化推荐，通过国内外研究现状回顾面向用户、面向群体和长尾产品的个性化推荐方面的研究，分别提出融合人格特质的个性化推荐方法、基于协同矩阵分解的群推荐方法和融合产品描述的长尾产品推荐方法。

第 8 章介绍面向潜在客户的营销策略，通过国内外研究现状回顾围绕营销策略的价格策略、促销策略和渠道策略等方面的研究，分别提出面向推荐产品的个性化价格策略、面向推荐产品的个性化促销策略和面向推荐产品的个性化渠道策略。

1.5.4 可视化输出

大数据的力量，正积极影响着社会的方方面面，对于身处大数据时代的企业而言，成功的关键在于找出大数据所隐含的真知灼见。要想探索和理解那些大型数据集，可视化是最有效的途径之一，通过可视化呈现来理解各种各样的数据集合，表现多维数据之间的关联，归纳数据内在模式和结构。本书第 9 章描述品牌管理相关的可视化方法。分别从竞争网络可视化、竞争分析可视化和客户分析可视化三个方面描述。

参 考 文 献

[1] Park E, Rishika R, Janakiraman R, et al. Social dollars in online communities: The effect of product, user, and network characteristics[J]. Journal of Marketing, 2018, 82（1）: 93-114.

[2] Park H, Kim Y K. The role of social network websites in the consumer-brand relationship[J]. Journal of Retailing and Consumer Services, 2014, 21（4）: 460-467.

[3] Cheng S Y, White T B, Chaplin L N. The effects of self-brand connections on responses to brand failure: A new look at the consumer-brand relationship[J]. Journal of Consumer Psychology, 2012, 22（2）: 280-288.

[4] Keeney R L. The value of Internet commerce to the customer[J]. Management Science, 1999, 45（4）: 533-542.

[5] 陈翔, 仲伟俊, 梅姝娥. 买方市场下 B2B 电子商务平台的发展策略研究[J]. 管理科学学报, 2003, 6（2）: 41-46.

[6] Puzakova M, Kwak H, Rocereto J F. When humanizing brands goes wrong: The detrimental effect of brand anthropomorphization amid product wrongdoings[J]. Journal of Marketing, 2013, 77（3）: 81-100.

[7] Kähr A, Nyffenegger B, Krohmer H, et al. When hostile consumers wreak havoc on your brand: The phenomenon of consumer brand sabotage[J]. Journal of Marketing, 2016, 80（3）: 25-41.

[8] Kwak H, Puzakova M, Rocereto J F. Better not smile at the price: The differential role of brand anthropomorphization on perceived price fairness[J]. Journal of Marketing, 2015, 79（4）: 56-76.

[9] Huang K H, Deng Y S, Chuang M C. Static and dynamic user portraits[J]. Advances in Human-Computer Interaction, QOI: 10.1155/2012/123725.

[10] Dong Y, Chawla N V, Tang J, et al. User modeling on demographic attributes in big mobile social networks[J]. ACM Transactions on Information Systems（TOIS）, 2017, 35（4）: 35.

[11] Chang H J, Hung L P, Ho C L. An anticipation model of potential customers' purchasing behavior based on clustering analysis and association rules analysis[J]. Expert Systems with Applications, 2007, 32（3）: 753-764.

[12] 余本功, 张卫春, 汪柳. 基于用户偏好的产品设计知识的推送算法研究[J]. 科学技术与工程, 2017, 17（1）: 265-271.

[13] Yadav M S, Pavlou P A. Marketing in computer-mediated environments: Research synthesis and new directions[J]. Journal of Marketing, 2014, 78（1）: 20-40.

[14] Lamberton C, Stephen A T. A thematic exploration of digital, social media, and mobile marketing: Research evolution from 2000 to 2015 and an agenda for future inquiry[J]. Journal of Marketing, 2016, 80（6）: 146-172.

[15] Kotler P, Gertner D. Country as brand, product, and beyond: A place marketing and brand management

perspective[J]. Journal of Brand Management,2002,9(4):249-261.
[16] Shirdastian H,Laroche M,Richard M O. Using big data analytics to study brand authenticity sentiments:The case of Starbucks on Twitter[J]. International Journal of Information Management,2017(In Press).
[17] 徐超. 基于大数据信息分析的品牌建设研究[J]. 图书情报研究,2017,10(2):21-28.
[18] Cronin M J. Top Down Innovation[M]. Berlin:Springer,2014.
[19] Brown J,Broderick A J,Lee N. Word of mouth communication within online communities:Conceptualizing the online social network[J]. Journal of Interactive Marketing,2007,21(3):2-20.
[20] Acar A S,Polonsky M. Online social networks and insights into marketing communications[J]. Journal of Internet Commerce,2007,6(4):55-72.
[21] McWilliam G. Building stronger brands through online communities[J]. Sloan Management Review,2000,41(3):43.
[22] 李文杰,化存才,何伟全,等. 网络舆情事件的灰色预测模型及案例分析[J]. 情报科学,2013,31(12):51-56.
[23] 张燚,张锐. 品牌生态管理:21世纪品牌管理的新趋势[J]. 财贸研究,2003(2):75-80.

第2章 数据工程

在移动互联网与社会性网络快速发展的今天，企业的品牌管理面临着许多新的挑战，企业面临的客户需求多变且多样化、品牌关系维系和企业对品牌的掌控变得更加困难、品牌危机爆发具有突发性。大数据的品牌关系管理更加倾向于跨平台多源化的数据应用，特别关注不同数据拥有者之间的数据聚合、共享与协同。

在针对商务管理的大数据获取研究方面，Titirisca[1]通过实证指出在商务分析中，ETL（extraction transformation loading，萃取、转置、加载）是必需的，Rajpurohit[2]援引Witten等[3]的成果将面向商务管理大数据分析过程分解为目标确定、数据选择、数据清洗、数据转换、数据挖掘、可视化和反馈等典型阶段，说明在商务管理中根据目标进行数据选择的重要性。Buelens等[4]从更广的视角指出大数据的可选择性问题的研究意义。大数据包含着富媒体数据、时空域数据、流数据、图结构数据等带来的巨大挑战，其非结构化和时空域特性给数据使用者也带来了理解上的困难。因此，发现并消除数据获取瓶颈、快速评估数据的质量及其可用性、提出多源数据的过滤和融合及可视化展示方法、开发简单且具有通用性的数据获取接口成为大数据分析与计算的重要挑战。

本章主要介绍数据工程的相关理论及方法，内容组织如下：2.1节从数据获取、数据过滤、数据结构化和数据约简四个方法的角度介绍国内外研究现状。2.2节介绍数据获取方法，包括内部数据集成方法、基于开放应用程序编程接口（application programming interface，API）的数据获取方法和基于页面解析的数据获取方法。2.3节介绍基于布隆过滤器的海量数据过滤方法。2.4节介绍数据结构化方法，主要包括文本数据结构化方法和多源异构数据结构化方法。2.5节介绍数据约简方法，包括特征约简和样本约简。2.6节介绍面向汽车品牌管理的数据工程应用案例。

2.1 国内外研究现状

2.1.1 数据获取方法

数据获取已由传统的找、抓，变为目前的筛选、抽样[5]，针对由海量的Web文档、在线社会网络及在线评论等非结构化数据与声音、视频等富媒体数据组成的内外部商业数据，对大数据的感知与获取工作已经成为大数据研究的重要内容[6]。

对于大多数企业和研究者而言，"用数据说话"仿佛成了大数据时代的重要武器。国内外获取数据方式，最早的主要是利用开放 API 获取部分数据，企业既可以通过 API 将脱敏过的数据开放给其他用户，也可以通过 API 获取到其他企业或企业内部经过处理的部分数据。

随着互联网技术的发展，另一种通过网页解析技术直接获取网页上直观数据的数据获取方式受到了越来越多的数据需求者的青睐。这种网页解析技术逐渐发展成实现网页数据获取的一般方法，通过进入设定好的入口 URL（uniform resource locator，统一资源定位符）地址，将网页内容按某种策略以文本形式存于某存储系统中，同时抓取网页中其他可用来作为二级爬行入口的有效地址，直到满足已定抓取条件或抓取结束后程序停止。但是，由于网页是通过 HTML（hyper text markup language，超文本标记语言）标记元素的，所以在获取网页信息时需针对数据的不同标签分别进行抓取。对于需要事先登录的，需要先成功模拟登录，只有在登录成功之后网页的相应 cookie 值才会被保存下来，才能开始下一步的数据获取工作。

但是随着越来越多的人通过网页解析技术来获取网页数据，对于网站上的企业而言，可能会面临着数据损失、隐私保护不足以及服务器压力较大等问题，出于对网站自身数据的保护，以及网站对于自身平台整体性能的管理，避免反复请求服务器给网站平台造成压力，大部分网站对这种普通网络数据获取技术的限制很大，于是各网络平台采取了应对网页数据大量获取的措施，如设置登录数据查看权限、动态网页结构更新、动态数据交替等。同时，网页数据形式的多样化包含文本、表情、图片、超链接、地理位置、用户关系等，也增加了网络数据获取的难度。因此如何取得网站的"信任"以及能够获取多源异构数据也是数据获取的重要研究问题。

2.1.2 数据过滤方法

大数据中，数据来源广泛，产生速度非常快，可能呈指数级增长，数据量巨大。并且价值密度低，单条记录价值低，数据冗余程度较高。在大数据的处理过程中，通常要将获取的大数据信息转化成为可以存储在数据库里、可以用二维表结构来逻辑表达实现的结构化数据。在数据工程中，通过网络页面解析或其他方法获取的数据通常是非结构化数据，非结构化数据包括所有格式的办公文档、文本、图片、XML（可扩展标记语言，Extensible Markup Language）、HTML、各类报表、图像和音视频等，不便于使用数据库二维逻辑来表现。在数据量急剧膨胀的信息时代,每天都会产生大量非结构化数据,据统计,世界上85%的数据都是非结构化数据。

数据分析的算法对其处理的数据集合一般都有一定的要求,如数据完整性好、数据的冗余性低、属性之间的相关性小[7]。然而实际应用系统中收集到的原始数据是"脏"的,通常存在以下几个方面的问题:①杂乱性,因为原始数据是从各个实际应用系统中获取的(多种数据库、多种文件系统),各应用系统的数据缺乏统一标准和定义,数据结构也有较大的差异,所以各系统间的数据存在较大的不一致性,共享问题严重,往往不能直接拿来使用;②重复性,指对于同一个客观事物在数据库中存在两个或两个以上完全相同的物理描述,几乎所有应用系统中都存在数据的重复和信息的冗余现象;③不完整性,由于实际系统设计时存在的缺陷及一些使用过程中人为因素所造成的影响,数据记录中可能会出现有些数据属性的值丢失或不确定的情况,还可能缺少必需的数据而造成数据不完整;④冗余性,单条数据携带的信息量过少,数据表示的主题不够明确,或者多条信息表示一个相似主题,影响从数据中提取隐藏语义主题。

为了尽可能减少不相关数据的产生,减少冗余数据对资源的占用,有效地抑制系统资源耗费随数据规模急剧增加的态势,降低数据分析时接收不相干数据引起的处理开销,在获取大量非结构化数据后,需要进行数据过滤,从大量的垃圾数据中,将有用的或隐藏在数据内的非结构化内容提取出来,将非结构化的文本表示成为计算机可以识别、可以处理的格式,为数据分析算法提供干净、准确、更有针对性的数据,从而减少数据分析的处理量,提高知识发现的起点和知识的准确度。

数据过滤技术最早出现在美国,是从对全美的社会保险号错误纠正开始的。美国信息业和商业的发展,极大地刺激了对数据过滤技术的研究。

Osborne[8]认为,数据过滤有预处理和数据清洗两个重要阶段。预处理阶段要将数据导入处理工具,一般将数据导入数据库,在数据量极大的情境下,使用分布式计算的方法对数据进行处理加工;要观察数据的元数据,了解数据的字段、来源等信息,还要提取一部分数据,对数据的缺失程度、重复程度有一个初步的估计。数据清洗阶段要检测并去除或补全缺失数据、消除异常数据、消除重复记录的数据、消除逻辑错误的数据,所以需要先确定缺失值范围,对每个字段都计算其缺失值比例,然后按照缺失值比例和字段重要性,分别制定策略,再以业务知识或经验删除或推测填充缺失值;接着采用统计方法来检测数值属性,计算字段值的均值和标准差,考虑每个字段的置信区间来识别异常字段和记录。通用的数据清洗方法分类[9]如图2-1所示。

国内外的学者、企业制造出一大批数据过滤的基础软件或工具,人们可以根据其实际情境,在这些工具上开发出适合特定情境的数据过滤方案。市场上存在的数据过滤软件有商业上的数据过滤软件,如企业范围的数据过滤软件 Trillium,也有各大学和研究机构开发的数据过滤软件,如加州大学伯克利分校提出的交互式清理工具 Potter's Wheel A-B-C[10]、新加坡国立大学提出的基于知识的智能数据清理工具 IntelliClean、法国研究机构 HelenaGalhardas 提出的可扩展数据清理工具 AJAX[11]。目前,国外对于中文数据过滤的研究比较成熟的是 IBM 公司提出的基于 InfoSphere QualityStage 的中文数据过滤方法[12],这个方案主要包含调查、标准化、匹配、挑选四个流程。

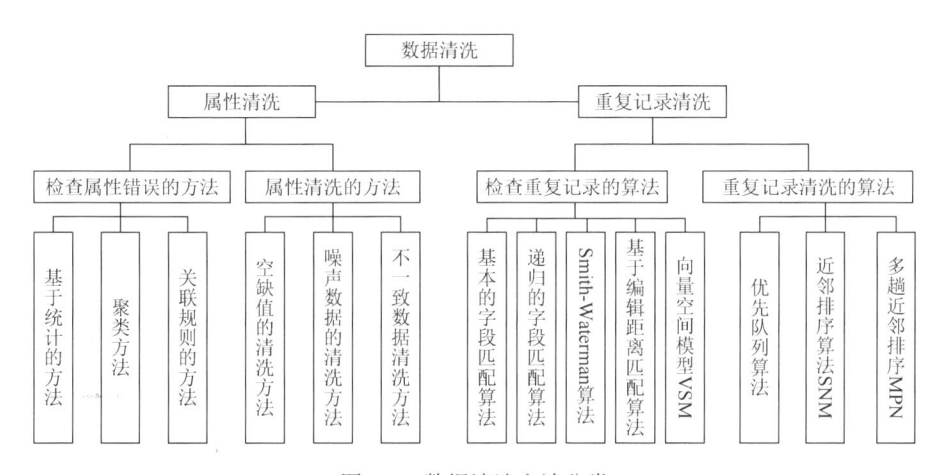

图 2-1 数据清洗方法分类

国内对于数据过滤技术的研究,还处在未成熟阶段。尽管在一些学术期刊及学术会议上也能见到一些有关这方面的理论性文章,但直接针对中文数据过滤的论文并不多。大多是在数据仓库、决策支持、数据挖掘的研究中,对其数据处理做一些比较简单的阐述。银行、保险和证券等对客户数据的准确性要求很高的行业,都在做自己客户数据的过滤工作,针对自己的具体应用而开发软件,且很少有理论性的东西公布。中文数据过滤在理论研究上的欠缺,使得在市场上几乎看不到有关中文数据过滤的软件工具。

2.1.3 数据结构化方法

Bizer 等[13]指出多学科多技术方法的数据融合与集成是大数据的四大挑战之一,数据融合的核心任务是要将互相关联的分布式异构数据源集成到一起,使用户能够以透明的方式访问这些数据源[14]。数据集成的一大难点是异构性[15],主要体现在数据语义、相同语义数据的表达形式和数据源的使用环境,而且被集成的数据源通常是独立开发的，数据模型异构，给集成带来很大困难，因此，数据源的异构性一直是困扰很多数据集成系统的核心问题，也是最近人们在数据集成方面研究的热点[16]。于是，多源异构数据的结构化统一对于未来的数据分析至关重要。

在品牌关系管理中，结合研究和获取的数据，无论是企业内部集成的数据还是互联网数据，都离不开文本数据的结构化，企业希望能从大量文本数据中挖掘到消费者的真正需求等价值信息，于是，文本数据的结构化等相关研究一直受到学术界和工业界的关注。

文本结构化研究历程中，向量空间模型、潜在语义分析模型、概率潜在语义分析模型、潜在狄利克雷模型是一个逐渐完善和逐步优化的数据结构化进程。向量空间模型（vector space model，VSM）[17]最初是由Salton提出的，以词袋模型为基础，把对文本内容的处理转化为对向量空间中向量间的运算，其最大的缺点是需要精确匹配用户输入的词和向量空间中存在的词，然而现实中却常存在一词多义和一义多词的情况，使得该模型无法深入语义层次。潜在语义分析[18]（latent semantic analysis，LSA，也称为latent semantic indexing，LSI）继承了传统向量空间模型，旨在将词和文档映射到潜在语义空间中，但是一个词的多个意义在空间中对应的是一个点，因此仅解决了一义多词，而没有解决一词多义。概率潜在语义分析[19]（probabilistic latent semantic analysis，PLSA）模型可以视为对LSA模型的概率阐释，模型中的每一个变量及相应的概率分布和条件概率分布都有明确的物理解释，相对于LSA模型中隐含高斯分布的假设，PLSA的多项式分布的假设更符合文本特征，但随着文本数量增加，模型的复杂程度线性增加，用于模型拟合的最大期望（expectation maximization，EM）算法计算量较大且其解的质量在很大程度上依赖于模型的初始化。潜在狄利克雷分布[20]（latent Dirichlet allocation，LDA）模型是更高级的生成式模型，可以随机生成可观测数据，可以对文本进行主题分类、相似度判断等，虽和PLSA模型有着很强的相似性，但却比PLSA模型有着更完备的生成过程，在信息检索、降维、数据挖掘、人脸识别以及文本分类等领域有着广泛的应用。下面具体介绍文本结构化研究现状。

1. 向量空间模型

VSM是由Salton等[21]于20世纪70年代提出的，把对文本内容的处理简化为向量空间中的向量运算，通过计算向量之间的相似性来度量文档间的相似性，并成功地应用于著名的SMART检索系统。随着研究的进展，VSM的发展取得一些关键成就，Raghavan和Wong[22]提出了在向量空间环境中对信息检索对象和建模过程中，标识概念和关系所需的符号与定义的方法，使人们清楚地理解在信息检索中使用向量空间模型可能出现的问题。Castells 等[23]提出了一个基于 VSM 的本体的知识库开发模型，以改进大型文档库的搜索，提出了包括基于本体的文档半自动标注和检索的系统。Li 等[24]提出了一种基于向量空间建模的自动语音识别的新方法，类似于将文本文档表示为一个术语向量，其将一个口语表达转换为一个特征向量。

向量空间法最初用于信息检索，后来也广泛用于许多分类系统，但是如何从众多文本特征项中选择出最有代表性的特征是最关键的问题之一，于是很多研究集中于特征选择算法，如文本频度、互信息、χ^2 统计、信息增益、期望交叉熵、概率比等[25]。季铎等[26]提出在原始的文档频率基础上，利用潜在语义技术挖掘特征词之间的关联性来加强文档频率特征，构成低维度的特征向量空间。李国和等[27]、申剑博[28]为改进分类效果针对特征项在类内、类间分布情况设计了权重因子。叶敏等[25]采用 χ^2 统计特征选择方法、TF-IDF 权重计算方法及支持向量机（support vector machine，SVM）分类方法的组合，优化了 χ^2 统计特征选择算法，并对文本向量表示中 TF-IDF 权重计算方法进行改进，使改进后的权重体现出位置因素和词长对文本信息分布的影响。Yuan 等[29]基于 VSM 提出了一种新的约束度量方法来提取频繁项集的判别特征，将文本文档表示为包含单项和频繁项集的全局特征空间，同时为解决稀疏问题，提出了一种利用特征相似度分配估计权重的加权策略。Xie 等[30]提出了一种基于信息熵的离散化算法来提取数据集的特征，并采用 VSM 作为特征表示的算法来进行图像分类。上述各种方法的主要思想都是先运用统计学的知识，以对各种特征项的权值统计作为切入点用于文本分类问题，并将字词等元素作为文本的特征表示文本，实现文本从自然语言到数字的转换，然后设定阈值并选择出权重大于等于阈值的特征项来构建文档特征空间，进而建立相应的数学模型以实现分类。

国外对 VSM 的研究不同于国内，国外学者对 VSM 进行了算法上的拓展，并应用在疾病数据分析、抄袭检测等新领域中。Sidorov 等[31]提出"柔性余弦测度"度量相似性推广 VSM 中著名的余弦相似度度量，进而计算向量空间模型中对象的相似性。Sarkar[32]利用医疗数据和基因数据建立了一个向量空间模型，用于识别潜在的阿尔茨海默病和 Prader-Willi 综合征，并将生物医学文献和基因组资源结合起来，以发现可能的假定关联，而 VSM 方法是鉴别复杂疾病之间潜在关系的有效手段。Pasquier 和 Gardès[33]在高维向量空间中表示关于 miRNAs 和疾病的分布信息，并根据其向量相似性发现 miRNAs 和疾病间的关联，提出了通过分布语义揭示附着在 miRNAs 和疾病上的信息的假设。Ekbal 等[34]提出了一种基于文本相似度的外部剽窃检测技术，使用 VSM、基于图的方法来查找可疑文档和选定源文档中类似的段落。

2. 潜在语义分析

当我们试图通过比较词来找到相关的文本时，实际搜索中我们却想要比较隐藏在词之后的意义和概念，潜在语义分析试图通过把词和文档都映射到一个"概念"空间去解决这个问题[35]。LSA 由 Deerwester 等[18]于 1990 年提出，是一种发现隐含语义并分析文本、词和语义三者之间关系的方法，主要是通过统计分析来发现文本中词与词之间存在的某种隐含语义结构，并且使用这些隐含的语义结构来表示词和文本，同时通过对词-文本矩阵进行奇异值分解，根据奇异值的大小来选择由较显著的基向量表征的特征矢量，从而达到降维的目的。其优点主要在于通过对不同奇异值个数的选择可以调节语义空间的大小，词和文本在同一空间内的表示和确定的样本矢量映射到语义空间的位置都是确定的以及便于大型数据集合的计算。随着研究的进展，LSA 的发展取得一些关键成就，Papadimitriou 等[36]证明，在一定条件下，LSA 可以获得语料库的底层语义，并改进检索性能，还提出了使用随机投影技术（technique of random projection）改进 LSA 的方法。Maletic 和 Marcus[37]应用 LSA，针对程序源代码和相关文档，提出一种相对先进的信息检索方法。Yeh 等[38]提出使用潜在语义分析处理文本摘要的方法，使用 LSA 派生一个文档或语料库的语义矩阵，并使用语义语句表示来构建语义文本关系图，对 LSA 在文本摘要中的能力进行了研究。

LSA 在被提出之后得到了很多发展和应用。林鸿飞和高仁璟[39]利用互联网上的在线文本自动编制的摘要，采用向量空间模型作为文本表示方法，利用潜在语义索引来减少词汇间的"斜交"现象，在语义空间上进行项、句子、段落与文本之间的相似度计算。曾雪强等[40]提出了一种扩展 LSA 模型的文本分类模型，在尽量保留文档信息的同时，增加考虑了文档的类别信息，从而能更好地表示原始文档空间中的潜在语义结构，在一定程度上解决一词多义和多词一义问题。李媛媛和马永强[41]对潜在语义索引中权重计算进行优化，针对目前应用最广泛的 TF-IDF 方法，提出了一种基于"Sigmiod 函数"和"位置因子"的新权重方案，突出了文本中不同特征词的重要程度，更有利于潜在语义空间的构造。马雯雯等[42]针对短文本、VSM 文本表示方法存在高维度、稀疏以及同义多义问题，引入话题热度的概念来选取具有一定关注度的微博文本，综合类频特征权重算法、层次与划分混合聚类算法、隐含语义分析模型，提出了基于隐含语义分析的微博热点话题发现策略。卫威和王建民[43]利用 LSA 特征提取算法，在提出的解决降维问题的统一框架下转化为一个特征选择问题，提出了一种大规模数据的快速 LSA 方法。金恬[44]借鉴信息检索中词袋的思想，通过更加鲁棒和具有代表性的隐含语义特征，缓解了高维和稀疏的问题。Wang 等[45]使用主题建模提出了一种分析文档集内容的强大方法，使用正则化的潜在语义索引扩大主题建模。

国外关于 LSA 的近期研究和应用中,Thorleuchter 和 van den Poel[46]建立了一种基于 LSI 的语义文本分类算法,对某些研究机构的文献内容进行处理,得到此研究机构的科学研究项目分类。Thorleuchter 和 van den Poel[47]又提出了一种基于 LSI 给定文本信息的语义结构来预测条件概率的新定量交叉影响分析（cross-impact analysis,CIA）方法,由一组相关的方法组成,预测某一特定事件的发生概率,拓展了 LSI 的应用范围。Devarajan 等[48]提出了将 LSI 与非负矩阵分解（nonnegtive matrix factorization,NMF）结合并将其应用于自然语言处理、神经科学、信息检索、图像处理、语音识别和计算生物学等领域,用于过滤、分析和解释大规模数据。Elghazel 等[49]提出了一个集成基于低维空间概念不同正交投影的潜在语义索引的文本处理方法,通过潜在语义结构来促进判定准确性。

3. 概率潜在语义分析

PLSA 是由 Hofmann[50]于 2001 年提出的,是主题模型发展的一个里程碑,不同于以共现矩阵的奇异值分解形式表现的标准潜在语义分析,PLSA 可视为对 LSA 模型的概率阐释,是在 LSA 进行潜在语义分析的基础上,在文档和潜在语义、潜在语义和词语之间使用概率模型进行描述,是基于多项式分布和条件分布的混合来建模共现的概率,参数估计使用 EM 算法,基于一组给定的初始化参数,似然函数值随着 EM 算法步骤的迭代逐渐增大,直到达到一个局部最大值,因此,解的质量与模型参数的初始化质量有直接关系,不同的初始化方法得到的似然函数值也没有可比性。随着研究的进展,PLSA 的发展取得一些关键成就,Monay 和 Gatica-Perez[51]针对无监督图像自动标注的问题,提出了一种基于概率的潜在空间的模型,并提出一种新的多模态共现建模方法,从而限制潜在空间的定义,以确保语义术语的一致性,同时保留了共同建模视觉信息的能力。Bosch 和 Zisserman[52]利用概率潜在语义分析对给定一组包含多个对象类别的场景图像,如草、路、建筑物,在无监督的方式下发现图像中的对象,并根据对象进行场景分类。Chien 和 Wu[53]提出了一种新的贝叶斯 PLSA 框架,增强了 PLSA 在统计文档建模方面的能力。

目前 PLSA 主要应用在文档、图片处理上,近年来多位学者对其进行了改进研究,使其能够应用到多个不同场景。在文档处理方面,吴志媛和钱雪忠[54]针对现有的大众分类中标签模糊导致影响用户搜索效率的问题,使用概率潜在语义索引模型对标签进行潜在语义分析,经 TEM（tempered expectation maximization）算法训练得到潜在语义下的条件概率。罗景和涂新辉[55]将概率潜在语义模型用于中文信息检索,使其相对于传统的向量空间模型能够显著地提高检索的平均精度。宋晓雷等[56]先使用概率潜在语义分析,利用投票法决定每个目标词的情感倾向,并对目标词进行语义聚类和扩展,自动找到每个目标词的同义词,然后采用基于同义词的词汇情感倾向判别方法对目标词的情感倾向做出判别。张玉芳等[57]先利用 LSA 获取概率，然后用 LSA 初始化文档聚类中的 PLSA 模型参数，有效地解决 EM 的随机初始化难题，在信息标准化和精度方面有明显的改进。Bassiou 和 Kotropoulos[58]提出在不同的文档流背景下，更新已训练的非对称和对称概率语义分析模型，实现对新文档中之前未出现过的单词的收集。Yan 等[59]提出了一种新的对象分类方法，将 PLSA 引入稀疏表示中，以建立新的分类器，同时为了减少耗时，还引入了一个新的加权投票策略。Zhou 等[60]提出了一种潜在子空间聚类方法，使用概率潜在语义分析提取出潜在因素，产生潜在聚类的子空间，利用样本和每个潜在聚类子空间之间的距离作为文本聚类的相似性，提高文本聚类的准确性。

近年来在图像识别处理方面，Jin 等[61]将主题间的空间关系引入概率潜在语义分析中，主题间的空间关系用于图像建模，并作为 SVM 中对场景进行分类的输入，进而提高图像处理时的精度。Jiang 等[62]提出了一种新的多视图聚类方法，为了利用不同观点的互补信息，通过一个正则化器将单个 PLSA 模型结合在两个不同的视图上，使协作 PLSA 模型在不同的视图中协同工作，并且使集群在每个视图中分配对应的点到相同的集群。Zhuang 等[63]提出了一种基于概率潜在语义分析的多视图学习生成模型（multi-view probabilistic latent semantic analysis，MVPLSA）。Wang 等[64]使用类标签信息对 PLSA 模型进行监督，对视频图片中的人体运动信息进行处理。Nikolopoulos 等[65]改进概率潜在语义分析，使其适用于两个以上可观察变量，学习产生了一个包含视觉和标记信息语义的潜在主题空间，提出了一种有效的标记图像索引方法。Tian 等[66]提出了一种基于 PLSA 和随机游走（random walk，RW）结合的图像标注新方法。Fernandez-Beltran 和 Pla[67]提出了一种新的增量主题模型（incremental probabilistic latent semantic analysis，IpLSA），在基于内容的视频检索中，无论在稠密空间还是在稀疏空间，都可以正常进行处理工作。

4. 潜在狄利克雷模型

LDA 是 Blei 等[68]提出的一个较为完全的概率主题模型，其将一篇文档视为一个词频向量，每一篇文档包含一些主题及其概率分布，并且每个主题又包含了许多单词及其概率分布，可以用来识别大规模文档集或语料库中潜藏的主题信息。

作为一个非监督的机器学习技术，为了了解主题之间的相关问题，Lafferty 和 Blei 提出 CTM（correlated topic model）[69]，Dirichlet 主题先验分布被 Logistic 正态分布替换，还引入主题协方差矩阵来描述主题之间的相关性。为了优化所有主题之间关系的描述，Li 和 McCallum 提出 PAM（pachinko allocation model）[70]，使用有向无环图来进一步描述主题间的关系。在话题演化方面，Blei 和 Lafferty 提出动态主题模型（dynamic topic model，DTM）[71]，假设 LDA 模型中的超参数 α 和 β 按时间顺序变化，且后期的超参数依赖前一个时期的超参数，进一步体现出生成的主题依照时间变化的特点。Wang 等在动态主题模型的基础上提出了 cDTM（continuous time dynamic topic model）[72]，改进时间离散化的思路，将布朗运动概念作为语料库中连续时间的主题演变，从而建模，cDTM 用于模型快速对比选择，避免了 DTM 中关于时间细粒度选择的问题。Alsumait 等提出一种 OLDA（on-line LDA）模型[73]，其可以对动态文本流进行实时主题建模，当更新文本流时，OLDA 模型利用已经得到的主题模型，对当前模型进行增量式更新，之前的所有数据不需要被再次访问，该模型可以随时间变化实时获取主题结构。针对社交网络中出现的短文本数据，Zhao 等提出 Twitter-LDA 模型[74]，引入背景模型后，可以同时进行对用户层面和帖子文本层面的主题建模，提高了数据分析能力。Wang 等提出 TM-LDA 模型[75]，对数据主题变迁进行建模，实现对文本流主题的进一步挖掘。Liu 等提出一种 MA-LDA（multi-attribute latent Dirichlet allocation）主题分析模型[76]，该模型引入微博的时间属性和标签属性，优化了 LDA 模型，可用于对微博当前热门话题的识别和抽取。

作为无监督无指导的机器学习模型，LDA 忽略了与文本相关的类别信息，学者也逐渐开始研究有监督的 LDA 模型。Mcauliffe 和 Blei 等提出 SLDA（supervised latent Dirichlet allocation）模型[77]，该模型先使用一个服从正态分布的实值响应变量来关联每篇文档，作为文档的类别标识，然后使用 EM 算法进行最大似然参数估计，不足的是，这个模型只能处理单一类别标识文档。Wang 等也提出 SLDA 模型[78]，为了可以从视频影片中识别人体动作，通过在模型训练过程中，添加人体运动的标识，可以进一步提高识别的准确度。Boyd-Graber 和 Resnik 在 SLDA 模型基础上，提出 MLSLDA（multilingual supervised latent Dirichlet allocation）模型[79]，融合树结构和词 Net 结构的思想，为跨语言语料库进行建模，从而分析跨语言语料库的情感。Ramage 等提出 PLDA（partially labeled Dirichlet allocation）模型[80]，改进了文档类别与主题间的对应关联关系，假设每篇文档的主题分别关联一个或多个文档类别标签，每个文档类别对应多个主题的混合。Mao 等提出半监督的分层主题模型 SSHLDA[81]（semi-supervised hierarchical latent Dirichlet allocation），在文本生成过程中，有标签的主题被融合，从而可以获取关于主题的层次结构。除此之外，Zhai 等提出 Mr.LDA 模型[82]，在 LDA 变分推断过程中引入了分布式的 MapReduce 框架，提高了在分布式环境下 LDA 模型的运行效率；Zeng 等提出基于 BP（belief propagation）算法的 LDA 模型学习策略[83]，在处理大规模文档数据集时，其在效率和精度方面均优于 VB（variational Bayes）和 Gibbs（吉布斯）抽样学习策略。

2.1.4 数据约简方法

海量数据给数据分析和数据挖掘带来了很大挑战，实例数（样本个数）多、特征（属性）多、类别数多都给数据的处理带来了很大影响。在处理海量数据时，得到满意的结果很困难。数据的缺失、分布、属性间的关联性都会影响数据的处理。因此，数据约简是在保持分类和决策能力的前提下，去除数据中不相关或者不重要的信息，使数据适应下一步的处理。目前，数据约简主要包含样例约简和属性约简，分别从水平方向和竖直方向对数据进行约简。

1. 样例约简

样例约简主要是将对数据分类贡献小的或没有贡献的样例从数据表中去掉，或者把重要的样例选择出来，其中的样例选择可以降低分类算法的计算复杂度或者消除噪声，从而提高算法的性能。

Hart[84]于 1968 年首次提出了可以正确分类训练集中样例子集的压缩近邻样例选择算法（condensed nearest neighbor，CNN）。CNN 算法提出后，学者在监督学习的框架下，对 CNN 进行改进。Ritter 等[85]提出选择近邻（selective nearest neighbor，SNN）算法以近似于最近邻（k-nearest neighbor，KNN）决策边界。Gates[86]对 Ritter 等的近邻（reduced nearest neighbor，RNN）规则进行了进一步的修改，提出了约简近邻规则算法。Dasarathy[87]基于给定训练数据集的最优子集选择的概念，提出不考虑数据的初始顺序的最小一致性子集（minimal consistent subset，MCS）算法。对于噪声问题，Wilson[88]提出一种具有收敛特性的编辑近邻（edited nearest neighbor，ENN）样例选择算法，该算法利用编辑过程减少预分类样本的数量，提高算法的性能。在 ENN 的基础上，Wilson 和 Martinez[89]提供了一个已有算法的调查，用于减少基于实例的学习算法和其他基于范例的算法的存储需求，并提出 RENN（repeated ENN）算法。Tomek[90]介绍了几种基于近邻分类规则以及 KNN 规则进行分类计算机仿真实验，提出 AKNN（all KNN）算法。针对选择样例的顺序问题，Angiulli[91]提出一种可以适用于海量数据的 FCNN（fast CNN）算法，其与选择样例顺序无关，并且时间复杂度较低，它的结构允许有效地利用三角不等式来减少计算工作量。针对大型数据库的实例分类响应时间较慢、噪声影响约简的问题，在可达集和覆盖集概念基础上，Brighton 和 Mellish[92]讨论了开发能够洞察类定义结构的机制的可能性，提出迭代过滤算法（iterative case filtering，ICF）。

学者提出了针对更多分类器的样例约简方法。传统的模式选择方法依赖特定的分类器，Li 和 Maguire[93]等选择定义边界的边缘模式和分隔类的边界模式，基于样例的局部几何信息和统计信息，提出一种关键样例选择（border-edge pattern selection，BEPS）算法，该方法利用常用的分类器，包括多层感知器、径向基函数、支持向量机和最邻域来评价基准问题。支持向量机（SVM）在二进制分类中表现突出，Chen 等[94]针对支持向量机，提出一种样例选择算法，可优化支持向量机的训练，有效地将其应用于大量的类和实例的大型数据集。Mitra 等[95]针对贝叶斯分类器，提出一种多尺度样例选择算法，该算法从现有的基于密度的方法中选择具有代表性的点,用压缩集的密度估计误差来度量压缩集的表示精度。Wang 等[96]对于模糊决策树，基于最大分类模糊原则选取样本，提出基于最大不可指定性的样例选择算法，这一机制的主要优点是在加入选定的样本时，模糊决策树的调整是最小的，这是通过对叶节点的理论分析得到的。

高维空间的样例选择方面，针对大数据集分类的样例约简及针对不平衡分类的样例选择是研究的热点。Tsai 和 Chen[97]介绍了一种新的高效遗传算法（efficient genetic algorithm，EGA），它符合生物进化的过程，经过长期的进化，个体找到了分配资源和发展的最有效的方式，作者研究了在高维空间里的样例选择问题，提出了基于进化方法的样例选择算法。García-Pedrajas 等[98]针对大数据集和样本的类不均衡分布的问题，基于分治原则，提出了一种具有可拓展性的、处理类不平衡问题的样例选择算法。García-Osorio 等[99]针对大数据集分类的样例选择问题，提出了一种通过对原始数据集的子集进行数轮实例选择的集成投票策略的算法。

2. 属性约简

属性约简也称为特征选择，一般情况下，在粗糙集中称为属性约简，在数据挖掘中称为特征选择。与样例约简的思路相似，属性约简将对数据分类贡献小的或没有贡献的属性从属性集合中去掉，或者把重要的属性选择出来。一般可分为滤波方法、筛选方法与嵌入式方法三类。

滤波方法和分类方法相比，是独立的，它以某种启发式，如一致性、依赖度作为特征选择的标准。Almuallim 和 Dietterich[100]发现在许多领域中，适当的归纳偏差是最小特征偏差，它倾向于一致的假设，而不是尽可能多的特征，于是首次提出了特征选择一致性度量的概念，在实验过程中，提出了特征选择 FOCUS 算法。Battiti[101]在研究互信息准则评价一组候选特征时，选择了一个信息子集作为神经网络分类器的输入数据，提出了一种基于"贪婪"特征选择的著名算法 MIFS（mutual information feature selection），该算法既考虑了输出类的相互信息，又考虑了已选择的特性。Liu 等[102]发现用单调的方法，可以避免穷举搜索，而不牺牲最优性，而已有的基于距离的度量不是单调的，其采用了一种单调、快速的计算方法，提出了独立于特征搜索的一致性度量。根据这样的技术路线，Kwak 和 Choi[103]提出了一种基于 Parzen 窗口的输入和类变量之间的互信息计算方法，并将其应用于分类问题的特征选择算法中。Peng 等[104]首先基于互信息的最大统计依赖准则，提出一种等价形式，称为最小冗余极大关联准则，用于一阶增量特征选择，然后，结合最小冗余极大关联准则和其他更复杂的特征选择器（如包装器），提出两阶段特征选择算法。Tesmer 等[105]提出了一种基于互信息的特征选择的滤波方法，即归一化互信息特征选择（normalized mutual information feature selection，NMIFS）。Swiniarski 和 Skowron[106]介绍了粗糙集方法在模式识别中的应用，将依赖度作为启发式的特征选择算法。Yu 和 Liu[107]证明了特征相关性对于高维数据的有效特征选择是不够的，其定义特征冗余并提出在特征选择中执行显式冗余分析，将关联分析和冗余分析分离开，提出了FCBF（fast correlation-based filter）算法。

筛选方法和分类方法密切相关，以分类方法的性能作为特征选择的标准，复杂度较高，因而应用较少。Kohavi 和 John[108]探讨了最优特征子集选择与相关性的关系，其包装器方法搜索适合于特定算法和域的最优特征子集，研究了包装器方法的优缺点，并展示了一系列改进的设计，首次提出了筛选算法。Sindhwani 等[109]提出了多层感知器（multilayer perceptron，MLP）和多类支持向量机的特征选择算法，利用类标签和分类器输出之间的互信息作为目标函数，并基于此目标函数，最大输出信息（maximum output information，MOI）算法可通过贪婪的消除和定向搜索来实现特征子集的选择。Liu 和 Setiono[110]除了提出穷举搜索和启发式方法，还提出了一个概率包装模型和 LAW（las vegas wrapper）算法。

嵌入式方法把特征选择嵌入分类器的训练过程中，训练分类器结束，特征选择也同时完成。Quinlan[111]在几个实际应用中成功地证明了用归纳推理构建基于知识系统的技术，总结了一种用于多种系统的决策树的合成方法，并详细描述了其中著名的 ID3 算法。Breiman 等[112]构建结构树规则的方法，提出了著名的分类回归树（classification and regression tree，CART）算法。Dash 和 Liu[113]将不一致性度量与其他度量方法进行比较，并研究了不同的搜索策略，如详尽的、完整的、启发式的和随机的，使其可以应用到这个度量。Chandrashekar 和 Sahin[114]提供了一种通用的变量消除方法，可以广泛应用于机器学习问题，其关注过滤器、包装器和嵌入式方法，在标准数据集上应用了一些特征选择技术，以证明特征选择技术的适用性。

2.2 数据获取方法

大数据是以容量大、类型多、存取速度快、应用价值高为主要特征的数据集合，正快速发展为对数量巨大、来源分散、格式多样的数据进行采集、存储和关联分析，从中发现新知识、创造新价值、提升新能力的新一代信息技术和服务业态。支持品牌管理的大数据资源以多种形态碎片化地散落在不同的数据源中，数据往往存在着质量参差不齐、时效性要求过高且并不总能满足品牌管理需求等问题；同时，大数据的非结构化和时空域特性给数据使用者带来了理解上的困难。

在品牌管理系统中，多源数据主要分为内部数据和外部数据，其中内部数据指的是企业或组织直接采集掌控的内部运行数据和营销数据，外部数据主要指第三者采集、整理和提供的二手数据，如经济指标、人口普查、民意调查、网络数据等，外部数据还包括科学数据，如科学研究的成果、指数、算法、模型等。这两类数据为以数据驱动的智能决策提供了不同的观察角度。内部数据具体、灵活、积累快速，能够实时或接近实时地为决策者提供监测、追踪、描述信息；二手数据一般是定期公布的数据，它能提供国家、地区、行业的状况信息，成为数据分析中的可比性坐标；科学数据的更新是不定时的，但它代表着目前的科研成果，对数据分析的建模和算法提供科学基础。

因此，发现并减轻数据获取瓶颈、高效获取并融合满足企业需求的数据是进行大数据应用分析和品牌关系管理的首要问题。

2.2.1 内部数据集成方法

随着互联网以及技术的快速发展，企业的数据量正在呈几何增长，在 IBM 公司发布的针对大数据的《分析：大数据在现实世界中的应用》调研白皮书（以下简称白皮书）中指出，企业内部数据是大数据的一个主要来源，是企业所能获得的最成熟、最易于理解的数据，这些数据是通过多年的企业资源规划、主数据管理、商业智能应用和其他相关工作收集整理而来的，并经过了整合和标准化，利用分析技术解读这些来自客户交易、交互、事件和电子邮件的内部数据能够为组织提供有价值的洞察[115]。

但是从现状来看，虽然企业对于这些数据的尝试应用已经逐步开展，但还没有完全发挥它的价值，一方面很多企业的基础数据做得并不规范，另一方面对于能够使企业内部数据价值融合且呈现的产品方案还不是很成熟。除此之外，企业内部各部门之间的数据存在着"数据孤岛"现象，也就是说，因为企业划分的不同功能部门各自独立或者企业采取不同类型、不同版本的信息化管理系统，各部门各自存储数据，数据无法共通，所以这些数据像一个个孤岛一样缺乏关联性。这样的数据孤岛分为两种：逻辑性数据孤岛，即不同部门站在自己的角度定义数据，使得相同数据被赋予不同含义，加大了跨部门数据合作的沟通成本；物理性数据孤岛，即数据在不同部门相互独立存储，独立维护，彼此间相互孤立。

因此，内部数据集成在利用大数据进行分析和企业管理方面就显得尤为重要。为了实现内部数据集成，企业需要建立数据管理部门，制定集成规范，把不同来源、格式、特点性质的数据在逻辑上或物理上有机地集中、衔接和统一所有部门的数据，打通系统间的孤立状态，但是这种方法适用于新创建不久的企业来整改企业数据，对于已经运作几年的企业而言，需要重新构建数据和产品系统，可能会耗费较大精力。于是，对于已经储备大数据的企业而言，如果数据是分部门进行存储的，仍然需要数据管理部门定期从各部门提供的 API 中获取数据并综合整理数据，从而为利用企业全面数据做商务管理打下基础。

2.2.2　基于开放 API 的数据获取方法

随着数字化媒体浪潮的到来，第三方网站应用成为社交网络中必不可少的一部分。社交网站为了自身的发展，如腾讯、新浪、淘宝、百度等，往往选择向外界开放部分资源，以方便第三方发展基于该社交网站的产品，进而更好地吸引使用者。

互联网企业通过公开由网络产品的服务组成的计算机可识别接口（称为数据接口），可使第三方利用企业的部分数据进行研究，但是第三方需先通过身份认证，即通过开放授权（OAuth）标准，便可获取到平台开放的部分数据。其工作的原理非常简单：首先使用者先向服务器发出使用请求；其次服务器在收到请求后向使用者发出一个授权码；然后使用者依据授权码从服务器获取连接码（Access Token）；最后使用者使用连接码连接到服务器的数据库并获取数据。用户可获取的数据类型依平台不同而差异，如用户个人信息数据、用户购买和浏览记录数据、用户地理位置和偏好数据、动态交互数据、产品信息数据等，但是第三方并不会获取到用户账号、密码等隐私数据，这样是为了避免用户信息的泄露。不同的编程语言与通用的 API 之间是由软件开发工具包（software development kit，SDK）衔接在一起的。

使用 API 开放平台得到的数据是以 JSON 或 XML 形式表现的，虽然数据冗余小且结构清晰，便于用户直接拿来做数据分析而不需要花费较大精力来做预处理，但因为网站对自身平台数据信息的保护，利用该方法在获取网站内部数据时受 API 访问次数和抓取数量的限定。具体来看：第一，权限限制，对于不同等级的 API 授权用户而言，API 请求频次和用户在开发应用时的服务器请求限制是不同的，并且每小时能够请求的次数也是较小的，这样获得的有限数据就无法满足用户连续抓取海量数据的需求，而且对于时序数据的连续获取就会变得十分耗时；第二，API 开放的数据本身就只是平台数据的一小部分，这样获得的数据可能与用户所需的研究数据关系并不是很密切，而且数据量本身可能也没办法支撑大数据环境下的分析和研究。

2.2.3　基于页面解析的数据获取方法

基于页面解析的数据获取方法是实现网页数据获取的一般方法，也是互联网数据获取的主要途径。如果是需要先登录才能查看相关数据的网站，那么在获取数据之前需要先通过程序成功模拟登录。

针对不同类型的数据或网站，该数据获取方法也应该采取不同的数据获取策略，主要的策略有深度优先策略、广度优先策略和混合最优策略。深度优先策略是由"种子"URL 地址节点起始，首先获取该地址下网页页面，通过网页分析抽取页面中新的 URL 地址作为相邻节点并把它们放入队列中，然后再按照先进先出（first input first output，FIFO）次序选择一个新的 URL 地址作为下一跳地址进行分析，如此往复的一个 URL 地址接一个 URL 地址地深入爬取，直到无新 URL 地址可被抓到停止。这样处理完一条线路之后再从原始队列中选择下一个新的路线地址，重复之前的步骤。队列中地址节点的访问按表面的顺序，所以图规模可表现为一个扩展型的波阵面。当所有被发现的地址节点都被访问完时，这个算法几乎就结束了它的工作。广度优先策略是按层次遍历的，从一个种子 URL 地址节点作为第一层开始，算法首先获取该地址所对应的网页页面，通过网页解析抓取其中的所有 URL 地址作为第二层节点，然后再以第二层 URL 地址为起点抓取下一层的所有 URL 地址节点，并且按照先获取到的 URL 地址先处理，后获取到的 URL 地址后处理的步骤。总的来说，就是逐层节点搜索、处理和获取，先完成当前层次 URL 节点的搜索和处理工作，再处理下一层次节点，层层递进直至所有 URL 节点全部获取结束。混合最优策略是通过算法分析与该网页相关性较高或主题相关性较高的 URL 地址，以此来进行下一步 URL 地址的处理，从而获得有更高价值性的数据。

从系统设计的角度来看，如图 2-2 所示，整个数据获取方法主要分成平台模拟登录模块、信息获取模块和数据存储模块。从目前获取的数据结构来看，大部分数据都是在静态网页上的，而静态网页上的信息是通过 HTML 语法编码实现的，针对这一类型网页数据的获取，首先对某一 URL 下的页面进行解析形成树，然后对树中目标数据进行遍历操作，从而获取目标数据。然而，当遇到网页结构较为

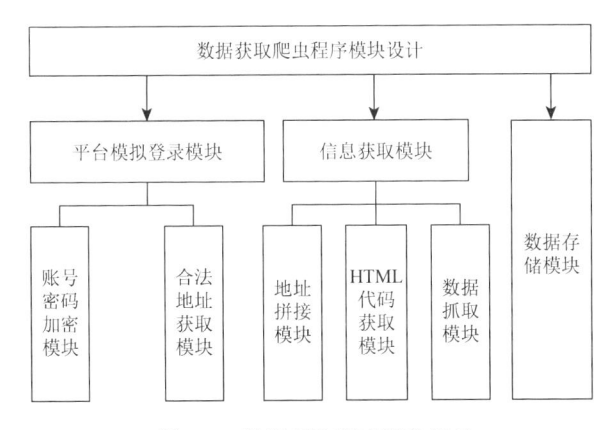

图 2-2 数据获取程序模块设计

复杂时，可能一个网页下涉及多个模块的数据，有的是通过一些特殊的标签进行数据组织的，并且不同区块下数据的定位地址也不一样，这样同一个页面下的页面解析需要对该网页中数据的多个地址进行分别解析和相同标签的遍历操作，最后将获取的数据再存储在同一个数据库中就完成了数据的获取。总之，网页解析的数据获取技术主要是通过对浏览器地址和通过 JSON 返回地址的解析来获取网页数据的，现将两种方式的数据获取流程归纳如图 2-3 所示。

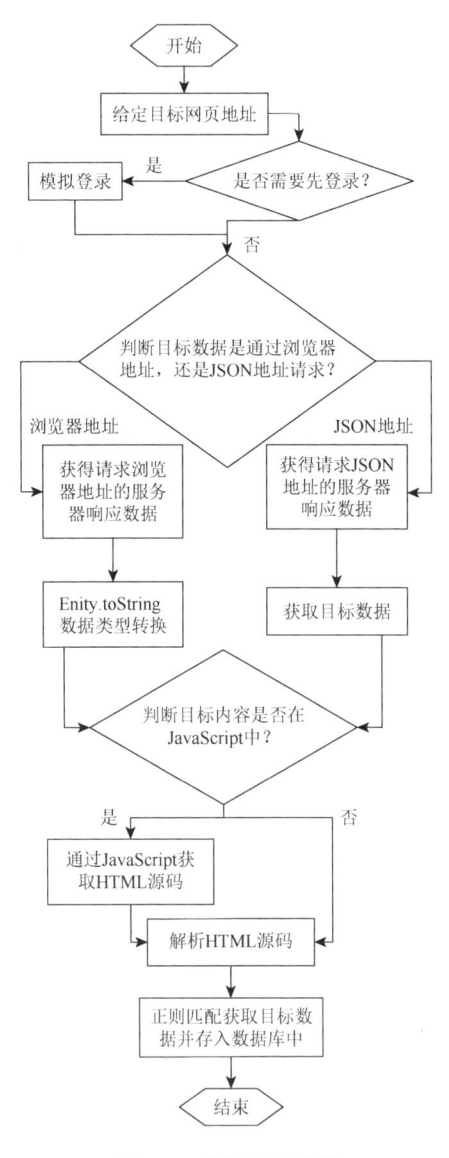

图 2-3 数据获取流程

但是，出于对网站自身数据的保护，以及网站对于自身平台整体性能的管理，避免反复的请求服务器给网站平台造成的压力，大部分网站对这种普通网络数据获取技术的限制很大，所以如何取得网站的"信任"也是一个重要问题。

总的来说，基于普通网络页面解析的数据获取方法可以获取到用户需要的价值数据，而且对于没有开放 API 的网站而言，只能通过网络页面解析的方法获得数据，至于其获取数据存在的问题，只要在程序高效性和获取策略上进行较好的设计，就会更好地优化整体获取效率，这样利用这一方法来获取数据就是较优的选择。

2.3 基于布隆过滤器的海量数据过滤方法

在获取到的多源数据中，存在着大量垃圾信息，影响数据分析结果。在品牌关系管理中，可以采用基于布隆过滤器的海量数据过滤方法，首先构建品牌关系管理相关的本体库，然后基于本体库利用布隆过滤器过滤和清洗无用数据，解决数据的冗余问题，确保价值数据密度高，从而保障后续挖掘任务顺利开展。

2.3.1 本体库建立

从一个企业的品牌关系管理角度来分析，针对企业拥有的客户需求不同、产品组成复杂、技术构成复杂的产品或服务，现有在线评论网站在评价指标设置方面不够全面细化，消费者和企业面对模糊片面的网站评分设置，迫切地想要从大量评论中快速地得到直观全面的反馈信息，从而辅助其决策。本体库的建立是数据过滤的首要问题，是基于布隆过滤器的海量数据过滤方法的基础工作，其质量和效果将会直接影响数据过滤和清洗时的效率与准确性。

本体库的构建流程[116]如图 2-4 所示，主要分为以下两个环节。

（1）构建产品或服务的综合评价指标体系。针对价格高昂、功能繁多、客户需求不一的产品或服务，D' 既不能全面详细地描述产品，也限制了用户评价范畴。所以在原有评价指标基础上，综合评价指标体系可以从评论内容出发，围绕产品或服务的特征，综合消费者、工业界、学术界等多重视角构建一个完善的评价指标体系，即构建 D 和 D_s。

（2）人工标注并利用词性模式匹配方法扩充词组，构建领域本体。由于产品或服务属性众多，其在线评论有很强的领域依赖性，所以选取语料进行人工标注，

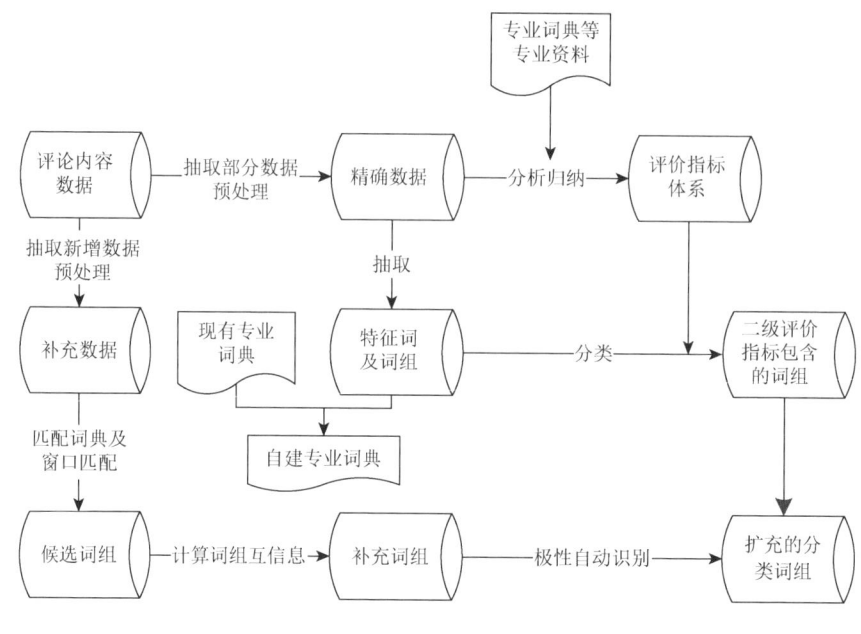

图 2-4 本体库构建流程

提取评论内容中描述产品或服务特征或情感的固定搭配,即提取词组$<f-s>_{pq}$,并标注极性。旨在建立特征词和情感词的关联关系。人工抽取方法虽准确率高,但效率低且提取的词组数量有限,所以可以采用刘丽珍等[117]提出的领域本体构建方法实现$<f-s>_{pq}$的扩充和分类。首先运用词性模式匹配方法抽取候选词组,然后通过特征词和情感词的互信息修剪词组,并结合子句的极性标签和否定词典,逆向推断词组的情感极性,最后依据扩充词组与人工标注词组的语素和情感相似性实现特征聚类。

特征聚类即意味着词组自动分类到D_{pq},这便实现了自下而上的情感词与特征词F_{pq},F_{pq}与二级指标D_{pq},D_{pq}与一级指标D_p,D_p与产品P_i四对关联关系,从而构建出分层的复杂产品领域本体。

通过以上流程构建好本体库之后,就可以利用布隆过滤器将获取到的多源异构数据进行过滤和清洗,得到较为有价值的数据了。

2.3.2 布隆过滤器设计

布隆过滤器[118]是由巴顿·布隆在 1970 年提出的一种多哈希函数映射的快速查找算法,之后布隆过滤器就被广泛用于拼写检查和数据库系统中。布隆过滤器是一种空间效率很高的随机数据结构，它利用位数组很简洁地表示一个集合，并能判断一个元素是否属于这个集合。常见的排序、二分搜索可以快速高效地处理绝大部分判断元素是否存在集合中的需求，但是当集合里面的元素数量足够大，大到百万级、千万级或亿级时，数组、链表、树等数据结构会存储元素的内容，一旦数据量过大，消耗的内存也会呈线性增长，最终达到瓶颈。虽然哈希表的查询效率可以达到 O（1）的时间复杂度，但是它的问题在于消耗很高的内存，如一亿个网址大概要消耗 1.6GB 内存，而普通计算机是无法提供如此大的内存的。此时，布隆过滤器的优势就凸显出来了。

但是利用布隆过滤器判断一个元素是否属于某个集合时，有可能会把不属于这个集合的元素误认为属于这个集合（false positive），但不会把属于这个集合的元素误认为不属于这个集合（false negative），于是布隆过滤器在时间和空间这两个因素之外又引入了错误率这个因素。布隆过滤器不适合那些"零错误"的应用场合，而在能容忍低错误率的应用场合下，通过极少的错误换取存储空间的极大节省。

那么，为了尽可能地降低数据冲突和错误率，布隆过滤器的设计就显得极为重要，而其主要从哈希函数个数选择和字符串数组大小选择两个角度来设计，下面具体介绍布隆过滤器的参数设计问题。

（1）哈希函数的个数 k 选择。哈希函数的选择对性能的影响应该是很大的，一个好的哈希函数要能近似等概率地将字符串映射到各个 Bit。如果哈希函数的个数多，那么对一个不属于集合的元素进行查询时得到 0 的概率就大；但是，如果哈希函数的个数少，那么位数组中的 0 就多。那么应该选择几个哈希函数才能使元素查询时的错误率降到最低呢？Cao[118]讨论了哈希函数个数 k、位数组大小 m 和加入的字符串数量 n 的关系，证明了对于给定的 m、n，当 $k=\ln(2)m/n$ 时出错的概率是最小的。Mitzenmacher[119]已经证明，位数组中 0 的比例非常集中地分布在它的数学期望值附近，另外，他还推导出 $p=1/2$ 时错误率最低，这里的 p 是位数组中某一位仍是 0 的概率，也就是说要想保持低错误率，最好让位数组有一半还空着。

（2）Bit 数组大小 m 选择。在不超过一定错误率的情况下，布隆过滤器至少需要多少位才能表示全集中任意 n 个元素的集合呢？Broder 和 Mitzenmacher[120]已经证明在错误率不大于 ε 的前提下，字符串数组大小 m 至少要等于 $n\log_2(1/\varepsilon)$ 才能表示任意 n 个元素的集合，他们的结果中也说明了在哈希函数的个数取到最优时，要让错误率不超过 ε，m 至少需要取到最小值 $n\log_2(1/\varepsilon)$ 的 $\log_2 e \approx 1.44$ 倍。

当选择好哈希函数个数和字符串数组大小时，基本的布隆过滤器就设计好了。当进行大规模数据的查询和"脏"数据过滤或清洗时，可以利用布隆过滤器较为准确且高效地预处理数据，从而为下一步的数据利用打下基础。

2.4 数据结构化

大数据时代，纸质信息和数字化的视频、音频、邮件、图片等非结构化数据在企业信息资源中的比重逐步攀升，蕴含着丰富的价值。这些非结构化的数据重复率高、冗余存储明显，且不同对象之间存在着复杂的关系，而传统的面向对象的数据模型无法实现对非结构化数据的组织和管理。因此，推进结构化和非结构化数据的融合，是进行大数据分析和品牌关系管理的必要过程。

2.4.1 文本数据结构化

用户生成的内容正在改变在线用户行为的方式，越来越多的用户通过在社交媒体平台上发布内容文本，与他人交流，表达他们对政治、社会和经济事件的看法。2016年第四季度，Twitter和Facebook上分别有3.19亿和18亿月度活跃用户生成非结构化内容。丰富的用户生成内容隐式地反映着用户的兴趣，Dell.com和Amazon.com陆续推出了各种各样的社交媒体服务，帮助各个行业组织开发用户洞察力，更好地了解市场。用户生成内容是分析行业和学术研究用户兴趣的重要数据源，这也为社会学家、管理者和营销人员提供了深入了解用户行为的绝佳机会。用户生成内容大多是非结构化的文本信息，需要通过结构化工程识别文本主题，才能有效地开展商务分析任务。下面介绍一种基于交互式潜在狄利克雷分配模型的文本主题建模方法。

1. 问题描述

从用户生成的内容中提取价值信息是一项具有挑战性的工作，因为用户生成的内容通常以非结构化文本的形式呈现。为了从非结构化文本中提取隐藏的语义信息，人们开发了概率主题模型，将用户的观点归纳为主题，并将主题定义为一系列单词，其中，LDA模型因其对文档和灵活的可交换假设的明确表示而成为最受欢迎的模型之一，它认为文档由多个主题组成，每个主题由不同概率的单词组成。自引入LDA模型以来，大量LDA的改进模型相继产生，虽然它们是无监督且可自动发现主题，但其可能会生成一些低质量的主题，主题有时并不符合人类的判断[121, 122]，主题含义可能会产生混淆而且不具有可解释性。如图2-5所示，通过LDA模型从路透社的文集[123]中发现的两个主题，其中主题（a）的含义是不合理的，因为该主题下的单词与疾病、生活、经济等都有关，而对于主题（b），有人认为其是关于生物医学的新闻，但是如right和float这样的词却令人费解。

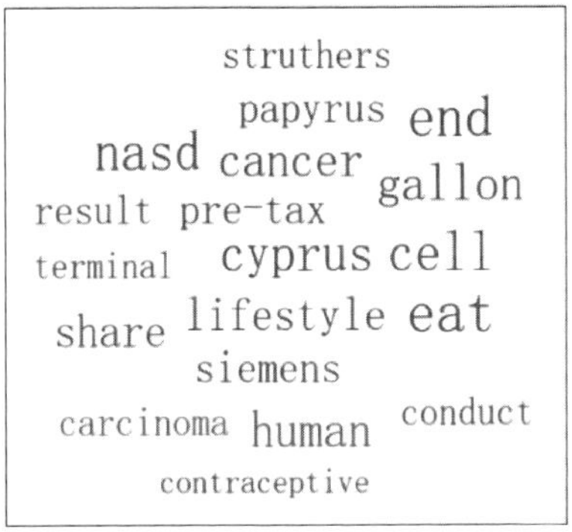

图 2-5　LDA 模型下的无意义主题和有意义却带有令人费解词语的主题

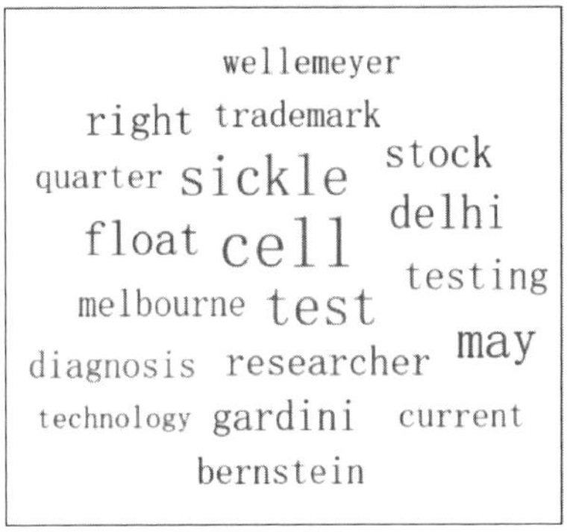

在线社交媒体环境下话题一致性是 LDA 及其改进模型的一个难以解决的问题，因为言论自由是在线社交媒体的基本特征，用户的表达又总是不规则的。为了挖掘连贯主题，Newman 等[124]提出了一种新的方法来评估主题连贯性，将主题中的词语按照一致性或可解释性进行评分，Mimno 等[122]分析了不连贯主题产生的原因，设计了一个不连贯主题的自动评价指标，并提出了一个寻找低质量主题的统计主题模型。尽管这些研究可以过滤低质量的主题，但是它们不能解释当缺陷产生时应该怎么做。

人类知识的广泛记录是提高理论模型性能的一个因素[121]。下面介绍一种交互式策略，通过整合来自人类专家的主观知识和 LDA 所掌握的客观知识，生成具有明确意义的高质量主题。该交互式 LDA 模型（即 iLDA 模型）[125]的框架如图 2-6 所示，先发现主题，然后 LDA 模型生成客观的主题-词分布，同时模型允许整合人类专家的知识从而生成一个主观的主题-词分布，于是将客观的和主观的主题-词分布合并生成一个综合主题-词分布，用于探索下一代主题。交互过程被重复，直到获得一致和高质量的主题。该交互式模型从确定性策略和随机策略两种方法介绍如何从人类专家那里获得主观的主题-词分布。最终，在两种真实的语料库中进行的实验表明，iLDA 模型可以从人类专家的主观知识的帮助下提取出高质量的主题。

提出 iLDA 模型来提高主题质量，但依旧存在以下三个需要解决的问题。

（1）在基于 LDA 的生成模型中，许多主题通常是由大量可能的单词一起生成的。人类专家不可能完全靠自己来为每个主题下的每个词确定概率。iLDA 模型提出了一种策略，通过调整 LDA 产生的部分概率，使人类专家能够提供他们的主观知识。因此，iLDA 模型的第一个问题是应该选择和呈现哪些主题-词给人类专家进行调整。

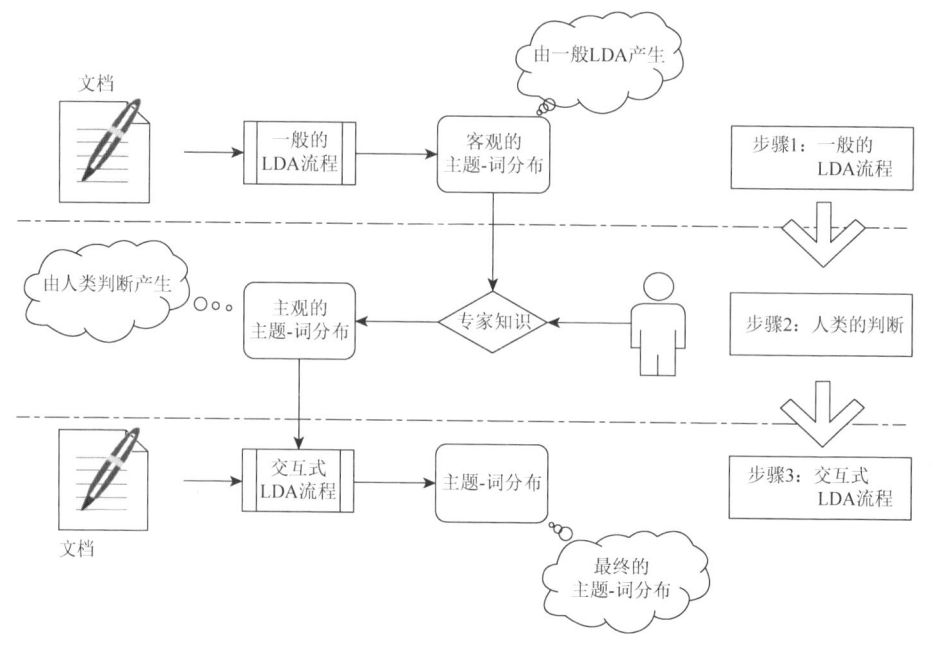

图 2-6　iLDA 模型框架

（2）当人类专家在某一主题中降低某些词的概率时，就可以得到其剩余概率，即原始概率与人类专家调整概率之间的差。LDA 的基本假设中所有词的概率和等于 1，所以剩余概率将被分配到主题剩下的词中。因此，iLDA 模型的第二个问题是如何分配因专家调整而产生的剩余概率。

（3）主题模型的基本思想是根据联合分布和条件分布自动确定主题中的词。iLDA 模型将人类专家的主观知识与 LDA 挖掘的客观知识结合起来，提高了话题的质量。因此，iLDA 模型的第三个问题是如何基于主观的和客观的主题-词分布，自动确定主题中的词汇。

现有文献中与 iLDA 模型最相似的是 Hu 等提出的交互式主题模型[121]，该模型是一种将用户反馈编码到主题模型中的方法，其交互过程简单到只需要用户合并或分割主题，因为该模型的目的是让主题模型方便于只有少量数据挖掘知识的政治家使用。因此，iLDA 模型的贡献如下。

（1）iLDA 模型第一次将人类知识与主题模型相结合，并且允许人类专家调整主题-词概率，从而有更多可能产生细粒度和可解释的话题。

（2）iLDA 模型提出一种新的指标来确定哪些主题应该由人类专家进行调整，并设计出两种策略来分配剩余概率，同时提出新方法通过生成新的连接和条件分布来确定主题中的词。这些方法保证了 iLDA 模型能将人类专家的知识和 LDA 模型所挖掘的隐含信息整合到一起，从而获得连贯而有意义的主题。

2. 交互式潜在狄利克雷分配模型

1) 模型框架

假设有一个文档的集合 D,用 $D=\{1,2,\cdots,d\}$ 表示,d 表示 D 中的第 d 个文档,该文档包含 $V=\{1,2,\cdots,V\}$ 个词汇,每个文档可以表示成词序列 $w_d=\{w_1,w_2,\cdots,w_{d_m}\}$,$n_d$ 表示文档 d 中的第 n 个单词,如图 2-7(a)所示,文档是主题的综合,主题又是词分布。图 2-7 中的节点表示随机变量或分布,其中阴影节点 w 是文档中的词,参数 α 和 β 分别表示为文档-主题分布 θ 和主题-词分布 ϕ_l 的超参数,变量 z 是主题分布 θ 中抽样的一个主题。

为了使话题更容易理解,本书提出的 iLDA 模型主要集中于人类专家的知识整合。图 2-7(b)中表示 iLDA 的图形模型。新引入的变量 ϕ_u 表示人类专家所产生的主观主题-词分布,综合主题-词分布 ϕ 集成了客观主题-词分布 ϕ_l 和主观主题-词分布 ϕ_u,其用来指导单词 W 的生成。表 2-1 列出了 iLDA 模型中使用到的变量。

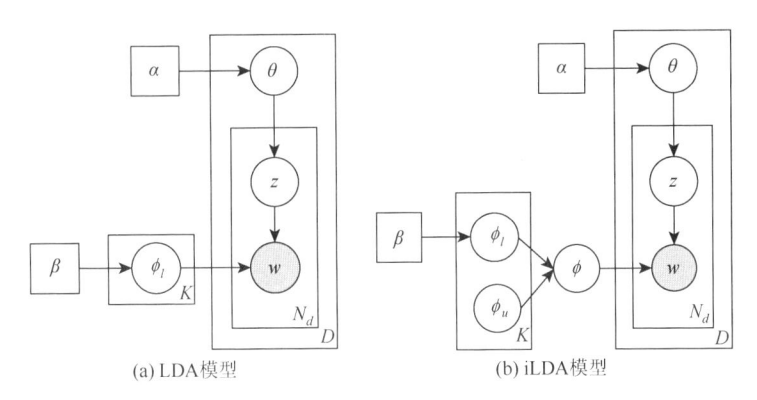

图 2-7 LDA 模型和 iLDA 模型的对比

(a) LDA 模型 (b) iLDA 模型

表 2-1 iLDA 模型中的变量

符号	描述	符号	描述
α	多项分布的超参数 θ	λ_2	人类知识的置信度
β	多项分布的超参数 ϕ	λ_1	LDA 的置信度
θ	文档-主题上的多项分布	z	分配给单词的主题
ϕ_l	基本 LDA 产生的主题-词的多项分布	W	文档的单词
ϕ_u	专家知识产生的主题-词的多项分布	V	所有文档的词汇
ϕ	交互式 LDA 的主题-词的多项分布	d	文档的索引
K	主题的索引		

iLDA 模型采用了线性加权和策略来生成综合主题-词分布 ϕ：

$$\phi = \lambda_1 \phi_l + \lambda_2 \phi_u \qquad (2\text{-}1)$$

其中，λ_1、λ_2 分别是 ϕ_l 和 ϕ_u 的权重，表示 LDA 模型和专家知识的可靠性程度，且 $\lambda_1 + \lambda_2 = 1$。当使用 iLDA 模型从文档中提取主题时，如果专家在某个领域是权威的，则权重 λ_2 较大，如果专家知识不足，则权重 λ_2 较小。通过集成专家知识，iLDA 模型生成文档中的单词的步骤如下。

输入：文档设置。

输出：文档-主题分布 θ 以及主题-词分布 ϕ。

步骤 1：随机选择主题分布 θ，其先验为 α。

步骤 2：从步骤 1 中生成的 θ 中选择一个主题 z。

步骤 3：产生客观的主题-词分布 ϕ_l，其先验为 β。

步骤 4：通过专家 u 产生一个主观的主题-词分布 ϕ_u。

步骤 5：生成一个全面的主题-词分布 ϕ，基于客观分布 ϕ_l 和主观分布 ϕ_u。

步骤 6：在 z 里，从 ϕ 分布中选择单词。

2）推理过程

根据 θ、ϕ_l、ϕ_u 的分布来抽取词汇，我们需要解决的关键推理问题是计算联合分布：

$$p(w, z, \theta, \phi_l | \alpha, \beta, \phi_u) = p(w | z, \phi_l, \phi_u) p(z|\theta) p(\theta|\alpha) p(\phi_l|\beta) \qquad (2\text{-}2)$$

假设抽样赋予 θ 分布的主题 z，我们可以得到在语料库中所有主题的概率：

$$p(z|\theta) = \prod_{m=1}^{D} \sum_{k=1}^{K} \theta_k^{n_{mk}} \qquad (2\text{-}3)$$

其中，θ_k 为主题 k 的概率，n_{mk} 为该主题 k 在文档中出现的次数。给定主题、主题分布和约束分布，词生成的概率为

$$p(w|z, \phi_l, \phi_u) = \prod_{k=1}^{K} \prod_{\{i: z_i = k\}} p(w_i = t | z_i = k) \qquad (2\text{-}4)$$

$$= \prod_{k=1}^{K} \prod_{t=1}^{V} [\lambda_1 \phi_{lkt} + \lambda_2 \phi_{ukt}]^{n_{kt}} \qquad (2\text{-}5)$$

其中，$\{i: z_i = k\}$ 为分配给主题 k 的所有单词；ϕ_{ukt} 与 ϕ_{lkt} 为由 LDA 和人类专家分别生成的主题 k 中单词 t 的概率；n_{kt} 为单词 t 分配给主题 k 的次数。

获得联合分布之后，我们使用 MCMC 算法去预测未知的参数。因为主题 z 是唯一隐藏的变量，所以可以从 $p(z|w)$ 取样。假设我们观察单词 $w_i = t$，第 i 个单词的主题被写为 z_i，$-i$ 代表除了 i 之外的所有单词，有

$$p(z_i = k \mid z_{-i}, w) = \frac{p(z,w)}{p(z_{-i}, w_i = t, w_{-i})} \tag{2-6}$$

$$= \frac{p(z_i = k, w_i = t \mid z_{-i}, w_{-i})}{p(w_i = t \mid z_{-i}, w_{-i})} \tag{2-7}$$

$$\propto p(z_i = k, w_i = t \mid z_{-i}, w_{-i}) \tag{2-8}$$

$$= \int p(z_i = k \mid \theta_m) \mathrm{Dir}(\theta_m \mid n_{m,-i} + \alpha) \mathrm{d}\theta_m$$
$$\cdot \int p(w_i = t \mid \phi_k) \mathrm{Dir}(\phi_{lk} \mid n_{k,-i} + \beta) \mathrm{d}\phi_{lk} \tag{2-9}$$

$$= \int \theta_{mk} \mathrm{Dir}(\theta_m \mid n_{m,\neg i} + \alpha) \mathrm{d}\theta_m$$
$$\cdot \int (\lambda_1 \phi_{lkt} + \lambda_2 \phi_{ukt}) \mathrm{Dir}(\phi_{lk} \mid n_{k,\neg i} + \beta) \mathrm{d}\phi_{lk} \tag{2-10}$$

$$= E(\theta_{mk}) \cdot [\lambda_1 E(\phi_{lkt}) + \lambda_2 \phi_{ukt}] \tag{2-11}$$

因此，有条件概率：

$$p(z_i = k \mid z_{-i}, w) \propto \frac{n_{m,-i}^{(k)} + \alpha_k}{\sum_{k=1}^{K}(n_{m,-i}^{(t)} + \alpha_k)} \cdot \left[\lambda_1 \cdot \frac{n_{k,-i}^{(k)} + \beta_k}{\sum_{k=1}^{K}(n_{k,-i}^{(t)} + \beta_k)} + \lambda_2 \phi_{u,k,t} \right] \tag{2-12}$$

利用条件概率 $p(z_i = k \mid z_{-i}, w)$，我们可以用 MCMC 算法为每个主题进行单词采样。

3）人类知识的推导策略

给每个主题的每个词都提供主观的概率是一项不可能的任务，于是本节采用一种折中的策略来获取专家知识。我们在预设的迭代中运行 LDA 基本模型，向人类专家展示结果，并由他们的知识对其进行调整，调整所产生的主题-词分布被认为是主观的主题-词分布。在这个过程中，存在两个关键问题：第一个问题是应该提交给专家哪些可能会不相符的主题和词语进行调整，第二个问题是如何计算主观的主题-词分布 ϕ_u。

（1）选择待调整的主题和词。为了确定应该调整哪些主题和词，这里提出了一种基于话题一致性的指标，它是主题模型中主题质量和单词一致性的有用指标[122]。如图 2-8 所示，纵轴分别表示主题质量是好的、中性的和坏的，横轴表示主题一致性值，一致性值越高，越有可能是一个好主题，几乎所有的好主题都接近于一致性的最大值。因此，为了决定一个主题是否应该调整，计算它的一致性值与其他所有主题一致性均值之间的差值：

$$\mathrm{AV}_k = C_k - \frac{\sum C_{\neg k}}{K-1} \tag{2-13}$$

其中，C_k 为主题 k 的一致性值；$C_{\neg k}$ 为除了主题 k 以外的一致性值。其中，一致性定义为

$$C_k = \sum_{m=2}^{M}\sum_{l=1}^{m-1}\log_2 \frac{D(v_m^{(k)}, v_l^{(k)})}{D(v_l^{(k)})} \qquad (2\text{-}14)$$

其中，$v^{(k)}$ 为主题 k 中最有可能的 M 个单词之一；$D(v_m^{(k)}, v_l^{(k)})$ 为单词 m 和 l 的同文档的频率，K 为主题数量。

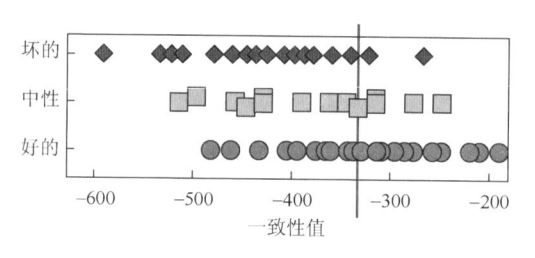

图 2-8 主题一致性

这一指标表明，如果主题中出现的词的概率比其他词更频繁[122]，那么这个主题是好的，否则该主题应提交给人类专家进行调整，他们被要求评价主题中的哪些词与主题无关，然后对单词的概率做出调整决定。由于一致性值是负的，一般来说，调整好的主题一致性值应该是正值。因为主题中所有词概率和等于 1，于是下面提出两种策略来分配专家调整后产生的剩余概率。

（2）计算主观的主题-词分布。当主题和词呈现给人类专家时，iLDA 模型允许人类专家根据他们的知识减少有缺陷单词的概率。假设主题 k 的主题-词分布为 $\phi_l^{(k)} = \{p_{lv}^{(k)} | v=1,2,\cdots,V\}$，其中 $p_{lv}^{(k)}$ 是指在主题 k 中词 v 的概率，主题 k 中 T 个最可能的词语 W_T 所对应的词概率为 $\phi_{lT}^{(k)} = \{p_{lt}^{(k)} | t=1,2,\cdots,T\}$，人类专家选择 T' 个概率为 $P_{lT'}^{(k)} = \{p_{lt'}^{(k)} | t'=1,2,\cdots,T', T'\leqslant T\}$ 的单词 $W_{T'}$ 并将其概率减少 $P_{uT'}^{(k)} = \{p_{ut'}^{(k)} \in [0,1) | t'=1,2,\cdots,T'\}$。其中，$p_{ut'}^{(k)}$ 为退化概率，用来度量人类专家依据知识对主题 k 中单词 t' 的不信任程度。针对不信任程度，这里提出确定性策略和随机策略，以获得主观的主题-词分布。

确定性策略认为，人类专家的知识始终是准确可靠的。于是，确定性策略完全根据退化概率来调整客观的主题-词分布。

$$\phi_{uT'}^{(k)} = \{p_{lt'}^{(k)} \times p_{ut'}^{(k)} | t \in w_T, t' \in w_{T'}\} \qquad (2\text{-}15)$$

为了确保题目中所有单词的概率之和为 1，调整后的剩余概率被分配给其他最有可能的单词，即 $W_T - W_{T'}$。在 $W_T - W_{T'}$ 中，词的退化概率加权重分配方法如下：

$$\phi_{u,-T'}^{(k)} = \left\{ p_{-t'} \times \left(1 + p_r \frac{p_{-t'}}{\sum_{-T'} p_{-t'}}\right) \middle| -t' \in T, -t' \notin T' \right\} \quad (2\text{-}16)$$

其中，$p_r = \sum_{t'=1}^{T'} p_{t'} \times (1-p_{ut'}^{(k)})$ 计算的是剩余概率，它按照公式 $\frac{p_{-t'}}{\sum_{-T'} p_{-t'}}$ 按比例分配给 $W_T - W_{T'}$ 中最可能的词。假设在 $W_V - W_{T'}$ 中的主题-词分布是 $\phi_{V-T}^{(k)}$，则确定性策略中包含的主观主题-词分布是 $\phi_u^{(k)} = \{\phi_{uT'}^{(k)}, \phi_{u,-T'}^{(k)}, \phi_{V-T}^{(k)}\}$。

随机策略考虑专家的信任程度来生成主观的主题-词分布，并认为退化概率反映了人类专家对调整客观分布的信念程度。退化概率大意味着人类专家在很大程度上接受客观概率，而较小的退化概率则意味着客观概率可能被人类专家依据知识进行调整。这里引入一个随机变量 u 来确定一个单词的概率是否应该被调整。于是，在随机策略中，被人类专家调整的词的主题-词概率计算如下：

$$\phi_{uT'}^{(k)} = \{p_t^{(k)} \times [p_t^{(k)}]^{I(u>p_{t'}^{(k)})} | t \in T, t' \in T'\} \quad (2\text{-}17)$$

其中，$\phi_l^{(k)} = \{p_v^{(k)} | v=1,2,\cdots,V\}$ 为主题 k 的客观主题-词分布；$\phi_{lT}^{(k)} = \{p_t^{(k)} | t=1,2,\cdots,T\}$ 为 W_T 中的词概率；$P_{lT'}^{(k)} = \{p_{t'}^{(k)} | t'=1,2,\cdots,T',T' \leqslant T\}$ 为 $W_{T'}$ 中的词概率；$P_{uT'}^{(k)} = \{p_{ut'}^{(k)} \in [0,1) | t'=1,2,\cdots,T'\}$ 为人类专家给出的退化概率；$I(u>p_{t'}^{(k)})$ 为指示函数，如果 $u>p_{t'}^{(k)}$，I 等于 1，否则等于 0。利用式（2-16）中的加权再分配法计算 $W_T - W_{T'}$ 中词的主题-词概率，并得到主观的主题-词分布。

2.4.2 多源异构数据结构化

多源异构数据的结构化统一对未来的数据分析至关重要。

多源异构数据的结构化将采取矩阵化形式。一个 $m \times n$ 阶矩阵就是一个二维数组 (i,j,value)，其中 $i=1,2,\cdots,m$，$j=1,2,\cdots,n$。即 m 个 n 维行向量或 n 个 m 维列向量的排列。当 $m=n$ 时，称为 n 维方阵。

当数据是关系型数据时，该数据的矩阵化可以表示为 $I=\langle U,A,V,f \rangle$，其中，$f$ 表示 $U \times A \to V$ 的对应关系。如表 2-2 所示，$f:\text{User2} \times \text{Age} \to 30$。

表 2-2 关系型数据

Name	Gender	Age	Salary	Job
User1	张三	男	42	6000	教授
User2	李四	女	30	4500	会计

续表

	Name	Gender	Age	Salary	Job
User3	王五	男	21	0	学生
User4	赵六	女	22	0	学生
User5	陈七	女	25	2500	出纳

当数据是用户评分数据时，该数据同样可以被矩阵化为 $User \times Item \rightarrow r$。如表 2-3 所示，User2 对 $Item_4$ 评分为 5，那么 $User2 \times Item_4 \rightarrow 5$。

表 2-3 用户评分数据

	$Item_1$	$Item_2$	$Item_3$	$Item_4$	$Item_5$
User1	5	—	4	—	5
User2	—	5	—	5	4
User3	—	—	5	4	—
User4	3	4	5	—	5
User5	—	5	5	—	5

当数据是社交网络中的链接关系时，同样可以将链接关系、网络或图转化成矩阵关系，其逻辑关系是 if $\exists e_{ij}$，$r_{ij}=1$；else $r_{ij}=0$。其矩阵化如表 2-4 所示，社交网络链接关系图见图 2-9。

表 2-4 社交网络数据

	User1	User2	User3	User4	User5
User1	0	0	1	0	1
User2	0	0	0	1	1
User3	0	0	0	1	0
User4	1	1	1	0	1
User5	0	1	1	0	0

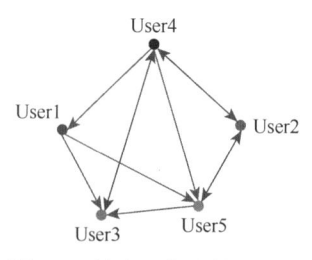

图 2-9 社交网络链接关系图

当数据是文档集 $D = \{D_1, D_2, \cdots, D_n\}$ 时，一种方法是使用 TF-IDF 方法将 D_j 表示成一个向量 $\langle(\text{Item}_1, w_{j1}), \cdots, (\text{Item}_k, w_{jk})\rangle$，这样所有文档向量就构成了一个矩阵；更简单的方法将 D_j 表示成一个向量 $\langle(\text{Item}_1, w_{j1}), \cdots, (\text{Item}_k, w_{jk})\rangle$，若 D_j 包含 Item_i，则 w_{ji} 为 1，反之 w_{ji} 为 0，如表 2-5 所示。

表 2-5 文档集数据矩阵化（a）和（b）

（a）	Item$_1$	Item$_2$	Item$_3$	⋯	Item$_k$
D_1	0.05	-	0.04	⋯	0.15
D_2	-	0.05	-	⋯	0.02
D_3	-	-	0.25	⋯	-
⋮	⋮	⋮	⋮	⋯	⋮
D_n	-	0.07	0.11	⋯	0.01

（b）	Item$_1$	Item$_2$	Item$_3$	⋯	Item$_k$
D_1	1	0	1	⋯	1
D_2	0	1	0	⋯	1
D_3	0	0	1	⋯	0
⋮	⋮	⋮	⋮	⋯	⋮
D_n	0	1	1	⋯	1

当数据是图像数据时，那么用 (x, y, 像素值) 来表示这个图片，具体根据不同的图像类别，其确定性表示方式也不一样，具体如表 2-6 和表 2-7 所示。

表 2-6 主要图像类别及其确定性表示方式

图像类别	数字化后描述形式	说明
二值图像	$f(x,y) = 0, 1$	文字、线条图、指纹等
灰度图像	$0 \leqslant f(x,y) \leqslant 2^n - 1$	黑白图像，一般 $n = 6 \sim 8$
彩色图像	$\{f_i(x,y)\}, i = \text{R,G,B}$	以三原色表示的彩色图像
多光谱图像	$\{f_i(x,y)\}, i = 1, 2, \cdots, K$	遥感图像，K 为波段数
立体图像	$f_\text{L}(x,y), f_\text{R}(x,y)$	左（L）右（R）视点得到同物体的图像对
动态图像	$\{f_i(x,y)\}, i = 1, 2, \cdots, t$	动态图像、动画制作等，t 为时间

表 2-7 图像矩阵化表示

	x_1	x_2	x_3	…	x_k
y_1	220	225	225	…	150
y_2	200	210	210	…	180
y_3	180	160	150	…	200
⋮	⋮	⋮	⋮	…	⋮
y_n	80	120	120	…	255

然而多源异构数据存在着语义失配、语义冲突和信息不完全等特征,于是需要针对不同数据进行分析、归纳和整理,对于数据语义缺失的需要进行标注,同时,针对语义相同的不同表述需要进行融合;在此基础上,分别针对富媒体数据和流数据,从空间维、时间维和结构维等三个维度,建立一体化的相互关联的数据集成体系。

2.5　数　据　约　简

2.5.1　特征约简

1. 拉索分位数回归方法

分位数回归方法已经成功应用于各种应用问题中,但是经常需要用数千个变量和数百万个观测值来处理大数据集。本书重点讨论惩罚性分位数回归的变量选择方面,并提出了一种新的抽样拉索分位数回归(sampling Lasso quantile regression,SLQR)方法[126],允许选择少量的信息数据来拟合分位数回归模型。与普通的正则化方法不同,SLQR 方法在应用拉索之前采用抽样技术来减少观测次数。实验结果表明,SLQR 方法能够对大规模数据进行高精度的分位数回归预测和解释。以下具体介绍在这种方法中是如何进行特征约简的。

1)通过抽样减少观测值

为了方便,我们定义 A 作为增广矩阵 $A=[y\vdots-1,-X]$ 且 $A\in\mathbb{R}^{n\times d}$,其中 $d=p+2$,于是,分位数回归问题[127] $\min\limits_{\beta_0,\beta}\rho_\tau(y-\beta_0-X\beta)$ 可以等价地表示为一个线性约束的约束优化问题:

$$\min_{\gamma\in\mathbb{C}}\rho_\tau(A\gamma) \tag{2-18}$$

其中,$\mathbb{C}=\{\gamma\in\mathbb{R}^d\,|\,c^\mathrm{T}\gamma=1\}$,$c$ 为单位向量;$\gamma\equiv(1,\beta_0,\beta^\mathrm{T})^\mathrm{T}$,$\beta$ 为 γ 的一个子向量。

为了实现采样效果，我们应该集中于发现抽样矩阵 $S \in \mathbb{R}^{s \times n}$，从而减少 A 的行数，其中 s 是抽样样本大小。抽样方法需要构建一个矩阵 R，使得 AR^{-1} 对于输入矩阵 A 而言是个良态基。在我们的方法中，一个良态基的构造起着重要的作用，因为良态基 AR^{-1} 可以在允许矩阵 A 有小变化时保证评估结果的准确性。于是，采样过程被描述为以下六个步骤。

步骤 1：通过 Meng 和 Mahoney[128]研究的定理 2-1 构建一个低失真的嵌入矩阵 $\prod_1 = BC \in \mathbb{R}^{r_1 \times n}$。其中，$B \in \mathbb{R}^{r_1 \times n}$ 的每一列都是独立并均匀从来自 $\mathbb{R}^{r_1}$ 中的标准基向量 r_1 中抽取的，$C \in \mathbb{R}^{n \times n}$ 是一个对角矩阵，其中每个对角线元素是一个符合柯西分布的独立同分布。设置 $r_1 = \varpi d^5 \log_2^5 d$，其中 ϖ 足够大。

步骤 2：设计一个上三角矩阵 $\widetilde{R} \in \mathbb{R}^{d \times d}$，使得 $A\widetilde{R}^{-1}$ 是对 $\prod_1 A$ 通过 QR 分解的一个良态基。

步骤 3：通过 Clarkson 等[129]的研究，获取一个 $(1 \pm 1/2)$ – 失真抽样矩阵 $\widetilde{S} \in \mathbb{R}^{\text{poly}(d) \times n}$，其中 poly($d$) 是一个关于 d 的低阶多项式。

步骤 4：计算一个上三角矩阵 $R \in \mathbb{R}^{d \times d}$，使得 AR^{-1} 就是一个良态基，通过 $\widetilde{S}A$ 的 QR 分解得到条件数 $k \leq \mathcal{O}\left(d^{\frac{19}{4}} \log_2^{\frac{11}{4}} d\right)$，其中 $(\cdot)$ 是时间复杂度。

步骤 5：通过 Yang 等[130]的研究，计算 $(1 \pm \varepsilon)$ – 失真嵌入采样矩阵 $S \in \mathbb{R}^{s \times n}$。其中 $S \in \mathbb{R}^{s \times n}$ 是一个随机的对角矩阵，通过重要性抽样概率构造如下：

$$\hat{p}_i = \min\left\{1, s \cdot \frac{\text{median}_{j \in [r_2]} |A_{ij}|}{\sum_{i=1}^{n} \text{median}_{j \in [r_2]} |A_{ij}|}\right\} \quad (2\text{-}19)$$

其中，$r_2 = 15\log_2(40n)$，Λ_{ij} 为 $\Lambda = AR^{-1}\prod_2$ 的元素，其中 $\prod_2 \in \mathbb{R}^{d \times r_2}$ 是一个其中每个元素都是服从柯西分布的独立同分布的矩阵，且

$$s = \frac{\tau}{1-\tau} \frac{81k}{\varepsilon^2}\left(d \log_2\left(\frac{\tau}{1-\tau}\frac{18}{\varepsilon}\right) + \log_2 80\right) \quad (2\text{-}20)$$

其中，$\varepsilon < 1/2$，s 为 d 的低阶多项式，并且满足 $s \ll n$。

步骤 6：获得约简矩阵 $SA \in \mathbb{R}^{s \times d}$。

2）通过拉索减少变量

根据约简矩阵 $SA \in \mathbb{R}^{s \times d}$，我们可以进一步用结合拉索方法选择变量。采用与 Li 和 Zhu[131]相同的方法，这里提出对约简矩阵的损失函数进行 L_1 正则惩罚，并形成了 SLQR 的优化问题的公式如下：

$$\min_{\gamma} \rho_\tau(SA\gamma) + \lambda\|\beta\|_1 \tag{2-21}$$

利用 SIC 标准来选择惩罚参数 λ，还利用 Li 和 Zhu[131]提出的算法来解决优化问题并得到一个估计量 $\hat{\gamma}$。该估计量是对全样本进行拉索分位数回归的近似解。这个近似解的精确度在定理 2-1 中得到了解释。

定理 2-1 给定 $A \in \mathbb{R}^{n \times d}$、$\varepsilon \in (0, 1/2)$，如果使用 2.4 节中的抽样法，式（2-21）返回一个估计量 $\hat{\gamma}$，以至少 0.8 的概率满足：

$$\rho_\tau(A\hat{\gamma}) + \lambda\|\hat{\beta}\|_1 \leqslant \frac{1+\varepsilon}{1-\varepsilon}(\rho_\tau(A\gamma^*) + \lambda\|\beta^*\|_1) \tag{2-22}$$

其中，γ^* 为在整个样本中拉索分位数回归的最优解；$\hat{\beta}$ 为 $\hat{\gamma}$ 的一个子向量；β^* 为 γ^* 的一个子向量。根据拉索分位数回归的目标函数，该定理给出了解决方案质量的约束，它也证明了子样本上的 SLQR 的最优估计也是全样本的拉索分位数回归的近似解。因为 $0 < \varepsilon < 1/2$ 的情况下，近似误差是有界的且小于 $(\rho_\tau(A\gamma^*) + \lambda\|\beta^*\|_1)$ 值的 1~3 倍。因此，SLQR 的性能接近于全样本的拉索分位数回归。

2. 块平均分位数回归方法

如今，研究者经常面临着大规模计算的挑战，由于计算机主存储器的局限性，大量的计算机数据库存在巨大的压力。本书提出的块平均分位数回归（block average quantile regression，BAQR）[132]提供了一个简单而有效的方法来实现大数据集的分位数回归。这种方法的主要新颖之处在于将整个数据分成几块，对每个块内的数据应用对流分位数回归，并通过聚合这些分位数回归结果来获得最终结果。尽管这种方法能够极大地减少估计所需的最大量，但理论上估计量仍然与传统的退缩方法一样有效。

1）标准的分位数回归

在回归框架中，传统线性回归技术总结了一组回归之间的平均关 $X \equiv (x_1, x_2, \cdots, x_p)'$ 以及基于条件均值函数 $E(y|X)$ 的反应变量 y，它只提供了解释变量与响应之间的潜在关系的部分视图。作为替代方式，Koenker 等[133]提出的量化回归集中在 y 的整个条件分布上，而不是条件意义上。一般线性回归模型是

$$Q_y(\tau|X) = X\beta(\tau) \tag{2-23}$$

其中，$Q_y(\tau|X)$ 为反应变量 y 的条件分位数；$\beta(\tau)$ 为一个取决于分位数 $\tau(0 < \tau < 1)$ 的回归系数向量。基于观察 (y_i, x_i)，可以通过以下优化问题求解分位数回归模型：

$$\tilde{\beta}(\tau) = \arg\min_{\beta} \sum_{i=1}^{N} \rho_\tau(y_i - x_i'\beta) \tag{2-24}$$

$\rho_\tau(u)$ 为一个检查函数，定义为

$$\rho_\tau(u) = u(\tau - I(u<0)) = \begin{cases} \tau u, & u \geqslant 0 \\ (\tau-1)u, & u < 0 \end{cases} \quad (2\text{-}25)$$

其中，y_i 与 x_i 分别为观测矩阵 y 和 X 的第 i 个分量，定义为

$$y = \begin{bmatrix} y_1 \\ y_2 \\ \vdots \\ y_N \end{bmatrix}_{N \times 1}, X = (x_1'; x_2'; \ldots; x_N') = \begin{bmatrix} 1 & x_{1,1} & \cdots & x_{1,p} \\ 1 & x_{2,1} & \cdots & x_{2,p} \\ \vdots & \vdots & & \vdots \\ 1 & x_{N,1} & \cdots & x_{N,p} \end{bmatrix}_{N \times (p+1)} \quad (2\text{-}26)$$

2）针对大规模数据集的块平均分位数回归方法

当样本量 N 太大时，求解式（2-24）中优化问题是不可行的，计算空间和计算时间都是潜在的瓶颈。于是，这里的研究工作是建立在 Fan 和 Cheng[134]、Zhang 等[135]、Chen 和 Xie[136]的方法上的，将观测矩阵分为几个区块，然后，将标准的分位数回归应用于每个区块的数据，并将这些分位数回归结果通过简单的平均值组合起来。这里将此过程命名为 BAQR 方法，它将块平均估计值的概念扩展到分位数回归框架。虽然 BAQR 方法借鉴了块估计思想，但它与 Zhao 等[137]的复合分位数回归不同。相反，设计 BAQR 估计器的目的是探索所有不同分位数之间的变量间关系。

下面具体来看 BAQR 方法的三个关键步骤。

步骤 1：在不丢失一般性的前提下，首先将整个数据集随机划分为 K 块（块数 K 与整个样本大小 N 相关，每个块大小为 n，即 $N = nK$：

$$y = \begin{bmatrix} y^{(1)} \\ y^{(2)} \\ \vdots \\ y^{(K)} \end{bmatrix}, X = \begin{bmatrix} X^{(1)} \\ X^{(2)} \\ \vdots \\ X^{(K)} \end{bmatrix} \quad (2\text{-}27)$$

其中，

$$y^{(k)} = \begin{bmatrix} y_1^{(k)} \\ y_2^{(k)} \\ \vdots \\ y_n^{(k)} \end{bmatrix}_{n \times 1}, X^{(k)} = \begin{bmatrix} 1 & x_{1,1}^{(k)} & \cdots & x_{1,p}^{(k)} \\ 1 & x_{2,1}^{(k)} & \cdots & x_{2,p}^{(k)} \\ \vdots & \vdots & & \vdots \\ 1 & x_{n,1}^{(k)} & \cdots & x_{n,p}^{(k)} \end{bmatrix}_{n \times (p+1)}, k = 1, 2, \cdots, K \quad (2\text{-}28)$$

步骤 2：在每个数据块内应用标准分位数回归，利用解决式（2-24）的方法获得估计量：

$$\hat{\beta}^{(k)}(\tau) = \left(\hat{\beta}_0^{(k)}(\tau), \hat{\beta}_1^{(k)}(\tau), \cdots, \hat{\beta}_p^{(k)}(\tau)\right)' \qquad (2\text{-}29)$$

步骤 3：通过简单平均每一块的分位数回归结果，形成结果估计量 $\beta(\tau)$ 如下：

$$\hat{\beta}(\tau) = \frac{1}{K}\sum_{k=1}^{K}\hat{\beta}^{(k)}(\tau) = \left(\frac{1}{K}\sum_{k=1}^{K}\hat{\beta}_0^{(k)}(\tau), \frac{1}{K}\sum_{k=1}^{K}\hat{\beta}_1^{(k)}(\tau), \cdots, \frac{1}{K}\sum_{k=1}^{K}\hat{\beta}_p^{(k)}(\tau)\right)'$$

$$(2\text{-}30)$$

下面阐述 BAQR 方法的理论支撑。首先，定理 2-2 中的结果估计量 $\beta(\tau)$ 具有渐近性，定理 2-2 也证明了收敛速度的一致性，同时，在合理约束块数量的条件下，定理 2-3 证明了渐近正态性。为了确保渐近性质，我们对每一个块都施加 Lindeberg-type 条件和 Bahadur 表示。

条件 2-1 在每个块 $k(k=1,2,\cdots,K)$ 中，存在正定矩阵 $D_0^{(k)}$ 与 $D_1^{(k)}(\tau)$，满足：

（1） $\lim\limits_{n\to\infty} n^{-1}\sum_{i=1}^{n} x_i^{(k)} x_i'^{(k)} = D_0^{(k)}$。

（2） $\lim\limits_{n\to\infty} n^{-1}\sum_{i=1}^{n} f_i^{(k)}(\xi_i^{(k)}(\tau)) x_i^{(k)} x_i'^{(k)} = D_1^{(k)}(\tau)$。

其中，$f_i^{(k)}$ 和 $\xi_i^{(k)}$ 为条件密度；$y_i^{(k)}$ 为通过第 τ 条件分位数计算块 k 中观测值 i 得到的结果。因为正定矩阵 $D_0^{(k)}$ 和 $D_1^{(k)}(\tau)$ 类似于协方差矩阵和加权协方差矩阵，于是它们在一定程度上表示 $x^{(k)}$ 中包含的信息。由此可假设如下条件。

条件 2-2 正定矩阵 $D_0^{(k)}$ 和 $D_1^{(k)}(\tau)$ 在每个块是相等的。

（1） $D_0^{(1)} = D_0^{(2)} = \cdots = D_0^{(K)}$。

（2） $D_1^{(1)}(\tau) = D_1^{(2)}(\tau) = \cdots = D_1^{(K)}(\tau)$。

说明 2-1 在条件 2-2 中，我们可以进一步得到：$D_0^{(1)} = D_0^{(2)} = \cdots = D_0^{(K)} = D_0$，$D_1^{(1)}(\tau) = D_1^{(2)}(\tau) = \cdots = D_1^{(K)}(\tau) = D_1(\tau)$，其中在整个数据集中定义 $D_0 = \lim\limits_{N\to\infty} N^{-1}\sum_{i=1}^{N} x_i x_i'$，$D_1(\tau) = \lim\limits_{N\to\infty} N^{-1}\sum_{i=1}^{N} f_i(\xi_i(\tau)) x_i x_i'$。例如，

$$D_1(\tau) = \lim_{N\to\infty} N^{-1}\sum_{i=1}^{N} f_i(\xi_i(\tau)) x_i x_i'$$

$$= \lim_{N\to\infty} N^{-1}\sum_{k=1}^{K}\sum_{i\in \text{Block} k} f_i^{(k)}(\xi_i^{(k)}(\tau)) x_i^{(k)} x_i'^{(k)}$$

$$= \lim_{N\to\infty} N^{-1}\{nD_1^{(1)}(\tau) + nD_1^{(2)}(\tau) + \cdots + nD_1^{(K)}(\tau)\}$$

$$= \lim_{N\to\infty} N^{-1} nK D_1^{(1)}(\tau)$$

$$= D_1^{(1)}(\tau)$$

条件 2-3 对应式（2-23）中的线性分位数回归，往往存在两种常用模型：①带有独立同分布误差 $y_i = x_i'\beta + \epsilon_i$；②带有非独立同分布误差 $y_i = x_i'\beta + \gamma_i\epsilon_i$，其中，$\gamma_i$ 取决于 x_i。根据 Koenker 等[133]、Koenker 和 Zhao[138]，在每个块 $k(k=1,2,\cdots,K)$ 中，估计量 $\hat{\beta}^{(k)}(\tau)$ 的 Bahadur 表示如下：

$$\sqrt{n}(\hat{\beta}^{(k)}(\tau) - \beta(\tau)) = W^{(k)} + R_n^{(k)} \quad (2\text{-}31)$$

其中，$R_n^{(k)}$ 为余项，包含独立同分布误差的 $W^{(k)}$ 表示如下：

$$W^{(k)} = [D_1^{(1)}(\tau)]^{-1} \frac{1}{\sqrt{n}} \sum_{i=1}^{n} \Psi_\tau(\epsilon_i^{(k)} - F^{-1}(\tau)) \quad (2\text{-}32)$$

包含非独立同分布误差的表示如下：

$$W^{(k)} = [D_1^{(1)}(\tau)]^{-1} \frac{1}{\sqrt{n}} \sum_{i=1}^{n} [\gamma_i^{(k)}]^{-1} x_i^{(k)} \Psi_\tau(\epsilon_i^{(k)} - F^{-1}(\tau)) \quad (2\text{-}33)$$

此外，$\Psi_\tau(u) = \tau - I(u < 0)$，$F$ 表示 $\{\epsilon_i\}$ 的累积分布函数。

定理 2-2 如果条件 2-1、条件 2-2 成立，则 $\hat{\beta}(\tau) - \beta(\tau) \xrightarrow{p} 0$，并且当 $n \to \infty$，$\|\hat{\beta}(\tau) - \beta(\tau)\|_2 = O_p(1/\sqrt{n})$。

定理 2-3 假设观测值 (x_i, y_i) 是独立的，$i = 1, 2, \cdots, N$。在条件 2-1、条件 2-2、条件 2-3 下，当块数 K 满足：

$$N = Ke^{K^{1/2}} \quad (2\text{-}34)$$

则结果联合分布的估计量 $\hat{\beta}(\tau)$ 形式如下：

$$\sqrt{N}(\hat{\beta}(\tau) - \beta(\tau)) \xrightarrow{d} N(0, \Sigma) \quad (2\text{-}35)$$

其中，Σ 是当 $N \to \infty$ 时的极限协方差矩阵。在非独立同分布的随机误差模型中，$\Sigma = \tau(1-\tau) D_1^{-1}(\tau) D_0 D_1^{-1}(\tau)$。在独立同分布的情况下，$\Sigma = \omega^2 D_0^{-1}$，其中，$\omega^2 = \tau(1-\tau)/f_i^2(\xi_i(\tau))$，且 $f_i(\xi_i(\tau))$ 表示在分位数 τ 下估计的 y_i 的条件密度。

说明 2-2 式（2-35）中 $\tilde{\beta}(\tau)$ 的极限分布与 Koenker[139]研究中 $\tilde{\beta}(\tau)$ 的分布一致。因此，$\tilde{\beta}(\tau)$ 不仅是 $\beta(\tau)$ 的无偏估计量，而且和 $\beta(\tau)$ 一样有效。换句话说，结果估计量在理论上和利用全数据来获得估计量是一样有效的。

说明 2-3 式（2-34）提供了全样本大小 N 和块数 K 之间的关系。在试验已知 N 情况下，K 通过求解 $N - Ke^{K^{1/2}} = 0$ 可近似得到。

2.5.2 样本约简

近年来，具有丰富特征的数据量越来越大，哈希法（hashing）因其快速检索和存储开销小而被认为是在大规模数据中高效索引的强大工具[140]。一般来说，经典的无监督谱哈希法[141]（spectral hashing，SH）通过求目标函数的最小值来解决与给定数据相似结构的哈希编码问题。虽然计算简单，但通常 SH 的效果不尽如人意，而且明显滞后于其他先进方法，如迭代量化（iterative quantization，ITQ）。通过对 SH 的分析发现，在 SH 中最小化问题的优化中并不能保证高维数据转变成低维哈希码空间过程中的相似结构。因而，这里介绍一种新的无监督谱哈希法，称为逆谱哈希法（reversed SH，ReSH）[142]，该方法可以认为是 SH 的逆形式，主要是将 SH 的输入输出互换了，不同于 SH 中从给定的高维数据中估计相似结构，ReSH 根据未知的低维哈希码定义了数据点之间的相似性，而这些与编码相关的相似性负责评估生成的哈希码的质量，这样就避免了分配较为相近的哈希码给距离较远的数据点。这样看来，ReSH 可以克服传统 SH 的缺点，同时，当相似的数据点被映射到相邻的哈希码中，而且不相似的数据点在编码空间中被显著地分离时，ReSH 中的最小化问题可以得到优化，最终该优化问题通过多层神经网络可以得以解决。

样本约简的研究基础主要基于无监督谱哈希法和离散图哈希法，下面先介绍这两种算法。

（1）无监督谱哈希法（SH）。给定一个实值数据的矩阵 $X = [x_1, x_2, \cdots, x_n] \in \mathbb{R}^{d \times n}$，其每一列都是一个 d 维的数据点 $x_i \in \mathbb{R}^d$，SH 方法尝试学习哈希码矩阵，用 $Y = [y_1, y_2, \cdots, y_n]$ 表示，于是模型可以表示为

$$\min_Y \sum_{i,j=1}^n a_{ij} \|y_i - y_j\|^2 \tag{2-36}$$

$$\text{s.t.} \quad Y \in \{-1, 1\}^{k \times n}, \ YY^T = kI, \ Y\mathbf{1} = 0$$

其中，$\|\cdot\|$ 为一个向量的 l_2 范数；$y_i \in \{-1, +1\}^k$ 为从第 i 个数据点学习到的 K 维哈希码 Y 的第 i 列取值范围在 –1 至 1 之间；1 为单位向量；$A = [a_{ij}]_{n \times n} \in \mathbb{R}^{n \times n}$ 为一个编码数据相似结构的预定义亲密矩阵；$YY^T = kI$ 和 $Y\mathbf{1} = 0$ 为两个约束条件。

通常，亲密矩阵的计算如下：

$$a_{ij} = \exp\left(-\frac{\|x_i - x_j\|^2}{2\sigma^2}\right) \tag{2-37}$$

其中，$\sigma > 0$ 为一个阈值参数。忽视二元限制 $y_i \in \{-1, +1\}^k$ 和时，式（2-36）中的最小化问题可以通过对拉普拉斯矩阵 A 进行特征值分解来求解。为了获得严格二进制哈希码，在编码矩阵 Y 被学习之后，SH 通过一个简单的操作符 $h(\cdot)$ 量化每一个元素 $y_i's$，其中，当 $v \geq 0$ 时，$h(\cdot)$ 为 1，反之为 0。

虽然计算简单，但是 SH 的效果却不尽如人意，原因在于 $\sum_{i,j=1}^n a_{ij} \|y_i - y_j\|^2$ 往

往趋向于给所有的数据点都分配相似的哈希码，导致较差的检索性能，尤其当 $y_i \in \{-1,+1\}^k$ 被忽视的时候。

（2）离散图哈希法（discrete graph hashing，DGH）为了减少 SH 法的缺点，Liu 等[143]和 Shen 等[144]坚持了二元限制 $y_i \in \{-1,+1\}^k$ 的重要性，从而创建了 DGH 法。然而，DGH 法并不能弥补不相似数据被分配到相似哈希码的问题，而且，DGH 法中的离散优化问题是一个 NP 难问题。

于是，针对这些方法存在的问题，下面开始关于逆谱哈希方法的介绍。

1. 问题描述

假设我们得到了一个实值数据的矩阵 $X = [x_1, x_2, \cdots, x_n] \in \mathbb{R}^{d \times n}$，每一列都是一个 d 维的数据点 $x_i \in \mathbb{R}^d$。为了不失一般性，标准化数据时，$x_i's$ 中元素在-1 和 1 之间。我们的目标是学习一个哈希映射 f，用于将任何数据点 x 转化为长度 k 的二进制字符串 $y \in \{0,1\}^k$，这一过程表示如下：

$$y = f(x): \mathbb{R}^d \to \{0,1\}^k \tag{2-38}$$

相似结构的原始数据需要保留下来，也就是说，原始数据空间 $\mathbb{R}^d$ 中的相似点应该被哈希到相邻的二进制码中，而且不相似的数据点应该被显著地分离。此外，这个哈希映射 f 需要具有泛化能力，以便处理任何新的数据。

2. 模型构建

为了弥补不相似点被映射到相似哈希码的缺陷，本节认为只需改变式（2-36）中输入 $x_i's$ 和输出 $y_i's$ 的位置。于是，构建如下模型：

$$\begin{aligned}&\min_{f \in \mathcal{F}} \frac{1}{n^2} \sum_{i,j=1}^n a_{ij} \|x_i - x_j\|^p \\ &\text{s.t. } y_i = f(x_i),\ y_i \in \{0,1\}^k, i = 1, \cdots, n \\ &a_{ij} = \begin{cases} 1, & \text{若}\ \mathcal{D}(y_i, y_j) < \sigma \\ 0, & \text{其他} \end{cases}\end{aligned} \tag{2-39}$$

其中，$\mathcal{F}$ 通常表示将高维数据转换为低维码的连续映射集合；$\mathcal{D}(.,.)$ 表示哈希码之间的汉明距离；$p>0$ 表示负责重新调节数据间距离的参数；$\sigma>0$ 是一个阈值参数。

值得注意的是，映射 f 的连续性会带来相似数据点拥有相邻的哈希码的结果，另外，只有当远数据点在低维编码空间中被显著分离时，式（2-39）中的目标函数才可以最小化。所以，式（2-35）中的问题被优化，当且仅当所产生的哈希码可以严格保持与给定高维数据的相似结构时，即相似的数据点被映射到相邻的哈希码中，而且不相似的数据点在编码空间中被显著地分离。

3. 松弛问题

由于哈希码的离散性以及哈希码 $y'_i s$ 与相似性 $a'_{ij} s$ 的相互依赖性，式（2-39）中的优化问题并不容易解决。尤其，$y'_i s$ 与 $a'_{ij} s$ 的依赖性被一个硬阈值函数决定，而且该依赖性的输出也是离散的。

为了便于优化，第一步，通过使用一个基于 S 型激活函数（如 sigmoid 函数）的人工神经网络（ANN）模拟哈希映射 f，实现对二进制约束 $y \in \{0,1\}^k$ 的松弛，表示如下：

$$\mathcal{F} = \{\text{带有sigmoid激活函数的ANN}\} \tag{2-40}$$

实验中，使用的 sigmoid 函数是简单的 $s(t) = 1/(1+e^{-t})$。值得注意的是，这个二进制约束 $y_i \in \{0,1\}^k$ 在我们的方法中得到了很好的处理，因为使用 sigmoid（或任何 S 型）激活函数可以使 f 的输出接近二进制。

第二步，为了平滑 $y'_i s$ 与 $a'_{ij} s$ 的互相依赖性，用软阈值操作符取代硬阈值操作符 $\mathcal{D}(y_i, y_j) < \sigma$。于是，式（2-39）中亲密矩阵 A 定义为

$$a_{ij} = \exp\left(-\frac{\|y_i - y_j\|^2}{2\sigma^2}\right) \tag{2-41}$$

其中，实值 y_i 表示第 i 个数据点 x_i 的近二进制码；$\|\cdot\|$ 表示一个向量的 l_2 范数；σ 为阈值参数。这样式（2-39）中问题的离散性就解决了，从而得到如下优化问题：

$$\begin{aligned}
& \min_{f \in \mathcal{F}} \frac{1}{n^2} \sum_{i,j=1}^{n} a_{ij} \|x_i - x_j\|^p \\
& \text{s.t. } y_i = f(x_i), i = 1, 2, \cdots, n \\
& a_{ij} = \exp\left(-\frac{\|y_i - y_j\|^2}{2\sigma^2}\right)
\end{aligned} \tag{2-42}$$

一般来说，通过使用反向传播来训练 ANN 可以求解该优化问题。

4. 优化问题

为了解决式（2-42）中的问题，通常有很多方法可用于神经网络，如期望最大化（EM）、深度学习。从计算效率角度来看，这里使用标准反向传播算法来训练前馈神经网络，从而近似解决式（2-42）中的问题。

首先，将式（2-42）中目标函数表示为

$$E = \frac{1}{n^2} \sum_{i,j=1}^{n} a_{ij} \|x_i - x_j\|^p$$
$$= \frac{1}{n^2} \sum_{i,j=1}^{n} \exp\left(-\frac{\|y_i - y_j\|^2}{2\sigma^2}\right) \|x_i - x_j\|^p \tag{2-43}$$

那么，目标函数值 E 对输出变量的梯度如下：

$$\frac{\partial E}{\partial y_i} = \sum_{j=1}^{n} \frac{-\|x_i - x_j\|^p}{n^2} \exp\left(-\frac{\|y_i - y_j\|^2}{2\sigma^2}\right) \frac{y_i - y_j}{\sigma^2} \tag{2-44}$$

根据 $\partial E / \partial y_i$，可以通过反向传播来计算网络权重的梯度 $\partial E / \partial w_{ij}$。因此，式（2-42）中的问题可以用标准反向传播算法来解决。

为了获得更可靠的解决方案，我们用弹性反向传播算法[145]来解决这个问题。弹性反向传播算法的参数不需要进行大量的调整，可以直接设置初始权重变化 $\Delta_0 = 0.07$、最大权重变化 $\Delta_{\max} = 50$、最小权重变化 $\Delta_{\min} = 10^{-6}$、权重变化的增加 $\eta^+ = 1.2$ 和权重变化的减小 $\eta^- = 0.5$。根据经验，弹性反向传播算法会在 70 代时收敛，如图 2-10 所示。

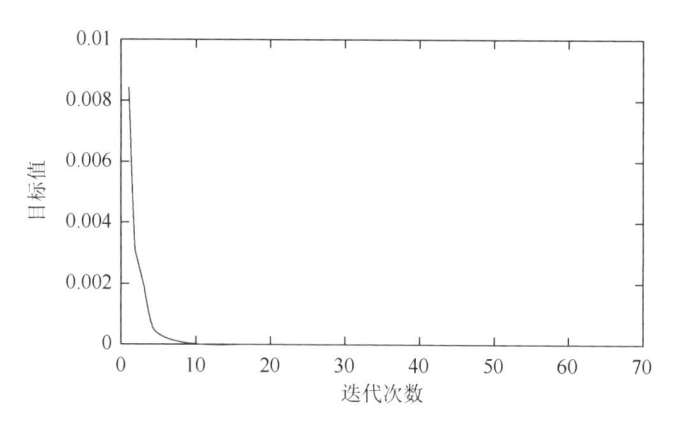

图 2-10 弹性反向传播算法收敛效果

（1）量化：为了解决式（2-42）中的问题而学习到的哈希映射 f，不会将数据点转换为严格二进制的哈希码。因此，我们需要一个量化方法来处理 f 的输出。如图 2-11 所示，f 的输出非常接近二进制，因此，我们简单地用 $h(\cdot)$ 来量化 f 的输出，其中当 $v \geq 0.5$ 时 $h(v)$ 值为 1，否则为 0。

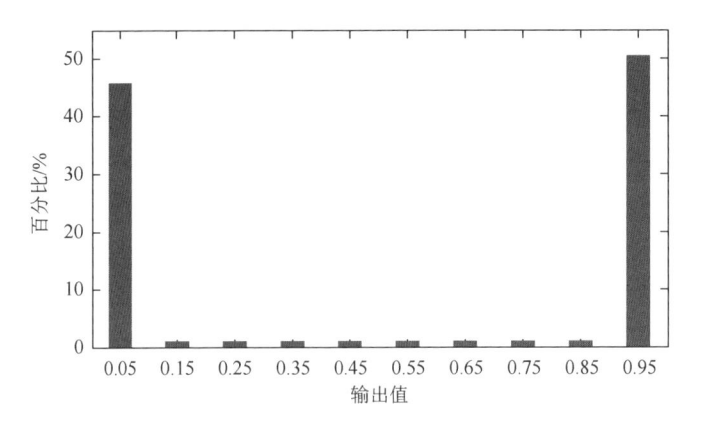

图 2-11 哈希映射输出值的分布

（2）减少训练时间：在式（2-44）中，由于单个输出点的梯度是对所有点的求和，从 n 个数据点学习 f 的计算复杂度是 $O(n^2)$，当 n 非常大时，在大数据集上所花费的代价是很大的。于是，为了加快训练过程，这里采用了随机梯度下降法，在每次迭代中，都随机从 1～n 中选择 r 个整数 $\mathcal{T} = \{i_1, i_2, \cdots, i_r\}$，然后，式（2-43）中目标函数 E 可近似为

$$E_r = \frac{1}{nr} \sum_{i \in \mathcal{T}} \sum_{j=1}^{n} \exp\left(-\frac{\|y_i - y_j\|^2}{2\sigma^2}\right) \|x_i - x_j\|^p \tag{2-45}$$

其中，r 为抽样率，通过这种方式，计算成本可减少为 $O(nr)$，其中 $r \ll n$。

2.6 面向汽车品牌管理的数据工程

以处于消费热点、市场关注度高、品牌数量规模适中、市场化程度高的汽车品牌作为案例研究对象，构建基于大数据的汽车品牌管理系统，有利于汽车企业与消费者之间相互理解和认知，有利于企业明确市场定位，制定竞争战略，优化产品开发过程，进一步促进我国汽车产业自主品牌战略发展的进程。

2.6.1 数据获取

针对数据分散性问题，研究设计开发了多个数据采集器，采集到消费者、汽车和情境三方面的相关数据，如表 2-8 所示。

表 2-8 汽车品牌关系管理获取的数据集合

分类	详细	来源	规模	时间跨度
消费者	论坛数据	汽车之家、搜狐汽车、网易汽车等八大汽车论坛	帖子 2000 万篇、评论 1.5 亿条、用户 150 万人	2013 年至今
	口碑信息	汽车之家	40 万条	2012 年至今
汽车	零售商、制造商数据	汽车之家	零售商 2 万家、制造商 700 家	最新（每半年更新一次）
	车型参数数据	汽车之家	1.2 万条	最新（每半年更新一次）
	销量数据	搜狐汽车	20 万条	2007 年至今
情境	天气及空气质量数据	天气网	7.4 万条	2014 年至今
	汽车石油相关股票信息	东方财富网	1.5 万条	2016 年 6 月至今
	PPI、CPI、进出口数据	东方财富网	400 条	2008 年至今（按月更新）

注：PPI 为工业品生产价格指数（producer price index）的英文首字母缩写。CPI 为居民消费指数（consumer price index）的英文首字母缩写。

2.6.2 基于布隆过滤器的数据过滤

汽车论坛存在大量垃圾信息，影响商务分析结果，采用基于汽车本体的布隆过滤器，过滤无用评论，保障后续挖掘任务顺利开展。

1. 汽车本体库构建

本实验以汽车为例研究复杂产品本体库构建问题，数据获取自汽车之家口碑网，共计 12 万条口碑评论数据。依据 2.4.1 节的研究内容，首先综合评论内容的特征词、现有汽车专业词典、爱卡汽车网站的汽车分类目录和 2006 年中国汽车工程学会发布的《消费者轿车产品价值评价体系》，基于汽车属性构建汽车评价指标体系，即构建出 D（10 个一级评价指标）为

$$D = \{空间, 动力, 操控, 油耗, 舒适性, 外观, 内饰, 性价比, 安全性, 其他\}$$

(2-46)

然后，从 12 万条口碑评论数据中抽取 650 条评论语料进行人工标注；另抽取 500 条评论语料对词组进行扩充。人工标注方法的抽取结果如表 2-9 所示，自动扩充词组方法的实验结果如表 2-10 所示，去重修正后扩充词组 1387 条，最终得到的汽车领域本体架构如表 2-11 所示，其中识别正确率表示识别正确的特征-情感词组占全部识别词组的比例，标注准确率表示词组极性标注正确的比例。

表 2-9　标注结果统计表

评论数目	特征词数目	词组数目
650 条	2519 条	5843 条

表 2-10　自动扩充方法性能表

词组数目	正确识别数目	识别正确率	极性正确数目	标注准确率
5007 条	4593 条	91.7%	4386 条	87.6%

表 2-11　汽车领域本体库

一级评价指标	二级评价指标	特征词数目	词组数目	一级评价指标	二级评价指标	特征词数目	词组数目
D_p	D_{pq}	F_{pq}	$<f, s>_{pq}$	D_p	D_{pq}	F_{pq}	$<f, s>_{pq}$
操控	方向操纵	94	329	内饰	材质做工	194	381
	制动/换挡	165	510		色彩	59	119
	电子设备	67	79		设计	76	166
	操控_性能	131	351		功能性	220	334
动力	起步	19	65		内饰_总体	58	198
	加速	67	241	外观	漆面	37	106
	应用技术	101	241		前面	87	243
	动力_性能	141	353		后面	78	239
油耗	市区	17	45		外观_总体	253	643
	高速	7	26	性价比	价格	37	176
	综合	14	210		配置	52	114
空间	总体空间	84	236		性价比_总体	34	102
	行李箱空间	26	118	安全性	安全_性能	21	41
	储物空间	24	70		被动安全性	34	25
	乘坐空间	62	280		主动安全性	99	107
舒适性	振动感觉	102	227	其他	售后	46	84
	乘坐感	241	548		通过性	8	38
	噪声	147	301		总体评价	115	214
	空调效果	12	28				

最终，构建的汽车本体库框架如图 2-12 所示，共包含 10 个一级评价指标和 37 个二级评价指标，特征词组 7230 条。

2. 基于布隆过滤器的数据过滤

基于以上构建的汽车本体库，数据过滤具体流程如图 2-13 所示，主要分为以

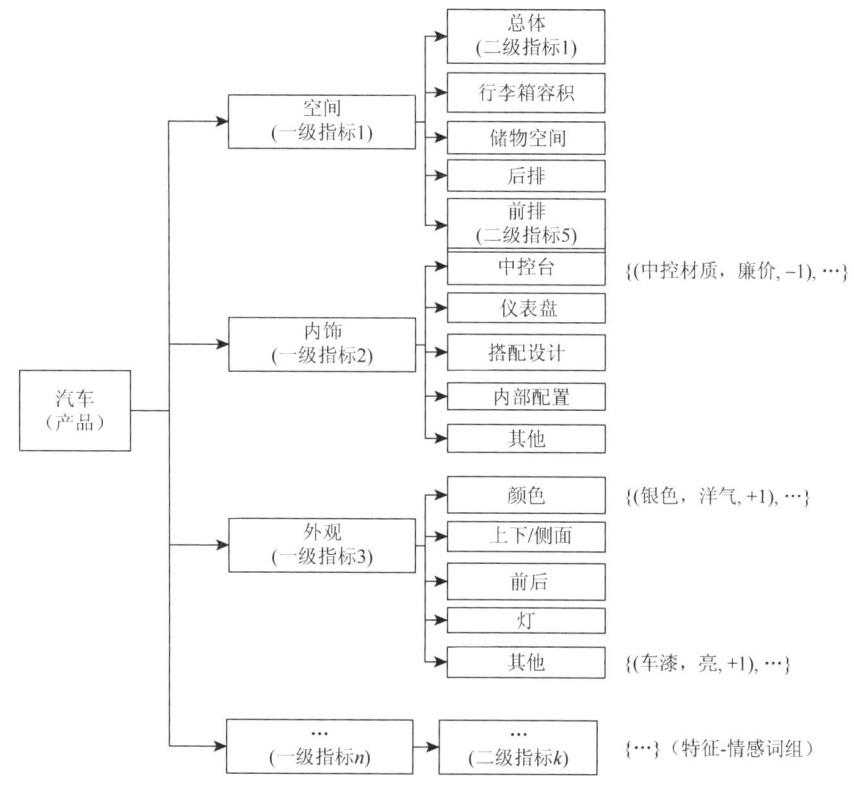

图 2-12 汽车本体库框架

下两个步骤：第一步，基于评论内容，采用人机交互的方式构建汽车本体库，利用布隆过滤器多哈希函数压缩参数空间，快速实现在线评论的匹配过滤，匹配成功视为待定评论。第二步，对待定评论进行分词和词性标注，基于语义规则匹配特征-情感对（Feature，Sentiment）。计算 Feature 与 Sentiment 的点互信息，若 I（Feature，Sentiment）$>k$，则将此评论保留，反之过滤。

首次过滤可以确保保留下来的都为有效评论，二次过滤中词组识别的准确率高达 90%，基于本体的布隆过滤器不仅筛选出有效评论，而且方便查看评论中包含的汽车评价指标。如图 2-14 所示为汽车评论中的无用评论和有用评论举例。

2.6.3 结构化工程与特征约简

针对文本数据非结构化问题，提取结构化主题是开展商务分析的基础，考虑到 LDA 在用户评论主题建模的问题（短文本，语言随意性），提出交互式 LDA，有效增加主题的可理解性与准确性。

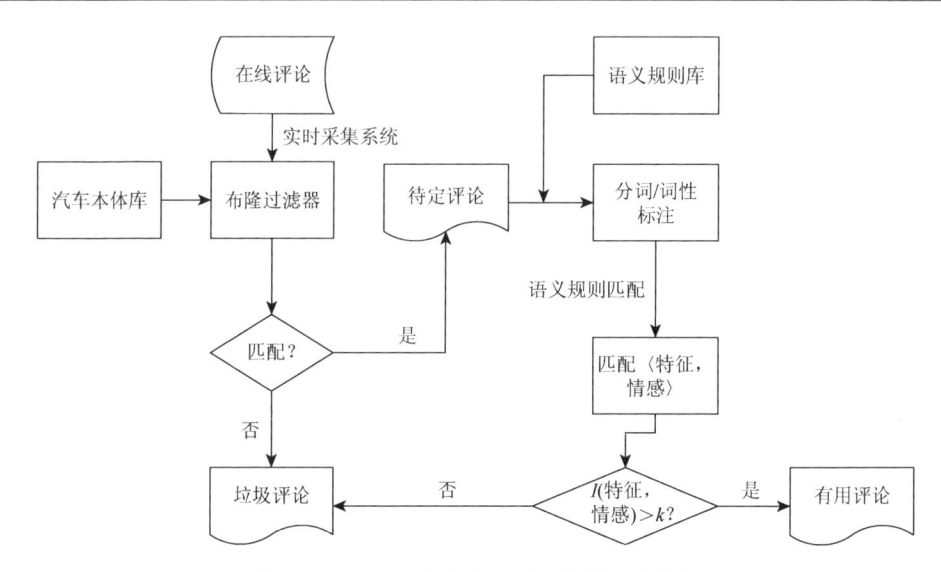

图 2-13 汽车品牌关系管理的数据过滤流程

图 2-14 汽车评论中的无用评论和有用评论举例对比

以汽车之家数据进行实验测试,交互式 LDA 主题提取技术比传统主题模型具有更好的主题生成效果。表 2-12 展示了 LDA 模型和 iLDA 模型处理数据的结果,图 2-15 则通过词云图的方式可视化地展示了两种算法的效果。

表 2-12　LDA 模型和 iLDA 模型的运行结果

模型	主题序号	主题中词结果
LDA	1	车 满意 一点 油耗 空间 动力 外观 好 比较 内饰 感觉 操控 性价比 舒适性 不错 人 开 太 高点 描述 小 买 坐 选择 觉得 喜欢 公里 后排 算 跑 现在 有点 左右 一个 凯美瑞 舒服 款车 低 发动机 来说 高速 舒适 够用 年 省油 花冠 座椅 市区 想
	2	油泵 螺丝 随后 小姐 电路 越野 凤凰 插头 泵 破 同学 保修 精准度 顾问 漏风 进水 工作室 联络 中线 小偷 手工费 提升机 加急 够头 旅行 动力 够 不够 别扭 超大 乘坐空间 车型 开起来 问 住 308 壳 继电器 箱 两侧 没得说 安全 套 后视镜 准确 后排 黑色 仪表板 侧 弥

第 2 章 数 据 工 程

续表

模型	主题序号	主题中词结果
LDA	3	实在 低档 陡坡缓降 技 3.6万 棒棒哒 指向 范 相当 转 单位 6.5L 烦躁 款车 涡轮增压 导航 车主 积分 深 踩油门 操作 交通 8L 准确 腰 习惯 褒贬不一 上档次 型 新车 地方 保持 栅 坑坑洼洼 事 回头率 尺寸 轿车 熄火 喝 挡视线 扭矩 有名 源于 类型 采用 提 宜宾 形成 此时
LDA	4	手套箱 行车记录仪 无聊 AT 江铃 差评 尾气 3200 榜 行李 马自达 前提 最小离地间隙 价格 前雷达 限速 第一次 牌子 时间 开车 堆 坏 人机 加强 日常 完全 多功能方向盘 后视镜 前 客户 中意 提升 后排座椅 月 国产车 经历 郊游 小区 8.5 强力 品 奢望 情 理 公斤 村 交叉 全面 创 利索
LDA	5	GL8 载物空间 2.5g 车速 正面 周边 喝酒 妄 新能源 能量 瑞珊瑚 诸多 25.98 够力 渗漏 清晰 范 滑 车型 液压 好多 长城 段 法国 箱 售后 真是 必要 卖 地图 使用 间隙 指向准确 影响 中央 凶 厂家 式 仪表板 主 水平 一向 2610 头部空间 科鲁兹 效果明显 8月9日 分钟 天生 心态
iLDA	1	车 满意 一点 油耗 空间 动力 外观 好 比较 内饰 感觉 操控 性价比 舒适性 不错 人 开 太 高点 描述 小 买 坐 选择 觉得 喜欢 公里 后排 算 跑 现在 有点 左右 一个 凯美瑞 舒服 款车 低 发动机 来说 高速 舒适 够用 年 省油 花冠 座椅
iLDA	2	TS 偏硬 雪 11 沙发 友 朝夕 J.D.Power 6.66666 外加 放 目前 后期 方向盘助力 液压门 标志 PASS 座位 配置 两侧 坡道 强 黑色 4S 车速 操控性 店 属于 轿车 铸铁 头 兄弟 理由 时代 扭矩 高速120 开发 USB接口 爆 斯 前排 高强度 形成 保护 使 后雾灯 充足 出风口
iLDA	3	滤芯 成本 好像 11.8 车轮 辨识 品牌形象 一时 丑陋 聊 练就 制动器 加速 周 出头 描述 老婆 超车 一半 降 80km 来说 了解 天天 视野 奔 手套箱 慢 主 历程 越来越好 悬架 肯定 前段 厘米 接缝 适合 国道 天 坑坑洼洼 霜 进气格栅 轿车 拥有 品 顶 语言 下边 手机 大众 1.6 副驾驶
iLDA	4	油泵 泵 电压 螺丝 电路 娇气 插头 杂音 偷 寒心 凉快 架子 选手 工作室 联络 转子 中线 手工费 提升机 红木 轻 气味 选 点 重点 现在 外国 种 款车 继电器 风神 数据 测 沟沟坎坎 安全气囊 自动空调 众 将来 发动机噪音 声嘶力竭 级别 1.5L 安全感 能 上下调节 回来 实在 情况 新手 坡 打火 自我 支持 加油
iLDA	5	野马 美国 小马 著 跑车 电影 著名 欧系 百万 标号 加州 情怀 套 也就是 两厢 桥 功底 王 力不从心 催 盖板 知名度 美式 坎坎 厦门 大马力 BOSS 泰安 99% 十佳 上级 增压 Toyota 两口子 绰 极品飞车 沃德 充实 艺术品 美国文化 合计 百色 底板 12 选 别扭 14 当时 线性 问 发出 档次 很高 标志 4S 店

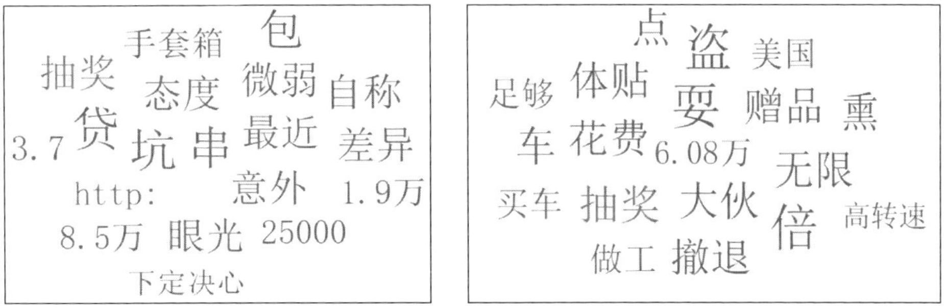

(a) LDA结果 (b) iLDA结果

图 2-15 LDA 结果和 iLDA 结果对比

2.6.4 数据工程结果

通过数据获取、过滤、结构化和约简之后，各功能及其对应的数据表示如图 2-16 所示。

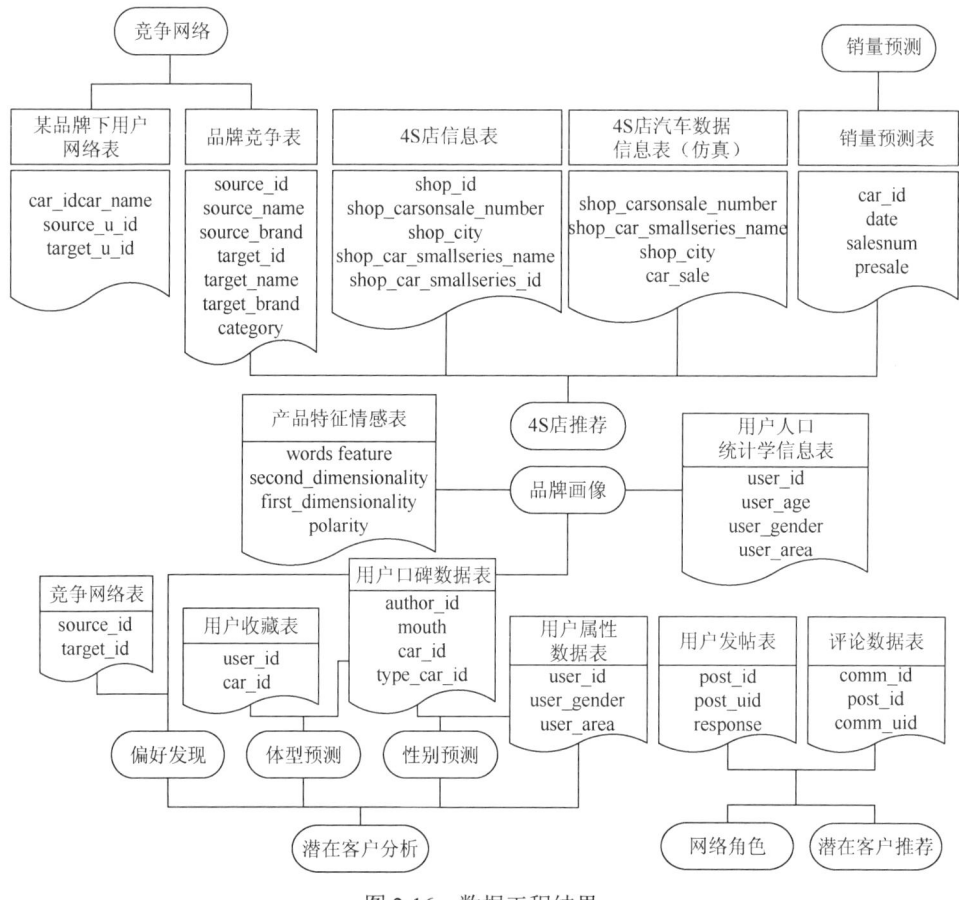

图 2-16 数据工程结果

参 考 文 献

[1] Titirisca A. ETL as a necessity for business architectures[J]. Database Systems Journal，2013，4（2）：3-12.
[2] Rajpurohit A. Big data for business managers—Bridging the gap between potential and value[C]//2013 IEEE International Conference on Big Data. IEEE，2013：29-31.
[3] Witten I H，Frank E，Hall M A，et al. Data Mining：Practical Machine Learning Tools and Techniques[M]. San Francisco：Morgan Kaufmann，2016.

[4] Buelens B, Daas P, Burger J, et al. Selectivity of Big Data[M]. The Hague: Statistics Netherlands, 2014.
[5] Barton D, Court D. Making advanced analytics work for you[J]. Harvard Business Review, 2012, 90 (10): 78-83.
[6] National Research Council. Frontiers in Massive Data Analysis[M]. Washington DC: National Academies Press, 2013.
[7] 刘明吉, 王秀峰. 数据挖掘中的数据预处理[J]. 计算机科学, 2000, 27 (4): 54-57.
[8] Osborne J W. Best Practices in Data Cleaning: A Complete Guide to Everything You Need to Do Before and After Collecting Your Data[M]. Los Angles: Sage, 2013.
[9] 王曰芬, 章成志, 张蓓蓓, 等. 数据清洗研究综述[J]. 数据分析与知识发现, 2007, 2 (12): 50-56.
[10] Raman V, Hellerstein J M. Potter's wheel: An interactive data cleaning system[C]//VLDB. 2001, 1: 381-390.
[11] Galhardas H. Data cleaning and transformation using the AJAX framework[C]. International Summer School on Generative and Transformational Techniques in Software Engineering. Springer, Berlin, Heidelberg, 2005: 327-343.
[12] Selvarajah S, Fong A Y Y, Selvaraj G, et al. An Asian validation of the TIMI risk score for ST-segment elevation myocardial infarction[J]. PLoS One, 2012, 7 (7): e40249.
[13] Bizer C, Boncz P, Brodie M L, et al. The meaningful use of big data: Four perspectives--four challenges[J]. ACM Sigmod Record, 2012, 40 (4): 56-60.
[14] Lenzerini M. Data integration: A theoretical perspective[C]//Proceedings of the Twenty-First ACM Sigmod-Sigact-Sigart Symposium on Principles of Database Systems. ACM, 2002: 233-246.
[15] Hasselbring W. Information system integration[J]. Communications of the ACM, 2000, 43 (6): 32-36.
[16] Calì A, Calvanese D, De Giacomo G, et al. Data integration under integrity constraints[C]//International Conference on Advanced Information Systems Engineering. Springer, Berlin, Heidelberg, 2002: 262-279.
[17] Chowdhury G G. Introduction to Modern Information Retrieval[M]. London: Facet Publishing, 2010.
[18] Deerwester S, Dumais S T, Furnas G W, et al. Indexing by latent semantic analysis[J]. Journal of the American Society for Information Science, 1990, 41 (6): 391-407.
[19] Hofmann T. Probabilistic latent semantic analysis[C]//Proceedings of the Fifteenth Conference on Uncertainty in Artificial Intelligence[M]. San Francisco: Morgan Kaufmann Publishers Inc., 1999: 289-296.
[20] Blei D M, Ng A Y, Jordan M I. Latent dirichlet allocation[J]. Journal of Machine Learning Research, 2003, 3 (Jan): 993-1022.
[21] Salton G, Wong A, Yang C S. A vector space model for automatic indexing[J]. Communications of the ACM, 1975, 18 (11): 613-620.
[22] Raghavan V V, Wong S K M. A critical analysis of vector space model for information retrieval[J]. Journal of the American Society for Information Science, 1986, 37 (5): 279-287.
[23] Castells P, Fernandez M, Vallet D. An adaptation of the vector-space model for ontology-based information retrieval[J]. IEEE Transactions on Knowledge and Data Engineering, 2007, 19 (2): 261-272.
[24] Li H, Ma B, Lee C H. A vector space modeling approach to spoken language identification[J]. IEEE Transactions on Audio, Speech, and Language Processing, 2007, 15 (1): 271-284.
[25] 叶敏, 汤世平, 牛振东. 一种基于多特征因子改进的中文文本分类算法[J]. 中文信息学报, 2017, 31 (4): 132-137.
[26] 季铎, 郑伟, 蔡东风. 潜在语义索引中特征优化技术的研究[J]. 中文信息学报, 2009, 23 (2): 69-76.
[27] 李国和, 岳翔, 吴卫江, 等. 面向文本分类的特征词选取方法研究与改进[J]. 中文信息学报, 2015, 29 (4): 120-125.
[28] 申剑博. 改进的 TF-IDF 中文本特征项加权算法研究[J]. 软件导刊, 2015 (4): 67-69.

[29] Yuan M, Ouyang Y X, Xiong Z. A text categorization method using extended vector space model by frequent term sets[J]. Journal of Information Science and Engineering, 2013, 29 (1): 99-114.

[30] Xie L, Li G, Xiao M, et al. Novel classification method for remote sensing images based on information entropy discretization algorithm and vector space model[J]. Computers and Geosciences, 2016, 89 (C): 252-259.

[31] Sidorov G, Gelbukh A, Gómezadorno H, et al. Soft similarity and soft cosine measure: Similarity of features in vector space model[J]. Computación Y Sistemas, 2014, 18 (3): 491-504.

[32] Sarkar I N. A vector space model approach to identify genetically related diseases[J]. Journal of the American Medical Informatics Association, 2012, 19 (2): 249-254.

[33] Pasquier C, Gardès J. Prediction of miRNA-disease associations with a vector space model[J]. Scientific Reports, 2016, 6: 27036.

[34] Ekbal A, Saha S, Choudhary G. Plagiarism detection in text using Vector Space Model[C]//International Conference on Hybrid Intelligent Systems. IEEE, 2013: 366-371.

[35] Landauer T K, Foltz P W, Laham D. An introduction to latent semantic analysis[J]. Discourse processes, 1998, 25 (2-3): 259-284.

[36] Papadimitriou C H, Raghavan P, Tamaki H, et al. Latent semantic indexing: a probabilistic analysis[J]. Journal of Computer and System Sciences, 2000, 61 (2): 217-235.

[37] Maletic J I, Marcus A. Using latent semantic analysis to identify similarities in source code to support program understanding[C]//IEEE International Conference on TOOLS with Artificial Intelligence, 2000. ICTAI 2000. Proceedings, IEEE, 2000: 46-53.

[38] Yeh J Y, Ke H R, Yang W P, et al. Text summarization using a trainable summarizer and latent semantic analysis[J]. Information Processing and Management, 2005, 41 (1): 75-95.

[39] 林鸿飞, 高仁璟. 基于潜在语义索引的文本摘要方法[J]. 大连理工大学学报, 2001, 41 (6): 744-748.

[40] 曾雪强, 王明文, 陈素芬. 一种基于潜在语义结构的文本分类模型[J]. 华南理工大学学报（自然科学版）, 2004, 32 (s1): 99-102.

[41] 李媛媛, 马永强. 基于潜在语义索引的文本特征词权重计算方法[J]. 计算机应用, 2008, 28 (6): 1460-1462.

[42] 马雯雯, 魏文晗, 邓一贵. 基于隐含语义分析的微博话题发现方法[J]. 计算机工程与应用, 2014, 50 (1): 96-100.

[43] 卫威, 王建民. 一种大规模数据的快速潜在语义索引[J]. 计算机工程, 2009, 35 (15): 35-37.

[44] 金恬. 语种识别中的隐含语义分析[D]. 合肥: 中国科学技术大学, 2010.

[45] Wang Q, Xu J, Li H, et al. Regularized latent semantic indexing: A new approach to large-scale topic modeling[J]. ACM Transactions on Information Systems, 2013, 31 (1): 1-44.

[46] Thorleuchter D, van den Poel D. Technology classification with latent semantic indexing[J]. Expert Systems with Applications, 2013, 40 (5): 1786-1795.

[47] Thorleuchter D, van den Poel D. Quantitative cross impact analysis with latent semantic indexing[J]. Expert Systems with Applications, 2014, 41 (2): 406-411.

[48] Devarajan K, Wang G, Ebrahimi N. A unified statistical approach to non-negative matrix factorization and probabilistic latent semantic indexing[J]. Machine Learning, 2015, 99 (1): 137-163.

[49] Elghazel H, Aussem A, Gharroudi O, et al. Ensemble multi-label text categorization based on rotation forest and latent semantic indexing[J]. Expert Systems with Applications, 2016, 57 (C): 1-11.

[50] Hofmann T. Unsupervised learning by probabilistic latent semantic analysis[J]. Machine Learning, 2001, 42 (1-2): 177-196.

[51] Monay F, Gatica-Perez D. PLSA-based image auto-annotation: Constraining the latent space[C]//ACM International Conference on Multimedia. ACM, 2004: 348-351.

[52] Bosch A, Zisserman A. Scene classification via pLSA[C]//European Conference on Computer Vision. Springer-Verlag, 2006: 517-530.

[53] Chien J T, Wu M S. Adaptive bayesian latent semantic analysis[J]. IEEE Transactions on Audio, Speech, and Language Processing, 2007, 16(1): 198-207.

[54] 吴志媛, 钱雪忠. 基于 PLSI 的标签聚类研究[J]. 计算机应用研究, 2013, 30(5): 1316-1319.

[55] 罗景, 涂新辉. 基于概率潜在语义分析的中文信息检索[J]. 计算机工程, 2008, 34(2): 199-201.

[56] 宋晓雷, 王素格, 李红霞, 等. 基于概率潜在语义分析的词汇情感倾向判别[J]. 中文信息学报, 2011, 25(2): 89-94.

[57] 张玉芳, 朱俊, 熊忠阳. 改进的概率潜在语义分析下的文本聚类算法[J]. 计算机应用, 2011, 31(3): 674-676.

[58] Bassiou N K, Kotropoulos C L. Online PLSA: Batch updating techniques including out-of-vocabulary words[J]. IEEE Transactions on Neural Networks and Learning Systems, 2014, 25(11): 1953-1966.

[59] Yan Y L, Hsieh J W, Chiang H F, et al. PLSA-based sparse representation for object classification[C]//2014 22nd International Conference on Pattern Recognition. IEEE, 2014: 1295-1300.

[60] Zhou X F, Liang J G, Hu Y, et al. Text document latent subspace clustering by PLSA factors[C]//Ieee/wic/acm International Joint Conferences on Web Intelligence. IEEE Computer Society, 2014: 442-448.

[61] Jin B, Hu W, Wang H. Image classification based on pLSA fusing spatial relationships between topics[J]. IEEE Signal Processing Letters, 2012, 19(3): 151-154.

[62] Jiang Y, Liu J, Li Z, et al. Collaborative PLSA for multi-view clustering[C]. International Conference on Pattern Recognition, 2012: 2997-3000.

[63] Zhuang F, Karypis G, Ning X, et al. Multi-view learning via probabilistic latent semantic analysis[J]. Information Sciences, 2012, 199(15): 20-30.

[64] Wang J, Liu P, She M F H, et al. Supervised learning probabilistic Latent Semantic Analysis for human motion analysis[J]. Neurocomputing, 2013, 100(2): 134-143.

[65] Nikolopoulos S, Zafeiriou S, Patras I, et al. High order pLSA for indexing tagged images[J]. Signal Processing, 2013, 93(8): 2212-2228.

[66] Tian D, Zhao X, Shi Z. An efficient refining image annotation technique by combining probabilistic latent semantic analysis and random walk model[J]. Intelligent Automation and Soft Computing, 2014, 20(3): 335-345.

[67] Fernandez-Beltran R, Pla F. Incremental probabilistic latent semantic analysis for video retrieval[J]. Image and Vision Computing, 2015, 38: 1-12.

[68] Blei D M, Ng A, Jordan M. Latent dirichlet allocation [J]. Journal of Machine Learning Research, 2003, 3(Jan): 993-1022.

[69] Lafferty J D, Blei D M. Correlated topic models[C]//Advances in Neural Information Processing Systems, 2006: 147-154.

[70] Li W, McCallum A. Pachinko allocation: DAG-structured mixture models of topic correlations[C]//International Conference on Machine Learning. ACM, 2006: 577-584.

[71] Blei D M, Lafferty J D. Dynamic topic models[C]//Proceedings of the 23rd International Conference on Machine Learning. ACM, 2006: 113-120.

[72] Wang C, Blei D, Heckerman D. Continuous time dynamic topic models[J]. Uncertainty in Artifical Intelligence, 2008: 579-586.

[73] Alsumait L, Barbará D, Domeniconi C. On-line lda: Adaptive topic models for mining text streams with applications to topic detection and tracking[C]//2008 eighth IEEE International Conference on Data Mining. IEEE, 2008: 3-12.

[74] Zhao W X, Jiang J, Weng J, et al. Comparing twitter and traditional media using topic models[C]//European Conference on Information Retrieval. Springer, Berlin, Heidelberg, 2011: 338-349.

[75] Wang Y, Agichtein E, Benzi M. TM-LDA: Efficient online modeling of latent topic transitions in social media[C]//Proceedings of the 18th ACM SIGKDD International Conference on Knowledge Discovery and Data Mining. ACM, 2012: 123-131.

[76] Liu G, Xu X, Zhu Y, et al. An improved latent Dirichlet allocation model for hot topic extraction[C]//2014 IEEE Fourth International Conference on Big Data and Cloud Computing. IEEE, 2014: 470-476.

[77] Mcauliffe J D, Blei D M. Supervised topic models[C]//Advances in Neural Information Processing Systems, 2008: 121-128.

[78] Wang Y, Sabzmeydani P, Mori G. Semi-latent dirichlet allocation: A hierarchical model for human action recognition[C]//Workshop on Human Motion. Springer, Berlin, Heidelberg, 2007: 240-254.

[79] Boyd-Graber J, Resnik P. Holistic sentiment analysis across languages: Multilingual supervised latent Dirichlet allocation[C]//Proceedings of the 2010 Conference on Empirical Methods in Natural Language Processing, Association for Computational Linguistics, 2010: 45-55.

[80] Ramage D, Manning C D, Dumais S. Partially labeled topic models for interpretable text mining[C]//Proceedings of the 17th ACM SIGKDD International Conference on Knowledge Discovery and Data Mining, ACM, 2011: 457-465.

[81] Mao X L, Ming Z Y, Chua T S, et al. SSHLDA: a semi-supervised hierarchical topic model[C]//Proceedings of the 2012 Joint Conference on Empirical Methods in Natural Language Processing and Computational Natural Language Learning. Association for Computational Linguistics, 2012: 800-809.

[82] Zhai K, Boyd-Graber J, Asadi N, et al. Mr. LDA: A flexible large scale topic modeling package using variational inference in mapreduce[C]//Proceedings of the 21st International Conference on World Wide Web. ACM, 2012: 879-888.

[83] Zeng J, Cheung W K, Liu J. Learning topic models by belief propagation[J]. IEEE Transactions on Pattern Analysis and Machine Intelligence, 2013, 35(5): 1121-1134.

[84] Hart P. The condensed nearest neighbor rule (Corresp.)[J]. IEEE Transactions on Information Theory, 1968, 14(3): 515-516.

[85] Ritter G, Woodruff H, Lowry S, et al. An algorithm for a selective nearest neighbor decision rule (Corresp.)[J]. IEEE Transactions on Information Theory, 1975, 21(6): 665-669.

[86] Gates G. The reduced nearest neighbor rule (Corresp.)[J]. IEEE Transactions on Information Theory, 1972, 18(3): 431-433.

[87] Dasarathy B V. Minimal consistent set (MCS) identification for optimal nearest neighbor decision systems design[J]. IEEE Transactions on Systems, Man, and Cybernetics, 1994, 24(3): 511-517.

[88] Wilson D L. Asymptotic properties of nearest neighbor rules using edited data[J]. IEEE Transactions on Systems, Man, and Cybernetics, 1972(3): 408-421.

[89] Wilson D R, Martinez T R. Reduction techniques for instance-based learning algorithms[J]. Machine Learning, 2000, 38(3): 257-286.

[90] Tomek I. An experiment with the edited nearest-neighbor rule[J]. IEEE Transactions on Systems Man and

Cybernetics, 2007, SMC-6 (6): 448-452.

[91] Angiulli F. Fast Nearest Neighbor Condensation for Large Data Sets Classification[J]. IEEE Transactions on Knowledge and Data Engineering, 2007, 19 (11): 1450-1464.

[92] Brighton H, Mellish C. Advances in instance selection for instance-based learning algorithms[J]. Data Mining and Knowledge Discovery, 2002, 6 (2): 153-172.

[93] Li Y, Maguire L. Selecting critical patterns based on local geometrical and statistical information[J]. IEEE Transactions on Pattern Analysis and Machine Intelligence, 2011, 33 (6): 1189-1201.

[94] Chen J, Zhang C, Xue X, et al. Fast instance selection for speeding up support vector machines[J]. Knowledge-Based Systems, 2013, 45 (3): 1-7.

[95] Mitra P, Murthy C A, Pal S K. Density-based multiscale data condensation[J]. IEEE Transactions on Pattern Analysis and Machine Intelligence, 2002, 24 (6): 734-747.

[96] Wang X Z, Dong L C, Yan J H. Maximum ambiguity-based sample selection in fuzzy decision tree induction[J]. IEEE Transactions on Knowledge and Data Engineering, 2012, 24 (8): 1491-1505.

[97] Tsai C F, Chen Z Y. Towards high dimensional instance selection: An evolutionary approach[J]. Decision Support Systems, 2014, 61 (2): 79-92.

[98] García-Pedrajas N, Perez-RodríGuez J, Haro-GarcíA A D. OligoIS: Scalable instance selection for class-imbalanced data sets[J]. IEEE Transactions on Cybernetics, 2013, 43 (1): 332-346.

[99] García-Osorio C, Haro-García A D, García-Pedrajas N. Democratic instance selection: A linear complexity instance selection algorithm based on classifier ensemble concepts.[J]. Artificial Intelligence, 2010, 174 (5): 410-441.

[100] Almuallim H, Dietterich T G. Learning boolean concepts in the presence of many irrelevant features[J]. Artificial Intelligence, 1994, 69 (1-2): 279-305.

[101] Battiti R. Using mutual information for selecting features in supervised neural net learning[J]. IEEE Transactions on Neural Networks, 1994, 5 (4): 537.

[102] Liu H, Motoda H, Dash M. A monotonic measure for optimal feature selection[C]//European Conference on Machine Learning. Springer-Verlag, 1998: 101-106.

[103] Kwak N, Choi C H. Input feature selection by mutual information based on parzen window[J]. IEEE Transactions on Pattern Analysis and Machine Intelligence, 2002, 24 (12): 1667-1671.

[104] Peng H, Long F, Ding C. Feature selection based on mutual information: criteria of max-dependency, max-relevance, and min-redundancy[J]. IEEE Transactions on Pattern Analysis and Machine Intelligence, 2005, 27 (8): 1226-1238.

[105] Tesmer M, Perez C A, Zurada J M. Normalized mutual information feature selection[J]. IEEE Transactions on Neural Networks, 2009, 20 (2): 189.

[106] Swiniarski R W, Skowron A. Rough set methods in feature selection and recognition[J]. Pattern Recognition Letters, 2003, 24 (6): 833-849.

[107] Yu L, Liu H. Efficient feature selection via analysis of relevance and redundancy[J]. Journal of Machine Learning Research, 2004, 5 (12): 1205-1224.

[108] Kohavi R, John G H. Wrappers for feature subset selection[J]. Artificial Intelligence, 1997, 97 (1-2): 273-324.

[109] Sindhwani V, Rakshit S, Deodhare D, et al. Feature selection in MLPs and SVMs based on maximum output information[J]. IEEE Transactions on Neural Networks, 2004, 15 (4): 937-948.

[110] Liu H, Setiono R. Feature selection and classification-a probabilistic wrapper approach[C]//International

Conference on Industrial and Engineering Applications of Artificial Intelligence and Expert Systems. Gordon and Breach Science Publishers, Inc. 1996: 419-424.

[111] Quinlan J R. Induction of decision trees[J]. Machine Learning, 1986, 1 (1): 81-106.

[112] Breiman L, Friedman J, Olshen R, et al. Classification and Regression Trees[A]//Belmont C A. Wadsworth International Group[C]. Biometrics, 1984, 40 (3): 358.

[113] Dash M, Liu H. Consistency-based search in feature selection[J]. Artificial Intelligence, 2003, 151(1-2): 155-176.

[114] Chandrashekar G, Sahin F. A Survey on Feature Selection Methods[M]. Oxford: Pergamon Press, Inc. 2014.

[115] 陈忻. 畅游数据海洋[J]. 中国建设信息化, 2013 (6): 14-15.

[116] 刘业政, 杨露. 面向复杂产品的在线评论情感值量化模型[R]. Working Paper.

[117] 刘丽珍, 赵新蕾, 王函石, 等. 基于产品特征的领域情感本体构建[J]. 北京理工大学学报, 2015, 35 (5): 538-544.

[118] Cao P. Bloom filters-the math[J]. 2014-10-11. http://pages. cs. wise. edu/-eao/papers/summa-ry-cache/node8, html, 1998.

[119] Mitzenmacher M. Compressed bloom filters[J]. IEEE/ACM Transactions on Networking, 2002, 5 (10): 604-612.

[120] Broder A, Mitzenmacher M. Network applications of bloom filters: A survey[J]. Internet Mathematics, 2004, 1 (4): 485-509.

[121] Hu Y, Boyd-Graber J, Satinoff B, et al. Interactive topic modeling[J]. Machine Learning, 2014, 95(3): 423-469.

[122] Mimno D, Wallach H M, Talley E, et al. Optimizing semantic coherence in topic models[C]//Proceedings of the Conference on Empirical Methods in Natural Language Processing. Association for Computational Linguistics, 2011: 262-272.

[123] Lewis D D, Yang Y, Rose T G, et al. Rcv1: A new benchmark collection for text categorization research[J]. Journal of Machine Learning Research, 2004, 5 (Apr): 361-397.

[124] Newman D, Lau J H, Grieser K, et al. Automatic evaluation of topic coherence[C]//Human Language Technologies: The 2010 Annual Conference of the North American Chapter of the Association for Computational Linguistics. Association for Computational Linguistics, 2010: 100-108.

[125] Liu Y Z, Du F, Jiang Y C, et al. Interactive Latent Dirichlet Allocation[R]. Working Paper.

[126] Xu Q, Cai C, Jiang C, et al. Sampling Lasso quantile regression for large-scale data[J]. Communications in Statistics-Simulation and Computation, 2018, 47 (1): 92-114.

[127] Koenker R, Bassett Jr G. Regression quantiles[J]. Econometrica: Journal of the Econometric Society, 1978: 33-50.

[128] Meng X, Mahoney M W. Low-distortion subspace embeddings in input-sparsity time and applications to robust linear regression[C]//Proceedings of the Forty-Fifth Annual ACM Symposium on Theory of Computing, ACM, 2013: 91-100.

[129] Clarkson K L, Drineas P, Magdon-Ismail M, et al. The fast cauchy transform and faster robust linear regression[J]. SIAM Journal on Computing, 2016, 45 (3): 763-810.

[130] Yang J, Meng X, Mahoney M. Quantile regression for large-scale applications[C]//International Conference on Machine Learning, 2013: 881-887.

[131] Li Y, Zhu J. L 1-norm quantile regression[J]. Journal of Computational and Graphical Statistics, 2008, 17 (1): 163-185.

[132] Xu Q, Cai C, Jiang C, et al. Block average quantile regression for massive dataset[J]. Statistical Papers, 2017: 1-25.

[133] Koenker R, Ng P, Portnoy S. Quantile smoothing splines[J]. Biometrika, 1994, 81 (4): 673-680.

[134] Fan T H, Cheng K F. Tests and variables selection on regression analysis for massive datasets[J]. Data and Knowledge Engineering, 2007, 63 (3): 811-819.

[135] Zhang Y, Duchi J, Wainwright M. Divide and conquer kernel ridge regression[C]//Conference on Learning Theory, 2013: 592-617.

[136] Chen X, Xie M. A split-and-conquer approach for analysis of extraordinarily large data[J]. Statistica Sinica, 2014: 1655-1684.

[137] Zhao T Q, Kolar M, Liu H. A general framework for robust testing and confidence regions in high-dimensional quantile regression[J]. arXiv preprint arXiv: 1412.8724, 2014.

[138] Koenker R, Zhao Q. L-estimatton for linear heteroscedastic models[J]. Journaltitle of Nonparametric Statistics, 1994, 3 (3-4): 223-235.

[139] Koenker R. Quantile Regression[M]. New York: Cambridge University Press, 2005.

[140] Kulis B, Jain P, Grauman K. Fast similarity search for learned metrics[J]. IEEE Transactions on Pattern Analysis and Machine Intelligence, 2009, 31 (12): 2143-2157.

[141] Weiss Y, Torralba A, Fergus R. Spectral hashing[C]//Advances in Neural Information Processing Systems, 2009: 1753-1760.

[142] Liu Q, Liu G, Li L, et al. Reversed spectral hashing[J]. IEEE Transactions on Neural Networks and Learning Systems, 2018, 29 (6): 2441-2449.

[143] Liu W, Mu C, Kumar S, et al. Discrete graph hashing[C]//Advances in Neural Information Processing Systems, 2014: 3419-3427.

[144] Shen F, Zhou X, Yang Y, et al. A fast optimization method for general binary code learning[J]. IEEE Transactions on Image Processing, 2016, 25 (12): 5610-5621.

[145] Riedmiller M, Braun H. A direct adaptive method for faster backpropagation learning: The RPROP algorithm[C]// Proceedings of the IEEE International Conference on Neural Networks, 1993: 586-591.

第 3 章 品牌竞争分析与度量

市场竞争情报分析是企业战略管理、产品研发和市场营销等活动的基础，对企业的生存和发展至关重要。发掘市场中的潜在竞争者、测度竞争者之间的竞争强度是竞争情报分析的主要工作。传统的竞争者识别或竞争度测量主要从企业或者供应链的视角开展。企业将具有相同市场、提供相似产品、针对相似目标顾客的企业定义为竞争对手。大量研究表明，企业视角的竞争识别与消费者的认知并不完全一致。其原因主要是企业视角获得的竞争性指标与消费者感知的竞争性指标往往存在差异，而企业通常难以获得消费者感知的竞争性指标。互联网的快速发展和应用为竞争者识别与竞争度测量提供了有效数据源。与传统的访谈和问卷调查相比，搜索、在线评论、收藏等网络大数据记录了消费者在购买决策过程中对不同产品的对比和评价，能够更加准确地反映消费者视角的产品竞争关系。

本章主要介绍基于网络大数据的品牌竞争者识别与竞争度计算的相关理论及方法。3.1 节从市场竞争分析框架、竞争者识别和竞争度计算等方面介绍品牌竞争的国内外研究现状。3.2 节介绍基于网络大数据的竞争者识别方法，包括基于搜索和评论大数据的竞争者识别方法、基于网页链接结构的竞争者识别方法以及基于收藏大数据的竞争者识别方法。3.3 节从基本原理和计算方法两方面介绍基于二部图模型的竞争度计算方法。3.4 节给出竞争分析的评估方法，包括基于竞争者排序的评估方法和基于市场份额分析的评估方法。3.5 节介绍面向汽车品牌管理的竞争分析应用案例。

3.1 国内外研究现状

3.1.1 市场竞争分析框架

市场竞争分析的主要目标是预测企业的竞争对手、理解企业与市场间的交互行为、发掘企业品牌的竞争性优势，从而建立精准的品牌定位[1-3]。针对市场竞争分析这一问题，研究者从产业角度、企业角度以及消费者角度，分别提出了理解竞争行为以及分析竞争关系的框架。在产业层面，比较著名的是 20 世纪 80 年代迈克尔·波特（Michael Porter）提出的竞争五力模型（图 3-1）。该模型确立了分析产业和竞争对手的理论框架，是指导行业竞争战略决策、辅助企业市场定位的重要工具[3]。波特将一个产业定义为一群生产相似替代产品的企业，并将供应商的议价能力、购买者的议价能力、新进入者的威胁、替代品的威胁、产业内竞争者与目前对手的竞争五种竞争作用力汇集到分析产业竞争态势的框架之中。五力模型中的五种作用力共同决定了产业的竞争强度以及产业的利润率，反映了顾客、供应商、替代品、潜在的进入者均为分析产业竞争态势的因素。五力模型给出的是一种理论思考框架，该框架的应用需要具有一定的基础条件，如企业需要较全面地掌握五种因素对应的信息等。此外，五力模型广义地给出了一个产业中所有企业的竞争环境，但其考虑的是静态市场，无法应用在动态竞争市场中。

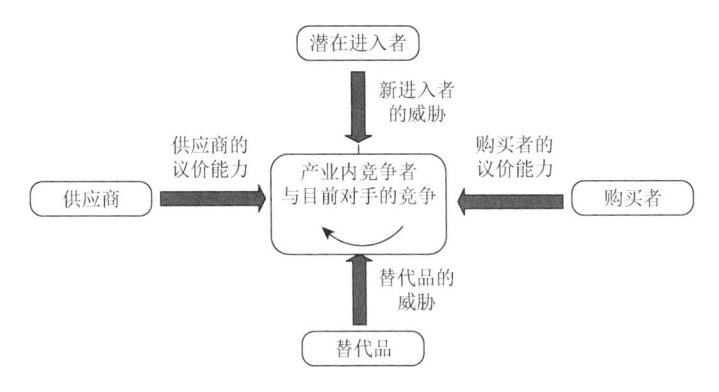

图 3-1 波特行业竞争战略分析框架

波特五力模型关注的是整个产业的竞争态势，而不是企业之间的竞争分析，忽视了对企业资源和能力的分析。为此，Barney[4]从企业资源的视角，探索了企业异质性资源与固有性资源对企业可持续竞争优势的影响。Barney 的模型指出，只有当企业资源符合价值性、稀有性、难以模仿性、不可替代性这四项指标时，相关资源才能构成企业的可持续竞争优势。图 3-2 为 Barney 基于资源的企业可持续竞争优势分析框架。

图 3-2 Barney 可持续竞争优势分析框架

Chen 从企业资源和市场的视角出发，提出了基于市场共同性及资源相似性的竞争对手分析框架[2]。该框架将具有相同市场、提供相似产品、针对相似目标顾客的企业定义为竞争对手。市场共同性是指企业与竞争对手共享市场的程度；资源相似性指与目标企业相比，竞争对手所拥有的类似的有形与无形资源的种类和数量。该框架基于产品的市场共同性和资源相似性指标构建直角坐标系，对竞争对手进行二维分类，进而形成竞争对手分析框架。由图 3-3 可以看出，目标企业的竞争对手可以分为四类：第一类是与目标企业具有高资源相似性高市场共同性的竞争对手（Ⅰ象限）；第二类是与目标企业具有低资源相似性高市场共同性的竞争对手（Ⅱ象限）；第三类是与目标企业具有低资源相似性低市场共同性的竞争对手（Ⅲ象限）；第四类是与目标企业具有高资源相似性低市场共同性的竞争对手（Ⅳ象限）。每个企业都有独特的市场状况和战略资源禀赋，给定一个竞争对手，基于成对比较的方式，可从这两个维度分析企业与其竞争对手的竞争张力。该框架将目标企业的竞争关系视为系统，关注的焦点既包括目标企业与其竞争对手的市场占有情况、市场的相互依存性以及多元市场的交互状况，也包括目标企业与其竞争对手的资源和能力。

Clark 和 Montgomery[5]通过文献分析，将竞争对手识别方法分为两种：基于供应链的方法与基于需求的方法。基于供应链的方法所依据的是目标企业与竞争对手在技术、战略实施、产品提供等方面的相似性。基于需求的方法则从消费者的角度审视市场，识别市场的界限或竞争市场结构[6]，比较的是消费者地域、购买模式等属性的相似性。Clark 等结合认知心理学与消费者行为学中的认知过程[7,8]，将竞争对手识别看成一个分类的过程（即是竞争对手或非竞争对手），如图 3-4 所示。Clark 等通过对主修 MBA（工商管理硕士，Master of Business Administration）学员的问卷调查，获取了识别竞争对手的前十个相对重要的属性，其中基于供应链的属性包括产品提供、产品分销、产品价格、预期产品定位、企业资源使用状况、竞争规模、企业财力、企业竞争者行为，基于消费者的属性包括市场地理范围和消费者对企业的认知等。

Chen 和 Clark 的竞争分析框架为后续研究提供了理论基础。如 Bergen 和 Peteraf[9]在 Chen 研究的基础上，基于竞争对手在资源相似性和市场共同性的不同表现，进一步将竞争对手分为直接竞争者、间接竞争者或替代者和潜在竞争者。Valkanas 等[10]从消费者需求角度的市场共同性（即两个产品涵盖的用户群）出发定义产品之间竞争力，提出了用户覆盖模型以挖掘大规模评论数据中的竞争产品。Pant 和 Sheng[11]利用公司网络足迹的重叠来量化在线同构，使用入链相似性、出链相似性、网页文本相似性、新闻统计、搜索引擎统计五个指标测度在线同构，并基于 C4.5 决策树和逻辑回归模型进行竞争对手识别。

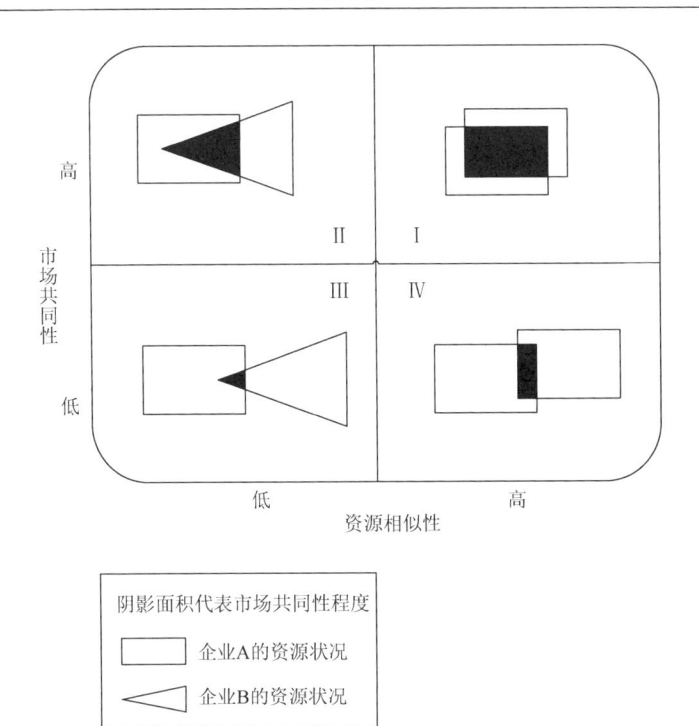

图 3-3　Chen 竞争对手分析框架

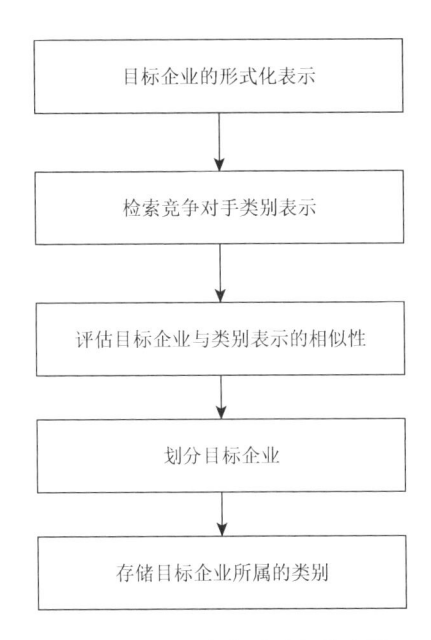

图 3-4　Clark 竞争对手分类流程

3.1.2 竞争者识别和竞争度计算

从所用数据的角度，竞争者识别和竞争度计算方面的研究主要分为如下四类。

（1）基于调研数据。例如，Cooper 和 Inoue[6]基于用户报告数据获取用户对汽车产品的价格、消费因素、整体长度、引擎等属性的评价信息，在此基础上分析汽车车型之间的竞争关系。DeSarbo 等[12]基于用户调研数据，获取用户的考虑集合，分别从供应链和需求的角度评估产品竞争。

（2）基于用户评论数据。例如，Netzer 等[13]从评论中提取共同出现的产品，并利用关联规则挖掘中的提升度这一指标识别竞争者。Zhang 等[14]利用亚马逊的用户口碑数据，基于情感分析以及网络分析技术，提出了产品竞争者的排序方法。Xu 等[15]从评论中抽取相互比较的句子，在此基础上分析产品之间的竞争关系。

（3）基于用户搜索数据。例如，Wei 等[16]通过产品与属性之间的共现关系，提出了二部图模型，测量产品之间的竞争强度。

（4）基于网页内容或专利数据。例如，Pant 和 Sheng[11]发现了在线同构的平行现象，其中竞争企业的网络足迹具有重叠性。同构是指在共同的市场力量下，相互模仿的竞争性企业趋于相似的现象。基于网页文本内容、入链与出链，Pant 和 Sheng 提出了度量在线同构的方法，并揭示了在线同构在预测竞争对手问题中的效用。Yang 等[17]利用专利数据，提出了用于检测竞争对手以及竞争方面的概率图模型。

3.2 基于网络大数据的竞争者识别方法

3.2.1 基于搜索和评论大数据的竞争者识别

在线搜索和在线评论是目前竞争者识别的常用数据。例如，Bao 等[18]基于用户网络搜索数据构建了自动挖掘竞争信息的 CoMiner 模型。在该模型中，竞争信息包括竞争者、竞争领域以及竞争优势等三个方面。Netzer 等[13]基于文本挖掘方法和语义网络分析方法，挖掘在线评论中的共现产品，并将产品共现转换为市场结构和竞争格局。Valkanas 等[10]根据两个项目可以涵盖的细分市场，给出了两个项目之间竞争力的定义，并基于用户覆盖模型抽取大规模评论数据中的潜在竞争者。在上述研究的基础上，本节将主要介绍两种竞争者识别方法：基于共现模式挖掘的竞争者识别方法以及基于用户覆盖的竞争者识别方法。

1. 基于共现模式挖掘的竞争者识别方法

基于共现模式挖掘的竞争者识别方法主要利用文本挖掘技术，抽取大量文本中共同出现的实体，并基于相似度或关联关系计算方法分析实体之间的竞争性。其一般步骤概括如下。

（1）数据获取：基于网络数据采集技术获取用户的搜索日志、用户的在线评论数据或企业提供的后台数据。

（2）数据清洗：针对原始数据中存在的 html 标签、图片、广告等无用信息，设计相关策略进行信息过滤。

（3）竞争候选集抽取：该步骤需要定义一系列的实体名称以及可能包含竞争关系的语义模式。

（4）竞争排序：评估候选集，设计竞争者排序算法。由于竞争对手的可比性和竞争关系候选集中存在噪声数据，需要对所抽取的候选集进行评估，并设计竞争者排序算法。

在竞争候选集的抽取过程中，如果定义竞争者名称为 CN，实体名称为 EN，则存在不同规则或模式表示共现实体，如和、或、与模式（CN，EN），举例模式（如 CN，EN），包括模式（包括 CN，EN）等。在竞争排序过程中，Bao 等[18]设计的排序和过滤竞争对手的特征包括共现实体匹配的数量、点互信息以及候选集置信度等。Bao 等[18]用 c 表示竞争对手；用 e 表示给定的实体；MC 表示从搜索结果中提取的实体对的次数。竞争关系度量的基本原理是，候选实体对匹配到的次数越多，候选竞争者与给定实体之间的竞争性越强。具体计算方法如下：

$$\mathrm{MC}(c,e) = \sum_{p \in P} \mathrm{count}(c,e,p) \qquad (3\text{-}1)$$

其中，p 为所有预定义的语义模式。此外，匹配数量的计算也可以采取线性加权的方法：

$$\mathrm{MC}(c,e) = \sum_{p \in P} w_p \times \mathrm{count}(c,e,p) \qquad (3\text{-}2)$$

其中，w_p 为语义模式 p 的权重，如"和""或""与"模式的权重比举例模式的权重更高。

点互信息（pointwise mutual information，PMI）通常用来测量两个词之间的共现情况。两个实体共同出现得越频繁，它们之间的关系就越密切，因此可用点互信息作为度量指标衡量两个实体的相似性：

$$\mathrm{PMI}(c,e) = \frac{\mathrm{hits}(c,e)}{\mathrm{hits}(c)\mathrm{hits}(e)} \qquad (3\text{-}3)$$

其中，PMI(c,e)为给定实体e与其竞争对手c之间的点互信息；hits(x)为包含返回x搜索结果的数目。

搜索所获得的网页的非正式表达或预先定义的语义模式对复杂自然语言缺乏识别能力，可能会造成提取的很多词并不恰当。在这种情况下，这些词通常频繁地出现在一个数据集中，但匹配率很低。因此，使用候选集置信度（confidence score，CC）来度量：

$$CC(e|c) = \frac{MC(c,e)}{hits(c)} \qquad (3-4)$$

Bao 等[18]联合共现实体匹配的数量、点互信息、候选集置信度三个特征，采用线性加权的方式，计算给定实体与每一个竞争对手的置信度分值（confidence score，CS），在此基础上，对给定实体的竞争对手进行排序：

$$CS(c_i) = w_1 MC(c_i, e) + w_2 PMI(c_i, e) + w_3 CC(e|c_i) \qquad (3-5)$$

此外，Netzer 等[13]采用提升度的方法计算在线评论文本中两个共现实体的相似度：

$$\text{lift}(A, B) = \frac{P(A,B)}{P(A) \times P(B)} \qquad (3-6)$$

其中，P(X,Y)为在一条信息中既出现X也出现Y的概率；P(X)为在一条信息中出现X的概率。如果lift值小于1，则A的出现与B的出现是负相关，意味一个出现可能会导致另一个不出现。如果lift值大于1，则A的出现与B的出现是正相关，意味每一个出现都蕴含着另一个的出现。如果lift值为1，则A的出现与B的出现是独立的，它们之间没有相关性。

2. 基于用户覆盖的竞争者识别方法

在任何竞争性的行业中，企业成功的基础在于让顾客对企业的产品感兴趣。在这个任务背景下出现了一系列竞争分析问题：如何正式化和量化两个实体之间的竞争力？给定实体的主要竞争对手是谁？一个实体的哪些特征最具竞争力？为了分析这些问题，Valkanas 等[10]提出了基于用户覆盖模型的竞争者识别方法。用户覆盖模型从市场共同性的角度对竞争者进行识别，其理论基础在于两个产品间的竞争程度取决于它们对于具有相同偏好的用户群的吸引程度。例如，在两个不同国家的餐馆，由于不存在相同的目标客户群体，因此很难存在竞争。

用户覆盖模型以产品特征为关联项，认为具有相同偏好的用户群所关注的产品特征集合具有一致性。以餐馆为例，在就餐时只关注价格、味道以及食物类型的用户偏好相同，属于同一个用户群，而就餐时关注位置和就餐环境的用户则属于另一个用户群。假设特征集合中只涉及二元类别特征（能够提供或不能提供），用图 3-5 表达用户覆盖模型的基本思想。

在图 3-5 中涉及三个产品 I_1, I_2 和 I_3，每个产品具有一系列的特征供用户考虑。图中涉及三个产品特征 A, B, C，图的左侧展示了三个用户群 g_1, g_2, g_3，不同用户群代表不同的市场细分，每个用户群有其考虑的产品特征集合。例如，I_1 和 I_3 虽然具有相同的特征 A，但并不吸引相同的用户群，因此 I_1 与 I_3 不存在竞争关系。I_1 和 I_2 都提供相同的特征 A 和 B，并在 B 特征上有共同的用户群 g_1 和 g_2（4 人），在 A 特征上有共同的用户群 g_2（2 人），因此，I_1 和 I_2 在用户 g_1 和 g_2 上存在竞争。产品 I_2 和 I_3 在用户群 g_3 上存在竞争。由于 I_3 相比于 I_1 能够吸引更多的 I_2 的目标用户，因此对于 I_1 而言，I_3 是比 I_2 更强的竞争对手。

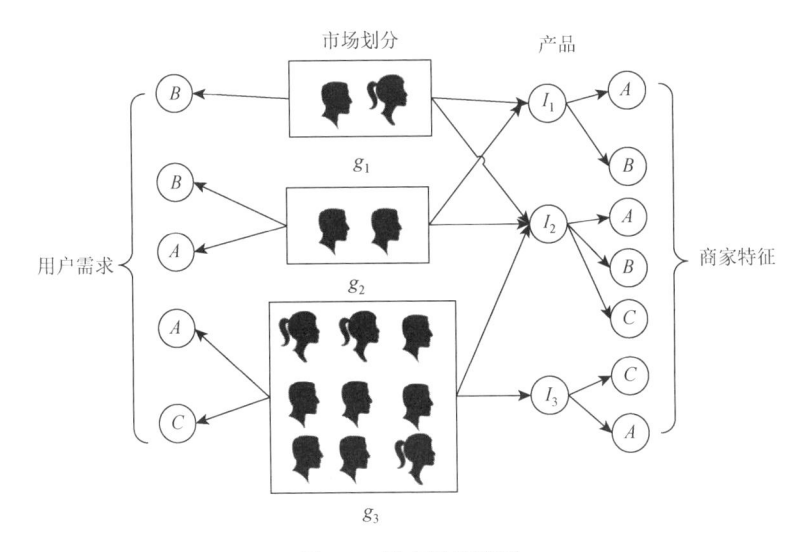

图 3-5 用户覆盖模型

由于用户群可以用其关注的产品特征集合来表征，任意两个产品吸引的用户群的重合度可以转化成两个产品在对应特征集合上的覆盖程度，因此，Valkanas 等[10]提出的模型首先定义了两个产品在某个特征子集上的二元重合度。

所谓二元重合度，即给定某特定领域的特征全集 $\mathcal{F}$，令 $V_{\mathcal{F}'}$ 为特征子集 $\mathcal{F}' \subseteq \mathcal{F}$ 所有可能取值对应的全空间，则产品 I_i, I_j 在 $V_{\mathcal{F}'}$ 上的重合度 $\text{cov}(V_{\mathcal{F}'}, I_i, I_j)$ 定义为同时被两个产品覆盖的 $V_{\mathcal{F}'}$ 的比例，对每个特征 $F \in \mathcal{F}'$：

$$\text{cov}(V_{\mathcal{F}'}, I_i, I_j) = \prod_{F \in \mathcal{F}'} \text{cov}(V_{\{F\}}, I_i, I_j) \tag{3-7}$$

任意两个产品在某个特征子集上的二元重合度即这两个产品在对应的用户群上的竞争程度，将这两个产品在全部特征子集上的二元重合度按照用户群权重综合起来即可以得到两个产品的竞争度。

竞争度：给定某特定领域的特征全集 $\mathcal{F}$，令 $\mathcal{Q}$ 为 $\mathcal{F}$ 所有具有非 0 权重的所有子集的集合，则产品

$$C_{\mathcal{F}}(I_i, I_j) = \sum_{\mathcal{F}' \in \mathcal{Q}} w(\mathcal{F}') \times \text{cov}(V_{\mathcal{F}'}, I_i, I_j) \quad (3\text{-}8)$$

其中，$\text{cov}(V_{\mathcal{F}'}, I_i, I_j)$ 为 I_i 和 I_j 在 $V_{\mathcal{F}'}$ 上的重合度。在计算二元重合度时，对于类别型特征，重合度就是取相同类别的那部分，而对于序数型和数值型特征来说，重合度取两者中较差者对应的值，默认在该特征上表现好的产品直接覆盖表现差的产品。Valkanas 等[10]对于重合覆盖率的具体计算方法如下。

类别型特征：可分为单值和多值两种情况。在单值情况下，每个特征的 F 仅可取特征空间的 $V_{\{F\}}$ 的某一个值，如数码相机的品牌。给定单值特征 F，两个产品 I_i 和 I_j 的重合覆盖率定义为

$$\text{cov}(V_{\{F\}}, I_i, I_j) = \begin{cases} 1, & I_i[F] = I_j[F] \\ 0, & \text{其他} \end{cases} \quad (3\text{-}9)$$

在多值情况下，每个产品的特征 F 可取 $V_{\{F\}}$ 中任意多个，则两个产品的重合覆盖率定义为

$$\text{cov}(V_{\{F\}}, I_i, I_j) = \frac{\left| I_i[F] \cap I_j[F] \right|}{\left| V_{\{F\}} \right|} \quad (3\text{-}10)$$

序数型特征：对于一个序数型特征 F，其取值空间 $V_{\{F\}}$ 是一个可比较、排序的集合，可记为 $V_{\{F\}} = \{v_1, v_2, v_3, \cdots\}$，其中 $v_1 > v_2 > v_3 > \cdots$。根据较优值能覆盖较差值的原则，进一步定义：

$$\text{loser}(F, I_i, I_j) = \begin{cases} v_i, & i > j \\ v_j, & i < j \end{cases}, \quad \text{weq}(F, v_i) = \{v_k : k \geq i\} \quad (3\text{-}11)$$

则有

$$\text{cov}(V_{\{F\}}, I_i, I_j) = \frac{\left| \text{weq}(F, \text{loser}(F, I_i, I_j)) \right|}{\left| V_{\{F\}} \right|} \quad (3\text{-}12)$$

数值型特征：将特征值规范化到 [0,1] 范围内，且数值越大代表特征越好，定义：

$$\text{loser}(F, I_i, I_j) = \begin{cases} v_i, & i > j \\ v_j, & i < j \end{cases} \quad (3\text{-}13)$$

则有

$$\text{cov}(V_{\{F\}}, I_i, I_j) = \text{loser}(F, I_i, I_j) \quad (3\text{-}14)$$

在实际应用中，用户关注的特征集合，可利用自然语言处理方法从用户评论内容中抽取。在计算竞争力时，需要统计每个用户所关注的特征集合以获得某个特征子集的权重。

3.2.2 基于网页链接结构的竞争者识别

公司网站上的文本内容以及链接结构可以反映企业之间的竞争性关系。例如，Vaughan 和 You[19]对企业之间的链接动机进行了深入研究，发现所调查企业的网站往往不与其竞争对手的网站相链接，但都有可能被第三方链入。他们认为直接的链接关系并不能为企业的竞争情报分析提供有用的信息，而两个企业网站的共链频次却可以反映企业的相似性，相似的企业之间必然会存在某种竞争关系。因此，他们建议使用共链分析法识别竞争者。

所谓共链分析，是指两个网页（网站）同时被第三方网页（网站）所链接，其主要思想来源于共引分析。共链分析法基于以下假设：两个企业越相似，共链数越多。共链的测度可采用标准化的 Jaccard 系数：

$$\text{NormalizedColinkCount}(A, B) = \frac{n(A \cap B)}{n(A \cup B)} \quad (3\text{-}15)$$

其中，NormalizedColinkCount(A, B) 为共链数的 Jaccard 值；$n(A \cap B)$ 为企业 A 和 B 被共链的次数；$n(A \cup B)$ 为网站到链接 A 或者链接 B 的次数。

Pant 和 Sheng[11]利用公司网页链接关系以及网页文本内容，基于决策树和逻辑回归模型预测企业之间是否存在竞争关系，竞争分析依据的指标包括入链相似性、出链相似性、网页文本相似性。入链是指所有指向目标网站的链接，出链是指目标网站链接指向的所有链接。基于同构性原理，相互竞争的企业会导致被共同的站点接入（如讨论两个企业的论坛）和链接到共同站点（如在其业务范围内的行业协会或管理机构）。因此，可以使用企业的入链或出链之间的重叠程度作为衡量企业间在线同构指标，以此揭示企业之间的竞争。

假设 DF 表示域名（如 microsoft.com）出现的频数，FF 表示公司出现的频数，N_c 表示公司总数。使用逆公司频数（IFF）作为权重函数表示一个入链接域的关系特殊性，该频数能够将链接到大多数公司域名和只链接到几个特定公司的领域区分开。这种方法类似于 TF-IDF 方法。

给定一个公司 c，公司的入链域权重可以表示成向量 $w_c = [w_{c1}, w_{c2}, \cdots, w_{cn}]$，对域名 j，可以用产品的 DF 和 IFF 计算。

$$w_{cj} = \text{DF} \times \ln \frac{N_c}{\text{FF}} \tag{3-16}$$

通过对每个公司向量化的表示，可使用余弦相似度度量公司之间的相似性：

$$\text{sim}(a,b) = \frac{w_a \cdot w_b}{|w_a| \times |w_b|} \tag{3-17}$$

基于文本相似性的竞争分析方法的基本思想是，企业的网站描述了该公司业务的各个方面。公司网站最初几页的文字可以看作公司的自我描述。测量两个公司的自我描述的相似性，可以用来度量公司间的竞争性。将公司文档向量化的方法可使用 TF-IDF：

$$t_{ck} = \left(0.5 + \frac{0.5 \cdot f_{kc}}{\max_{k' \in T_c} f_{k'c}} \right) \cdot \ln \frac{|E|}{d_k} \tag{3-18}$$

其中，t_{ck} 为词 k 在公司 c 自我描述文本中的权重；f_{kc} 为词 k 在公司 c 自我描述中出现的频率；T_c 为出现在公司 c 自我描述文本中的词集；d_k 为出现词 k 的文档频率；$|E|$ 为计算文档频率的一组页面。

3.2.3　基于收藏大数据的竞争者识别

近年来，随着新兴信息技术的广泛应用，搜索引擎日志和产品评论等数据在市场竞争分析中得到了越来越多的应用。与访谈和问卷数据的"事后"或者"事前"感知相比，在线数据记录着消费者在购买决策过程中对不同产品的对比和评价，因此能够更加准确地反映产品之间的竞争关系。为了识别产品的竞争者，研究者需要定义大量的实体名称以抽取评论、搜索、口碑中的共现实体，还需要基于语义规则的方法识别实体属性与实体的关联关系[13-16, 20]。尽管在线评论等数据为识别竞争提供了有效的数据源，但这些数据普遍存在稀疏性问题。例如，在线评论数据中，很少出现"宝马比奥迪好得多"这种评论；由于用户在搜索过程中的目的性，也很少对两个或多个实体进行关联搜索。同时，用户在网络中语言使用的随意性，也对抽取竞争性产品造成了挑战。例如，"3 系车"经常出现在用户评论及用户搜索中，然而宝马及马自达皆有 3 系车型，所以很难确定用户描述的具体实体。此外，用户评价的产品和搜索的产品，很多并不在用户的购买决策中，因此挖掘的产品竞争关系并不能真实地反映用户的动机及偏好。

为了对汽车产品的市场竞争进行分析，本节将收藏大数据引入产品竞争分析。与搜索引擎数据和在线评论数据相比，收藏大数据可以更好地反映产品之间的竞争关系。例如，为了帮助用户记录感兴趣的车型，方便用户在不同车型之间进行对比分析，网易汽车、搜狐汽车和 Autotrader.com 等汽车论坛均提供了车型收藏的功能。在做出正式购买决策之前，消费者通常会将多个候选产品加入收藏列表，并在价格、促销、社交影响等因素的影响下从以上候选产品中做出最终的选择。产品收藏通常是基于大量信息搜索和社交互动的结果，是产品搜索到购买决策的过渡阶段，其反映的竞争关系也会更加准确。

在收藏大数据的基础上，本节提出一种基于主题模型的竞争者识别技术。现有竞争者识别方法主要基于共现划分市场内的竞争性产品，但一个产品通常假设只出现在一个竞争性子群中，这与一个产品通常在多个子市场中参与竞争的实际现象不符。基于概率主题模型的竞争性子群划分方法可将一个产品划分到多个竞争子市场中，即表示该产品在不同的隐属性（或消费者隐含的内在动机）上与其他产品形成竞争关系。

主题模型是一种用于挖掘大规模文档集中潜在主题的概率生成模型，其本质是挖掘文本中的词共现模式，以获取多篇文档中词聚类的结果。LDA 是目前流行的潜在主题建模方法[21]，LDA 假设文档是由若干主题混合而成的，而每个主题又是一个关于单词的概率分布。因此，可以将隐含主题看作词汇的概率分布（topic-word），单个文档可表示为这些隐含主题的概率分布（document-topic）。这种假设有利于大规模数据处理中的空间降维，即把文档投影到主题（topic）空间。例如，"奥迪 A4""宝马 3 系""奔驰 C 级""英菲迪尼 Q50"经常共同出现在用户的收藏列表中，那么基于主题模型能够识别这些车型来自一个主题，即竞争性子群。基于 LDA 模型，一个用户收藏的所有产品可能来自于多个竞争性子群，而一个产品实体也可以在多个竞争性子群中参与竞争。

在 LDA 中，隐变量和实际观测值之间的关联是通过生成模型的方式表现出来的。令 G 表示竞争性子群的数量，U 表示所有用户的数量，E 表示用户收藏过的所有实体数量，α 和 β 为正实数（模型的超参数），则 LDA 对所有用户收藏的所有产品实体的生成过程如下。

（1）对每个竞争子群 g：抽取其在实体列表上的分布 $\phi_g \sim \text{Dir}_V(\beta)$。

（2）对每个用户收藏列表 d：①抽取收藏列表 d 上的竞争性子群分布 $\theta_d \sim \text{Dir}(\alpha)$。②对于用户收藏列表 d 中的第 e 个实体 w_{de}：抽取其对应的竞争性群 $z_{de} \sim \text{Mult}(\theta_d)$，其中 $z_{de} \in \{1,2,\cdots,K\}$；抽取实体 $w_{de} \sim \text{Mult}(\phi_{z_{de}})$，其中 $w_{de} \in \{1,2,\cdots,E\}$。

对于一个包含 N 个实体的用户收藏列表，竞争性子群的混合比例为 θ，收藏中每个实体分配的竞争性群集合为 z，实体集 w 在 α 和 β 条件下的联合概率分布为

$$p(\theta,z,w|\alpha,\beta) = p(\theta|\alpha)\prod_{e=1}^{N}p(z_e|\theta)p(w_e|z_e,\beta) \qquad (3\text{-}19)$$

通过对 θ 进行积分以及对所有 z 进行求和，可以得到该收藏列表的边缘分布：

$$p(w|\alpha,\beta)=\int p(\theta|\alpha)\left(\prod_{e=1}^{N}\sum_{z_e}p(z_e|\theta)p(w_e|z_e,\phi)\right)d\theta \quad (3-20)$$

最后，将每个用户收藏的边缘分布进行求积，便可得到所有用户收藏集 D 的概率分布

$$p(D|\alpha,\beta)=\prod_{d=1}^{U}\int p(\theta_d|\alpha)\left(\prod_{e=1}^{N_d}\sum_{z_{de}}p(z_{de}|\theta)p(w_{de}|z_{de},\phi)\right)d\theta \quad (3-21)$$

由于主题模型的后验分布很难进行精确的推导，但近似参数推断算法则有很多，如变分推断[21]、Gibbs 抽样[22]、期望传播[23]等。其中，关于变分推断和 Gibbs 抽样的研究较多，本节主要采用 Gibbs 算法进行参数估计。Gibbs 抽样作为 MCMC（Markov chain Monte Carlo）法的一种，可以看作 MH（metropolis-hastings）算法的一种特殊情况，是对那些难以直接抽样的多元概率分布获取一系列随机采样的算法。根据贝叶斯法则，从 LDA 模型的概率分布可以得到竞争性子群 z_{de} 的后验分布：

$$p(z_{de}=g|z_{-de},w)\propto p(w_{de}|z_{de}=g,z_{-de},w_{-de})p(z_{de}=g|z_{-de}) \quad (3-22)$$

其中，z_{de} 为第 d 个用户收藏的第 e 个产品实体所分配的竞争性子群，z_{-de} 为除了当前实体的竞争性子群分配，其他实体分配的竞争性子群。由于我们可以通过对公式右侧每一项进行积分获得 z_{de} 在 z_{-de} 和 w 下的条件概率，所以式（3-22）中没有出现 θ 与 ϕ，对于 $p(w_{de}|z_{de}=g,z_{-de},w_{-de})$ 可以通过式（3-23）获得

$$p(w_{de}|z_{de}=g,z_{-de},w_{-de})=\int p(w_{de}|z_{de}=g,\phi_g)p(\phi_g|z_{-de},w_{-de}) \quad (3-23)$$

而 ϕ_g 为竞争性子群 g 上实体的多项式分布，因此 $p(\phi_g|z_{-de},w_{-de})$ 通过贝叶斯法则可得

$$p(\phi_g|z_{-de},w_{-de})\propto p(w_{-de}|\phi_g,z_{-de})p(\phi_g) \quad (3-24)$$

由于 $p(\phi_g)=\text{Dir}(\beta)$ 和 $p(w_{-de}|\phi_g,z_{-de})$ 互为共轭分布，所以 $p(\phi_g|z_{-de},w_{-de})$ 的后验分布为 $\text{Dir}(\beta+n_{-w_{de}g}^{(w_{de})})$，其中 $n_{-w_{de}g}^{(w_{de})}$ 是指排除当前实体，实体 w_{de} 被分配到竞争性子群 g 的数量。由于 $p(w_{de}|z_{de}=g,\phi_g)=\phi_g$，所以

$$p(w_{de}|z_{de}=g,z_{-de},w_{-de})=\frac{n_{-w_{de}g}^{(w_{de})}+\beta}{n_{-w_{de}g}^{(*)}+E\beta} \quad (3-25)$$

其中，$n_{-w_{de}g}^{(*)}$ 指除去当前实体外，分配到竞争性群 g 产品实体的数量。对于 $p(z_{de}=g|z_{-de})$ 可通过对 θ 进行积分：

$$p(z_{de}=g\mid z_{-de})=\int p(z_{de}=g\mid\theta_d)p(\theta_d\mid z_{de})\mathrm{d}\theta_d=\frac{n_{-w_{de}g}^{(d)}+\alpha}{n_{-w_{de}*}^{(d)}+G\alpha} \quad (3\text{-}26)$$

其中，$n_{-w_{de}g}^{(d)}$ 为排除当前实体，第 d 个用户收藏中第 g 个竞争性子群的生成实体的数量；$n_{-w_{de}*}^{(d)}$ 为排除当前实体，第 d 个用户收藏中剩下实体的数量。

在迭代一定次数后，可将用户收藏的每个实体分配到具体的竞争性子群。基于此，可计算每个产品在每个竞争性子群下的概率分布，即参数 ϕ：

$$\phi_{g,w}=\frac{n_g^{(w)}+\beta}{n_g^{(*)}+E\beta} \quad (3\text{-}27)$$

其中，$n_g^{(w)}$ 为第 g 个竞争性子群生成的实体 w 的数量；$n_g^{(*)}$ 为第 g 个竞争性子群生成的实体的总数量。通过对 ϕ 的排序，可以获得每个竞争性子群中的代表性产品。

3.3 基于二部图模型的竞争度计算方法

3.3.1 基本原理

为测量产品之间的竞争度，清华大学的卫强等提出了一种基于二部图模型的方法[16]。具体地说，给定一组被识别的实体（品牌或产品），通过查询日志或用户评论中的联合关键字来构造二部图模型。然后，可以基于二部图模型对实体之间的竞争力度进行度量。

在用户搜索的内容或用户评论的内容中，不仅可以观察到需要研究的焦点实体，也能发现与该实体共同出现的特征关键字（称为联合关键字）。这些特征关键字反映了用户对实体的真实感知，因此，可以将每个联合关键字视为焦点实体的特征。例如，将"戴尔"作为焦点实体，用户经常查询的内容包括"戴尔笔记本""戴尔电脑""戴尔音频驱动"。因此，可以将与"戴尔"联合搜索的关键词"笔记本""电脑""音频驱动"等看作"戴尔"的重要属性。在分析竞争对手时，两个相互竞争的实体很难同时出现在一组查询或评论中，例如，"戴尔惠普"和"戴尔联想"，但相互竞争的实体可能与多个共有属性一同出现。例如，在有关"惠普"的很多查询或评论中，会出现"惠普便携式电脑""惠普笔记本""惠普电脑""惠普显示器"等内容。基于此，可以发现"戴尔"和"惠普"在一些共同属性上产生竞争，如"笔记本""电脑"等。并且，"笔记本电脑""笔记本""电脑"等对应的查询量也会反映产品的竞争优势，实体之间的竞争强度可以通过这些共同属性进行衡量。下面以搜索日志为例对相关方法进行具体介绍。

给定一组搜索日志 Q，$q \in Q$ 表示一条搜索日志，搜索日志 q 由多个关键字组成，对应的搜索量为 $|q|$，该搜索量反映了用户的检索强度。表 3-1 显示有关"戴尔"在谷歌一个月内的多次查询，具体包括联合关键字和搜索量。在提取这些关键字时，并不考虑不包含任何属性的单个焦点实体。查询某个关键字 k 搜索量可以定义为所有包含关键词 k 和共现关键词 a 的所有搜索累计。例如，表 3-1 中关键词"戴尔"的总搜索量为 426 100。具体来说，搜索量的计算公式如下：

$$|k| = \sum_{k \in q, q \in Q} |q| \qquad (3-28)$$

表 3-1 搜索日志样例（包含戴尔的关键词）

指标	关键词	查询量
q_1	戴尔最好的笔记本（Dell best laptop）	53 100
q_2	戴尔电脑在售（Dell computer for sale）	23 800
q_3	戴尔笔记本（Dell notebook）	96 200
q_4	戴尔台式机（Dell desktop）	36 000
q_5	戴尔平板电脑（Dell tablet）	49 500
q_6	戴尔服务器（Dell server）	14 800
q_7	戴尔显示器（Dell monitor）	22 200
q_8	戴尔 xps（Dell xps）	301 580
q_9	戴尔音频驱动程序（Dell audio drivers）	1 600
q_{10}	戴尔适配器（Dell adapter）	1 600
⋮	⋮	⋮

如果两个实体共同连接一个关键字，可以认为这两个实体在这个属性形成竞争。由于不同的实体可以用不同的联合关键字与相应的搜索量进行查询，因此可以构造一个二部图模型来描述这种关系。

3.3.2 竞争度计算

给定一组实体 $E = \{e_1, e_2, \cdots, e_n\}$ 和相应的搜索日志数据集 Q，基于 E 中的实体和所有查询 Q，可检索获得一组属性 A。例如，对于表 3-1 中的 $E = \{$"联想"，"戴尔"，"惠普"$\}$，检索到的产品属性 A 为 $\{$"适配器"，"最好的笔记本"，"销售的计算机","音频驱动程序","笔记本"}等。利用这些信息,可构造二部图 $G=(E,A,Q_{EA})$,其中 E 是实体集合,A 是派生属性集合,Q_{EA} 是 Q 的一个子集(即包含 E 和 A 的一系列查询)。具体 Q_{EA},可表示为

$$Q_{EA} = \{q \mid e_i, a_j \in q, e_i \in E, a_j \in A, q \in Q\} \quad (3\text{-}29)$$

在拓扑上,E 和 A 可以分别表示实体和属性对应的两组节点。Q_{EA} 表示一组连接 E 和 A 的边。图 3-6 给出了该二部图模型,黑色节点代表用于分析竞争强度的实体 E,白色节点表示由实体节点派生的属性 A,边表示 Q_{EA} 中的连接关系。

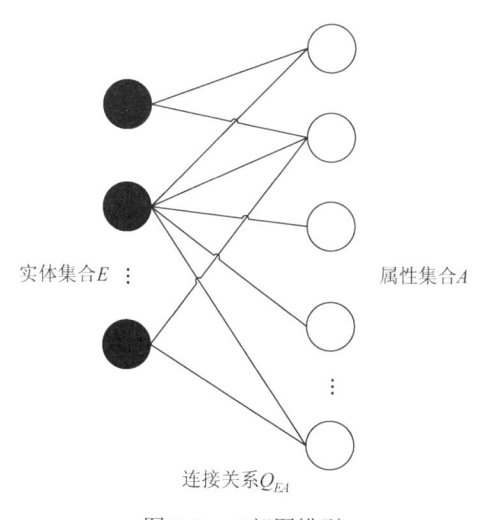

图 3-6 二部图模型

在图 3-6 中,尽管实体很难在用户搜索或评论中同时出现,但这些实体间的竞争强度可以通过不同的实体-属性联合查询来度量。在此,需要定义竞争路径。

竞争路径:给定一个二部图 $G=(E,A,Q_{EA})$,对于在 E 中任意两个实体 e_x 和 e_y,如果存在一个属性 $a_j \in A$,且 $e_x, a_j \in q_{xj}$,$e_y, a_j \in q_{yj}$,$q_{xj} \in Q_{EA}, q_{yj} \in Q_{EA}$,则存在竞争路径 $e_x \to a_j \to e_y$。显然,这种竞争路径是对称的,即如果 $e_x \to a_j \to e_y$ 存在,则有一个相反的竞争路径 $e_y \to a_j \to e_x$。

Q_{EA} 中的关系 $e_i a_j$ 本质上是一个具有多个关键字的查询,即 $e_i \in E, a_j \in A$,其对应的搜索量可表示为 $|e_i a_j|$,计算公式为

$$|e_i a_j| = \sum_{q \in Q, e_i, a_j \in q} |q| \quad (3\text{-}30)$$

在 Q_{EA} 中,一个实体 e_i 可以与多个属性共同查询。因此,对于任何属性 a_j,与 e_i 一起查询的概率可以定义为

$$p(e_i \to a_j) = \frac{|e_i a_j|}{e_i} \qquad (3\text{-}31)$$

其中，e_i 的一个联合查询关键词 a_j 代表了实体 e_i 的一个重要属性，$p(e_i \to a_j)$ 语义上反映用户将 a_j 认定是实体 e_i 的重要属性的程度。特定的属性 a_j 可以与多个实体联合搜索，表明实体之间在该属性上存在竞争关系。同样，$p(a_j \to e_i)$ 可反映用户在查询属性 a_j 时，有多大程度会联想到实体 e_i。

假设 E 中两个实体 e_x 和 e_y，存在竞争路径 $e_x \to a_j \to e_y$，即 $a_j \in A$ 且 $e_x, a_j \in q_{xj}$，$e_y, a_j \in q_{yj}$，$q_{xj} \in Q_{EA}, q_{yj} \in Q_{EA}$。在路径 $e_x \to a_j \to e_y$ 上，考虑到 a_j，对于 e_x 来说 e_y 是一个竞争者，因为它们竞争的重点是用户群查询属性 a_j。因此，在二部图 $G = (E, A, Q_{EA})$ 中给定一个竞争路径 $e_x \to a_j \to e_y$，e_y 与 e_x 在属性 a_j 上的竞争程度，表示为 $\text{Comp}_{a_j}(e_x, e_y)$，可以计算为

$$\text{Comp}_{a_j}(e_x, e_y) = p(e_x \to a_j) \times p(a_j \to e_y) \qquad (3\text{-}32)$$

通常情况下，$\text{Comp}_{a_j}(e_x, e_y)$ 与 $\text{Comp}_{a_j}(e_y, e_x)$ 是不相等的，即反映了不同的产品在相同的属性上的竞争强度是非对称的。具体地，在竞争路径 $e_x \to a_j \to e_y$ 上以及它的反向路径，相应的竞争力度可以分别表示为

$$\text{Comp}_{a_j}(e_x, e_y) = (|e_x a_j| \times |e_y a_j|) / (|e_x| \times |a_j|) \qquad (3\text{-}33)$$

$$\text{Comp}_{a_j}(e_y, e_x) = (|e_x a_j| \times |e_y a_j|) / (|e_y| \times |a_j|) \qquad (3\text{-}34)$$

在实际中，$|e_x|$ 和 $|e_y|$ 是数百万多样化用户的聚合搜索量，在数量上很难相等，实体 e_x 和 e_y 在属性 a_j 上相互竞争的强度具有差异。

e_x 和 e_y 之间通常存在多个联合属性，从而形成多个竞争路径，两个实体之间的竞争力可以从所有可能的竞争路径中推断出来，具体两个实体的竞争力度定义如下。

竞争力度：给定一个二部图 $G = (E, A, Q_{EA})$，在 E 中对于任意两个实体 e_x 和 e_y 的竞争力度，可以表示为 $\text{Comp}(e_x, e_y)$。具体计算公式为

$$\text{Comp}(e_x, e_y) = \sum_{a_j \in A} \text{Comp}_{a_j}(e_x, e_y) \qquad (3\text{-}35)$$

竞争力度的计算表示 e_y 与 e_x 在多个路径上竞争的集聚。$\text{Comp}(e_x, e_y)$ 可以视为从搜索 e_x 到转换为查询 e_y 的概率。

3.4 品牌竞争分析评估方法

3.4.1 基于竞争者排序的评估方法

竞争者排序精确度普遍用于评估竞争者识别以及竞争强度的分析。对于焦点实体，可根据专家法获取其排序的竞争者，并将其结果看成基准数据。基于竞争者识别或竞争强度测量方法，可排序出一个焦点实体的 top-n 个竞争对手，并与基准数据中的排名列表进行比较，进而评估方法的有效性。在文献[16]中，给出了排序精确度指标DCG，其计算的是给定排序结果与真实排序结果的累积收益，该评估指标已广泛应用于信息检索和推荐系统。

给定一个焦点实体 e，已识别竞争者集合为 C。对于每一个竞争者 $c \in C$，都可以计算得到其与焦点实体的竞争强度，记为 $\text{Comp}(e,c)$。基于集合 C 中的竞争者排名，分配每个竞争者一个次序作为索引，记为 $\text{Ind}(c)$。同时，对于基准数据集中每个竞争者 c 有一个基准索引，记为 $\text{BInd}(c)$。因此，对于焦点实体 e，给定竞争者排序名单的DCG为

$$\text{DCG} = \frac{1}{Z}\left[\sum_{c \in C} \frac{2^{\text{Comp}(e,c)} - 1}{\log_2(1 + \text{BInd}(c))}\right] \quad (3\text{-}36)$$

Z 是最大可能折扣增益值，为归一化因子，确保结果在 0 和 1 之间。显而易见的是 DCG 值越大，竞争者排序越准确：

$$Z = \sum_{c \in C} \frac{2^{\text{Comp}(e,c)} - 1}{\log_2(1 + \text{Ind}(c))} \quad (3\text{-}37)$$

3.4.2 基于市场份额分析的评估方法

实体之间的竞争直接影响商业实体的市场绩效，准确的实体竞争强度分析是预测其市场份额的基础，可以帮助管理者提前估算市场绩效。因此，市场份额分析也是评估竞争者识别和竞争强度测量效果的一种有效方法。

给定一个搜索数据集 Q 和一组实体 $E = \{e_i \mid i = 1,2,\cdots,N_E\}$，基于竞争度测量方法可获得竞争强度矩阵，记为 $\text{MComp} = \{\text{Comp}(e_x,e_y) \mid x,y = 1,2,\cdots,N_E\}$。竞争强度 $\text{Comp}(e_x,e_y)$ 表示从搜索 e_x 到 e_y 的转换概率，暗示着市场份额比率从 e_x 到 e_y 的潜在转化可能。在实际的竞争中，实体之间以一定的竞争强度进行动态竞争。所以，基于 E 和 MComp，可构造一个竞争网络，网络中的每一边代表实体间的转变概率。这个动态转换过程中，影响下一阶段所有实体的市场份额，但最终会

达到稳定状态,这与 PageRank 模型很相似。因此,基于实体间的竞争强度,可运用类似分析来预测或计算每个实体的市场份额。

假设每个实体 e_y 的最终市场份额,记为 $s(e_y)$,可用类似于 PageRank 的公式计算:

$$s(e_y) = \eta \sum_{e_x \in E} \text{Comp}(e_x \to e_y) s(e_x) + \frac{(1-\eta)}{N_E} \quad (3\text{-}38)$$

公式右边第一部分表示所有竞争者可能转化为 e_y 的概率,公式右边第二部分表示 E 中的所有实体,以一个均匀随机概率转换到 e_y 的概率。参数 $\eta \in [0,1]$ 是平衡两部分的阻尼因数,通常取 0.85。通过迭代运算,直接达到稳态,在此基础上预测 E 中每个实体市场份额。如果预测份额与真实市场份额一致,就能反映竞争者识别及竞争强度测量是有效的。

经典的均方根误差是评测市场份额估计准确性的有效度量方法,以此判断竞争者识别及竞争强度测量方法的效果。均方根误差值越小,方法的精确度越高。具体来说,每个时期 t 中,对于竞争者识别或竞争强度测量方法 M,均方根误差(root mean squared error,RMSE)可表示为

$$\text{RMSE}_M^t = \sqrt{\frac{\sum_{e_i \in E}(\text{cs}_M(e_i^t) - \text{ms}(e_i^t))}{N_E}} \quad (3\text{-}39)$$

其中,$\text{cs}_M(e_i^t)$ 为方法 M 计算得到时期 t 品牌 e_i 的市场份额;$\text{ms}(e_i^t)$ 为真实市场份额;N_E 为品牌实体集 E 的大小。

3.5 面向汽车品牌管理的竞争分析

3.5.1 数据采集

下面以用户收藏数据以及车型数据分析汽车产品之间的竞争关系。首先,从汽车之家论坛上采集需要的数据。采集方法为编写信息采集代码,通过发送 https 请求从服务器中请求相应的数据,通过解析服务器返回的数据来获取需要的数据,再将采集到的数据储存在 MYSQL 数据库中。如图 3-7 所示,每一个汽车车型被分为不同的款式,款式之间的车型基本属性会有一些差别。不同车型款式差别会对消费者的购买决策造成影响,最受消费者欢迎的车型款式可以作为车型的代表。因此,在这里选取关注度最高的款式代表该车型参与后续的竞争者识别的研究。如图 3-8 所示,采集汽车之家论坛中用户收藏列表中的所有车型。

运行采集程序,共采集得到 657 种不同车型的数据,832896 个用户的 1921229 条收藏记录。

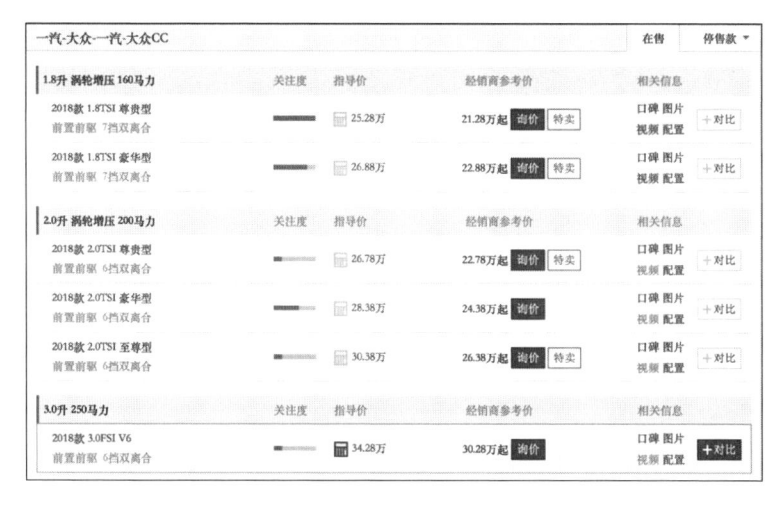

图 3-7 车型款式

图 3-8 用户收藏数据

3.5.2 数据预处理

数据质量会影响竞争分析的结果，因此需要对网络采集的数据进行预处理操作。竞争分析的数据预处理主要包括数据清洗和数据转换。

缺失值处理和噪声数据处理是数据清洗的主要任务。采集到的车型属性数据存在着大量的缺失值，通过分析发现存在大量属性缺失的主要车型类型为卡车、货车、皮卡、大型客车等，为此可以将这些车型进行过滤。表 3-2 列出了所用到的车型属性的变量以及对变量的相关处理。由于只包含一个车型的收藏里面无法反映产品的竞争关系，因此，需要过滤收藏列表只有一个车型的用户，只保留具有两个及以上车型的收藏列表用户。基于过滤后的数据集，可采用共现分析或LDA获取产品之间的竞争关系。

表 3-2 车型属性表

属性	类型	处理方式
价格	数值	归一化处理，缺失值使用同级别车均值
轴距	数值	归一化处理，缺失值使用同级别车均值
油耗	数值	归一化处理，缺失值使用同级别车均值
重量	数值	归一化处理，缺失值使用同级别车均值
座位数	标称	缺失值使用同级别车属性众数
排量	数值	归一化处理，缺失值使用同级别车均值
功率	数值	归一化处理，缺失值使用同级别车均值
扭矩	数值	归一化处理，缺失值使用同级别车均值
气囊数	数值	归一化处理，缺失值使用同级别车均值
安全配置	数值	归一化处理，缺失值使用同级别车均值
汽车级别	标称	缺失值使用同级别车属性众数
气缸数	数值	归一化处理，缺失值使用同级别车均值
进气方式	标称	缺失值使用同级别车属性众数
变速器	标称	缺失值使用同级别车属性众数
悬架	标称	缺失值使用同级别车属性众数
结构	标称	缺失值使用同级别车属性众数
前照灯	标称	缺失值使用同级别车属性众数
空调	标称	缺失值使用同级别车属性众数
座椅材质	标称	缺失值使用同级别车属性众数
中控屏	标称	缺失值使用同级别车属性众数
导航	标称	缺失值使用同级别车属性众数
语音控制	标称	缺失值使用同级别车属性众数

收藏数据的变换主要是对车型的数值型属性进行规范化，即将原始的数值型属性按照一定的比例进行缩放，使之落在一个特定的区间，如区间[0，1]。属性规范化可以避免数据范围不一致造成的偏差，常见的数据规范化方法有最小-最大规范化、z-分数最大化以及按小数定标最大化等方法。这里采用的是最小-最大规范化，使所有的数值型属性落入[0，1]区间内。

3.5.3 基于汽车产品属性的竞争者识别方法

基于表 3-2 中的产品属性，可利用聚类方法将具有相似属性的车型进行聚类。在同一个类中的产品可认为是竞争者。最经典的聚类算法为 k-means，该方法也常用作竞争分析研究。但该方法使用欧氏距离对仅含有数值型属性的数据进行聚类，而表 3-2 中的数据不仅包含数值属性也包含标称属性（如车型结构等）。因此，必须使用一种可以对混合类型数据聚类的方法。本节选择 Huang[24]提出的 k-prototypes 方法，该方法是处理混合类型数据的经典方法。方法描述如下。

假设来自同一数据集的数据对象由一组属性 $A_1, A_2, \cdots, A_m$ 表示。每个属性 A_i 描述一个值域，表示为 $\mathrm{DOM}(A_i)$，那么数据对象 X 可以由属性-值表示：

$$[A_1 = x_1] \wedge [A_2 = x_2] \wedge \cdots \wedge [A_m = x_m] \tag{3-40}$$

其中，$x_j \in \mathrm{DOM}(A_j), 1 \leqslant j \leqslant m$。为便于计算，可以将数据对象 X 表示为向量：

$$X = (x_1^r, x_2^r, \cdots, x_p^r, x_{p+1}^c, \cdots, x_m^c) \tag{3-41}$$

其中，x_j^r 为数据对象 X 的数值型属性；x_j^c 为数据对象中的标称型属性，两个数据对象 X_s 与 X_t 的距离可以定义为

$$d(X_s, X_t) = \sum_{j=1}^{p}(x_{s,j} - x_{t,j})^2 + \gamma \sum_{j=p+1}^{m} \delta(x_{s,j}, x_{t,j}) \tag{3-42}$$

其中，等号右边第一部分表示数据对象 X_i 与 X_j 数值型属性间的欧氏距离，第二部分表示数据对象 X_s 与 X_t 之间的标称型属性之间的距离。两部分之间的距离由参数 γ 来平衡，γ 的取值事先需要人为确定。较小的 γ 值表示数值型属性在聚类中起到主导作用，较大的 γ 值表示标称型属性在聚类过程中起主导作用。

$$\delta(x_{s,j}, x_{t,j}) = \begin{cases} 1, & x_{s,j} \neq x_{t,j} \\ 0, & x_{s,j} = x_{t,j} \end{cases}, \quad p+1 < s, t < m \tag{3-43}$$

在对产品聚类时，需要确定簇数 k，即将数据集中的产品对象 $D = \{X_1, X_2, \cdots, X_n\}$ 划分 k 个竞争性子群，表示为 $C = \{C_1, C_2, \cdots, C_k\}$，聚类算法的目标函数为

$$E = \mathrm{Min}\left(\sum_{h=1}^{k}\sum_{i=1}^{n} u_{n,k} d(X_i, Q_h)\right) \tag{3-44}$$

其中，$u_{n,k} = U_{n \times k}$ 为数据集中产品对象的划分矩阵：

$$u_{i,g} = \begin{cases} 1, & X_i \in C_g \\ 0, & X_i \notin C_g \end{cases}, \quad 1 \leqslant g \leqslant k \tag{3-45}$$

$Q_g = [q_{g,1}^r, q_{g,2}^r, \cdots, q_{g,p}^r, q_{g,p+1}^c, \cdots, q_{g,m}^c]$ 为簇 C_g 的中心，对于数值型属性，$q_{g,j}^r$ 为

簇 C_g 包含的所有数据对象属性 $x_{\cdot,j}$ 的平均值

$$q_{g,j}^r = \frac{\sum_{i=1}^n u_{i,g} x_{i,j}}{\sum_{i=1}^n u_{i,g}} \qquad (3\text{-}46)$$

对于标称型属性，$q_{g,j}^c$ 取簇 C_g 包含的所有数据对象属性 $x_{\cdot,j}$ 出现次数最多的值：

$$q_{g,j}^c = \{x_{i,j} \mid \max(u_{i,g} p(x_{i,j}))\} \qquad (3\text{-}47)$$

k-prototypes 方法通过不断迭代将数据对象分配到不同的簇中，直到目标函数不再变化，或者没有数据对象要重新分配。

基于产品特征数据，使用该方法可发掘潜在的竞争性子群，每个竞争性子群中包含一系列产品。取聚类数 $k = \sqrt{634} \approx 25$。图 3-9 展示了聚类的结果（选取了 6 个簇），椭圆形节点表示车型，节点之间的边表示车型之间存在竞争关系。

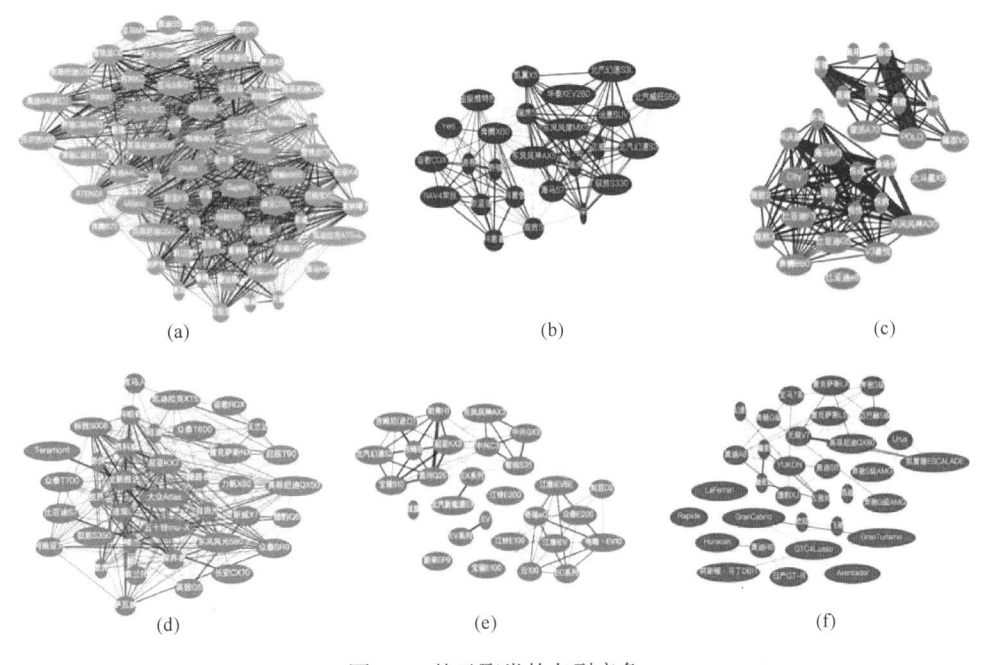

图 3-9　基于聚类的车型竞争

3.5.4　基于 LDA 的竞争者识别方法

针对预处理后的用户收藏数据，也可以采用 LDA 模型抽取竞争性子群。模型的参数设置为 $G = 40$，$\alpha = 0.2$，$\beta = 0.01$，共迭代 2000 次。表 3-3 列举了八个竞争性群，每个竞争性群里取了前十个汽车产品。

表 3-3 LDA 所得到的竞争性群

序号	Group1	Group4	Group7	Group12
1	博瑞	哈弗 H6	艾瑞泽 7	江淮 iEV
2	奔腾 B70	哈弗 H9	瑞虎 5	奇瑞 eQ
3	艾瑞泽 7	长安 CS75	艾瑞泽 5	比亚迪_秦
4	传祺 GA6	比亚迪 S7	瑞虎 3	MODEL
5	睿骋	博越	观致 3	众泰 E200
6	奔腾 B50	哈弗 H5	瑞虎 7	江淮 iEV6S
7	众泰 Z700	驭胜 S350	风云 2	芝麻 E30
8	吉利 EC8	哈弗 H8	帝豪	比亚迪 e5
9	比亚迪 G6	哈弗 H7	观致 5	知豆 D2
10	海马 M6	传祺 GS8	奇瑞 E3	比亚迪 e6

序号	Group14	Group16	Group29	Group57
1	凯迪拉克 CT6	迈凯伦 P1	奥迪 Q5	长安星卡
2	奔驰 E 级	LaFerrari	奔驰 GLC	五菱之光
3	奥迪 A7	Agera	雷克萨斯 NX	长安之星 9
4	Mustang	Aventador	凯迪拉克 XT5	五菱荣光
5	捷豹 XE	Huayra	汉兰达	小海狮 X30
6	奔驰 C 级	威航	沃尔沃 XC60	优优 2 代
7	林肯 MKZ	奥迪 R8	昂科威	长安之星 7
8	雷克萨斯 RX	法拉利 458	锐界	东风小康 C32
9	奥迪 A6L	幻影	林肯 MKC	北汽威旺 307
10	雷克萨斯 ES	保时捷 918	奔驰 C 级	星朗

从表 3-3 可以看出，Group1 主要是一些国产轿车，车身结构均为 3 厢，价格区间在 10 万～20 万元。Group4 主要是国产 SUV（运动型实用汽车，sport utility vehicle），且哈弗品牌的较多，价格区间在 8 万～18 万元。Group12 主要是国产电动汽车，Group14 和 Group29 主要是国外品牌的中高端车，且这两个竞争性群里包含轿车和 SUV，Group16 都是国外的高端跑车，Group57 为国产的 MPV（多用途汽车，multi-purpose vehicle）。

3.5.5 基于汽车产品共现的竞争强度方法

用户的收藏列表反映了用户的考虑集合，两个车型同时出现在同一个收藏列表中的次数越多，则两者的竞争强度越大。因此，可以使用共现的方法计算汽车车型之间的竞争强度，本节采取提升度方法进行竞争强度度量。给定焦点车型，可计算出该车型与其他所有车型的竞争强度，通过排序的方法可以获取 top-k 个车型作为焦点车型的核心竞争对手。为了更好地展示汽车车型之间的竞争关系，本节使用了开源插件 D3.js 对车型之间的关系进行可视化，构建的竞争网络如图 3-10 所示。其中，节点表示具体的汽车车型，边表示车型之间的竞争关系。

图 3-10 上部分展示了一些中低端汽车，如哈弗 H1、长安奔奔、迈锐宝、标致 408 等；图 3-10 的下部分展示了一些高端汽车，如宝马 3 系、幻影等。图的左边部分展示了一些新能源汽车车型，如江淮 iEV6E、比亚迪 e6。另外，网络图中边越密集部分以及颜色越深的部分，代表的车型竞争越强烈，从图中可以发现中低端汽车市场竞争最激烈。

图 3-10　基于共现分析的车型竞争网络

参 考 文 献

[1] Caves R E. Economic analysis and the quest for competitive advantage[J]. The American Economic Review, 1984, 74 (2): 127-132.

[2] Chen M J. Competitor analysis and interfirm rivalry: Toward a theoretical integration[J]. Academy of Management Review, 1996, 21 (1): 100-134.

[3] Porter M E. Competitive Strategy Techniques for Analyzing Industries and Competitors[M]. New York: Simon and Schuster, 1980.

[4] Barney J. Firm resources and sustained competitive advantage[J]. Journal of Management, 1991, 17 (1): 99-120.

[5] Clark B H, Montgomery D B. Managerial identification of competitors[J]. Journal of Marketing, 1999, 63 (3): 67.

[6] Cooper L G, Inoue A. Building market structures from consumer preferences[J]. Journal of Marketing Research, 1996, 33 (3): 293-306.

[7] Barsalou L W. Cognitive Psychology: An Overview for Cognitive Scientists[M]. London: Psychology Press, 1992.

[8] Cohen J B, Basu K. Alternative models of categorization: Toward a contingent processing framework[J]. Journal of Consumer Research, 1987, 13 (4): 455-472.

[9] Bergen M, Peteraf M A. Competitor identification and competitor analysis: A broad - based managerial approach[J]. Managerial and Decision Economics, 2002, 23 (4-5): 157-169.

[10] Valkanas G, Lappas T, Gunopulos D. Mining competitors from large unstructured datasets[J]. IEEE Transactions on Knowledge and Data Engineering, 2017, 29 (9): 1971-1984.

[11] Pant G, Sheng O R. Web footprints of firms: Using online isomorphism for competitor identification[J]. Information Systems Research, 2015, 26 (1): 188-209.

[12] DeSarbo W S, Grewal R, Wind J. Who competes with whom? A demand - based perspective for identifying and representing asymmetric competition[J]. Strategic Management Journal, 2006, 27 (2): 101-129.

[13] Netzer O, Feldman R, Goldenberg J, et al. Mine your own business: Market-structure surveillance through text mining[J]. Marketing Science, 2012, 31 (3): 521-543.

[14] Zhang Z, Guo C, Goes P. Product comparison networks for competitive analysis of online word-of-mouth[J]. ACM Transactions on Management Information Systems (TMIS), 2013, 3 (4): 20.

[15] Xu K, Liao S S, Li J, et al. Mining comparative opinions from customer reviews for Competitive Intelligence[J]. Decision Support Systems, 2011, 50 (4): 743-754.

[16] Wei Q, Qiao D, Zhang J, et al. A novel bipartite graph based competitiveness degree analysis from query logs[J]. ACM Transactions on Knowledge Discovery from Data (TKDD), 2016, 11 (2): 21.

[17] Yang Y, Tang J, Li J. Learning to infer competitive relationships in heterogeneous networks[J]. ACM Transactions on Knowledge Discovery from Data (TKDD), 2018, 12 (1): 12.

[18] Bao S, Li R, Yu Y, et al. Competitor mining with the web[J]. IEEE Transactions on Knowledge and Data Engineering, 2008, 20 (10): 1297-1310.

[19] Vaughan L, You J. Content assisted web co-link analysis for competitive intelligence[J]. Scientometrics, 2008, 77 (3): 433-444.

[20] Ringel D M, Skiera B. Visualizing asymmetric competition among more than 1,000 products using big search data[J]. Marketing Science, 2016, 35 (3): 511-534.

[21] Blei D M, Ng A Y, Jordan M I. Latent dirichlet allocation[J]. Journal of Machine Learning Research, 2003, 3 (Jan): 993-1022.

[22] Qiu Z L, Wu B, Wang B, et al. Collapsed Gibbs sampling for latent Dirichlet allocation on spark[J]. Workshop and Conference Proceedings, 2014, 36: 17-28.

[23] Minka T, Lafferty J. Expectation-propagation for the generative aspect model[C]//Proceedings of the Eighteenth Conference on Uncertainty in Artificial Intelligence. San Francisco: Morgan Kaufmann Publishers Inc, 2002.

[24] Huang Z. Extensions to the k-means algorithm for clustering large data sets with categorical values[J]. Data Mining and Knowledge Discovery, 1998, 2 (3): 283-304.

第 4 章　品　牌　画　像

品牌，指由企业创造的一种具有经济价值的无形资产，其作用是让消费者感知到品牌的差异化属性并产生消费行为。传统意义上的画像是通过对人的各个特征的描述以及总体感觉的把握刻画出人物的肖像。与此相类似，品牌画像是通过提取表现品牌差异性的标签描绘出品牌的特有属性。品牌画像对于企业和消费者而言都具有重要的意义：企业方面，品牌画像是企业进行品牌形象传播的基础，也是品牌战略管理的关键环节；消费者方面，品牌画像是品牌感知价值的真实写照，为消费者购买决策提供重要参考。

不同于企业视角的品牌要素设计，品牌画像从消费者角度出发，获取用户对品牌的认知标签，描绘出用户心目中的品牌画像。虽然用户对品牌的认知是主观的、多方面的、复杂的，但互联网时代的到来为我们构建消费者视角的品牌画像提供了极大的便利。

在线社交网站作为用户互动交流的重要平台，每天都会产生大量的用户生成内容，包括用户对品牌的认知与评价、用户的购买意愿等。大多数用户生成内容所提及的品牌往往是某个产品系列的子品牌，而不是广泛意义上的企业品牌。例如，奇瑞是一个企业品牌，其拥有若干产品系列，如 QQ、艾瑞泽、风云等，不同产品系列的车型拥有不同的市场定位，可视为奇瑞的子品牌。本章所探讨的品牌画像不是企业层面的品牌画像，而是产品系列层面的品牌画像。我们运用文本挖掘及情感分析方法，从用户在线生成内容中提取出消费者对品牌的认知信息，构建消费者视角的品牌画像，为品牌信息资源的组织和管理、企业的品牌营销等方面提供支持。本章包括以下几个方面。

（1）品牌画像的定义。现有研究中尚未给出一个相对完善的品牌画像定义，本章对现有的品牌理论进行分析，给出品牌画像的定义。

（2）品牌画像的维度。基于消费者视角的品牌画像构成要素与企业视角的品牌构成要素存在差异，本章对品牌理论进行归纳总结，提出从产品、服务、市场、品牌四大维度构建多层次、细粒度的品牌画像。

（3）消费者视角的品牌画像方法。当品牌画像的维度确立之后，需要对各层指标进行量化，描绘出具象的品牌画像。本章提出了一种品牌画像方法，首先基于语言规则提取用户的认知标签，然后借助同义词词典和 Jaccard 相似性（Jaccard similarity coefficient）对认知标签进行聚合，再应用词频-边缘指数（term frequencymargin frequency，TF-MF）模型计算认知标签的重要性并排序，最后将具有代表性的用户认知标签聚合为品牌画像。

本章主要介绍品牌画像的相关理论及方法，内容组织如下。4.1 节从产品整体概念模型、品牌个性和品牌价值三个方面介绍国内外研究现状。4.2 节介绍品牌画像的定义和维度，主要包括产品、服务、市场、品牌四个维度。4.3 节介绍基于用户生成内容的品牌画像构建方法，主要包括品牌本体构建方法、品牌个性词典构建方法、用户认知标签识别方法、品牌个性识别方法。4.4 节介绍面向汽车品牌管理的品牌画像应用案例。

4.1 国内外研究现状

20 世纪 80 年代以来，品牌理论研究日益受到重视，已成为营销学的重要研究领域之一。学者不断拓展和深化对于品牌的理解，探索品牌研究的新概念和新主题，发展品牌领域的新分支和新方法。品牌理论研究依次经历了以下六个重要阶段：品牌、品牌战略、品牌资产、品牌管理、品牌关系和品牌认知[1]。近年来，伴随着在线社交网络的普及以及用户在线生成内容的爆炸式增长，学者开始探究消费者感知到的品牌价值以及形成的品牌认知。但直至今日，学术界尚未形成对品牌画像概念及构成体系的统一认识，因此，本节从以下几个方面概述与品牌画像密切相关的研究问题。

（1）产品整体概念模型。每一个品牌都对应着具体的产品或服务，因此，首先需要对产品整体概念模型进行界定。

（2）品牌个性。与人类一样，品牌也拥有独特的个性，品牌个性是品牌的重要特征。品牌个性与消费者个性互相映射，为消费者和品牌之间搭建了一座桥梁，使得消费者和产品之间产生了紧密的联系。

（3）品牌价值。消费者进行购买决策时，不仅通过价格衡量产品价值，还会考量品牌是否能够带来价值，如帮助消费者凸显社会地位、强化情感等。

4.1.1 产品整体概念模型

产品是企业综合能力的表现，是联系生产者与消费者、企业与客户的纽带。市场化竞争如此激烈的今天，企业进行市场营销的首要任务是保证自己的产品能满足消费者的需求，这是企业获取竞争优势的基础。

随着实践的发展和研究的深入，人们对产品概念的理解不断变化。最初，人们所理解的产品仅限于物品，认为产品是具有某种特定物质形态和用途的有形产品，后来，产品概念被扩展为既包括具有物质形态的产品实体，又包括非物质形态的利益,这也称为产品的整体概念。营销大师科特勒(Kotler)认为产品是指可提供给市场并满足欲望或者需要的任何东西。也就是说,产品应当是能够满足一定消费需求并能通过交换实现其价值的任何东西,包括一切有价值的任务、场所、组织、技术以及思想,只要人们愿意为满足相关需求支付费用,就可纳入产品的范畴。随后研究学者分别提出了两层次、三层次、四层次、五层次的产品整体概念模型。

(1)两层次结构的产品整体模型。1988年,贝内特(Bennet)构建了一个三角形的两层次模型[2],包括核心产品和附加产品,如图4-1所示。在这个模型中,附加产品包括送货、修理服务、品牌形象、保证、包装和信贷等。贝内特认为:附加产品是由伴随着利益而增加了价值的物品、服务和思想,它是卖方打算卖的东西和买方感知到的东西两者的综合。但他也夸大了附加产品的价值,认为附加产品是消费者真正购买的东西。这种论断忽视了核心产品给消费者带来的利益。与此同时,布恩(Boone)和库尔茨(Kurtz)还推出了一个正方形的两层次模型[3],如图4-2所示。内层的正方形是提供给消费者的产品/服务的物理特征和功能特征;外层的正方形中由品牌、包装和标签、保证和服务、产品形象等构成。

图4-1 贝内特三角形的两层次模型

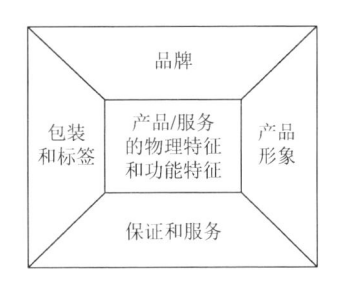

图4-2 布恩和库尔茨的两层次模型

(2)三层次结构的产品整体模型。1984年,著名的市场营销专家科特勒出版了著作《营销管理:分析、计划、执行与控制》,书中提出了一个三层次结构的产品理论[4]。该理论认为,任何一种产品都可以分为三个层次:核心产品,即使用价值或效用;有形产品,包括式样、品牌、名称、包装等;附加产品,即附加服务或利益。科特勒提出的三层次结构模型如图4-3所示,核心产品位于产品整体的中心,它回答购买者真正要购买的是什么,有形产品位于产品整体的中间层,附加产品位于产品整体的最外层。三层次结构模型,本质上是对两层次结构模型中内容的总结和再次划分的结果,能更好地反映消费需求的多层面。

(3)四层次结构的产品整体模型。1986年,莱维特(Levitt)提出了四层结构的产品整体模型,如图4-4所示。他认为,产品可以在四个层次上进行划分:

一是核心产品或一般产品，它是产品的有形属性；二是期望产品，是消费者对有形属性或其他属性的期望，是需要满足的最低限度的购买条件，如送货条件、安装服务、售后服务、维修、备件、训练、包装、便利等；三是附加产品，是超出顾客期望的部分；四是潜在产品，是可能增加对购买者具有效用或可能具有效用的特点和利益[5, 6]。

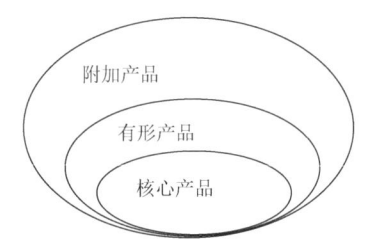

图 4-3 科特勒三层次结构模型

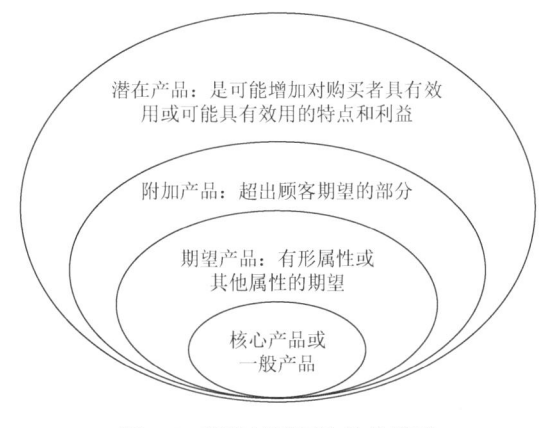

图 4-4 莱维特四层次结构模型

（4）五层次结构的产品整体模型。1994年，科特勒在《营销管理：分析、计划、执行与控制》专著修订版中，将之前提出的三层次产品概念扩展到五层次。图 4-5 展示了五层次的产品整体模型，其包含：核心利益，是指消费者购买某种产品时所追求的利益，也就是顾客真正要购买的服务和利益，核心利益层在产品的整体性概念中也是最基本、最主要的部分；一般产品，是满足消费者核心利益的物质表现形式，也就是产品基本的有形形式，是核心利益借以实现的形式；期望产品，符合消费者喜好的，包括价格、方便性以及产品功能表现等各个因素；附加产品，是供应产品时所获得的全部附加信息和利益，包括送货、维修、保证、安装、培训、指导及资金融通等，还包括企业的声望和信誉；潜在产品，是指此种产品最终可能的所有的增加和改变，是企业努力寻求的满足顾客并使自己与其他竞争者区别开来的新方法。相比三层次,五层次结构的产品整体模型将顾客满意度的概念引入了产品模型中。

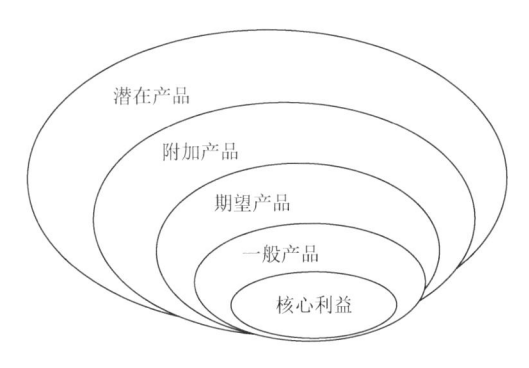

图 4-5 科特勒五层次结构模型

中国学者对于产品整体概念的研究起步较晚,其中科特勒的三层次理论对国内研究影响至深,国内很多研究都是针对每个层次所包含的内容进行扩充和深化。朱思文在科特勒的产品整体概念三层次论的基础上,提出了新的产品五层次论,并提出了实施情感产品和个性产品的方法[7]。该方法把整体产品分为核心产品、形式产品、附加产品、个性产品和情感产品五个层次。由此可知:产品是一个多层次的、复杂的系统,既包括有形产品,也包括无形产品;既要满足消费者的生理需要,也要满足消费者的心理需要。

4.1.2 品牌个性

随着生产力的飞速发展,产品种类过剩,产品之间的差异越来越小,市场从卖方市场转为买方市场。为了使用户对品牌产生热情和好感,企业开始致力于塑造品牌抽象的、独有的、易识别的特性。其中一种策略是品牌拟人化。1957 年,马蒂诺(Martineau)最早尝试将消费者个性和品牌的象征性进行模糊映射[8]。1985 年,普卢默(Plummer)首次提出品牌个性(brand personality)的概念,品牌个性是企业在品牌塑造过程中赋予品牌独有的与其他品牌区别开来的气质和特点的总和,是消费者感知到的品牌内涵[9]。将抽象的品牌具体化、人格化,可在消费者和品牌之间架起一座桥梁。品牌个性与消费者个性越接近或者跟他们所崇尚或追求的个性越接近,越容易使消费者产生共鸣,从而使消费者产生认同感[10]。当品牌个性形象能丰富、保护或提升消费者自我个性形象时,消费者的品牌认同感较高,并期待同该品牌形成一种长期的关系。因此,品牌个性被认为是区分竞争对手和赢取竞争优势的有效方法。1996 年,科瓦(Cova)对品牌个性进行了更为详细的描述[11]，认为品牌拥有自己独立的人格，消费者和产品之间的关系也是一种人际关系。1997 年，美国学者阿克（Aaker）根据大五人格理论构建了品牌个性理论，将品牌个性定义为与品牌相关的一系列人类性格特征，实现了品牌个性到人类特性集合的映射[12]。为了更好地与人类的人格特性相呼应，也为了更好地衡量品牌个性，阿克以西方著名品牌为研究对象，首次开发出品牌个性维度量表（brand dimensions scales，BDS）。研究表明，美国品牌的品牌个性一共可以分为五个维度：Sincerity（纯真）、Exciting（刺激）、Competence（称职）、Sophisticated（教养）和 Ruggedness（强壮）。这五个维度共下分 15 个层面。表 4-1 详细展示了品牌个性维度量表的三层次[13]。

表 4-1 品牌个性维度量表[13]

个性维度	层面	形容词汇
Sincerity（纯真） （如康柏、柯达）	纯朴 诚实 有益 喜悦	家庭为重的、循规蹈矩的、蓝领的 诚心的、真实的、有道理、有思想、沉稳 新颖的、诚恳的、抗衰老的 感情的、友善的、快乐的
Exciting（刺激） （如保时捷、伏特加）	大胆 有朝气 赋予想象 最新	时髦的、刺激的、不规则的、煽动性的 冷酷的、年轻的、活力充沛的、外向的、冒险的 独特的、风趣的、令人惊讶的、有鉴赏力、好玩的 独立的、现代的、创新的、积极的
Competence（称职） （如美国有线电视新闻网 （CNN）、国际商业机器公司 （IBM））	可信赖 聪明 成功	勤奋的、安全的、可靠的、有效率的、小心的 技术的、团队的、严肃的 领导者的、有信心的、有影响力的
Sophisticated（教养） （如凌志、奔驰）	上层阶级 迷人	有魅力的、自负的、世故的、好看的 女性的、流畅的、性感的、高尚的
Ruggedness（强壮） （如李维斯、耐克）	户外 强韧	男子气概的、西部的、活跃的、运动的 粗野的、强壮的、不愚蠢的

2001 年，为了探索品牌个性维度的文化差异性，阿克与当地学者合作对美国、日本、西班牙三种文化背景下的品牌个性维度进行了比较研究。结果表明，Sincerity（纯真）、Exciting（刺激）、Sophisticated（教养）是上述三种文化背景下的品牌个性所共有的品牌个性维度，而 Peaceful（平和）是日本文化背景下所特有的品牌个性维度，Passive（激情）是西班牙文化背景下所特有的品牌个性维度，Ruggedness（强壮）是美国文化背景下所特有的品牌个性维度，Competence（称职）则是日本文化背景下和美国文化背景下所共有的品牌个性维度，而在西班牙文化背景下则没有这一维度。通过比较研究，阿克等提出不同文化背景下的品牌个性维度存在差异[14]。阿克的品牌个性维度量表在营销理论研究和实践中得到了广泛的运用，是品牌个性领域最有影响力的测量量表。但是，也有国外

学者对其测量的有效性和适用性提出了质疑。例如，Azoulay 和 Kapferer[15]认为，品牌个性只是品牌识别（brand identity）的一个主要方面，而不是品牌的全部，阿克的品牌个性测量方法不能够测量品牌个性结构，而且产生了概念性混淆；Austin 等[16]对阿克品牌个性测量框架的普遍适用性重新进行测试，结果发现，此框架在测量包含在阿克研究中的广义的产品类别（饭店）中的个别品牌时不能普遍适用，在分析一些产品类别中的集合品牌（aggregated brands）时也不能普遍适用。一些研究者对品牌个性维度量表进行了改进，如 Geuens 等[17]提出了包含个性项目的新的品牌个性测度量表，此量表包含 5 个维度 12 个项目，适用于不同类目品牌间的比较以及相同类目品牌间的比较，具有较大的复试可靠度和跨文化效度。

国内对于品牌个性的研究起步稍晚。2003 年，黄胜兵和卢泰宏[18]基于汉语词汇，对中国品牌个性维度进行了本土化研究，开发出中国品牌个性维度量表，参见表 4-2。该研究还将中国品牌个性维度量表与阿克的品牌个性维度量表进行了比较，分析了二者的异同："仁"与"Sincerity（纯真）"对应，形容人们具有的优良品行和高洁品质；"智"与"Competence（称职）"对应，形容人们智敏、沉稳、严谨和贤能等品质；"勇"与"Ruggedness（强壮）"较相关，形容强壮、粗犷、奔放等形象特征；"乐"除了"Exciting（刺激）"的含义，还包含积极、自信、乐观、时尚的含义；"雅"与"Sophistication（教养）"相对应，寓意有品位、有教养、体面气派，用来形容儒雅的言行风范和个性。其中，"仁/Sincerity" "智/Competence" "雅/Sophisticated" 这三个维度具有较强的跨文化一致性，且"仁"是中国品牌个性中最具有文化特色的一个维度，其次是"乐"。向忠宏[19]根据品牌搜索结果等同于品牌在互联网上的投影这一原理，提出了一套全新的基于品牌搜索的品牌个性测量方法，并创建了一个包含 5 个维度 18 个层面 51 个品牌人格的中国本土品牌个性维度量表。

表 4-2　中国品牌个性维度[18]

品牌个性维度	词汇形容
仁（如巧手）	平和的、环保的、和谐的、仁慈的、家庭的、温馨的、经济的、正直的、有义气的、忠诚的、务实的、勤奋的等
智（如联想、海尔）	专业的、权威的、可信赖的、专家的、领导者、沉稳的、成熟的、负责任的、严谨的、创新的、有文化的等
勇（如七匹狼）	勇敢、威严、果断、动感、奔放、强壮、新颖、粗犷等
乐（如娃哈哈、金六福）	欢乐、吉祥、乐观、自信、积极的、酷的、时尚等
雅（如雅戈尔）	高雅、浪漫、有品位的、体面的、气派的、有魅力的、美丽等

4.1.3 品牌价值

经济全球化造就了一大批在世界范围内享有盛誉的品牌，同时也带来了一个问题：我们应该运用何种标准评估一个品牌的效益或者价值？现有的品牌价值研究主要集中在品牌价值内涵以及品牌价值评价方法方面。

1. 品牌价值内涵

品牌价值是一种区别于其他商品和服务的标志[20-23]。一些学者认为品牌价值源于品牌的资产价值或财务价值，即给企业带来超出品牌产品销售的溢价收益，它的变化将直接增加或减少公司的货币价值。另一些学者认为，品牌价值主要源于市场，即消费者对品牌的认可、信赖与忠诚。王成荣和邹珊刚[24]认为品牌价值的形成是以品牌的资产价值或财产价值为根基，是二者相互作用的结果。刘德禄等认为产品品牌的价值包括产品品牌延伸、暗示消费者进行自我归属、产生产品品牌价值联想、增强传播性等，产品品牌价值可以产生消费信赖，使消费者形成消费忠诚度，提高产品的稳定消费[25, 26]。高鑫和董志文[27]通过梳理文献，指出企业视角的品牌价值体现在六个方面：一是通过产品差异化，品牌企业获得超过竞争对手的溢价；二是促进营销，迅速回笼资金；三是提高消费者对企业的品牌忠诚度；四是有利于推广新产品，促进品牌延伸；五是较易获得政府的政策支持；六是可吸引更多杰出人才和投资者，获得股东的支持。张鹏冲[28]对社会公众承担的社会责任与企业品牌价值进行研究，相关分析结果显示二者的相关系数为正，且在1%水平上显著，表明企业对社会公众所承担的社会责任可以显著提升企业的品牌价值。企业承担的社会责任越多，品牌价值就越大，并且品牌价值的高低也可以显示企业社会形象的好坏。刘文华[29]认为，没有顾客就没有品牌，品牌价值取决于顾客忠诚。综上所述，品牌价值可以从三种视角进行解释：一是企业财务视角，品牌价值是能给企业带来利益的资本；二是消费者视角，品牌价值是消费者对于品牌的忠诚和信任；三是市场视角，品牌价值是消费者对品牌正向或者负向的感知总和，这部分感知最终反映在企业在市场竞争中各项可度量指标中，而这些指标往往是企业目标体系的重要组成部分[30]。

2. 品牌价值评价方法

目前学术界对于如何合理、有效地评估品牌价值还未形成统一的观点，但总体而言，品牌价值评估的方法主要包括英特品牌咨询公司（Interbrand Group）的Interbrand模型、大卫·艾克品牌资产五星模型法、北京名牌资产评估公司评价方法、忠诚因子法等[31-35]。

(1）Interbrand 评价法：英国英特品牌咨询公司创立的 Interbrand 评估法是目前世界上最具影响力的品牌价值评估方法。它立足于市场，认为品牌价值是基于品牌当前能够给企业带来的收益及在未来可产生的具有可延续性的收益评估得出的。其品牌价值评估公式如下：

$$V = P \times S \tag{4-1}$$

其中，V 为品牌价值；P 为品牌超额收益；S 为品牌乘数。在确定品牌乘数时，将品牌强度影响因素设置为七个维度（市场性质、稳定性、品牌在同行业中的地位、行销范围、品牌趋势、品牌支持和品牌保护），并针对各维度设置评分标准，利用专家打分法获得评价分值，再根据 S 形曲线计算得到品牌乘数。

（2）大卫·艾克品牌资产五星模型法：通过品牌忠诚度、品牌知名度、认知品质、品牌联想和其他品牌专有资产这五个维度评价品牌价值[31]。这种方法认为，消费者对品牌价值评价起重要的导向作用，是国外典型的基于消费者视角进行品牌价值评价的方法。

（3）北京名牌资产评估公司评价方法：要求被评估企业提供三年的财务状况资料，基于财务状况资料进行评估。从 1995 年开始，国内采用该方法对中国自有品牌进行评价，现已成为国内外了解我国品牌价值的重要途径。

（4）忠诚因子法：范秀成和冷岩提出的一种基于市场的品牌价值评估方法[32]。具体计算公式为

$$\begin{aligned}品牌价值 = &忠诚因子 \times 周期购买量 \times 时限内的周期数 \\ &\times 理论目标顾客基数 \times (单位产品价格 - 单位无品牌产品价格)\end{aligned} \tag{4-2}$$

4.2 品牌画像的定义和维度

日新月异的互联网技术打破了传统的信息传播生态，改变了以往的信息传递方式。以微博、微信、论坛为代表的在线社交网络极大地影响了人们的生活和工作，消费者通过这些社交网络随时随地分享心情、传递观点、交换意见。信息沟通的渠道日益丰富，门槛也在不断降低，用户生成内容（user generated content，UGC）越来越丰富。这些用户生成的内容中既包含反映消费者购买意愿的互动内容，也包含对品牌的评价与认知。通过对这些评论与互动数据的挖掘可以获取用户对品牌的认知，可以构建出消费者视角的品牌画像。这是消费者认知的真实写照，对企业进行品牌营销具有重要指导作用和价值。本节提出品牌画像的定义和维度，为后续品牌画像的构建提供了理论基础。

4.2.1 品牌画像的定义

传统意义上的画像是艺术地再现自然人的外貌形象，它包含两个步骤：描绘和

展现。"描绘"对应"画","展现"对应"像",由此可见,"画像"是一个完整的动态过程,而不是静止的状态或形式。本章所探究的品牌画像具有以下特点。

(1) 研究对象为企业品牌或子品牌。随着越来越多的品牌出现在消费者视野中,品牌之间也逐渐出现了同质化现象,企业为了抢占更多的市场份额,往往会推出子品牌。当企业拥有若干在市场定位、销售渠道、消费者感知等方面存在差异的子品牌时,品牌画像的对象即企业品牌下的子品牌。

(2) 出发点为消费者视角。品牌画像是从消费者需求的角度出发,构建消费者所关注的、所理解的画像维度。

(3) 动态的画像过程。品牌画像是一个动态的过程,首先基于用户的在线生成内容,运用数据挖掘方法提取用户对于品牌的认知标签,最终为品牌生成可视化的像。整个过程称为品牌画像。

因此,结合上述特点,我们对品牌画像的定义如下:品牌画像即运用数据挖掘方法,构建满足消费者认知需求的品牌特征模型。

4.2.2 品牌画像的维度

马斯洛的需求层次论认为人们的需求是有层次的,分别是生理需求、安全需求、社交需求、尊重需求和自我实现的需求。越到高级需求,心理需求的特征就越明显,并且基本上是按由低到高从生理到心理或者说从物质到精神的需求顺序出现并发生作用的。这种需求层次论认为,低层次的需求满足之后,人们开始追求较高层次的需求[36]。从宏观角度来说,人们的需求可以分为物质的和精神的两种。物质的需求满足以后,人们的需求就上升为精神的需求。而在当代社会,随着社会的发展、物质资源的丰富、生活水平的提高,人们的基本生理需求已经慢慢从绝对地位转向非绝对地位。如今消费者选择某一品牌,不仅因为该品牌满足了其基本实用需求,如产品的功能、质量等;还因为产品附属的品牌能体现消费者自身的价值诉求,如品牌背后的文化以及品牌自身代表的价值观念等。从消费者角度认知需求出发,选择产品、服务、市场、品牌四个方面作为品牌画像的维度,针对每一个一级维度确立了相应的二级维度,从而体现消费者不同的需求层次对应的品牌特征,参见表 4-3。

1. 产品

产品是能够满足一定的消费者需求并能通过交换实现其价值的物品和服务,包括有形产品和无形服务[37]。一般意义上,产品是指具有一定使用价值和意义的加工品。对消费者而言,产品满足其基本需求。本书选择通用的价格、外观、功能、质量、性价比五个二级维度刻画产品实体。

表 4-3　品牌画像的维度

一级维度	二级维度	指标
产品	价格	
	外观	式样、包装、配饰、图案、色彩
	功能	使用功能、产品性能
	质量	耐用性、安全性、瑕疵性
	性价比	
服务	保养服务	技术、材料、保修期限、保修费用
	维修服务	操作者、材料、设备、环境、网点体系
	增值服务	个性化、差异性、创新性
	配送服务	安全性、及时性、准确性
市场	目标群体	年龄、职业、学历、收入、性别、地域
	市场表现	行业排名、市场占有率、品牌美誉度
品牌	品牌标识	LOGO、名称、品类、产地、品牌来源、品牌推广
	品牌个性	纯真、刺激、称职、教养、强壮
	品牌价值	文化价值、利失价值、情感价值、社会价值

　　价格是商品同货币交换时单位商品量货币的多少。价格是传递产品质量的信号，从某种角度来说，高价格在相当大程度上象征着服务产品的高质量、高档次、高时尚；低价格则象征着经济实惠、产品成熟和消费大众性。价格也是影响消费者购买行为的重要因素，消费者常常会对市场上同类产品的价格进行比较，企业在制定产品价格策略时也需要考虑竞争产品的定价策略，并采取相应的措施。

　　外观是指产品的式样、包装、配饰、图案、色彩等。它不仅起着保护商品、美化商品的作用，还起着宣传产品的作用，并在很大程度上影响着消费者的购买动机。随着产品种类的多样化，消费者选择不同产品种类的机会越来越多。因此对一件产品来说，若想抓住消费者的购买欲望，不仅要有好的质量，还需要拥有令人瞩目的包装、新颖的式样、绚丽的色彩、富有感染力的造型等美的外观。商品外观的塑造直接和制造成本相关联，因而会影响商品的价格。若商品外观符合消费者的审美需求，即使价格高消费者也愿意购买。

　　功能是指产品能够做什么或能够提供什么以及怎样的功效。生活中人们购买产品，实质上购买的是产品所具有的使用功能和产品性能。使用功能是指产品能满足用户使用要求所具有的与技术经济用途直接有关的功能[38]，如汽车有代步、装货等使用功能。使用功能是产品存在的基本条件，虽然具备了使用功能并不代表一定会被消费者所欢迎，但如果使用功能不足或有缺陷，则必然会受到消费者的抵制。产品性能是指产品在一定条件下，实现预定目的或者规定用途的能力，是用来衡量产品使用功能的重要特征，如汽车的动力、操控性等均是产品性能的表现。

质量可分为客观质量和消费者感知质量，消费者在评判产品或服务的质量时，往往依据自己的主观感受来评判产品或服务的质量。Dodds 等[39]对消费者感知质量（包括可靠性、工艺、质量、可信度和耐用性等）进行了测量，并分析了影响消费者感知质量的因素。Riesz[40]根据产品内在和外在的属性把感知质量分为耐用性、安全性、设计、外观等。综合以上理论基础，我们将消费者感知到的品牌质量分为以下几个层面：耐用性、安全性、瑕疵性。产品的耐用性是指产品使用无故障性和使用寿命的长短，产品越耐用，代表着质量越好。产品的安全性是指产品在使用、储运、销售等过程中，保障人体健康和人身、财产免受伤害或损失的能力，是衡量产品质量的一个很重要的指标。产品的瑕疵性是指产品不具备良好的特征和特性，不符合在产品或其包装上注明采用的产品标准，或者不符合产品说明、实物样品等方式表明的质量状况。产品的瑕疵越少代表质量越好。

性价比，全称性能价格比，计算公式为：性价比 = 性能/价格，是反映物品的可购买程度的一种量化指标。产品性能是指产品具有适合用户要求的物理、化学或技术性能，如汽车的动力、功率、转速以及操控性等均体现出汽车的性能。性价比与价格、性能不同，它反映的不是一个固定的数值，而是性能与价格之间的比例关系。一般来说：性能相同但价格低、价格相同但性能高都会导致性价比高；反之，性能相同但价格高、价格相同但性能低都会导致性价比低。

2. 服务

服务本质上是产品的延伸。在以实体产品消费为主的制造业，服务隐藏在产品身后，其作用或是为消费者雪中送炭，或是为产品销售锦上添花；在纯粹的服务业，服务的效果和质量则影响着消费者的价值理念与购买倾向。然而，服务的无形性、生产与消费的同时性等造成了消费者在购买前的知觉风险，成为服务发生和价值实现的一道难关。从服务的内容上考虑，本书将其分为保养服务、维修服务、增值服务、配送服务四个二级维度。

保养服务主要指定期对产品进行相关部分检查、清洁、调整、补给或更换某些零件等预防性工作。保养服务的目的就是使产品保持整洁，技术状况正常，消除隐患，预防故障发生，减缓劣化过程，延长使用周期。保养的评价指标体现在技术、材料、保修期限、保修费用四个方面。其中，技术和材料是产品保养的两个关键指标，因为它们涉及保养的效果及费用，而这恰恰是消费者最基本的考量。

维修服务指的是运用技术手段排查出现故障的产品，进而找出故障原因，并采取一定措施使其排除故障并恢复达到一定的性能和安全标准的修理工作。对于一般的装备来说，其维修质量主要受到五个因素的影响，即操作者、材料、设备、环境、网点体系的完备程度。任何维修都离不开人的操作，即使是先进的自动化设备也还是要人去操作和管理，可以说在众多的因素中，人的因素是维修质量得到保证、过程得到控制的关键因素。一般来说，维修人员的素质主要包括维修人员的思想素质、管理素质、技术文化素质和业务技能等。维修设备是指维修时所需的各种机械、电气、仪器以及试验装置等的统称。维修设备的完善情况和配套情况是制约维修质量比较显著的条件，好的维修设备能给消费者带来更高的满意度与可信度。同样优质的材料、优雅的环境以及完备的网点体系也是增加消费者好感的重要保证。例如，人们在选择某一款车的时候，完善、全面的汽车销售服务4S店的网点体系成为消费者心中的重要参考，因为网点体系越完善，意味着消费者可以享受到的服务越方便快捷。

增值服务是根据客户需要，为客户提供的超出常规服务范围的服务，即为消费者提供的附加服务。增值服务种类繁多，在完成基本功能的基础上，根据客户需求提供的各种延伸业务活动，为消费者提供便利的服务都是增值服务。增值服务通常具有以下特点：个性化、差异性和创新性。增值服务的个性化是以消费者需求为中心，在满足消费者基本需求的基础上，根据消费者的个性特点和特殊需求，为消费者提供量身定做的服务，如个性化定制款式、个性化软包等。增值服务的个性化越强，带给消费者的满足感和自豪感就越强。增值服务的差异性是指为消费者提供有别于同行业其他品牌服务的增值服务。只有人无我有的服务才是增值服务。增值服务的创新性是指在为消费者提供增值服务时，采用独特的创意和创新的手段，给消费者带来新感受，把角色转换为引领消费者的需求，给消费者带来意想不到的体验，如海底捞为独自带孩子前来就餐的顾客提供陪伴娃娃和唱歌等服务。

配送服务是在经济合理区域范围内，根据客户要求，对物品进行挑选、加工、包装、分割、组配等作业，并按时送达指定地点的物流活动。即将从供应者手中接收的多品种、大批量的货物在物流据点经过必要的储存、保管，并按照客户的订货要求进行分拣、包装、配货后，把配好的货物在规定的时间内送交客户。配送服务通常包含以下特征：安全性、及时性和准确性。安全性是指商品在运输的过程中，不发生损坏、变质、污染、爆炸、燃烧、丢失等事故，同时确保人员和运输设备的安全性。及时性是指尽量缩短商品的待运和在途时间，加速商品流通、确保商品的市场供给，尽量做到门到门服务。准确性是指在运输过程中做到单证传递的正确性，确保各项手续交接清楚，并且准确地完成商品的运输。

3. 市场

不同研究领域对市场的定义不同，在市场营销学中，常用市场来形容不同的顾客群体。从消费者视角出发，市场可细分为目标群体和市场表现两个二级维度。

从消费市场的角度，麦奎尔[41]将目标群体定义为具有已知社会经济特征的媒介服务/产品的时机与潜在消费者的集合体。确定目标消费者群体是市场营销活动的前端工作，企业在进入市场前对目标消费群体进行定位，继而针对目标消费群体进行价格、渠道、促销等营销活动的系列规划，从而实现效益最大化。明确目标人群也可以帮助企业了解品牌产品的适用人群，判别产品和服务在功能与价位等方面是否符合目标市场消费者的需求。贺晓禾[42]认为消费行为受文化、社会和个人因素的影响而呈现不同的特征，本书通过年龄、职业、学历、收入、性别、地域等方面刻画目标群体特征。

品牌的市场表现直观地反映了一个品牌的状况，也最直接地反映了企业所采取的品牌策略及这些策略的效果。在衡量品牌的市场表现时，常用以下三个指标进行度量：行业排名、市场占有率和品牌美誉度。一家企业市场表现的好坏通过企业之间的横向比较显现出来，行业排名可以体现品牌在市场中的表现优劣。企业在市场中的地位是由该公司在其所处行业中所占的市场份额来决定的，一般通过市场占有率来计算市场份额。企业市场占有率代表企业的营业收入占企业所处行业营业收入总和的比重，表明企业在整个行业中的竞争优势，它是衡量市场地位的一个重要指标。品牌美誉度是指消费者在市场中对品牌的喜欢与忠实程度，美誉度也反映了消费者在综合自己的使用经验和所接触到的多种品牌信息后对品牌价值认定的程度，高美誉度已经成为品牌占领市场的制胜法宝，是品牌市场表现优异的一个重要体现。

4. 品牌

弗洛伊德精神分析原理认为，人们行为的真正心理原因大多是无意识的，是潜在的，也是不可预见的。将其应用于消费者心理学，可以认为消费者的购买行为在某种程度上也受到潜在意识的影响。这种潜在意识包括品牌本身提供的信息暗示以及整个社会文化背景下消费环境的熏陶。品牌的名字、形象、颜色、符号等都对消费者认知起着潜移默化的作用。实际上，品牌是消费者个性的映射以及情感与价值的外化，表现在品牌为消费者提供了其认同的生活方式，表达了消费者的独特人格，表明了个人所属的阶层和文化群。本书基于消费者角度，将品牌这一一级维度细分为品牌标识、品牌个性与品牌价值三个二级维度。

品牌标识指某一品牌区别于另一品牌的基本物理属性。具体包含LOGO、名称、品类、产地、品牌来源、品牌推广等方面。LOGO是品牌视觉形象的重要组成部分。具体而言，LOGO可以是商标、标识符、贴在产品上的图标等，其目的是传达品牌独一无二的特征，并且给产品和服务一定的附加值[43]。品牌的名称对于消费者而言，同样有着别样的吸引力。美国著名的广告专家Ries与Trout认为：名称是把品牌吊在潜在顾客心智中产品阶梯的挂钩[44]。品类是指目标顾客购买某种商品的单一利益点[24]，每个利益点都由物质利益和情感利益双面构成。对于同一品牌而言可以拥有多个品类。例如，宝马可分为轿车、跑车和越野车三大车种。而每一车种又可分为多个系列多种型号，以满足不同目标市场的顾客需求，这些品类（型号）是具有差异化的利益点。我们可以将这些不同的产品型号视为品类。品牌原产地指品牌的发源地，如品牌所属国家或地区。品牌可分为本土品牌和境外品牌。Bloom 和 Haefner[45]指出，消费者对原产地的信任会促进品牌信任，原产地信任会创造一种广泛的认可，来源国中的所有品牌都会分享这种信任。国际市场上，品牌来源通常作为外在线索影响着消费者对产品的评价。因为品牌来源给市场灌输的某种形象是长期的而非短暂的，因此消费者容易对该品牌形成固有模式。Batra 等[46]的研究结果表明，在发展中国家，品牌来源不仅代表了质量的光环，同时也是产品质量的象征。对于部分消费者和某些产品品类来说，国外品牌有助于从表面上提升消费者的身份地位。产地与品牌来源不同，产地是指某一品牌产品加工制造的地方，如一个美国公司在中国生产计算机然后销售到其他国家，那么这些计算机的原产地是美国，产地则是中国。品牌推广是指企业塑造自身及产品品牌形象，使广大消费者广泛认同的系列活动过程，其方式包括口碑传播、电视大众媒体传播、微博、广告等方式，其主要目的是提升品牌知名度。

品牌个性指品牌被赋予的有关人的特质的集合。当品牌个性与消费者个性越接近或者与消费者所崇尚或追求的个性越接近，越容易使消费者产生共鸣和认同感。本书基于阿克的品牌个性维度量表对品牌个性进行画像，包含 Sincerity（纯真）、Exciting（刺激）、Competence（称职）、Sophisticated（教养）和 Ruggedness（强壮）五个维度。每个维度又细分为多个层面和特征。

消费者视角下的品牌价值指品牌在消费者心目中的综合形象，包括其属性、品质、档次（品位）、文化、个性等。从消费者感知价值的角度来看，品牌价值包含文化价值、利失价值、情感价值和社会价值。其中，文化价值是指对品牌文化产生的价值感知效用；利失价值是指对成本下降、时间精力耗费的减少以及消费者感知风险的评估等一系列感知过程；情感价值是指品牌中的情感因素所带来的感知效用后所得到的效用；社会价值是指顾客对品牌在社会生活中的自我强化能力的感知所产生的效用[47]。

4.3 基于用户生成内容的品牌画像构建方法

本节将基于品牌画像的维度，对用户在线生成内容的挖掘，获取用户对品牌的认知，构建消费者视角的品牌画像。问卷调查法是了解用户对品牌认知的传统方法，但其具有样本代表性和时效性的问题。近年来，用户在线生成内容的爆炸式增长为品牌画像提供了新的数据源，而数据挖掘技术的发展也为品牌画像提供了技术支持。消费者的品牌认知即消费者对于品牌的情感表达，通常以表示正向或者负向情绪的情感词来表示，在挖掘用户在线生成内容的过程中，需要提取表达用户认知的带有情感色彩的词语。品牌画像是对品牌的若干特征进行总体描述的呈现，所以我们构建的画像需要根据画像维度确定相应的特征词，进而寻找用户对于特征词的感情表达。我们采取根据以下步骤构建基于用户生成内容的品牌画像。

（1）构建品牌本体。本体是用以描述维度之间、特征词之间，以及维度与特征词之间的关系网络，同时可对后续提取的认知标签进行组织、归类。由于我们需要对品牌的若干特征进行描述，所以首先要构建品牌本体，寻找每一维度包含的用以客观描述特征的名词。

（2）构建品牌个性词典。品牌个性特征词是用于描述品牌类人特征的、具有象征意义的主观形容词汇。我们将单独构建品牌个性词典。

（3）识别用户认知标签。本书将根据本体包含的特征，运用语言规则匹配方法，提取用户生成内容中对应特征的情感词，作为特征-情感认知标签。

（4）识别品牌个性。提取用户生成内容中与品牌个性词典相匹配的特征词汇，并依据特征词汇在五个个性维度的概率分布确定品牌个性。

（5）获取用户的个人信息。最后本书将依据品牌的评论用户的唯一标识提取用户填写的人口统计学信息，作为其目标人群的描述性信息。

通过上述步骤，本书将综合特征-情感认知标签、品牌个性和目标人群的人口统计学信息生成品牌画像。

4.3.1　品牌本体构建方法

品牌本体用于客观描述特征属性，其目的是表示不同属性之间的层级关系，为后续提取的用户情感认知提供描述对象。而品牌个性特征词是具有主观色彩的形容词。对于目标人群这个二级指标而言，用户的人口统计学信息包含了描述目标人群特性的特征词，所以我们的本体中不包含品牌个性和目标人群这两个二级维度。

本书根据画像维度中的产品、服务、市场（表现）、品牌（标识和价值）维度构建品牌本体，层次结构如图 4-6 所示。其中一级维度集合为{产品，服务，市场，品牌}；二级维度集合为{价格，外观，功能，质量，性价比，保养服务，维修服务，增值服务，配送服务，市场表现，品牌标识，品牌价值}；各二级维度下包含若干评价指标。

基于刘业政等[48]针对复杂产品提出的领域本体构建方法，本书的品牌本体的构建步骤如下。

（1）从微博、论坛等社交媒体上获取相关的品牌的评论数据，存入数据库中。

（2）按照不同品牌的评论数目确立抽取比例，并随机抽取评论数据。

第 4 章 品牌画像

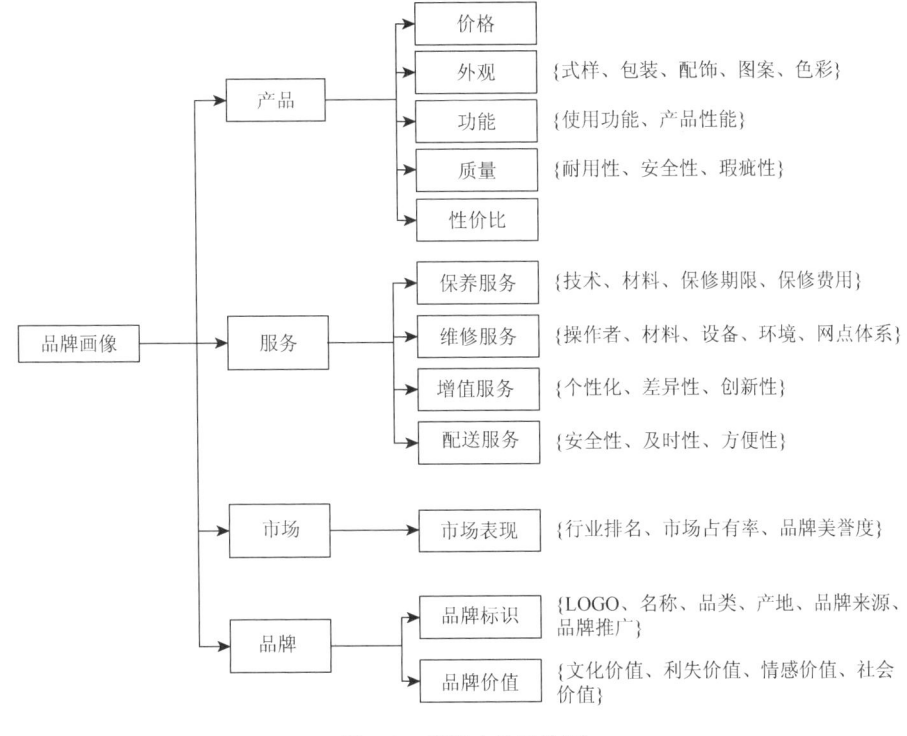

```
品牌画像
├── 产品
│   ├── 价格
│   ├── 外观 {式样、包装、配饰、图案、色彩}
│   ├── 功能 {使用功能、产品性能}
│   ├── 质量 {耐用性、安全性、瑕疵性}
│   └── 性价比
├── 服务
│   ├── 保养服务 {技术、材料、保修期限、保修费用}
│   ├── 维修服务 {操作者、材料、设备、环境、网点体系}
│   ├── 增值服务 {个性化、差异性、创新性}
│   └── 配送服务 {安全性、及时性、方便性}
├── 市场
│   └── 市场表现 {行业排名、市场占有率、品牌美誉度}
└── 品牌
    ├── 品牌标识 {LOGO、名称、品类、产地、品牌来源、品牌推广}
    └── 品牌价值 {文化价值、利失价值、情感价值、社会价值}
```

图 4-6　品牌本体层次图

（3）采用如下启发式规则标注评论数据，提取特征词并将其归类到二级维度。
①去除中文、英文、符号、数字混合的不正确异形词。
②拆分、修正正确的混合异形词。
③特征词由单个词语或者短语组成，词性为名词、名词短语及动名词短语。
④不确定维度的特征词不标注维度。
（4）特征词进行去重处理，邀请专家将不确定的特征词进行归类，最终保证一个特征词只对应一个维度。

4.3.2　品牌个性词典构建方法

刘业政和储秀敏[49]使用文本挖掘技术提出了一种品牌个性词典构建方法，步骤如下。

（1）Cruz 和 Lee[50]以阿克的五个品牌个性维度为基础，综合使用了在线百科全书和大英百科全书的同义词典，以及罗格同义词词典，最后用文本分析软件 Wordstat 生成了一个综合性的术语字典。因此 Cruz 的品牌个性词典具有一定的权威性和代表性，作为品牌个性字典的基础。

（2）使用标准的回译程序（translation and back translation）将 Cruz 的英文品牌个性词典翻译成中文。具体来说，首先将英语词语翻译成中文，然后再将它们翻译成英语，并与原来的英语表达对比，以此来保证词典构建的有效性和正确性。

（3）运用哈尔滨工业大学的同义词词林扩展词典。基于已翻译成中文的 Cruz 品牌个性词典中的特征词，运用哈尔滨工业大学的同义词词林扩展每一个特征词。为了提高可靠性，邀请两位不同性别的研究员以相同的方式收集两个平行同义词列表。最终两个列表中共有的同义词作为扩充词汇加入原有词典中，形成本书使用的品牌个性初始词典。

（4）初始词典中会存在大量的交叉特征，即同一词汇属于多个个性维度。为此，邀请五位品牌研究领域的专家，单独将冲突的词汇分类到五个个性维度中，最终取归类次数最多的维度作为特征词汇所属的个性维度。

4.3.3 用户认知标签识别方法

依据已构建的品牌本体，采用杜亚楠等[51]提出的基于规则的认知标签提取方法，提取用户在线数据中关于品牌的认知标签集合。具体来说，本书采用的特征-情感认知标签提取步骤如下。

（1）获取品牌相关的用户在线生成评论数据。
（2）数据预处理，包含短句、分词以及词性标注等。
（3）依照品牌本体中的特征词，提取评论信息中的特征词。
（4）基于语言规则提取初始的特征-情感认知标签集合。
（5）借助同义词典和 Jaccard 相似度对认知标签进行聚合。
（6）运用 TF-MF 模型计算认知标签的重要性，获取前 N 个特征-情感认知标签。

1. 相关概念及定义

定义 4-1 认知标签：用户对品牌的内涵及价值等的认识和理解。如奇瑞 QQ 的定位是刚入职的年轻白领市场，用户对其品牌的认知标签有时尚、性价比高等。本书中用 w 表示认知标签，不同的认知标签通过上标或者下标进行区分。

定义 4-2 点号集：点号指表示停顿的一类标点符号。本书中选择包括句号（。）、问号（？）、感叹号（！）、逗号（，）、顿号（、）、分号（；）、冒号（：），这几种常见的点号构成点号集，记为 D，$D = \{。, 、, ；, ：, ？, !\}$。

定义 4-3 短句：以点号集进行分割后的小句子，记为 s。

定义 4-4 词性链：由一串词性构成的链接。如 n + d + a，是一个"名词 + 副词 + 形容词"构成的词性链。

定义 4-5 标签长度：标签是几元词组，即标签由几个词构成，记为 $|w|$。例如，认知标签 w_1 = "外观靓"，由名词"外观"和形容词"靓"构成，则其长度 $|w_1|$ = 2。标签 w_2 = "车子很赞"，由词语"车子"、"很"和"赞"三个词构成，则其长度 $|w_2|$ = 3。

定义 4-6 标签距离：标签中第一个词和最后一个词的距离，记为 L。假设在语料"车子操作非常舒服"中，经过预处理后语料变成"车子 操作 非常 舒服"这四个词语，我们可能依据本体库包含的特征词提取出"车子 舒服"这个标签，此时"车子"在位置 1，"舒服"在位置 4，"车子舒服"这个标签的距离 L = 4–1 = 3。

2. 认知标签提取的语言规则

认知标签通常用词语或者词组表示，为了提取出符合中文阅读和理解的词标签，需要设计合适的词语提取规则。首先要界定词语提取的边界，即确定词语提取的基本单位；其次要选择出适合标签提取的语言规则；最后要对词语的提取的窗口做出约束。

（1）语句划分规则：设语料集 $T = \{t_1, t_2, \cdots, t_n\}$，其中 t_i 表示一条语料实例。不同用户在表达其对品牌的感受或者体验时使用的语句长度各不相同。但是一般情况下，一个短句内可能包含用户对品牌认知的几个侧面，但是用户对品牌认知的一个侧面通常不会在几个短句中，而往往是在一个短句中。使用点号集 $D = \{, 、; : ? !\}$ 对语料集进行划分，得到一系列短句的集合 $S = \{s_1, s_2, \cdots, s_m\}$，其中 $m \geq n$。我们选择以短句 s_i 为基本单位，进行候选认知标签词提取。

（2）标签词提取词性链规则：互动平台上的汉语表达在进行叙述和描写时，其基本词汇和语法结构形式与传统汉语基本一致，但是也具有其独特新颖的地方。其主要特征表现在以下几个方面。

①简洁、生动。为了在有限的篇幅内传递出更多的信息量，社交网络环境下的汉语言呈现出明显的简约之风，各种拼音缩写词、谐音词等被广泛使用，如 BC（白痴）、发烧（感兴趣）、V587（威武霸气）等。

②不规范性。社交网络环境下的语句，为了强调某个词语亦或符合口头表达的习惯，使得语序、语法与传统汉语言表达有所不同。例如，传统汉语一般形容词在名词之前进行修饰，但是社交网络环境下往往是倒装的，如"系统流畅"等。此外，还出现了与传统不符合的超常规搭配方式，如"副词 + 名词"等，如"很青春""特档次"等。

③除了形容词，名词、副词和动词也常常被用来表达观点和认知。例如，"大"作为形容词经常被用来修饰名词，"大品牌"是用户对品牌的认知，那

么这个名词性的短语就可以视作用户的认知标签。在对 $s_i, \forall i$ 进行分词和去停用词处理之后。选择以下词性链规则集 $R=\{r_1,r_2,r_3\}$，如表4-4所示，尝试抽取候选认知标签 w。

表4-4 标签提取词性链规则表

规则	词性链	示例
r_1	n+d+a（名词+副词+形容词）	性价比很高
r_2	n+h+a（名词+前缀+形容词）	物流超快
r_3	n+a（名词+形容词）	系统流畅

（3）词间距约束规则：通过词性链规则提取出来的标签噪声太多，需要使用距离原则进行噪声过滤。使用最近修饰的原则，设计词间距约束原则，使用标签距离 L 对标签提取进行约束，以提高认知标签的可读性，如图4-7所示。

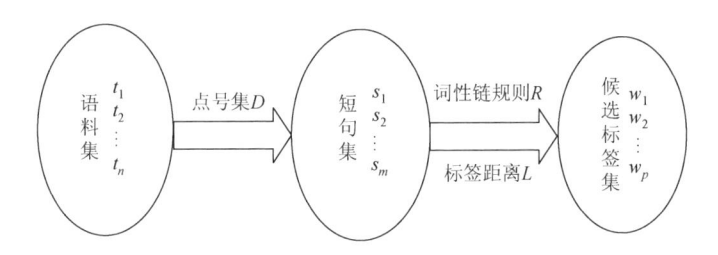

图4-7 基于语言规则的候选标签提取示意图

3. 认知标签提取聚合策略

用户在表达自己的观点和看法时会随性自由选择用语，初始提取出来的认知标签显得杂乱且数量庞大。初始认知标签需要进一步聚合和提纯以提高可读性和合理性。虽然用户在表达自己认知时用词随意，但是有一点可以达成共识：大多数情况下，用户对某个特征的认知，用词往往是近义词或者反义词。故我们使用 Jaccard 相似系数基于近义词词典对提取出来的标签进行聚类。

相同长度的候选标签 w_i 和 w_j 的相似度：

$$\text{SIM}(w_i, w_j) = \frac{|w_i \cap w_j|}{|w_i \cup w_j|} \tag{4-3}$$

当词组中某对元素在近义词表中是成对出现时，我们就认为二者是同一个词。如 $A=$ "外观很靓"，$B=$ "外观很漂亮"，$C=$ "物流很快"，这三个都是三元组词语。"靓"和"漂亮"是一组近义词,故 $SIM(A,B)=1$,然而,$SIM(A,C)=1/5=0.2$,显然 A 和 B 具有较高的相似度。同义词词典以哈尔滨工业大学的同义词词林为基础,使用知网的 hownet 词典加入搜狗词库的专业词典形成最后的同义词词典。

基于 Jaccard 相似度和同义词词典,我们可以得到任意两个词语之间的相似性,进而对初始认知标签进行聚类,并选取这一簇中出现频率最高的词 w^* 作为这一簇的代表,得到新的认知标签集合 $W^*=\{w_1^*, w_2^*, \cdots, w_k^*\}$,$k \leq p$,示意图如图 4-8 所示。对"续航给力、续航很好、续航很棒、续航还行"进行聚合之后,提取出"续航很好"这个认知标签。

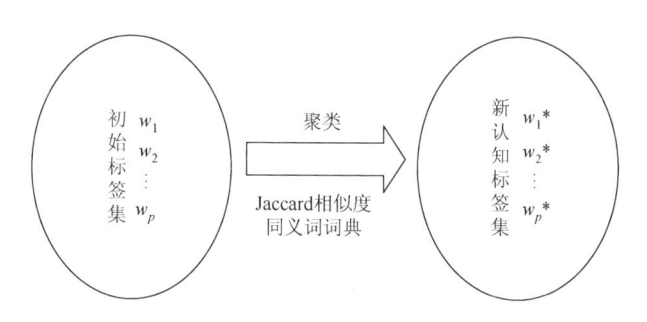

图 4-8 候选认知标签聚合示意图

4. 认知标签重要性排序

为了了解获取到的认知标签在用户心中的重要性,需要对认知标签进行排序。整个语料集为 T,该语料中出现的标签集为 W^*,初始标签集 W 中的元素用同一标签簇中的代表元素替代。f_{w^*} 表示词 w^* 在语料集 T 中出现的次数,f_{tw^*} 表示语料集中包含词 w^* 的语料个数。考虑到 w^* 已经是具有实际意义的标签,因此可根据(TF-MF)模型计算标签 w^* 的重要性:

$$\text{TF-MF}(w^*) = \frac{f_{w^*}}{\sum_{W^*} f_{w^*}} \times \log_2\left(\frac{f_{tw^*}}{|T|} + 1\right) \quad (4-4)$$

在本书中,由于已经进行过前期处理,保留下来的都是有意义的词,且默认它们属于一个类别,因此使用 TF-MF 可以发现关键性标签。TF-MF 模型基于假设:出现范围越广的标签重要程度越高,出现次数越多的标签重要程度越高。

下面举例说明 TF-MF 模型,假设语料集 T 有 5 个不同的语料 t_1, t_2, t_3, t_4, t_5,语料中出现了两个认知标签 w_1^* 和 w_2^*,具体分布如图 4-9 所示。通过 TF-MF 模型计算二者的重要性:

$$\text{TF-MF}(w_1^*) = \frac{5}{10} \times \log_2\left(\frac{3}{5} + 1\right) = 0.102 \quad (4-5)$$

$$\text{TF-MF}(w_2^*) = \frac{5}{10} \times \log_2\left(\frac{5}{5}+1\right) = 0.151 \quad (4\text{-}6)$$

t_1	t_2	t_3	t_4	t_5
w_2^*	$w_1^*\ w_1^*$ $w_1^*\ w_2^*$	w_2^*	$w_1^*\ w_2^*$	$w_1^*\ w_2^*$

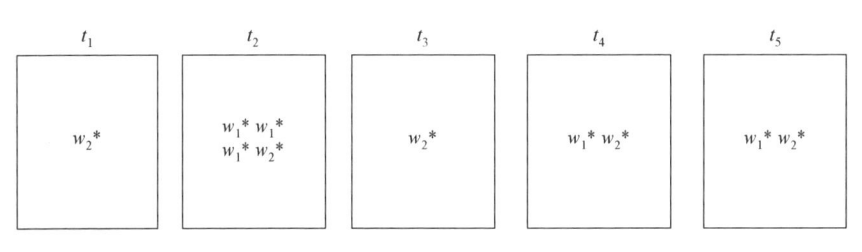

图 4-9　TF-MF 模型示例：标签及语料分布示意图

尽管两个标签 w_1^* 和 w_2^* 在语料集中出现的总次数相等，但是标签 w_2^* 比 w_1^* 更重要。这与实际中越多人关注的越值得重视是吻合的。

4.3.4　品牌个性识别方法

储秀敏等提出基于已经构建好的品牌个性词典，可首先提取用户在线生成内容中与词典相匹配的特征词汇，进而可得出特征词汇在五个个性维度上的统计结果，然后根据每个维度下属特征词的累计加和得出品牌在五个个性维度下的概率分布，最后根据概率排序选择具有显著优势的个性维度作为品牌个性。其算法流程如算法 4-1 所示。

算法 4-1　从用户生成内容口碑中抽取品牌个性特征分布

S 表示品牌的五个个性维度集合，即 $S=\{s_a,s_b,s_c,s_d,s_e\}$。$V$ 表示品牌个性词典的特征词集合，即 $V=\{v_a,v_b,v_c,v_d,v_e\}$，分别对应五个个性维度。

输入：评论品牌 k 的评论数据集合 W 和品牌个性特征词集合 V

输出：研究品牌 k 在维度集合 S 上的概率分布 R，$R^k=\{r_a^k,r_b^k,r_c^k,r_d^k,r_e^k\}$

步骤 1. 对于每条评论数据 $w\in W$，进行分词预处理，从而将评论数据转化为包含若干词语 f 的集合 F，即 $f\in F$。

步骤 2. 对于每一个 f，执行

如果 $f\in V$

　　提取 f 和 f 对应的个性维度 s_i，$i=\{a,b,c,d,e\}$；

　　　记为 $f_{si}=(f,s_i)$；

否则

　　舍弃 f

结束

步骤 3. 计算品牌 k 的评论数据中包含的特征词在每个品牌个性维度上的频数，即 $f_{si}^k=\sum f_{si}$，记 $F_k=\{f_a^k,f_b^k,f_c^k,f_d^k,f_e^k\}$。

步骤 4. 计算品牌 k 在每个品牌个性维度上的概率分布，即 $r_{si}^k=f_{si}^k/\sum_i^{\{a,b,c,d,e\}} f_{si}^k$，可得 $R^k=\{r_a^k,r_b^k,r_c^k,r_d^k,r_e^k\}$。

步骤 5. 选择品牌 b 表现突出个性维度作为其品牌个性，即 $\max\{r_a^k,r_b^k,r_c^k,r_d^k,r_e^k\}$ 或者 $\text{Top}\{r_a^k,r_b^k,r_c^k,r_d^k,r_e^k\}$。

完成上面步骤之后，我们将依据品牌的评论用户的唯一标识提取用户填写的人口统计学信息，包含年龄、性别、地域、学历等用户信息，将其进行聚合排序，选择代表性消费者的人口统计学信息用以描述品牌的目标人群。

我们已经从用户在线生成内容中得到了特征-情感认知标签、品牌个性和目标人群的人口统计学信息，所以最后将三方面内容加以融合便可生成品牌画像。

4.4 面向汽车品牌管理的品牌画像

4.4.1 实验数据

本书以汽车为例构建汽车品牌画像，数据获取自汽车之家口碑网，共计 253620 个用户针对 810 个车型的 253620 条口碑评论数据，虽然一个用户可能包含原始口碑评论和追加评论等多条评论信息，但本书只选取每个用户的原始口碑评论数据，每条口碑评论的字数均≥1000 字。由于车型过多，所以本节最后选择了两款竞争车型——奇瑞 E5 和悦翔 V7 的品牌画像结果。一方面，它们同属于国产汽车中的紧凑型车系列，受到广大中国汽车消费者青睐；另一方面，二者价格都位于 6 万～9 万元，是大众购车时比较的热点对象。

4.4.2 汽车品牌本体构建

依据 4.3.1 节的品牌本体构建方法，本环节共抽取 7000 条评论语料，并按照启发式规则进行人工标注，最终得到的品牌本体框架如表 4-5 所示。

表 4-5 汽车品牌的本体框架

一级维度	二级维度	特征词数量/条
产品	价格	32
	外观	741
	功能	1228
	质量	105
	性价比	34
服务	保养服务	31
	维修服务	13
	增值服务	12
	配送服务	6

续表

一级维度	二级维度	特征词数量/条
市场	市场表现	83
品牌	品牌标识	11
	品牌价值	17

1. 产品维度的构建结果

其中产品维度下含价格、外观、功能、质量和性价比这五个二级维度。本体包含一级维度、二级维度、特征词三个结构层次，表 4-6 是价格的本体示例。从表 4-6 中，我们可以看到价格二级维度下含的特征词示例：价格、价位、价钱等。其余四个二级维度的本体示例同表 4-6，此处不再展示。其中，外观二级维度下含的特征词示例：外观、流线型设计、布局、搭配、外型等；功能二级维度下含的特征词示例：功能、代步、跑长途、功能性配置、导航系统等；质量二级维度下含的特征词示例：装配质量工艺、质量、前防撞梁、中控材质、前后保险杠等；性价比二级维度下含的特征词示例：经济性、力学性能、科技含量、性价比、科技装备等。

表 4-6 价格二级维度示例

特征词	二级维度	一级维度
价格	价格	产品
价位	价格	产品
价钱	价格	产品
优惠	价格	产品
优惠力度	价格	产品
定价	价格	产品
费用	价格	产品
成本	价格	产品
车价	价格	产品
报价	价格	产品
降价	价格	产品
首保	价格	产品
价	价格	产品

2. 服务维度的构建结果

服务维度下含保养服务、维修服务、增值服务和配送服务这四个二级维度。其本体结构层次与上节中产品的本体结构相同，此处不再赘述。其中保养服务二级维度下含的特征词示例：维修保养、4S、售后服务、工作态度、售后等。维修服务二级维度下含的特征词示例：维护、设施、维修技工、维修设备、维修环境等。增值服务二级维度下含的特征词示例：上牌、补贴、养护品、赠品、会员等。配送服务二级维度下含的特征词示例：提车、送货、配送、提货、配送人员等。

3. 市场维度（表现）的构建结果

市场维度下只包含市场表现这一个二级维度，其下含的特征词示例：知名度、市场、综合性、优点、新款等。

4. 品牌维度（标识和价值）的构建结果

品牌维度下含品牌标识和品牌价值这两个二级维度。其中，品牌标识二级维度下含的特征词示例：LOGO、国产、进口、代言人、图形等；品牌价值二级维度下含的特征词示例：价值、钥匙造型、面子、品牌、国产等。

4.4.3 品牌个性词典构建

依据 4.3.2 节中品牌个性词典的构建方法，最终我们构建的品牌个性词典共包含 838 个特征词汇，且在阿克的原始品牌个性维度上呈均匀分布，如表 4-7 所示。

表 4-7 品牌个性词典

个性维度	数量/个	比例	特征词
纯真	167	19.93%	实际、实在、厚道、自然、敦实
刺激	138	16.47%	时尚、年轻、年轻人、现代、活力
称职	168	20.05%	安全、科技、信心、出色、无敌
教养	207	24.70%	优秀、精致、高级、精美、优美
强壮	158	18.85%	运动、强劲、生硬、男人、强悍

4.4.4 用户认知标签识别

本书选择奇瑞 E5 与悦翔 V7 两款车的口碑数据验证模型效果。选取 628 条奇瑞 E5 有效语料和 602 条悦翔 V7 有效语料进行实验。

1. 语料的基本状况分析

以点号为分隔符对每条语料进行分割，获取标签提取的基本单位短句。使用 NLPIR 系统进行分词和词性标注，使用停用词表去除记录中的停用词。奇瑞 E5 数据集有 15890 个短句，短句最多有 329 个词，最少有 1 个词，平均长度为 7 个词；悦翔 V7 数据集有 17970 个短句，短句最多有 97 个词，最少 1 个词，每个短句平均有 7 个词。整体分布如图 4-10 和图 4-11 所示。

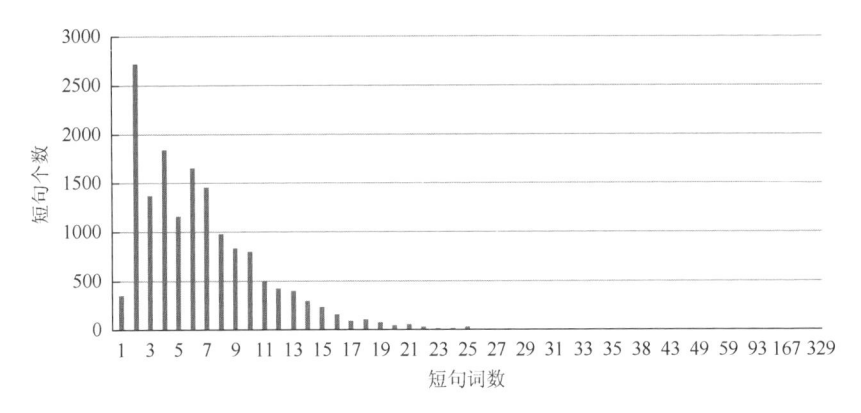

图 4-10 奇瑞 E5 数据集短句长度分布

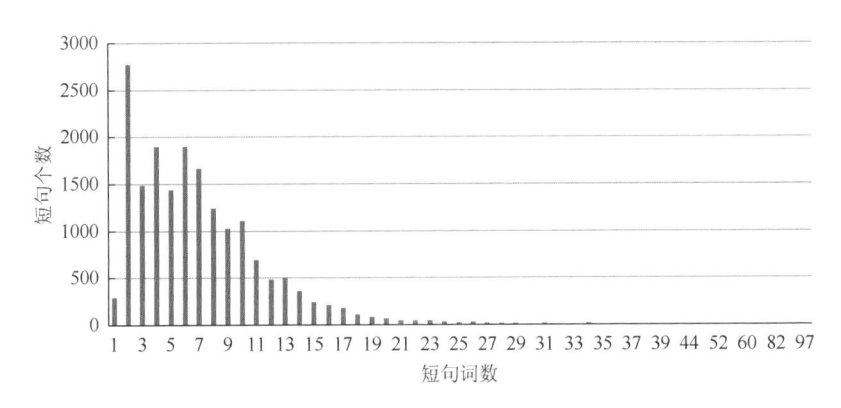

图 4-11 悦翔 V7 数据集短句长度分布

为了提高标签的可读性，需要对标签距离做出约束。因为越靠近的词越具有相互形容或者相互修饰的作用。基于奇瑞 E5 和悦翔 V7 的口碑数据，使用相应的语言规则，得到初始的认知标签集合，此时提取出来的初始认知标签是杂乱无序的。接下来需要通过聚合策略和重要性排序的方法获得关键性信息。

2. 认知标签分析

从奇瑞 E5 和悦翔 V7 的口碑数据中抽取出来的初始认知标签语言形式丰富。初始标签的维度分类统计结果如表 4-8 和表 4-9 所示，出现频率分布如图 4-12 和图 4-13 所示。通过图可以发现绝大部分的词都只出现很少的次数，词频较高的标签是属于少数的。标签聚合可以解决词语过多的问题。对标签进行排序可以获取关键认知。

表 4-8 奇瑞 E5 初始标签归类统计结果

一级维度	二级维度	初始标签数目/条
产品	价格	181
	外观	224
	功能	2477
	质量	60
	性价比	359
服务	保养服务	52
	维修服务	26
	增值服务	5
	配送服务	0
市场	市场表现	82
品牌	品牌价值	37
	品牌标识	39

表 4-9 悦翔 V7 初始标签归类统计结果

一级维度	二级维度	初始标签数目/条
产品	价格	158
	外观	1201
	功能	2657
	质量	52
	性价比	396
服务	保养服务	48
	维修服务	0
	增值服务	8
	配送服务	0

续表

一级维度	二级维度	初始标签数目/条
市场	市场表现	79
品牌	品牌价值	32
	品牌标识	37

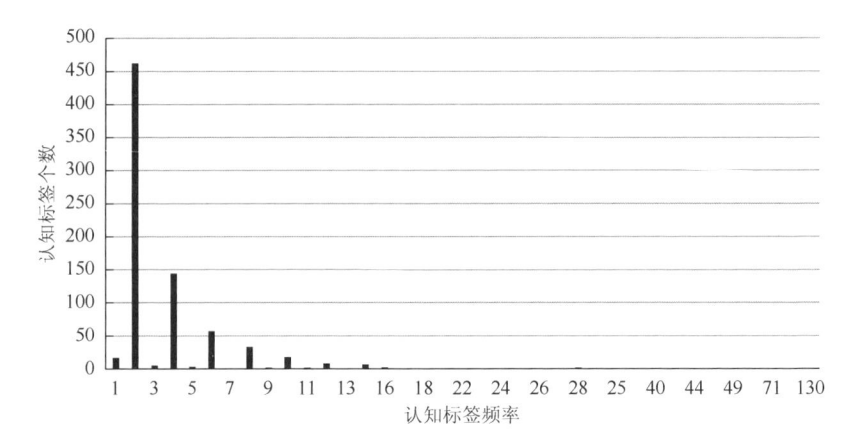

图 4-12 初始候选认知标签的频率分布（奇瑞 E5）

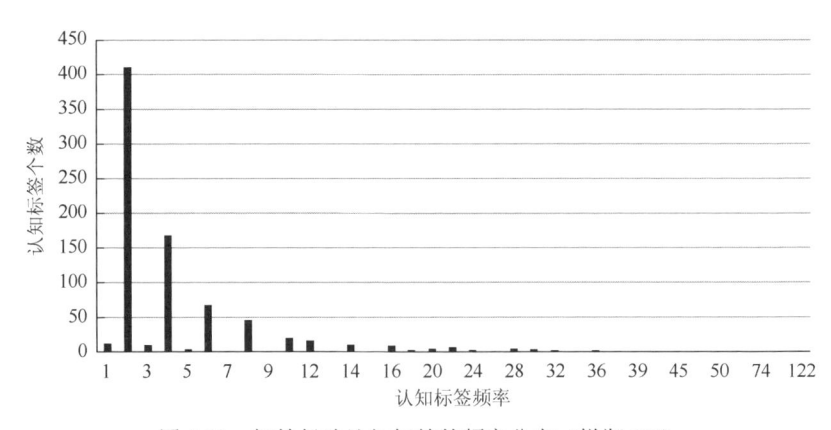

图 4-13 初始候选认知标签的频率分布（悦翔 V7）

基于 Jaccard 相似度和同义词词典计算标签之间的相似性，对初始认知标签进行聚合，并使用 TF-MF 规则对标签进行排序，针对不同的维度分别取前 N 个标签，根据维度所含标签的数量选取 N 值。

4.4.5 汽车品牌个性识别

运用 4.3.4 节所提算法，分别从奇瑞 E5 和悦翔 V7 的口碑数据中抽取出来两款车的品牌个性特征词,并计算品牌在五个维度上的概率分布。奇瑞 E5 和悦翔 V7 的品牌个性频率分布如表 4-10 和表 4-11 所示,从表中可以看出,虽然两款车都倾向于刺激和纯真两个个性维度,但奇瑞 E5 的品牌个性更倾向于刺激和纯真两个方面,但悦翔 V7 则主要突出刺激这一个品牌个性。

表 4-10 奇瑞 E5 品牌个性概率分布

	纯真	刺激	称职	教养	强壮	总和
词数	105	114	57	72	9	357
占比	29.41%	31.93%	15.97%	20.17%	2.52%	100.00%

表 4-11 悦翔 V7 品牌个性概率分布

	纯真	刺激	称职	教养	强壮	总和
词数	116	338	94	102	42	692
占比	16.76%	48.84%	13.58%	14.74%	6.08%	100.00%

4.4.6 汽车品牌画像实例

根据奇瑞 E5 和悦翔 V7 的评论用户账号取出用户的人口统计学信息,最终将用户的认知标签、品牌个性和目标人群融合在一起,分别生成奇瑞 E5 和悦翔 V7 的品牌画像,如表 4-12 所示。

表 4-12 奇瑞 E5 和悦翔 V7 的品牌画像

一级维度	二级维度	奇瑞 E5	悦翔 V7
产品	价格	价格 高 价位 不错	价位 不错 价格 高
	外观	外观 大气 塑料 硬 轮胎 小 座椅 皮质	外观 满意 外观 时尚 塑料 硬 内饰 不错
	功能	油耗 高 悬挂 独立 噪声 大 减震 硬 起步 肉 座椅 硬 动力 弱 前排 硬 感觉 好 后排 舒服	油耗 高 家用 足够 噪声 大 动力 不错 空间 可以 转向 精准 起步 肉 油耗 满意 空间 够用 减震 硬

续表

一级维度	二级维度	奇瑞 E5	悦翔 V7
产品	质量	导航 好 质量 好 安全性 好	倒车雷达 实用 ESP 没有 导航 好
	性价比	性价比 高 配置 高 车重	性价比 高 配置 不错 系统 稳定
服务	保养服务	4S 次 4S 多 4S 差劲 服务 差 4S 免费	服务 好 4S 好
	维修服务	更换 免费	
	增值服务		销售 忽悠 4S 优惠
	配送服务		
市场	市场表现	做工 一般 毛病 多 车身 重	使用 足够 毛病 多 做工 优秀
	目标人群	30 岁左右 男 河北 广东 江苏 安徽	20～30 岁居多 男 北京 广东 四川 广西 重庆
品牌	品牌价值	开车 习惯	开车 习惯 开车 累
	品牌标识	合资 强	合资 好
	品牌个性	独立（刺激） 真（纯真）	时尚（刺激） 年轻（刺激）

注：ESP 为车身电子稳定系统（electronic stability program）的英文首字母缩写。

通过对比奇瑞 E5 和悦翔 V7 的品牌画像，可以看出，这两款车在价位、功能性等方面存在共性，二者也存在一些差异，悦翔 V7 的服务相对较好，购买人群趋于年轻化，购买地比较分散，代表性的品牌个性是刺激，而奇瑞 E5 的购买人群更趋向于中年人，购买地相对集中，代表性个性为刺激和纯真。

由表 4-10～表 4-12 可以看出，在线评论中产品维度和品牌个性维度的比例较大，说明对于汽车这种复杂产品，消费者在购买和评价过程中主要关注产品自身属性以及不同汽车品牌个性是否与消费者个体特征相一致。对于其他类型的产品，用户在线生成内容不同，品牌画像的侧重点也会有差异，这也是我们今后的研究方向，即探究不同类别产品所对应的品牌画像。

参 考 文 献

[1] 卢泰宏，吴水龙，朱辉煌，等. 品牌理论里程碑探析[J]. 外国经济与管理，2009，31（1）：32-42.
[2] Bennett P D. Marketing [M]. New York：McGraw-Hill Book Co.，1988.
[3] Boone L E，Kurtz D L. Contemporary Marketing[M]. Fort Worth，TX：Dryden Press，1992.
[4] 科特勒. 营销管理：分析、计划、执行和控制[M]. 梅汝和，梅清豪，张桁，译. 上海：人民出版社，1999.
[5] 葛松林. 国外产品整体观念的进化及其意义[J]. 外国经济与管理，2000（5）：43-48.
[6] 刘伟，何伟，吴德文. 产品整体观念的层次结构及其差异化模型[J]. 统计与决策，2007（20）：136-138.
[7] 朱思文. 产品整体概念的创新研究[J]. 经济师，2005（11）：182.
[8] Martineau P. Motivation in Marketing：Motives that Make People Buy[M]. New York：McGraw-Hill Book Co.，1957.
[9] Plummer J T. Brand personality：A strategic concept for multinational advertising[C]//Marketing Educators' Conference. New York：Young and Rubicam，1985：1-31.
[10] Schouten J. Personal rites of passage and the reconstruction of self[J]. Advances in Consumer Research，1991（18）：49.
[11] Graeff T R. Using promotional messages to manage the effects of brand and self-image on brand evaluations[J]. Journal of Consumer Marketing，1996，13（3）：4-18.
[12] Aaker J L. Dimensions of brand personality[J]. Journal of Marketing Research，1997，34（3）：347-356.
[13] 何佳讯. 品牌形象策划：透视品牌经营[M]. 上海：复旦大学出版社，2000
[14] Aaker J L，Benet-Martinez V，Garolera J. Consumption symbols as carriers of culture：A study of Japanese and Spanish brand personality constucts[J]. Journal of Personality and Social Psychology，2001，81（3）：492.
[15] Azoulay A，Kapferer J N. Do brand personality scales really measure brand personality?[J]. Journal of Brand Management，2003，11（2）：143-155.
[16] Austin J R，Siguaw J A，Mattila A S. A re-examination of the generalizability of the Aaker brand personality measurement framework[J]. Journal of Strategic Marketing，2003，11（2）：77-92.
[17] Geuens M，Weijters B，de Wulf K. A new measure of brand personality[J]. International Journal of Research in Marketing，2009，26（2）：97-107.
[18] 黄胜兵，卢泰宏. 品牌个性维度的本土化研究[J]. 南开管理评论，2003，6（1）：4-9.
[19] 向忠宏. 中国品牌个性量表及初步实证[J]. 科技智囊，2010（12）：I0032-I0039.
[20] Keller K L，Lehmann D R. The brand value chain：Linking strategic and financial performance[D]. Tuck School of Business，Dartmouth College，2001.
[21] Keller K L. Conceptualizing，measuring，and managing customer-based brand equity[J]. Journal of Marketing，1993，57（1）：1-22.
[22] Aaker D A. Managing Brand Equity[M]. New York：Simon and Schuster，2009.
[23] Longwell G J. Managing brand equity：Capitalizing on the value of a brand name[J]. Journal of Business Research，1994，29（3）：247-248.
[24] 王成荣，邹珊刚. 论品牌价值的来源及构成[J]. 商业研究，2005（9）：7-10.
[25] 刘德禄，赵海瑞. 产品品牌的价值研究[J]. 集团经济研究，2006（28）：48-49.
[26] 李明宇. 基于体验营销的酒店品牌建设研究[J]. 企业经济，2013（4）：100-103.
[27] 高鑫，董志文. 品牌价值研究综述[J]. 江苏商论，2014（11）：17-21.

[28] 张鹏冲. 企业品牌价值与社会责任信息披露质量——基于 2007 年中国最具品牌价值 500 强企业实证数据研究[J]. 财会通讯，2010（6）：155-157.
[29] 刘文华. 基于顾客忠诚度的品牌价值提升策略[J]. 商场现代化，2007（6）：38-39.
[30] 朱瑞庭，许林峰，李节. 品牌价值的理论、模型及其评估[J]. 商业时代，2003（13）：44-45.
[31] Aaker D A. Building Strong Brands[M]. New York：Simon and Schuster，2012.
[32] 范秀成，冷岩. 品牌价值评估的忠诚因子法[J]. 科学管理研究，2000（5）：50-56.
[33] 陆力斌，许秀珍. 品牌强度评估的指标体系及方法[J]. 商场现代化，2009，10（572）：118-120.
[34] 胡彦蓉. 品牌资产评估方法研究[J]. 经济研究导刊，2009（23）：133-134.
[35] 明阳，芳平. 品牌学教程[M]. 上海：复旦大学出版社，2009.
[36] Huitt W. Maslow's hierarchy of needs[M]. Valdosta，GA：Educational Psychology Interactive，2007.
[37] 卢泰宏. 营销管理演进综述[J]. 外国经济与管理，2008，30（1）：39-45.
[38] 张毕西. 从营销角度看产品"功能"和"价值"[J]. 价值工程，1995（6）：25-27.
[39] Dodds W B，Monroe K B，Grewal D. Effects of price，brand，and store information on buyers' product evaluations[J]. Journal of Marketing Research，1991，28（3）：307-319.
[40] Riesz P C. Price versus quality in the marketplace，1961-1975[J]. Journal of Retailing，1978，54（4）：15-28.
[41] 麦奎尔 D. 受众分析[M]. 刘燕南，李颖，杨振荣，译. 北京：中国人民大学出版社，2006.
[42] 贺晓禾. 对汽车消费群体消费行为的研究分析[D]. 太原：山西大学，2014.
[43] 定平. Logo 的文化史[M]. 北京：新星出版社，2005.
[44] 蒋廉雄，冯睿，朱辉煌，等. 利用产品塑造品牌：品牌的产品意义及其理论发展[J]. 管理世界，2012（5）：88-108.
[45] Bloom R A，Haefner J E. Country-of-origin effects and global brand trust：A first look[J]. Journal of Global Marketing，2009，22（4）：267-278.
[46] Batra R，Ramaswamy V，Alden D L，et al. Effects of brand local and nonlocal origin on consumer attitudes in developing countries[J]. Journal of Consumer Psychology，2000，9（2）：83-95.
[47] 许正良，古安伟，马欣欣. 基于消费者价值的品牌关系形成机理[J]. 吉林大学社会科学学报，2012（2）：130-136.
[48] 刘业政，杨露，孙春华. 面向复杂产品的在线评论情感值量化模型[R]. Working Paper.
[49] 刘业政，储秀敏. 基于在线社区的消费者品牌个性认知挖掘[R]. Working Paper.
[50] Cruz R A B，Lee H J. The brand personality effect：Communicating brand personality on Twitter and its influence on online community engagement[J]. Journal of Intelligence and Information Systems，2014，20（1）：67-101.
[51] 杜亚楠，刘业政，孙春华. 基于用户生成内容的品牌画像[R]. Working Paper.

第 5 章 销 量 预 测

  自伯努利创立了预测学，预测研究一直是自然科学和社会实践关注的热点领域。预测是根据过去和现在的数据对未来进行预测的过程，最常见的是对趋势的分析，而风险和不确定性是预测的核心[1, 2]。也有学者认为预测是从历史和现在已知的信息出发，研究某一事物当前因素与未来之间的关系，从而揭示事物的变化趋势和发展规律[3-5]。它根据所观察到事物的变化情况，利用科学的方法对该事物的发展趋势做出定性或定量的评价，为未来决策提供更为可靠的科学依据。总而言之，预测是根据事物的过去发展规律研究其未来发展趋势，以调节当前行为的一种理论方法。

  而商业预测是预测问题中的典型应用。商业预测的任务之一，是对产品的未来销量进行预测，或者说，是对消费者的需求量进行预测。对于企业而言，一面是动态的、全球化的和不可预测的商业环境，一面是顾客对产品的价格和质量越来越高的期望，企业已经不能仅通过成本优势占据市场地位[6]。高效地管理供应链，更好地了解客户需求已成为企业取得竞争优势至关重要的策略[7]。进行较为准确的产品销量预测可有效地管理供应链：一方面，对于企业的决策者而言，有效的销量预测是企业未来发展战略的重要参考。根据预测结果，决策者可以对战略方向进行调整，减少或者停止生产某些销量不佳的产品，或者把握市场大趋势重新定位企业的战略，扭转不利的市场局面；另一方面，根据预测的未来市场趋势，企业的各个部门可以做出更加明智的策略。例如，财务部门可根据未来的销量预测筹措投资与运营所需要的现金；生产部门根据销量预测制定产能与产出水平，计算生产和材料成本，避免出现过度购买生产线或者生产不足的情况；采购部门根据销量预测规划正确的存货数量，从而将库存控制在合理的水平上[8]；人力资源部门根据销量预测决定所需要雇用的人数，营销部门可以提前制订市场计划，评估不同营销策略对销量的影响；物流部门能够预测可能的物流需求[9]，在控制物流成本的情况下，准确迅速地响应顾客的需求，达到准时交付的目标。总而言之，准确的销量预测可以通过提高企业的经营效率和降低经营成本的方式来提高企业的盈利能力，进一步提高企业在市场中的竞争能力，从而使企业能够在复杂多变的市场环境中占据优势地位[10]。

  尽管销量预测具有方方面面的重要性，但是做出准确的销量预测，却并不是一项简单的任务。相比于有效预测带来的益处，失败的销量预测可能会给企业带来诸多不利的影响，轻则造成库存积压或者存货不足[11]，重则会影响到企业声誉、削减企业的市场份额，影响企业的长远发展。因此，如何提高预测的精度、减少预测失误，是销量预测的核心问题。解决这一问题常见的办法有三种：其一，改进现有的预测方法或者提出新的预测方法，提高从历史序列数据中挖掘销量变化模式的能力；其二，寻找更多的与产品销量有关的、可能对产品销量产生影响的因素，从而更好地解释销量的变化，提高预测的准确性；其三，将历史的时间序列与对产品销量产生影响的因素相结合，构建混合的销量预测模型。

本章主要介绍销量预测的相关理论及方法，内容组织如下。5.1 节对销量预测问题的国内外研究现状进行综述，阐述基于时间序列的预测方法、基于影响因素的预测方法和混合的预测模型的研究进展，探讨不同销量预测方法的作用和局限性，分析建立多变量的销量预测模型时的变量选择方法；5.2 节介绍基于时间序列的改进的销量预测方法，即提出一种基于有理差值函数的改进的销量预测方法；5.3 节介绍基于影响因素的销量预测方法，即如何从多个影响变量中提取出用于销量预测的变量；5.4 节介绍混合时间序列和影响因素的销量预测方法，即在时间序列模型中引入更多的变量，优化销量预测模型；5.5 节通过汽车品牌管理系统中的应用实例，分别展示本章提出的一系列模型、方法的应用成果。

5.1 国内外研究现状

销售预测的历史可以追溯到 20 世纪 50 年代[12]，至今已有大量有关各行各业销售预测的研究，如图书行业[13]、食品行业[14]和服装业[15]。早期，研究人员将销售预测问题视为单变量时间序列预测问题，直接将历史销售数据的时间序列作为输入数据来预测，因此形成了各类基于时间序列的销量预测方法。其中，较为常用的是简单的移动平均法和各类指数平滑方法[16]。移动平均法是一种简单平滑预测技术，它的基本思想是把时间序列数据逐项推移，依次计算包含一定项数的序时平均值，以反映长期趋势的方法。指数平滑法是在移动平均法基础上发展起来的一种时间序列分析预测法，它是通过计算指数平滑值，配合一定的时间序列预测模型对现象的未来进行预测。其原理是任一期的指数平滑值都是本期实际观察值与前一期指数平滑值的加权平均。Makridakis 和 Hibon[17]基于移动平均和自回归模型提出了自回归积分滑动平均模型（autoregressive integrated moving average model，ARIMA 模型）预测框架，该框架包括模型选择、参数估计和模型检查三个迭代的过程，此后，ARIMA 模型成为一种十分受欢迎的销量预测方法，广泛应用于汽车需求预测[18]、电能销量预测[19]、零售业销量预测[20]。

上述单一变量的销量预测方法通常基于一个基本假设：影响销量的因素随着时间序列的变化是恒定不变的。因此，单变量预测模型不能处理由产品属性和经济环境等各种影响因素引起的突变。

为了解决这一问题，一些研究人员开始研究通过使用包括历史销售和相关影响因素的多变量输入来处理销售预测问题，因此提出了一系列基于影响因素的销量预测方法。最简单的考虑多变量的销量预测模型是多元回归预测法。回归预测法就是把相关性原则作为基础，在销量与影响销量的因素如产品的价格和国民经济环境之间建立映射关系，即回归模型，其后再利用样本数据估计模型参数，对模型进行检验，最后利用所求回归模型对销量进行预测。文献[21]分析了多种回归分析方法在汽车销量预测上的应用，并对几种方法的效果进行了对比。文献[22]利用基于网络的多元回归分析数据矩阵软件包，建立了一个线性无限制的单方程多元回归模型以进行销量预测。

比回归预测方法更复杂的多变量预测方法是贝叶斯预测法。该方法不仅会用到历史数据，还会加入决策者的经验和判断信息或者产品的属性信息，将客观信息和主观信息相结合，根据先验信息和样本的分布推断总体后验分布。文献[23]基于逻辑扩散过程开发了一个分层贝叶斯模型，用以预测新专辑的销售趋势。类似地，文献[24]利用贝叶斯分层模型对 Sun 公司生产的多种微系统的销量进行预测。

随后，各种机器学习的方法因在变量学习方面的优良性能，也用于多变量销量预测模型。如 Frank 等[25]利用数学模型预测服装的销量，Au 等[26]基于进化神经网络预测时装的销量，Levis 和 Papageorgiou[27]基于支持向量机对消费者需求进行预测。Sun 等[28]基于极限学习机（extreme learning machine，ELM）分析某香港时装零售商提供的数据，选择影响销售额的最重要因素作为 ELM 的输入，与反向传播神经网络（back propagation neural network，BPNN）的一些其他销售预测方法的对比结果表明，ELM 具有更小的预测误差，是一种具有良好前景的销量预测方法。

多变量的销量预测的其中一个关键问题是变量的选择。在销量预测系统中，产品历史销量纪录、产品促销方案、企业或者产品之间的竞争、经济环境、政策等因素对产品未来的销量都会产生影响。因此，在建立预测模型之前需要考虑：什么样的信息需要加入预测模型中；不同类型的信息将对提高预测精确度提供多少贡献；如何利用高维数据做出高准确度的预测[29]。

传统的用于销量预测的变量大多来自于政府机构和行业门户网站收集与发布的统计资料、年度报告以及财务报表。如 CPI、PPI、进出口贸易量、汇率、贷款利率[30]等。这些变量的体量较小，且多具有滞后性，从而限制了它们对于预测的有用性。随着互联网和信息技术的不断发展，用户在网络上留下的各类痕迹为销量预测提供了更多的预测素材,为解决上述问题创造了一个契机。这种契机表现在两个方面:其一,每当消费者或企业通过互联网搜索产品时,就会留下与经济交易意图有关的信息[31]。通过信息技术可以有效地把消费者的数字痕迹聚集起来,将数据体量提高到几个数量级,且在大多数情况下,任何组织都可以投入相对较小的资源通过网络抓取技术来免费获得这些数据。其二,消费者生成内容不仅丰富性高且高度动态。电子商务和互联网的迅速发展,具有大规模、定制化、快速更新特点的新型市场也开始出现[32]。在这个市场中,消费者获取产品信息、购买产品和发布产品反馈渠道变得更多也更加直接。与之相对应,企业能够在第一时间接收到消费者发布的反馈,且大多数的用户生成内容不仅包含数字评分,还包含丰富性更强的文本内容。由此促使了大量基于用户生成内容的销量预测研究。

常用于销量预测模型的在线内容包括搜索指数、产品的文本评论、社交媒体内容。针对搜索指数,Preis 等[33]通过获取搜索引擎数据来研究股票交易市场,并从中验证了网络搜索数据与股票交易量之间有很强的关联。Penna 和 Huang[34]基于 Google 搜索引擎数据构建"消费者情绪指数",证实了该指数与常用消费指数具有相关性。国内学者王炼等[35]提出了消费者的网络搜索行为可以衡量其购买意愿,并通过对中国汽车市场的销量预测问题检验了网络搜索指数的可用性[36]。针对在线评论文本,Archak 等[37]指出用户做出的商品评论是消费者在线商品选择的一个有价值的信息来源,然后通过从不同商品特征进行文本挖掘构建消费者商品选择模型,来论证如何使用文本数据学习消费者偏好,以及文本对未来销量预测的可行性。如有研究表明在线评论的评分值[38-40]、数量[41,42]和评论中分享的观点[42]对产品销售有影响。有文献探讨了在线评论与产品销售之间的关系,开发了基于 Bass 模型和在线评论评级的预测方法[43,44]。除了把消费者生成内容的数字特征加入销量预测模型中,也有许多学者通过文本挖掘和自然语言处理的方法,将在线评论或者在线评论文本内容纳入销量的预测模型中。Yu 等[45]用情绪分析技术从在线评论文本内容中提取的情绪指数,用于电影销售的预测。针对社交媒体内容,Liu 等[46]使用 Google 的博客搜索引擎收集博客,并从互联网电影资料库(internet movie database,IMDB)收集票房收入数据,以探索博客对电影票房的预测能力。Archak 等[37]使用亚马逊提供的 API 收集产品信息和日常消费者评论,并将自然语言处理和众包结合起来,从在线评论中提取消费者意见加入预测模型,实验结果表明产品评论中的文本数据可以用来确定消费者对不同产品特征的相对偏好,从而预测未来销售额的变化。

无论是通过改进预测方法来提高预测的准确度,还是通过增加预测模型中的变量来减少预测的误差,都具有一定的局限性。单一的预测模型很可能无法完整捕获数据中蕴含的信息,使用混合模型或结合多个模型已经成为提高预测准确性的常用实践[47-49]。因此，有研究将时间序列预测模型和影响因素相结合，探索两者混合的销量预测方法的效果。理论和实证结果都表明，结合不同的方法可以有效和高效地改进预测[50]。综上所述，销量预测方法不仅要兼顾精度，也要考虑其时间上的短长期，以及实时性要求，更需要兼顾一些影响因素和关联因素，来增加预测的可解释性。基于前期的研究成果总结可以得出，在进行基于多源数据的销量预测方法研究时，需要根据相关影响因素合理地提取变量并加以筛选、融合多源数据，结合数据构建合适的预测模型来进行预测。

5.2 基于时间序列的销量预测方法

时间序列建模有几种不同的方法。传统的统计模型包括移动平均、指数平滑和 ARIMA 都是线性的，因此未来值的预测被约束为过去观察的线性函数。由于线性模型在理解和实施方面相对简单，因此在过去几十年中一直是主要的研究重点和应用工具。为了克服线性模型的限制并考虑在实际问题中观察到的某些非线性模式，有学者提出了几类非线性模型，包括双线性模型、阈值自回归（threshold autoregressive，TAR）模型和自回归条件异方差（autoregressive conditional heteroskedasticity，ARCH）模型。虽然这些非线性模型进行了一些改进，但将它们用于一般预测问题的收益是有限的。由于这些模型是针对特定的非线性模式而开发的，因此它们无法在时间序列中对其他类型的线性进行建模。近年来插值法也被应用于时间序列的预测问题中。插值法是函数逼近领域的一种重要理论方法，插值的任务是用简单函数为各种离散数组建立连续模型，为各种非有理函数提供好的逼近，在灰色系统、金融及经济预测、模式识别等领域具有广泛应用。一方面，实际问题中的许多函数，虽然在某个区间上有定义，但只能得到在该区间有限个点上的函数值，因此希望能用简单表达式给出其整体上的刻画，概括地说，就是用简单函数为离散数据建立连续的模型。另一方面，即使函数有明确的表达式，但不易计算和使用，也需用简单的函数为其提供一个更好的近似替代。传统的拉格朗日、牛顿、埃尔米特插值和样条插值是一种非常好的插值逼近工具。但多项式插值往往会导致 Runge 现象（收敛性问题）；而样条插值不仅存在光滑性及计算复杂性问题，而且由于样条插值函数是分段函数，不便于理论分析。比较而言，重心权有理插值函数在收敛性、光滑性以及数值稳定性等方面，比传统的多项式插值和样条函数插值的性质更为优良。

插值逼近理论在以往传统的预测模型中很少涉及，故此，本节结合销量预测问题选取了统计回归领域中的半参数回归预测模型，综合应用管理学、经济学、计算数学和统计学等学科知识，采取理论分析、数值模拟和实证研究相结合的方法，对传统的预测方法进行进一步研究，提出基于重心权有理插值函数的销量预测模型。

半参数回归预测模型最早由 Stone[51]提出，由两部分组成，一部分是用以把握整体趋势走向的线性部分，适用于外延预测；另一部分是用以局部调整的非参数部分，有助于精确拟合。常见的半参数回归预测模型包括部分线性模型、单指标模型、可加模型和变系数模型等。Boente 和 Vahnovan[52]研究了部分可加半参数回归模型的参数的稳健估计，并给出其渐近分布的一致性结果。Zhang 等[53]运用部分线性可加的半参数回归预测模型，提出了两个检验白噪声统计量，仿真结果表明，该检验统计量具有令人满意的结果；Ma 和 Zhu[54]研究了方差未确定的异方差部分线性的半参数回归预测模型的稳健估计，利用加权方法获得了双稳健有效估计；Fan 和 Hyndman[55]将半参数可加回归预测模型引入短期电力负荷预测中，同时给出了相应的点预测和概率分布预测；邵臻等[56]提出了一种半参数动态预测方法，提高了半参数回归预测模型用于中期电力负荷预测的可靠性及精度。

与非参数回归模型的估计方法类似，样条函数法是半参数回归预测模型的重要方法之一。然而，在使用传统的样条函数方法拟合半参数回归预测模型时，虽然实证效果较好，但同时存在一些难以回避的问题：第一，样条函数基的构造过程中，计算复杂度增加。例如，传统样条函数方法中存在关于自变量的 0 到 3 阶项，使得待估参数的个数比选定的节点数目多 4 个；第二，不管是通过三次样条函数方法还是 B 样条函数方法，所获得的参数估计都缺乏实际意义，仅能提供一种单纯的曲线拟合技术。

基于上述分析，本节提出了一种基于重心权有理插值函数的半参数回归预测模型[57]，并给出了数学表示、参数估计与检验、模型选择与模型预测等建模技术。该模型的优良性能表现在以下五个方面：第一，光滑性更好，传统的样条函数方法拟合的非参数部分的函数曲线（如三次样条、三次 B 样条函数等）仅具有二阶光滑性，而本书所构造的非参数部分的有理函数具有无限阶光滑性；第二，计算复杂度较低，不存在冗余参数，在选取相同的 m 个节点的情况下，基于重心权有理插值函数模型的非参数部分的待拟合参数个数更少，传统的样条函数方法需要拟合 $m+4$ 个参数，本书只需拟合 m 个参数；第三，参数估计的意义明确，基于重心权有理插值函数模型中非参数部分的参数恰好表示自变量对因变量的影响系数；第四，便于进行结构分析，基于重心权有理插值函数模型拟合的函数具有统一的表达式，而传统样条函数方法是一组分段函数，不具有统一的函数表达式；第五，预测精度更高，实证结果表明基于重心权有理插值函数模型的菲利普斯曲线模型在解释能力和预测性能方面均明显优于传统模型，能够有效提高通胀率的预测精度，从而为宏观经济政策的制定提供科学合理的参考依据。

1. 半参数回归预测模型

常见的半参数回归预测模型包括部分线性可加模型、变系数模型和变指标模型等。部分线性可加模型的表示如下：

$$y_t = x_t'\alpha + R(z_t) + \varepsilon_t \quad (5-1)$$

其中，y_t 为因变量，$x_t = (1, x_{1t}, x_{2t}, \cdots, x_{kt})'$ 为 $k+1$ 维向量组成的自变量；z_t 为一维自变量；$\alpha = (\alpha_0, \alpha_1, \cdots, \alpha_k)'$ 为回归参数；$R(\cdot)$ 为未知函数，其形式事先不做任何设定；ε_t 为随机误差项。

该模型的主部由两部分组成，一是线性部分，由因变量 y_t 和自变量 x_t 之间的线性关系所决定；二是非参数部分，由因变量 y_t 和自变量 z_t 之间的非参数形式 $R(z_t)$ 所决定。因此，该模型不仅具有良好的解释和预测能力，也保持了形式上的灵活自由，在实际问题中具有更强的适用性。

Hastie 和 Tibshirani[58]提出了一类变系数模型，具体表示如下：

$$y_t = x_t'\alpha(u) + \varepsilon_t \quad (5-2)$$

其中，y_t 为因变量，$x_t = (1, x_{1t}, x_{2t}, \cdots, x_{kt})'$ 为 $k+1$ 维向量组成的自变量；$\alpha(u) = (\alpha_0(u), \alpha_1(u), \cdots, \alpha_k(u))'$ 为待估的回归参数；ε_t 为随机误差项。可以看出，式（5-2）的模型是参数回归预测模型与非参数回归预测模型的自然推广，该模型的形式灵活，不仅保留了因变量和自变量之间的线性关系，还具有可变的回归系数，能够满足更多实际问题的要求。

Ma 和 Song[59]在可加模型和变系数模型的基础上，提出了一类新的半参数回归模型，即包容性更强的变指标模型，具体表示如下：

$$y_t = \sum_{l=1}^{p} R_l(x_t'\alpha_l) z_{lt} + \varepsilon_t \quad (5-3)$$

其中，y_t 为一维因变量，$x_t = (1, x_{1t}, x_{2t}, \cdots, x_{kt})'$ 为 $k+1$ 维的自变量；$z_{lt} = (z_{1t}, z_{2t}, \cdots, z_{pt})'$ 为 p 维变量，$\alpha_l = (\alpha_{l0}, \alpha_{l1}, \cdots, \alpha_{lk})'$ 为回归参数，其取值依赖于变量 z_{lt}，随着 z_{lt} 的变化而变化；$R_l(\cdot)$ 为一族未知函数，其形式事先不做任何设定；ε_t 为随机误差项。可以看出，式（5-3）提出的半参数回归预测模型适应性更强，当 α_l 确定时，该模型即式（5-3）给出的变系数模型；当 α_l 的取值不受 l 的影响时，该模型进一步退化为单指标的变系数模型，当 α_l 确定并且变量 z_{lt} 恒等于 1 时，该模型即 Hastie 和 Tibshirani[60]提出的可加模型。

上述三类半参数回归预测模型应用广泛，在理论和实证方面均已取得了一定的研究成果，本书将以式（5-1）的部分线性可加模型为例，基于重心权有理插值方法研究半参数回归模型的估计和预测问题。对于式（5-1），首先要关注的是回归向量参数 α 以及未知函数 $R(\cdot)$ 的估计问题。下面将创新性地利用重心权有理插值函数来拟合 $R(\cdot)$，以更好地实现这一类半参数模型的回归及预测。

2. 基函数的构造

假设 $R(z_t)$ 是关于因变量 y_t 的连续函数。记 $z_{t_0}, z_{t_1}, \cdots, z_{t_m}$ 为一列给定的节点，构造重心权有理插值函数可表示为

$$R(z_t) = \sum_{j=0}^{m} \beta_j R_j(z_t) \tag{5-4}$$

其中，$(\beta_0, \beta_1, \cdots, \beta_m)$ 为 $m+1$ 个节点参数，其取值反映了对应节点在重心权有理插值函数中的作用。

记 $R_j(z_t)$ 为重心权有理插值函数在 m 维线性空间上的功效基底（基函数），且有

$$R_j(z_t) = \frac{\dfrac{w_j}{z_t - z_{t_j}}}{\sum\limits_{j=1}^{m} \dfrac{w_j}{z_t - z_{t_j}}}, \quad j = 0, 1, \cdots, m \tag{5-5}$$

其中，$w_j = (-1)^j \sum\limits_{i=j-d}^{j} \prod\limits_{k=i, k \neq j}^{i+d} \dfrac{1}{|t_j - t_k|}$ 为重心权有理插值基函数的权重（即节点权重）；d 为调节节点权重的参数，理论上其取值范围为 $0 \leq d \leq m$。特别地，当自变量的节点 $x_{t_0}, x_{t_1}, \cdots, x_{t_m}$ 的间距为等距时，权重 w_j 的绝对值 $\delta_j = (-1)^{j-d} w_j$ 为

$$\begin{array}{ll} 1,1,1,\cdots,1,1,1 & d=0 \\ 1,2,2,\cdots,2,2,1 & d=1 \\ 1,3,4,4,\cdots,4,4,3,1 & d=2 \\ 1,4,7,8,8,\cdots,8,8,7,4,1 & d=3 \\ 1,5,11,15,16,16,\cdots,16,16,15,11,5,1 & d=4 \end{array} \tag{5-6}$$

此外，重心权有理插值的基函数 $R_j(z_t)$ 还具有如下性质：

$$R_j(z_{t_k}) = \begin{cases} 0, & j \neq k, \\ 1, & j = k, \end{cases} \quad j, k = 1, 2, \cdots, m \tag{5-7}$$

3. 模型估计与检验

根据上面构造的重心权有理插值基函数，可以将式（5-3）的部分可加线性模型改写如下：

$$y_t = x_t'\alpha + \sum_{j=1}^{m} \beta_j R_j(z_t) + \varepsilon_t \tag{5-8}$$

其中，$R_j(z_t)$ 为重心权有理插值基函数；$m+1$ 为重心权有理插值中节点的个数；α 和 β_j 为待估参数；ε_t 为随机误差项。

考虑到现实数据的复杂性特征，为更好地提高模型的拟合效果，对于式（5-8）中的模型，分别利用经典的最小二乘法（ordinary least square，OLS）以及稳健的最小一乘法（least absolute deviation，LAD）进行参数估计。理论上讲，当随机误差是独立正态分布时，利用 OLS 方法就可以获得很好的统计性质。然而，受经济环境、政策制度等不确定性因素的影响，随机数据可能是厚尾分布且可能含有异常值，此时 LAD 方法能够提供更为稳健的参数估计。

记 OLS 回归的目标函数为

$$Q_t = \sum_{t=1}^{T} \left(y_t - x_t'\alpha - \sum_{j=0}^{m} \beta_j R_j(z_t) \right)^2 \tag{5-9}$$

可以通过传统的解析方法获得模型的参数估计，即

$$(\hat{\alpha},\hat{\beta}) = \arg\min_{(\alpha,\beta)} Q_t = \arg\min_{(\alpha,\beta)} \sum_{t=1}^{T} \left(y_t - x_t'\alpha - \sum_{j=0}^{m} \beta_j R_j(z_t) \right)^2 \tag{5-10}$$

记 LAD 回归的目标函数为

$$W_t = \sum_{t=1}^{T} \left| y_t - x_t'\alpha - \sum_{j=0}^{m} \beta_j R_j(z_t) \right| \tag{5-11}$$

通过优化式（5-10）来获取模型的参数估计：

$$(\hat{\alpha},\hat{\beta}) = \arg\min_{(\alpha,\beta)} W_t = \arg\min_{(\alpha,\beta)} \sum_{t=1}^{T} \left| \pi_t - \sum_{i=1}^{l} \alpha_i \pi_{t-i} - \sum_{j=1}^{m} \beta_j R_j(y_t) \right| \tag{5-12}$$

此外，在诊断检验方面，对于 OLS 回归，分别使用 F 检验和 t 检验：判断回归方程及回归系数的显著性。对于 LAD 回归，采用 Koenker 和 Machado[61]构造的似然比检验进行回归方程及回归系数的显著性检验。

4. 模型选择

下面给出 OLS 方法下模型选择的 Akaike 信息准则（Akaike information criterion，AIC 准则），具体表示如下：

$$\mathrm{AIC}(l, m) = \ln\left(\frac{Q_t}{T-1}\right) + \frac{m+1}{T-1} \tag{5-13}$$

其中，Q_t 为 OLS 回归的目标函数；T 为样本容量。AIC 准则由两部分组成，$\ln(Q_t/T-1)$ 反映模型的拟合程度，$(m+1)/(T-1)$ 反映模型的复杂程度。通常利用网格搜索方法，获得最优参数 $m*$ 的取值，即

$$m^* = \arg\min_{m} \mathrm{AIC}(l, m) \tag{5-14}$$

类似可定义 LAD 方法下的 AIC 准则。

这里提供的 AIC 准则具有两个功能。一是用于节点选择，即确定式（5-14）中最优节点个数 m。根据 McCulloch[62] 提出的经验法则，首先在自变量 z_t 的取值范围内均匀选取较多的初始节点，一般而言初始节点数目可以取样本容量的平方根，然后利用逐点删除法，通过诊断检验将作用较小的节点逐步删除，最终利用 AIC 准则确定最优节点。二是对于特殊的半参数回归预测模型，如半参数自回归预测模型，可以利用式（5-14）确定模型的最优滞后阶数。

5. 模型预测

上面构造的基于重心权有理插值的半参数回归预测模型，在通过检验并证明符合理想设定要求之后，可以利用它来预测因变量的取值。具体模型如下：

$$y_t = x_t'\hat{\alpha} + \sum_{j=0}^{m} \hat{\beta}_j R_j(x_t) \tag{5-15}$$

其中，y_t 为第 t 期因变量的真实值；x_t' 为第 t 期因变量的预测值。

5.3 基于影响因素的销量预测模型

基于影响因素的销量预测模型，旨在从诸多类型的因素中，挖掘出能够影响销量变化的关键因素，通过构建影响因素和被影响因素之间的关系，达到销量预测的目的。虽然多变量预测模型可以有效地建立销售数据和各种影响因素之间的关系，但在实践应用中也存在一些问题：影响产品销售的因素非常多，难以确定最合适的影响因素集合，同时这些因素和最终产品销售之间的关系也异常复杂，给建模带来了很大的难度。为了解决这些问题，有学者研究了变量选择方法在销量预测中的应用[47]，该思想的本质是通过筛选出信息量较大的变

量来减少由信息噪声带来的预测误差。例如,候选预测变量序列的数量可能非常大,通常大于可用于模型拟合的时间序列观测数。这时就要通过对变量的共变性来进行降维[48]。

本节致力于考虑各种产品销售影响因素而不仅仅是使用其产品本身或者是类似产品的历史销售数据解决产品销量预测问题。影响因素包括利率、节假日、物价指数、早期销量、口碑情感、网络活跃度等。然而,这些影响因素是否影响以及如何影响产品销售量都是未知的,其中一些影响因素可能是冗余的或与销量变化无关,这降低了预测模型的准确性并增加了预测模型的复杂性和计算负担。本节首先讨论一些影响销量的因素,其次探讨如何进行变量选择,从而构建基于多因素的销量预测模型。

5.3.1 基于 MARS 和 BP 神经网络的多因素智能销量预测模型

为了解决输入变量过多导致的计算复杂性过大问题,利用一种多变量、非线性、非参数回归方法,即多元自适应回归样条函数(multivariable adaptive regression splines,MARS),从大量与销量变化有关的影响因素中选择合适的输入变量子集以减少不相关或冗余变量的输入带来的副作用。因为 MARS 本身具有优秀的变量选择能力,可以分析不同变量显著程度之间的差异,从而为用户提供方便的数据解释和更高的价值[63,64]。然而,MARS 在销量预测的研究中很少使用。文献[65]使用 MARS 预测计算机批发商的总销售额,实验结果表明,MARS 模型优于四个基于神经网络的预测方法和两种统计预测方法。MARS 还确定了重要的预测变量,为进一步的销售决策提供了有价值的信息。

传统时间序列分析模型需要事先假定影响因素和销量之间呈线性关系,对于高度非线性的关系难以准确用数学模型拟合,BOAR 模型也存在同样的问题。因此,本章改用 BP 神经网络拟合时间序列数据以避免上述问题。

BP 神经网络是一种常见的多层前馈神经网络模型,由一个输入层、一个或多个隐含层以及一个输出层构成。同一层之间的神经元彼此独立,不存在链接,且神经元只能向高层的神经元输出激活信号。在实际应用中,大都采用了一种特殊结构,即各层单元只向上一层的单元有输出。近年来,BP 神经网络作为一种误差反向传播的前馈神经网络,由于其良好的逼近能力和成熟的训练方法在预测问题研究中得到了广泛的应用。本节将结合 MARS 变量选择技术和 BP 神经网络模型提出一个多因素智能销量预测(multi-factor intelligent sales forecast,MISF)模型用于解决销售预测问题[64]。模型的大致预测逻辑为:首先需要确定 m 个影响销量变化的因素,使用变量选择方法选择一个影响因素子集作为模型的有效输入变量,其次根据给定的 n 个观测样本训练模型,最后将测试集运用于训练后的模型得出预测结果。通过比较预测值和真实值之间的差异评价预测模型的优劣。

图 5-1 展示了 MISF 模型的架构。MISF 模型由三个模块组成：数据准备和预处理（DPP）模块，基于 MARS 的变量选择（MARSVS）模块，多变量智能预测器（MIF）模块。DPP 模块首先从工业协会发布的品牌销售月度数据中提取过去产品的销售数据以及众多的销售可能的影响因素，然后预处理这些数据进行开发和验证 MISF 模型。MARSVS 模块从给定候选输入变量中选择最优输入变量子集，剔除冗余的和不相关的输入变量。MARSVS 模块选定的输入变量子集用于建立所选输入变量和品牌销售量之间模型的预测器 MIF。最后，利用得到的预测器 MIF 预测未来若干期的销量。

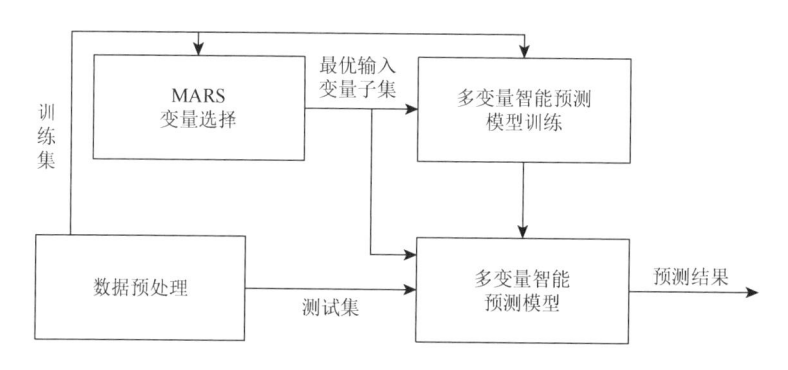

图 5-1　MISF 模型的架构

1. 基于 MARS 的变量选择

从所有候选输入变量中找出最优变量子集，剔除冗余的和不相关的输入变量对于增加预测模型准确性以及降低预测模型的复杂度和计算负担是至关重要的。常规的变量选择的方法包括过滤器法、嵌入式法和包装器法。

MARS 模型相较于其他回归模型最大的优势在于其适用于对大样本的高维数据采用分治策略进行处理并且得到合适的回归模型。它的基函数是一个截断的样条函数或多个样条函数的乘积形式。MARS 旨在发现隐藏在高维数据中的复杂数据结构以及最优的变量变换和交互关系，这使得 MARS 特别适用于高维输入的问题。MARS 的建模过程基于分治策略，将训练数据集划分为若干个独立的区域，每个区域都有自己的回归方程，通过在独立变量空间的不同区间中使用线性回归方程来近似拟合模型的非线性关系，当两个线性函数交叉时，回归线的斜率就可以从一个区间转换到另一个区间。一般 MARS 模型可以使用以下方程定义：

$$\hat{f}(x) = a_0 + \sum_{m=1}^{M} a_m \prod_{k=1}^{km} [s_{km}(x(k,m) - t_{km})] \tag{5-16}$$

其中，$\hat{f}(x)$ 为输出变量的预测值；a_0 为参数；a_m 为第 m 个样条函数的系数；M 为基函数的个数。区域之间的线性回归线的交点称为节点，km 是节点的数量，s_{km} 取值为 1 或–1，表示样条函数的方向为右侧还是左侧，$x(k,m)$ 为自变量，t_{km} 为节点位置。每个基函数代表依赖变量的给定的区域。MARS 的样条基函数可能是单一的样条函数也可能是多个样条函数的乘积。

每个样条函数的定义如下：

$$[s_{km}(x_{v(k,m)} - t)] = \begin{cases} (x - t_{km}), & \text{当} x > t_{km} \text{时} \\ 0, & \text{其他} \end{cases}$$

$$[s_{km}(x_{v(k,m)} - t)] = \begin{cases} (t_{km} - x), & \text{当} x < t_{km} \text{时} \\ 0, & \text{其他} \end{cases} \tag{5-17}$$

其中，t 为节点的位置。

MARS 算法分为三个步骤，分别为前向过程、后向剪枝与模型选取。由于前向过程产生很多对截断函数组，这些函数会加入模型中造成模型的过拟合，同时增加模型的复杂度，因此 MARS 的前向迭代过程允许构造大量的基函数，后向剪枝过程对 MARS 模型的构建起着重要作用，该过程删减前向过程中的基函数，运用的是广义交叉验证（generalized cross validation，GCV）准则。

$$\text{GCV}(M) = \frac{1}{n} \frac{\sum_{m=1}^{n}(y - \hat{y})^2}{(1 - C(M)/n)^2} \tag{5-18}$$

其中，M 为基函数的个数；$C(M)$ 为对模型复杂度的惩罚函数，在线性最小二乘回归中数值通常与 M 相同。在众多模型中 GCV 值最小的模型即最优的 MARS 模型。

在建立 MARS 模型之后，可以基于变量对模型的拟合程度的贡献来估计变量的重要性。逐一删除候选输入变量集中的变量，重新训练模型，计算拟合度的减少值，则最重要的变量是在被删除之后最大限度地降低了模型拟合度的变量，这个变量获得最高的分数，不太重要的变量获得较低的分数。通过拟合度减少幅度可以给出所有变量的重要性排序。

2. 基于 BP 神经网络的多因素智能预测器

MIF 模块的最终输出是月度销量的预测值。MARSVS 模块产生的最优输入变量子集作为 MIF 模块的输入变量。MIF 模块基于训练集得到用于销量预测的神经网络模型并应用于测试集得到月度销量预测值。神经网络模型需要进行多次迭代，不断修改权值得出合适的训练模型。神经网络用于预测输入变量和最终销售量之间的关系，得到一个销售量预测模型的输出数值，这是数值需要经过反标准化的过程将其还原成销售量的初始预测，因为神经网络模型的输入和输出都是经过标准化处理之后的数值。

在 MIF 模块采用 BP 神经网络模型对训练集数据进行拟合。BP 神经网络是一种有监督学习，在分类、函数逼近、识别、回归等问题中有着广泛的应用。现有理论已经证明只含有一个隐含层的 BP 神经网络可以逼近任意非线性的连续函数。

BP 神经网络的基本思想是：信号正向传播和误差反向传播，如图 5-2 所示。

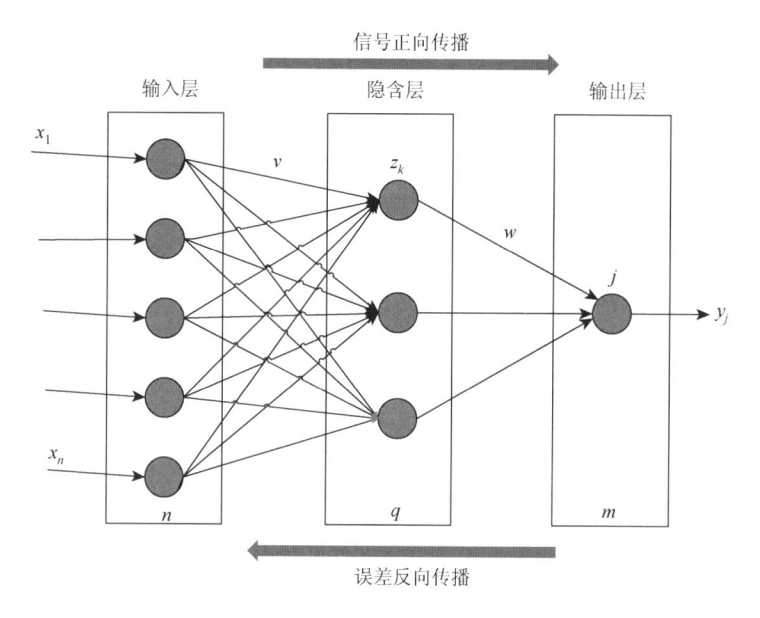

图 5-2 BP 神经网络示意图

（1）信号正向传播：正向传播时，输入层接受样本输入，经过各层隐含层节点处理后继续向下一层也就是输出层传递，输出层给出输出值，计算实际输出值和期望输出值之间的误差，转入误差反向传播阶段。

（2）误差反向传播：将输出值从输出层经隐含层反向传播至输入层，传播过程中将误差分摊给各层的每个节点，各节点根据分摊的误差信号修正自己的权值使得误差降低，即实际输出与期望输出更加接近。权值修正完成后再次转入前向过程，通过模型的迭代，不断修正权值使得误差降低。

设 BP 神经网络输入层节点有 n 个，隐含层节点有 q 个，这里设隐含层只有一层，输出层节点有 m 个，输入层与隐含层之间的权值为 v_{ki}，隐含层和输出层之

间的权值为 w_{jk}。隐含层激励函数为 f_1，输出层激励函数为 f_2。样本 p 经过 BP 神经网络的计算后得到实际输出 y_j^p，期望输出为 t_j^p。

具体来看 BP 神经网络的两个过程及网络结构如下。

1）信号正向传播过程

隐含层神经元的输出为

$$z_k = f_1\left(\sum_{i=0}^{n} v_{ki} x_i\right) \tag{5-19}$$

输出层神经元的输出为

$$y_j = f_2\left(\sum_{k=0}^{q} w_{jk} z_k\right) \tag{5-20}$$

2）误差反向传播过程

定义误差函数为

$$E_p = \frac{1}{2}\sum_{j=1}^{m}(t_j^p - y_j^p)^2 \tag{5-21}$$

输出层的权值变化为

$$\Delta w_{jk} = -\eta \frac{\partial E}{\partial w_{jk}} = -\eta \frac{\partial}{\partial w_{jk}}\left(\sum_{p=1}^{p} E_p\right) = \sum_{p=1}^{p}\left(-\eta \frac{\partial E_p}{\partial w_{jk}}\right) \tag{5-22}$$

其中，η 为学习率。

隐含层权值变化为

$$\Delta v_{ki} = -\eta \frac{\partial E}{\partial v_{ki}} = -\eta \frac{\partial}{\partial v_{ki}}\left(\sum_{p=1}^{p} E_p\right) = \sum_{p=1}^{p}\left(-\eta \frac{\partial E_p}{\partial v_{ki}}\right) \tag{5-23}$$

3）BP 神经网络结构

（1）网络层数。由于本章研究的是月度销量数据，样本量较小，训练集只包括 26 组学习样本，因此采用隐含层为一层的三层前馈神经网络。

（2）输入层节点数。输入层节点数取决于变量选择过程得出的最优变量子集的变量个数 m，输入层节点数与其保持一致。

（3）隐含层节点数。隐含层节点数需要根据模型预测误差调整，最终的实现结果显示，隐含层节点数通常为 4 个或 5 个。

（4）输出层节点数。输出层的输出数据是 BP 神经网络给出的预测值，因此设置为 1 即可。

（5）激励函数。隐含层的激励函数为双曲正切函数 tanh，输出层为纯线性函数。

tanh 函数将输入值映射到 (−1, 1) 的区间上，表达式如下：

$$\tanh(x) = \frac{e^x - e^{-x}}{e^x + e^{-x}} \quad (5\text{-}24)$$

函数图像如图 5-3 所示。

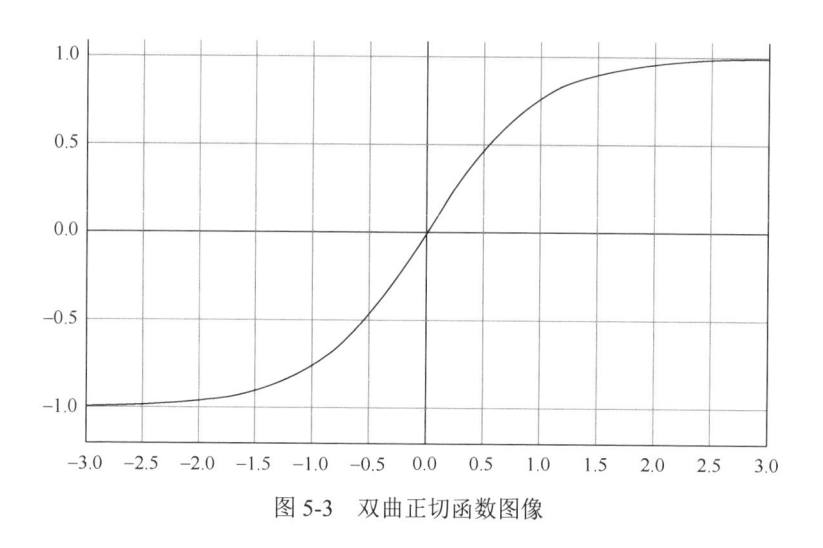

图 5-3 双曲正切函数图像

5.3.2 基于 BMA 和 SVR 的多因素智能销量预测模型

在广泛应用的人工智能预测技术中，支持向量回归（support vector regression, SVR）是以往研究的重点。SVR 是一种基于统计学习理论和结构风险最小化原理的神经网络预测器[66, 67]。由于 SVR 能将复杂的非线性回归问题转化为高维特征空间中的线性回归问题，因此广泛应用于预测问题。Wu[68]利用小波支持向量机和粒子群算法的组合来开发汽车销售预测的混合模型。结果表明，混合模型的预测能力确实优于 ARIMA 模型。Brühl 等[69]通过使用多元线性回归和 SVR 预测德国汽车的销售。他们观察到，SVR 模型提供了比一般的回归更加准确的预测结果。Hong 等[70]提出了一种遗传算法（genetic algorithm, GA）和 SVR 的组合销售预测模型。该模型在预测中国台湾手机使用上的结果优于 ARIMA 模型和广义回归神经网络（general regression neural network, GRNN）模型。Du 等[71]综合 SVR 和模糊集合理论对可食用农产品的销售预测。实验结果表明该方法优于径向基函数神经网络。本节采纳 SVR 将其作为预测方法，大规模多维变量作为预测模型的输入，对于基于多变量的销量预测模型，建模过程中的重要任务之一就是要选择对销量变化解释能力高的变量。大多数文献需要按照显著性或统计检验的结果筛选解释变量，以达到明确解释变量的经济含义并减少回归模型中解释变量个数的目的，但这种数据处理的方式无疑会增加信息的丢失程度。

为此，本书借助贝叶斯模型平均的方法对销量预测模型中的解释变量进行筛选[72]，相比于传统计量方法，采用贝叶斯模型平均的方法的优势在于，可以对所有可能的变量组合按各自的后验概率作为权重进行平均，并以潜在解释变量的后验包含概率作为判断是否选入最优变量组合的标准，从而能够充分利用各"次优变量组合"中所包含的信息，避免人为筛选解释变量造成的信息损失，达到客观有效选择以及评估各解释变量作用的目的。贝叶斯模型平均的方法以后验概率作为权重，对所选择的单个变量组合进行加权平均（后验概率表示单项预测模型真实描述实际过程的概率），并以后验概率作为判断组合优劣的标准，从而有效处理了模型的不确定性问题。此外，贝叶斯模型平均的方法可以清楚地表示信息的更新过程，其优越性还在于将主观先验信息与变量或数据信息相结合。

1. 基于 BMA 的变量选择

贝叶斯模型平均（Bayesian model averaging，BMA）是基于贝叶斯理论将模型自身不确定性考虑在内的统计分析方法，是能够规避建模过程中模型不确定问题的建模技术。

作为一种从多个变量组合中寻优的方法，贝叶斯模型平均在分析时包含所有的变量，并通过逐步减小非重要模型的权重的方法来弱化某些变量的影响直至趋近于零。BMA 应用提出的线性回归模型是这样的，考虑到线性回归模型具备一个常量 β_0 和 k 个潜在的解释变量 $x_1, x_2, \cdots, x_k$，那么回归模型可以表示成如下形式：

$$y = \beta_0 + \beta_1 x_1 + \beta_2 x_2 + \cdots + \beta_k x_k + \varepsilon \tag{5-25}$$

其中，y 为被解释变量，x_i 为解释变量，由于影响被解释变量 y 的因素通常有多个，事前无法准确得知模型中到底应该包含哪些解释变量。因此，在建立模型的过程中，通常依赖于某一特定的理论或者前人的研究来选择相关的解释变量，然后通过模型被估计参数的显著性水平来判断某一解释变量的解释能力。但是，在具体实证分析时研究者往往会遇到以下问题，单独用 x_1 做解释变量时系数显著，当模型引入 x_2 和 x_3 后，变量 x_1 的系数变得不再显著，这样往往很难判断究竟该选择哪些变量作为解释变量，此时，通过式（5-25）来分析经济问题往往会造成结果的偏差，给最终的决策带来不利影响。

当给定了回归方程时，在方程的右侧，将有 2^k 个不同的模型，用 M_j 来记这些模型，2^k 个模型组成的集合就是：$\{M_j | j = 1, 2, 3, \cdots, 2^k\}$。一旦模型空间确定，对于给定的数据，任何一个解释变量的系数 β_h 的后验分布，都可以表示成如下形式：

$$\Pr(\beta_h | D) = \sum_{j: \beta_h \in M_j} \Pr(\beta_h | M_j, D) \Pr(M_j | D) \tag{5-26}$$

参数向量 β_h 的后验密度分布是模型空间条件下参数 β_h 后验密度分布的加权平均，权重是模型后验概率 $\Pr(M_j|D)$。后验模型 M_j 的概率是模型的边际似然与整个模型空间的边际似然的比值，可以表示成如下形式：

$$\Pr(M_j|D) = \Pr(D|M_j)\frac{\Pr(M_j)}{\Pr(D)} = \Pr(D|M_j)\frac{\Pr(M_j)}{\sum_{i=1}^{2^k}\Pr(D|M_i)\Pr(M_i)} \quad (5\text{-}27)$$

其中，$\Pr(D|M_j) = \int \Pr(D|\beta^j, M_j)\Pr(\beta^j|M_j)\mathrm{d}\beta^j$ 为模型 M_j 所对应的似然函数积分；$\Pr(\beta_j|M_j)$ 为模型 M_j 中包含的参数的先验分布；$\Pr(M_j)$ 为模型 M_j 的先验概率。由式（5-26）和式（5-27）可计算得出参数向量 β_h 的后验均值与后验方差，具体表示为

$$E[\hat{\beta}|D] = \sum_{j=1}^{2^k}\hat{\beta}\Pr(M_j|D) \quad (5\text{-}28)$$

$$V[\hat{\beta}|D] = \sum_{j=1}^{2^k}\hat{\beta}\Pr(M_j|D) \quad (5\text{-}29)$$

贝叶斯模型平均方法由于考虑了模型本身的不确定性，在处理变量选择方面具有线性模型所无法比拟的优势，该方法首先设定预设模型的先验概率，然后通过抽样来不断修改先验概率，最终得到每个变量的后验概率，通过后验概率的大小来判断各变量对模型的解释能力。

2. 基于支持向量回归的多因素智能预测器

支持向量回归是一种基于统计学习理论和结构风险最小化原理的智能建模技术，其基本表达形式如下：

$$f(x) = (w \cdot \phi(x)) + b \quad (5\text{-}30)$$

其中，w 为权重向量；x 为模型的输入变量；b 为误差项；$\phi(x)$ 为把非线性函数映射到高维空间中的线性函数的一种非线性核函数。传统的回归模型基于损失函数来最小化风险方法，从而计算变量系数。而 SVR 中则通过引入不敏感损失函数 $L(\varepsilon)$ 来降低结构化风险。$L(\varepsilon)$ 可表示为

$$L_\varepsilon(f(x), y) = \begin{cases} |f(x)-y|-\varepsilon, & |f(x)-y| \geqslant \varepsilon \\ 0, & \text{其他} \end{cases} \quad (5\text{-}31)$$

其中，y 为输出；ε 定义了损失函数的阈值，当预测值落在既定的区间内时，损失值为 0，相反地，如果预测值落在了既定的区间之外，那么损失值就是预测值和

边际值的差值。式（5-31）中的权重向量和误差项可以通过最小化如下正则化风险函数估计得出：

$$R(C) = C\frac{1}{n}\sum_{i=1}^{n}L_\varepsilon(f(x_i),y_i) + \frac{1}{2}\|w\|^2 \quad （5-32）$$

其中，$L_\varepsilon(f(x),y)$ 为损失函数；$\frac{1}{2}\|w\|^2$ 为正则化系数，用来控制复杂度和近似模型之间的相关性来保证模型的综合性能；C 为正则化常数，来平衡经验风险和正则化项。C 和 ε 都是根据模型需要来调整的参数。可以用两个松弛变量 ξ_j 和 ξ_j^* 来度量 $y_i - f(x_i)$ 的偏差。那么式（5-32）就可以改写成如下形式：

$$\text{Min.} \quad R_{\text{reg}}(f) = \frac{1}{2}\|w\|^2 + C\sum_{i=1}^{n}(\xi_i + \xi_i^*)$$

$$\begin{cases} y_i - (w\cdot\phi(x_i) - b) \leq \varepsilon + \xi_i \\ (w\cdot\phi(x_i)) + b - y_i \leq \varepsilon + \xi_i^* \\ \xi_i, \xi_i^* \geq 0, \quad i = 1,2,3,\cdots,n \end{cases} \quad （5-33）$$

通过使用拉格朗日乘数，可以将式（5-33）推导为

$$\text{Max.} \quad L_d(\alpha,\alpha^*) = -\varepsilon\sum_{i=1}^{n}\alpha_i + \alpha_i^* + \sum_{i=1}^{n}(\alpha_i^* - \alpha_i)y_i$$
$$-\frac{1}{2}\sum_{i,j=1}^{n}(\alpha_i^* - \alpha_i)(\alpha_j^* - \alpha_j)K(x_i,x_j) \quad （5-34）$$

$$\begin{cases} \sum_{i=1}^{n}(\alpha_i^* - \alpha_i) = 0 \\ 0 \leq \alpha_i \leq C, \quad i = 1,2,3,\cdots,n \\ 0 \leq \alpha_i^* \leq C, \quad i = 1,2,3,\cdots,n \end{cases}$$

根据拉格朗日乘数，最优权重可以表示为

$$w^* = \sum_{i=1}^{n}(a_i - a_i^*)K(x,x_i)$$

因此，SVR 的基础形式就可以改写为

$$f(x,w) = f(x,\alpha,a^*) = \sum_{i=1}^{n}(a_i - a_i^*)K(x,x_i) + b \quad （5-35）$$

其中，$K(x,x_i)$ 为核函数，常用于 SVR 的核函数是径向基函数（radial basis function, RBF），函数形式为

$$K(x_i,x_j) = \exp(-\|x_i - x_j\|^2)/2\sigma^2 \tag{5-36}$$

本节基于 RBF 核函数构造了一种 SVR 销量预测模型，在利用 BMA 方法进行变量选择的基础上，将选出的预测变量输入预测模型中，通过训练模型的参数，确定预测模型，从而达到销量预测的目标。

5.4 混合时间序列和影响因素的销量预测模型

单变量时间序列中蕴含着销量变化的历史规律，因此常用于预测未来的销量，同时，多变量影响因素也作用于销量，会对销量产生一定程度的影响。将两种模型加以组合，既能够从时间周期性的角度解释销量的变化，又能够考虑到其他影响因素的作用，由此衍生出混合了时间序列和影响因素的销量预测模型。

传统的时间序列分析问题主要是利用可直接观测的时间序列数据，而口碑情感数据是不可直接观测的。这些数据需要从评论文本中挖掘。一方面，在线商品评论数据的快速增长为学者研究其中蕴含的商业价值提供了有利的数据支持。在线评论数据中蕴含的商业情报被很多企业重视和利用，企业通过互联网产品评论了解消费者对自身产品或服务的情感倾向以及对竞争对手产品的意见和态度，从而改善自己的经营策略。另一方面，消费者也从产品评论中受益，消费者在购买产品前往往习惯通过查看他人的评论，了解其他用户对于产品的观点，从而影响自己的购买决策。现有的销量预测模型主要利用历史销售数据，而缺乏对用户评论数据的深入挖掘。消费者对产品的看法会影响产品的销售情况，因此对在线评论进行深入分析有助于预测产品未来销量。文献[40]的研究也论证了评论情感因素对于提高图书销量预测精度有较好的作用。文献[63]从在线评论表达的情感和文本质量出发，基于时间序列分析模型有效地预测了电影票房走势，说明了在线评论的情感因素会影响潜在用户的消费决策。因此，本节所提预测模型对在线评论的情感倾向进行分类和量化，并将文本评论情感作为影响销量的重要因素用于销量预测。此外，销量存在一定周期性的变化，因此预测模型进一步考虑了历史同期销量数据。

综合上述问题，基于论坛在线评论的大数据，综合考虑历史同期销量、前期销量以及评论的情感倾向对销量的影响，本节提出一种考虑品牌情感的自回归分布滞后模型[64]（brand opinion aware autoregressive model，BOAR 模型），用于预测月度销量。

1. 前期销量的影响

现有销量预测研究主要利用产品前期销售数据预测未来销量。前期销售数据包含了众多复杂且未知的变量对销量的影响，将前期销量作为自变量预测未来销量避免了分析复杂的销量影响因素。在利用前期销量预测未来销量的方法中，最常用的就是自回归模型。

自回归模型是用自身做回归变量的过程，即利用前期若干时刻的随机变量的线性组合来描述以后某时刻随机变量的线性回归模型，它是时间序列中的一种常见形式。自回归模型广泛应用于包括销量预测在内的时间序列分析问题中。

具体地，用 y_t 表示第 t 期的汽车品牌销量，$t=1,2,\cdots,N$，并用 $\{y_t\}$ 表示整个时间序列 $y_1,y_2,\cdots,y_N$。自回归模型仅适用于平稳的时间序列，因此需要对销量时间序列 $\{y_t\}$ 做单位根检验，舍弃非平稳时间序列。对于平稳时间序列建立 p 阶自回归销量预测模型，记为 AR(p)：

$$y_t = \sum_{i=1}^{p} \phi_i y_{t-i} + \phi_0 + \varepsilon_t \tag{5-37}$$

其中，p 为要考察的是第 t 期之前 p 期的销售情况对第 t 期的影响；y_t 为第 t 期销量；ϕ_0 为常数项；ϕ_i 为最小二乘回归得到的模型参数；ε_t 为第 t 期的误差项。

自回归模型可以有效捕获前期销量对于销量预测的影响，本节将自回归模型作为对比的基线，在自回归模型的基础上引入更多变量，提高销量预测精度。

2. 历史同期销量的影响

产品的销量会随着季节的变化而呈现出规律性周期变动，这是产品销售季节性特征，因此在自回归模型基础上引入历史同期销量因素 y_{t-12}，得到考虑历史同期销量的自回归预测模型：

$$y_t = \sum_{k=1}^{r} \lambda_k y_{t-12*k} + \sum_{i=1}^{p} \phi_i y_{t-i} + \phi_0 + \varepsilon_t \tag{5-38}$$

其中，r 为要考察的是第 t 期之前 r 个历史同期销量对第 t 期的影响；p 为要考察的是第 t 期之前 p 期的销售情况对第 t 期的影响；y_t 为第 t 期销量；ϕ_0 为常数项；ϕ_i 为最小二乘回归得到的模型参数；ε_t 为第 t 期的误差项。

3. 在线评论中情感因素的影响

在线商品评论数据的快速增长为了解普通消费者的观点提供了一个很好的契机，尤其是类似汽车、住房等需要顾客投入时间和精力的高度介入产品，在线评论数据中的情感倾向对于销量预测的效果更加显著。研究表明，可以利用社交媒体文本情感和关键词被提及的频率提高销量预测精度。因此，本节对不同品牌的在线评论的情感倾向进行分类和量化，并将品牌情感作为影响销量的重要因素用于预测销量。用 ω_t 表示第 t 期品牌评论情感值，$t=1,2,\cdots,N$。ω_t 是不可直接观测的变量，需要从评论文本中挖掘。

评论文本数据主要进行评论文本切分、中文文本分词、去除常见停用词、词频统计、构造情感词典、情感词典构造方法的分布式实现六种文本预处理操作。

1) 评论文本切分

通常一篇在线评论的评论文本包含了对多个产品侧面的文字描述，各自成段，且每段开头都会标明是对哪一个产品侧面的描述，且每一产品侧面都会得到一个评分，因此需要对一篇评论的评论文本按照不同的产品侧面进行文本切分，每一小段产品侧面的文本描述都会对应一个用户给出的五分制的评分。

2) 中文文本分词

分词是任何中文文本分析必备的一个操作，后续对文本的分析都是基于文本中的单词来表示一段文本，而不是文本本身。文本分词的效果很大程度取决于词典，特别是处理一些涉及专业领域的文本，通用的词典很难得到理想的分词效果。

3) 去除常见停用词

文本中通常会含有一些助词、数字或者是表情符号等没有实际含义或非标准文本的内容，如"你我他""这个那个""的地得"等，这些内容一般不做分析，而是作为停用词，在分词过程中被剔除。通常来说，去除停用词也是文本预处理中必备的一个操作。尤其本书所使用的语料由网民自由发挥创作，没有特定的行文规范，语法较为随意，且其中掺杂了很多数字、表情符号等无实际含义的内容，因此去除停用词是文本预处理中非常重要的一步。

4) 词频统计

通过前面的文本预处理操作后，复杂的文本内容已经转变为一个个单词列表，此时需要对每一个单词统计出现的频率，即词频。不同词频的单词可能其重要性也有所差异，词频较高的单词可能重要性越高，当然这还可能与逆文档频率有关。词频是情感计算过程中非常重要的一步。

5) 构造情感词典

情感词典是评论文本情感值计算的基础。目前已经有很多学者提出通用的情感词典应用于文本情感的分析，但是此类通用的情感词典难以准确描述特定领域的内容。本节提出了一种基于点互信息的情感词典构造方法，并对在线评论情感分类和量化。具体地，将评分项记为 G_i，评论文本项记为 R_j，评论发表

时间记为 t。其中评分项中的每一个 G_i，在评论文本项中都会有对应的 R_i。

当某项目评分为 1 分或 2 分时，表示消费者对该项非常不满意；而给出 5 分时，则认为消费者对该项满意。因此，对于一条评论数据，若 $G_i \leqslant 2$，则认为 R_i 是负向的，属于负向文档集 D_n；若 $G_i = 5$，则认为 R_i 是正向的，属于正向文档集 D_p。

文档中每个词 w 的情感值 S_w 计算公式如下：

$$S_w(w) = \mathrm{PMI}(w, \mathrm{positive}) - \mathrm{PMI}(w, \mathrm{negetive}) \tag{5-39}$$

其中，PMI 为点互信息：

$$\mathrm{PMI}(w, \mathrm{positive}) = \log_2 \frac{\mathrm{freq}(w, \mathrm{positive}) \times N}{\mathrm{freq}(w) \times \mathrm{freq}(\mathrm{positive})} \tag{5-40}$$

其中，$\mathrm{freq}(w, \mathrm{positive})$ 为词 w 在正向文档集 D_p 中出现的频次；$\mathrm{freq}(w)$ 为词 w 在整体文档集 D（$D = D_p + D_n$）中总共出现的频次；$\mathrm{freq}(\mathrm{positive})$ 为正向文档的数量；N 为整体文档集中所有文档的数量。同理可以计算 $\mathrm{PMI}(w, \mathrm{negetive})$。由此，式（5-40）可以简化为

$$S_w(w) = \log_2 \frac{\mathrm{freq}(w, \mathrm{positive}) \times \mathrm{freq}(\mathrm{negetive})}{\mathrm{freq}(w, \mathrm{negetive}) \times \mathrm{freq}(\mathrm{positive})} \tag{5-41}$$

由于点互信息对于低频次词语估计效果较差，将正向文档集和负向文档集中出现频次低于 5 的词全部舍弃。

6）情感词典构造方法的分布式实现

采用 Hadoop 平台的 MapReduce 编程框架来实现大规模文本数据的并行化计算以达到快速构造情感词典的目的。MapReduce 基于两个用户自定义的函数：map 和 reduce。map 函数接收用户指定的输入数据，产生键值对形式的输出。reduce 函数基于 map 函数的输出进行聚合处理，将结果输出。

情感词典构造过程的 map 函数接收输入的评论数据，划分正向文档集和负向文档集并记录各自所含文档数 $\mathrm{freq}(\mathrm{positive})$，$\mathrm{freq}(\mathrm{negetive})$，并对正向文档和负向文档分词处理，如果词 w 来自正向文档则输出 $<w, p\#1>$，若来自负向文档则输出 $<w, n\#1>$。具体的 map 函数过程用伪代码形式给出，如代码 5-1 所示。

代码 5-1　情感词典构造过程的 map 函数伪代码

情感词典构造.map（offset，wom）
输入：key 为行偏移量 offset，value 为每一条评论数据 wom
输出：$<w$，value$>$，输出 key 为词 w，若 w 出现在正向文档中则 value 为 $p\#1$，若 w 出现在负向文档中则 value 为 $n\#1$

1. 计数器 Counter（freq(positive)，freq(negetive)）
2. FOR $i = 1$ TO n DO
IF $G_i \leq 2$ {
 freq(negetive) + +;
EACH w IN SegmentWord(R_i)   OUTPUT $\langle w, n\#1 \rangle$;
} ELSE IF $G_i = 5$ {
 freq(positive) + +;
EACH w IN SegmentWord(R_i)   OUTPUT $\langle w, p\#1 \rangle$;
}
3. freq(negetive) + +;
4. freq(positive) + +;

情感词典构造过程的 reduce 函数接收 map 函数的输出，同一 key 的 value 值将被聚合。若 value 为 p#开头，则 freq(w,positive) 递增 1，否则 freq(w,negetive) 递增 1，统计出词 w 在正向文档集出现的次数 freq(w,positive) 和在负向文档集出现的次数 freq(w,negetive)。最后对所有出现次数不低于 5 次的词计算情感值。具体的 reduce 函数过程用伪代码形式给出，如代码 5-2 所示。

代码 5-2　情感词典构造过程的 reduce 函数伪代码

情感词典构造. reduce（w，value）

输入：key 为词 w，value 为 p#1 或 n#1

输出：<w，S_w>，输出 key 为词 w，value 为词 w 的情感值 S_w

IF value.startwith（"p#"）{
 freq(w,positive)++ ;
} ELSE IF value.startwith（"n#"）{
 freq(w,negetive)++ ;
}
IF freq(w,positive) > = 5 AND freq(w,negetive) > = 5 {
$S_w(w) = \log_2 \dfrac{\text{freq}(w,\text{positive}) * \text{freq}(\text{negetive})}{\text{freq}(w,\text{negetive}) * \text{freq}(\text{positive})}$;
OUTPUT $\langle w, S_w \rangle$;
}
END

通过 MapReduce 编程可以实现基于大规模文本的情感词典构造，有效地提高计算效率。而且算法具有很好的可伸缩性，即使应用于更大规模的文本处理，所需时间也是线性增长的。

4. 模型构建

在式（5-38）模型基础上进一步引入品牌评论情感 ω_t，得到考虑品牌情感的自回归分布滞后预测模型（记为 BOAR）：

$$y_t = \sum_{k=1}^{r} \lambda_k y_{(t-12)*k} + \sum_{i=1}^{p} \phi_i y_{t-i} + \sum_{j=1}^{q} \rho_j \omega_{t-j} + \phi_0 + \varepsilon_t \quad (5-42)$$

其中，r 为要考察的是第 t 期之前 r 个历史同期销量对第 t 期的影响；p 为要考察的是第 t 期之前 p 个月的销售情况对第 t 期的影响；q 为要考察的是第 t 期之前 q 期的品牌评论情感对第 t 期的影响；y_t 为第 t 期销量；ω_t 为第 t 期品牌评论情感；ϕ_0 为常数项；λ_k、ϕ_i 和 ρ_j 为用最小二乘回归得到的模型参数；ε_t 为第 t 期的误差项。

BOAR 模型共包含三部分，$\sum_{k=1}^{r} \lambda_k y_{(t-12)*k}$ 反映了前 r 年历史同期销量数据对第 t 期销量的影响，$\sum_{i=1}^{p} \phi_i y_{t-i}$ 反映了前 p 期的历史销量数据对第 t 期的影响，$\sum_{j=1}^{q} \rho_j \omega_{t-j}$ 反映了前 q 期的品牌评论情感数据对第 t 期销量的影响。

5.5 面向汽车品牌管理的销量预测

5.5.1 基于 MARS 和 BP 神经网络的多因素智能销量预测模型的应用实例

1. 数据准备和预处理

收集汽车销量影响因素的历史时间序列数据，构造解释变量候选集。根据表 5-1，共有 16 个候选变量。这些变量主要包括如下六类。

历史前期销量：X_1, X_2, X_3, X_4。
近期销量均值：X_5, X_6。
近期销量增长率：X_7, X_8。
网络消费者行为数据：$X_9, X_{10}, X_{11}, X_{12}$。
宏观经济指标：X_{13}, X_{14}, X_{15}。
节假日因素：X_{16}。

表 5-1 汽车销量影响因素候选集

变量	变量描述	变量计算方法
X_1	上一年同期销量	y_{t-12}
X_2	一个月前销量	y_{t-1}
X_3	两个月前销量	y_{t-2}
X_4	三个月前销量	y_{t-3}
X_5	近两个月销量的移动平均值	$\frac{1}{2}\sum_{i=1}^{2} y_{t-i}$
X_6	近五个月销量的移动平均值	$\frac{1}{5}\sum_{i=1}^{5} y_{t-i}$
X_7	上月销量相较于两个月前销量的增长率	$\frac{y_{t-1}-y_{t-2}}{y_{t-2}}$
X_8	上月销量相较于五个月前销量的增长率	$\frac{y_{t-1}-y_{t-5}}{y_{t-5}}$
X_9	上月汽车论坛用户发帖量	—
X_{10}	上月口碑评论发表数量	—
X_{11}	上月口碑评论评分均值	—
X_{12}	上月口碑评论情感倾向	—
X_{13}	当月1~3年中长期贷款利率	—
X_{14}	上月平均人民币对美元中间价	—
X_{15}	上月居民价格指数（CPI）	—
X_{16}	当月节假日天数	—

数据预处理对有监督学习的模型性能有很大影响，因为不可靠的训练样本可能导致错误的模型参数。使用真实数据源作为模型输入数据出现缺失值是不可避免的，这时需要对缺失值做插值处理以保持时间序列的完整性和变化趋势。这里采用一种简单的插值方法，缺失值使用其时间序列中最近的两个相邻数据的平均值补充。此外，数据标准化将不同的变量缩放到同一尺度范围内，可以加速模型训练速度。这里采用 Z-score 标准化方法对输入变量和输出变量进行标准化处理。预处理后的数据被切分成训练集和测试集用于变量选择与 MIF 模块。

2. 实验流程

实验步骤如图 5-4 所示。

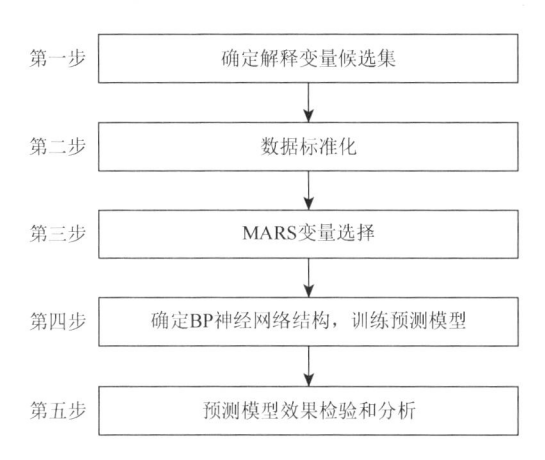

```
第一步  →  确定解释变量候选集
第二步  →  数据标准化
第三步  →  MARS变量选择
第四步  →  确定BP神经网络结构，训练预测模型
第五步  →  预测模型效果检验和分析
```

图 5-4　基于 MARS 和 BP 神经网络的智能预测器的建模流程

第一步，确定解释变量候选集，在变量和数据部分，对模型需要的变量数据加以阐述。

第二步，对解释变量进行预处理操作，预处理操作主要包括以下两步：缺失值处理和数据标准化。其中缺失值使用相邻两个数据的算术平均值补充，数据标准化则采用 Z-score 标准化方法，其计算公式为

$$z = \frac{x - \mu}{\sigma}$$

其中，μ 为平均数；σ 为标准差；z 为 x 标准化后的值，经过处理后的数据符合均值为 0、标准差为 1 的标准正态分布。

第三步，利用 MARS 模型对标准化后的数据集进行变量选择，变量选择的输出结果即最优解释变量子集，该子集是预测器的输入值。

第四步，将数据集划分为 K 份，任取 $K-1$ 份为训练集，剩下的 1 份为测试集，采用 K 折交叉验证。根据第三步最优变量子集的变量个数等信息确定 BP 神经网络的网络结构和训练模型，根据训练集的预测效果修正模型参数，最终确定稳定的预测模型，得到多因素智能预测器 MIF。

第五步，利用第四步训练出来的 MIF 模型，对测试集进行预测，并将预测值反标准化转化为销量的预测值，并和真实值比较，对 MISF 模型的预测误差进行检验。

本章实验依然采用 MAPE 作为 MISF 预测模型的评价指标。

3. 实验结果与分析

1）最优变量子集

各汽车品牌最优变量子集结果如表 5-2 所示，表中各品牌最优变量子集按照变量预测能力从大到小排序。

表 5-2 各汽车品牌 MISF 销量预测模型最优变量子集

品牌	最优变量子集
本田	$X_1, X_{10}, X_{15}, X_{14}, X_9, X_{12}, X_5$
丰田	X_{12}, X_1, X_6, X_{14}
别克	X_1, X_{14}
比亚迪	$X_1, X_{11}, X_2, X_{14}, X_9$
奇瑞	X_1, X_{12}, X_4, X_{15}
奥迪	$X_1, X_{13}, X_9, X_{14}, X_{12}$
大众	$X_1, X_{13}, X_{14}, X_{10}, X_{12}$
雪佛兰	$X_1, X_{13}, X_4, X_6, X_{14}, X_9$

通过对中国市场常见的 8 个汽车品牌进行变量选择的实验结果分析发现，上一年同期销量是最为显著的一个预测变量，对于大多数汽车品牌来说，上一年同期销量代表这个品牌普遍的市场喜好程度且蕴含了季节变化因素，因此上一年同期销量是预测能力最强的一个变量。上月汽车论坛用户发帖量和上月口碑评论情感倾向对于汽车销量的影响也较为明显。以上实验结果进一步证明了 5.1 节提出的考虑历史同期销量和口碑评论情感倾向的 BOAR 模型的合理性与正确性。其次，人民币对美元中间价和 CPI 反映了近期国内经济大环境的走向，对于汽车这种高价值的商品存在着较为显著的影响。最后，近期销量增长率，即变量 X_7, X_8，以及节假日因素被证明对于汽车销量的影响不明显，对于销量不具备明显的预测能力。

2）预测效果分析

分别利用 AR 模型、BP 神经网络（BPNN）和 MISF 模型预测汽车品牌月度销量。实验结果如表 5-3 所示。

从实验结果明显看出，考虑多因素的 MISF 模型预测精度较传统的时间序列分析线性模型 AR 模型有了很大的提升，平均减少 11.15 百分点，主要原因是 MISF 模型可以对高度非线性的关系进行拟合。MISF 相较于不进行变量选择纯粹的 BP 神经网络模型而言，对于大多数品牌预测误差也有着一定程度的减少，平均减少 1.92 百分点。其中，奇瑞品牌 MISF 预测误差稍高于 BP 神经网络。这充分证明基于 MARS 的变量选择过程对于提高预测精度具有非常重要的作用。MISF 对比第 3 章提出的 BOAR 模型，平均预测误差降低 1.49 百分点（注：MISF 和 BOAR 模型的比较是剔除福特和起亚后重新计算平均误差）。由此可以得出结论，考虑多因素的智能销量预测模型 MISF 对于解决汽车品牌粒度的月度销量预测问题是切实可行的一种方案。

表 5-3 AR、BPNN 及 MISF 预测效果

品牌	MAPE			MISF 较 AR 误差减少	MISF 较 BPNN 误差减少
	AR	BPNN	MISF		
丰田	15.96	5.14	4.34	11.62	0.80
奥迪	11.37	5.09	2.60	8.77	2.49
大众	9.96	4.60	2.80	7.16	1.80
别克	13.00	7.53	3.16	9.84	4.37
本田	23.05	5.21	3.49	19.56	1.72
比亚迪	17.79	8.93	5.48	12.31	3.45
奇瑞	15.53	5.02	5.88	9.65	−0.86
雪佛兰	14.86	6.18	4.56	10.30	1.62

5.5.2 基于 BMA 和 SVR 的多因素智能销量预测模型的应用实例

1. 数据准备和预处理

实验采用的销量数据为从搜狐论坛爬取的汽车销量数据，PPI、CPI、贷款利率等宏观经济指数则来自于门户网站。其中历史销量数据需要经过预处理转化为所需要的预测变量，预处理的公式见表 5-4。经过处理后的变量共有 13 个。这些变量主要包括如下几类。

历史前期销量：L1，L3，LTQ。
历史销量均值：L6S，L9S，LY。
历史销量增长率：RDP12，ROC12。
宏观经济指标：EXP，IMP，PPI，CPI，Loan。

表 5-4 汽车销量影响因素候选集

变量	变量描述	变量计算方法
L1	滞后一期销量	y_{t-1}
L3	滞后三期销量	y_{t-3}
LTQ	去年同期销量	y_{t-12}
L6S	历史 6 个月销量的平均值	$\frac{1}{6}\sum_{i=1}^{6} y_{t-i}$
L9S	历史 9 个月销量的平均值	$\frac{1}{9}\sum_{i=1}^{9} y_{t-i}$

续表

变量	变量描述	变量计算方法
LY	历史 12 个月销量的平均值	$\frac{1}{12}\sum_{i=1}^{12} y_{t-i}$
RDP12	滞后一期销量相对于一年前销量的变化率	$\frac{y_{t-1} - y_{t-12}}{y_{t-12}}$
ROC12	滞后一期销量相对于一年前销量的比率	$\frac{y_{t-1}}{y_{t-12}}$
EXP	滞后一期的出口量	—
IMP	滞后一期的进口量	—
PPI	滞后一期的消费者价格指数	—
CPI	滞后一期的工业品出厂价格指数	—
Loan	1~3 年中长期贷款利率	—

2. 实验流程

实验步骤如图 5-5 所示。

第一步　确定解释变量候选集

第二步　数据标准化

第三步　BMA变量选择

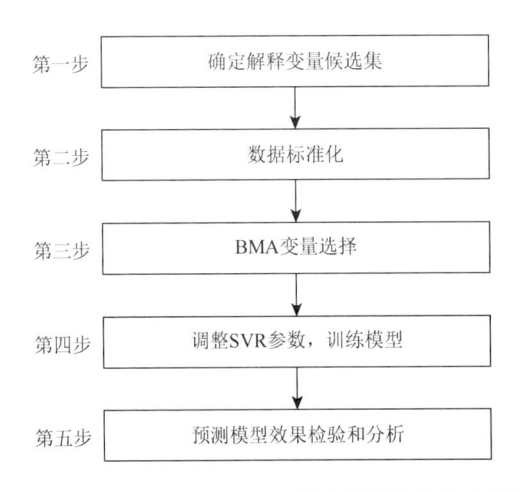

第四步　调整SVR参数，训练模型

第五步　预测模型效果检验和分析

图 5-5　基于 BMA 和 SVR 的智能预测器的建模流程

第一步，确定解释变量候选集，在变量和数据部分，对模型需要的变量数据加以阐述。

第二步，对解释变量进行标准化，统一量纲，避免由量纲不统一造成的计算误差。

第三步，将标准化后的变量数据作为 BMA 模型的输入，遍历变量的所有组合，在此共有 2^{13} 种变量组合。每个变量组合都是一个回归方程，对方程的回归效果进行计算，再根据 Akaike 信息准则（AIC）和贝叶斯信息准则（BIC）对变量组合进行筛选，反复迭代，直到没有变量需要被剔除。保留下来的变量即最优解释变量子集，将最优变量子集对应的标准化后的数据作为下一步预测器的输入。

第四步，将经过变量选择后的数据集划分为 K 份，任取 $K-1$ 份为训练集，剩下的 1 份为测试集，采用 K 折交叉验证。根据第三步最优变量子集的变量个数等信息确定 SVR 模型的参数，并训练模型。根据模型训练结果，调整 R 模型的迭代次数、损失参数。

第五步，利用第四步训练出的预测模型，对测试集进行预测，比较预测值和实际值之间的误差，计算模型的预测精度。

3. 实验结果与分析

1）BMA 的变量选择结果

经过 BMA 方法的变量选择以后，对于不同的车型，选择出来的最优变量子集也有所区别。以奥迪 Q5、宝马 5 系、别克 GL8 和速腾这四款车为例，其变量选择的结果如表 5-5 所示。

表 5-5 BMA 变量选择结果

品牌	最优变量子集
奥迪 Q5	L3, CPI, PPI, IMP, L1
宝马 5 系	LY, LTQ, L3, PPI, IMP, L1
别克 GL8	CPI, L6S, L1, IMP
速腾	LY, EXP, IMP, RDP12, PPI, ROC12, L1

为了更加直观地检查每个变量的重要性，绘制条形图，如图 5-6 所示，其中横坐标代表变量重要程度（以百分比为单位），纵坐标代表选择出的变量。输入到 BMA 中的变量共有 13 个，很显然有些变量被剔除了。观察可以发现，对于不同的车型，变量选择的结果存在明显的差异，这种差异体现在选择出的变量个数以及变量的重要性上。例如，对于奥迪 Q5 来说，滞后一期的销量 L1、进口量 IMP 这两个变量的重要性最高，这说明，这两个变量对奥迪 Q5 销量变化的解释能力最强。相似的结果出现在宝马 5 系这款车的变量选择结果上。而对于速腾这款车，虽然滞后一期销量 L1 仍然很重要，但是进口量 IMP 的重要性并不高。奥迪 Q5 和别克 GL8 这两个车型对应的变量较少，相比之下，宝马 5 系和速腾这两个车型对应的变量就较多，更多的变量说明与汽车销量变化相关的因素越多。这说明了

变量选择模型在不同的车型上存在异质性。这种异质性的存在机理，仍需要进一步的研究来揭示。

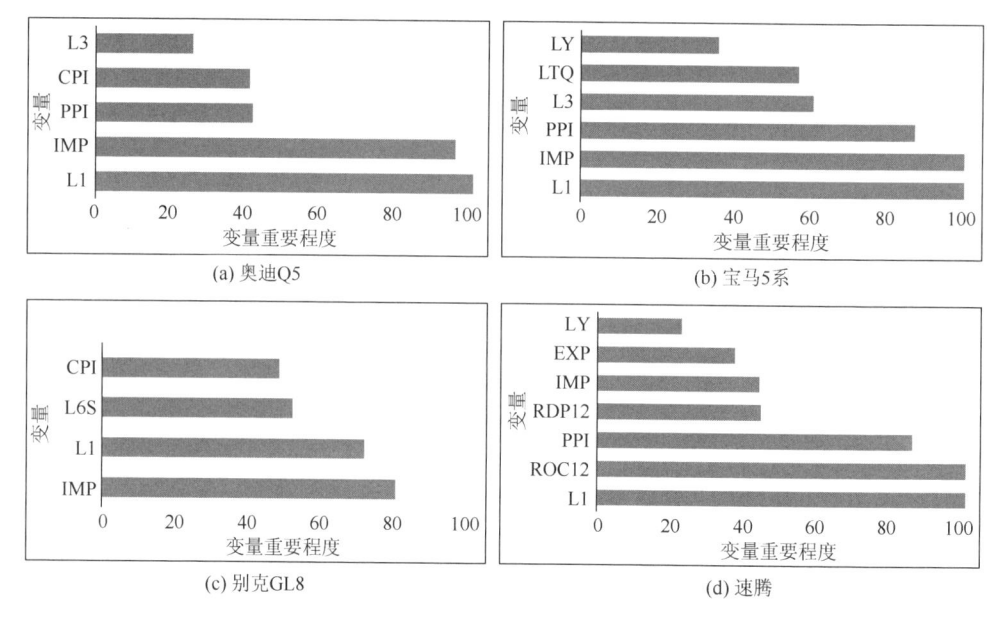

图 5-6 BMA 变量选择的结果

2）预测效果分析

以奥迪 Q5、宝马 5 系、别克 GL8 和速腾这四款车为例，将 BMA 筛选出的变量集合输入到 SVR 预测模型中，输出值为销量的预测值。根据 MAPE 检验预测结果的精度，这四款车的结果分别为奥迪 Q5（20%）、宝马 5 系（16%）、别克 GL8（26%）、速腾（13%）。把实际值和预测值用双重折线图表示，如图 5-7 所示，

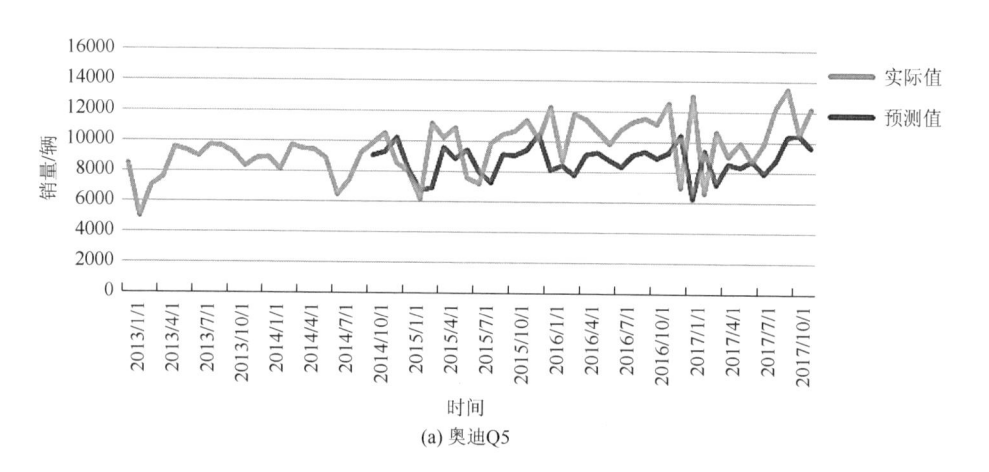

(a) 奥迪Q5

(b) 宝马5系

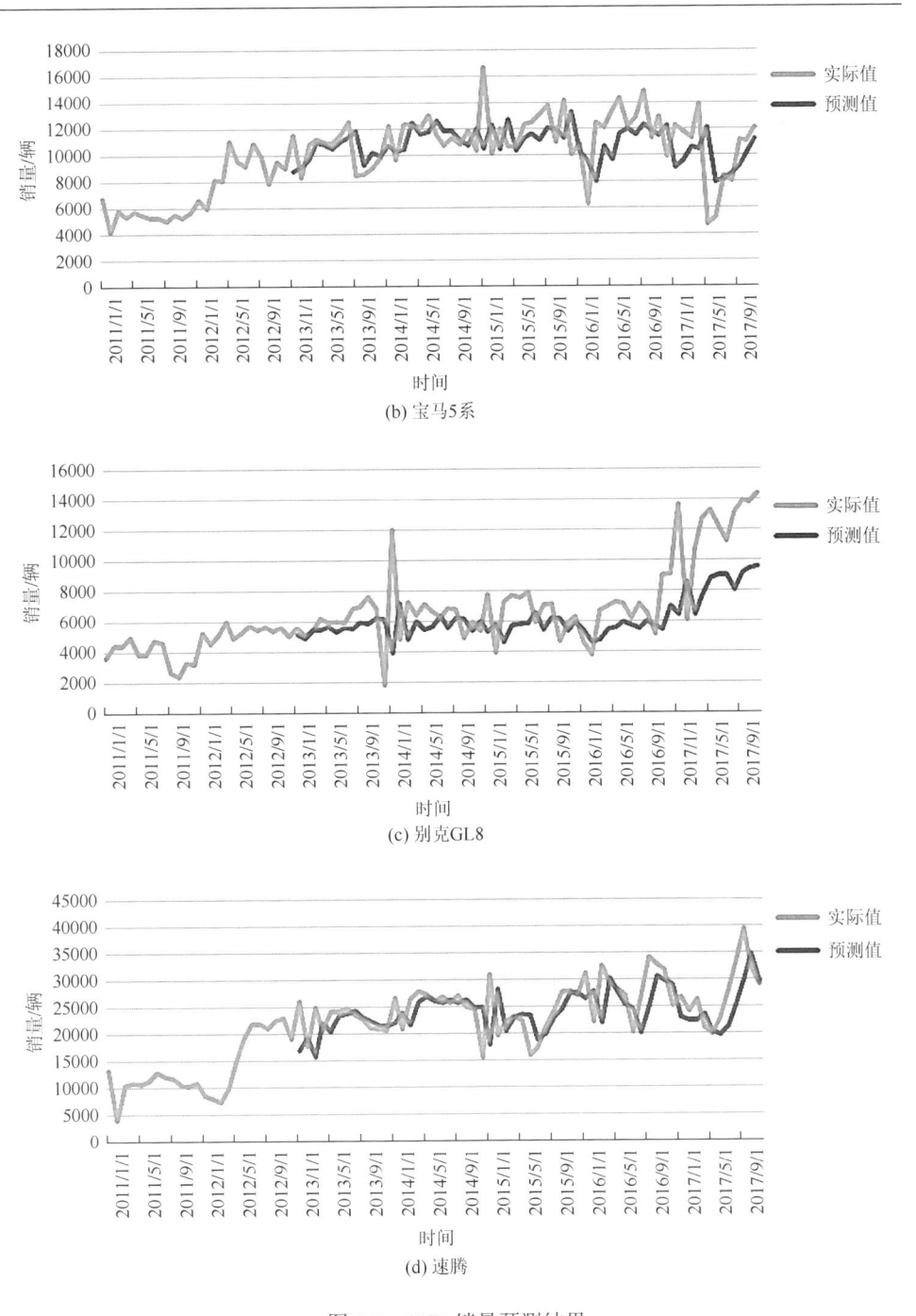

(c) 别克GL8

(d) 速腾

图 5-7 SVR 销量预测结果

横坐标为时间轴，纵坐标为销量值，浅灰色线代表销量的实际值，深灰色线代表销量的预测值。通过观察可以发现，预测值的趋势与实际值的趋势基本保持一致，且两者的差异较小，预测值能够较好地拟合实际值。

参 考 文 献

[1] Wikipedia. Forecasting. https：//en.wikipedia.org/wiki/Forecasting. 2018-12-10.

[2] 唐小我. 预测理论及其应用[M]. 成都：电子科技大学出版社，1992.

[3] Wheelwright S，Makridakis S，Hyndman R J. Forecasting：Methods and Applications[M]. New York：John Wiley and Sons，1998.

[4] Brockwell P J，Davis R A，Calder M V. Introduction to Time Series and Forecasting[M]. New York：Springer，2002.

[5] Diebold F X. Elements of Forecasting[M]. Cincinnati：Thomson South Western，2007.

[6] Chong A Y L，Ooi K B，Sohal A. The relationship between supply chain factors and adoption of e-collaboration tools：An empirical examination[J]. International Journal of Production Economics，2009，122（1）：150-160.

[7] Chong A Y L，Zhou L. Demand chain management：Relationships between external antecedents，web-based integration and service innovation performance[J]. International Journal of Production Economics，2014，154：48-58.

[8] Zhao X，Xie J，Lau R S M. Improving the supply chain performance：Use of forecasting models versus early order commitments[J]. International Journal of Production Research，2001，39（17）：3923-3939.

[9] Doganis P，Aggelogiannaki E，Sarimveis H. A combined model predictive control and time series forecasting framework for production-inventory systems[J]. International Journal of Production Research，2008，46（24）：6841-6853.

[10] Mentzer J T，Bienstock C C. Sales Forecasting Management：Understanding the Techniques，Systems and Management of the Sales Forecasting Process[M]. London：SAGE Publications，Incorporated，1998.

[11] Yuan H，Xu W，Wang M. Can online user behavior improve the performance of sales prediction in E-commerce?[J]. 2014 IEEE International Conference on Systems，Man and Cybernetics（SMC），2014：2347-2352.

[12] Boulden J B. Fitting the sales forecast to your firm[J]. Business Horizons，1957，1（1）：65-72.

[13] Castillo P A，Mora A M，Faris H，et al. Applying computational intelligence methods for predicting the sales of newly published books in a real editorial business management environment[J]. Knowledge Based Systems，2017，115：133-151.

[14] Dellino G，Laudadio T，Mari R，et al. Sales forecasting models in the fresh food supply chain[J]. ICORES，2015：419-426.

[15] Yu Y，Choi T M，Hui C L. An intelligent fast sales forecasting model for fashion products[J]. Expert Systems with Applications，2011，38（6）：7373-7379.

[16] Taylor J W. Forecasting daily supermarket sales using exponentially weighted quantile regression[J]. European Journal of Operational Research，2007，178（1）：154-167.

[17] Makridakis S，Hibon M. ARMA models and the Box-Jenkins methodology[J]. Journal of Forecasting，1997，16（3）：147-163.

[18] Chen D. Chinese automobile demand prediction based on ARIMA model[C]//2011 4th International Conference on Biomedical Engineering and Informatics（BMEI），2011，4：2197-2201.

[19] Cui H，Wang D. Study of electricity sales forecasting for north China power grid based on seasonal ARIMA model[J]. East China Electric Power，2009，37：70-72.

[20] Ramos P, Santos N, Rebelo R. Performance of state space and ARIMA models for consumer retail sales forecasting[J]. Robotics and Computer-Integrated Manufacturing, 2015, 34: 151-163.

[21] 赵颖. 基于回归分析的我国汽车销量预测模型研究[D]. 武汉: 华中师范大学, 2014.

[22] Palia A P, Roussos D S. Online sales forecasting with the multiple regression analysis data matrices package[J]. Developments in Business Simulation and Experiential Learning, 2004, 31: 53-57.

[23] Lee J, Boatwright P, Kamakura W A. A Bayesian model for prelaunch sales forecasting of recorded music[J]. Management Science, 2003, 49 (2): 179-196.

[24] Yelland P M, Kim S, Stratulate R. A Bayesian model for sales forecasting at sun microsystems[J]. Interfaces, 2010, 40 (2): 118-129.

[25] Frank C, Garg A, Sztandera L, et al. Forecasting women's apparel sales using mathematical modeling[J]. International Journal of Clothing Science and Technology, 2003, 15 (2): 107-125.

[26] Au K F, Choi T M, Yu Y. Fashion retail forecasting by evolutionary neural networks[J]. International Journal of Production Economics, 2008, 114 (2): 615-630.

[27] Levis A A, Papageorgiou L G. Customer demand forecasting via support vector regression analysis[J]. Chemical Engineering Research and Design, 2005, 83 (8): 1009-1018.

[28] Sun Z L, Choi T M, Au K F, et al. Sales forecasting using extreme learning machine with applications in fashion retailing[J]. Decision Support Systems, 2008, 46 (1): 411-419.

[29] Ma S, Fildes R, Huang T. Demand forecasting with high dimensional data: The case of SKU retail sales forecasting with intra-and inter-category promotional information[J]. European Journal of Operational Research, 2016, 249 (1): 245-257.

[30] Shahabuddin S. Forecasting automobile sales[J]. Management Research News, 2009, 32 (7): 670-682.

[31] Moe W W, Fader P S. Dynamic conversion behavior at e-commerce sites[J]. Management Science, 2004, 50 (3): 326-335.

[32] Levin J D. The economics of internet markets[R]. National Bureau of Economic Research, 2011.

[33] Preis T, Reith D, Stanley H E. Complex dynamics of our economic life on different scales: Insights from search engine query data[J]. Philosophical Transactions of the Royal Society A: Mathematical, Physical and Engineering Sciences, 2010, 368 (1933): 5707-5719.

[34] Penna N, Huang H. Constructing consumer sentiment index for US using Google searches[R]. University of Alberta, Department of Economics, 2010.

[35] 王炼, 宁一鉴, 贾建民. 基于网络搜索的销量与市场份额预测: 来自中国汽车市场的证据[J]. 管理工程学报, 2015 (04): 56-64.

[36] Fantazzini D, Toktamysova Z. Forecasting German car sales using Google data and multivariate models[J]. International Journal of Production Economics, 2015, 170: 97-135.

[37] Archak N, Ghose A, Ipeirotis P G. Deriving the pricing power of product features by mining consumer reviews[J]. Management Science, 2011, 57 (8): 1485-1509.

[38] Liu Y. Word of mouth for movies: Its dynamics and impact on box office revenue[J]. Journal of Marketing, 2006, 70 (3): 74-89.

[39] Godes D, Mayzlin D. Using online conversations to study word-of-mouth communication[J]. Marketing Science, 2004, 23 (4): 545-560.

[40] Chevalier J A, Mayzlin D. The effect of word of mouth on sales: Online book reviews[J]. Journal of Marketing Research, 2006, 43 (3): 345-354.

[41] Duan W, Gu B, Whinston A B. Do online reviews matter?—An empirical investigation of panel data[J]. Decision Support Systems, 2008, 45 (4): 1007-1016.

[42] Ye Q, Law R, Gu B. The impact of online user reviews on hotel room sales[J]. International Journal of Hospitality Management, 2009, 28 (1): 180-182.

[43] Wu M, Wang L, Li M. An approach based on the bass model for analyzing the effects of feature fatigue on customer equity[J]. Computational and Mathematical Organization Theory, 2015, 21 (1): 69-89.

[44] Dellarocas C, Zhang X M, Awad N F. Exploring the value of online product reviews in forecasting sales: The case of motion pictures[J]. Journal of Interactive Marketing, 2007, 21 (4): 23-45.

[45] Yu X, Liu Y, Huang X, et al. Mining online reviews for predicting sales performance: A case study in the movie domain[J]. IEEE Transactions on Knowledge and Data Engineering, 2012, 24 (4): 720-734.

[46] Liu Y, Huang X, An A, et al. ARSA: A sentiment-aware model for predicting sales performance using blogs[C]// Proceedings of the 30th Annual International ACM SIGIR Conference on Research and Development in Information Retrieval, 2007: 607-614.

[47] Pesaran M H, Pick A, Timmermann A. Variable selection, estimation and inference for multi-period forecasting problems[J]. Journal of Econometrics, 2011, 164 (1): 173-187.

[48] Stock J H, Watson M W. Forecasting using principal components from a large number of predictors[J]. Journal of the American Statistical Association, 2002, 97 (460): 1167-1179.

[49] Makridakis S, Andersen A, Carbone R, et al. The accuracy of extrapolation (time series) methods: Results of a forecasting competition[J]. Journal of Forecasting, 1982, 1 (2): 111-153.

[50] Newbold P, Granger C W J. Experience with forecasting univariate time series and the combination of forecasts[J]. Journal of the Royal Statistical Society: Series A (General), 1974, 137 (2): 131-146.

[51] Stone C J. Consistent nonparametric regression[J]. The Annals of Statistics, 1977: 595-620.

[52] Boente G, Vahnovan A. Robust estimators in semi-functional partial linear regression models[J]. Journal of Multivariate Analysis, 2017, 154: 59-84.

[53] Zhang T, Yuan D, Ma J, et al. Assessing white noise assumption with semi-parametric additive partial linear models[J]. Statistical Papers, 2017, 58 (2): 417-431.

[54] Ma Y, Zhu L. Doubly robust and efficient estimators for heteroscedastic partially linear single - index models allowing high dimensional covariates[J]. Journal of the Royal Statistical Society: Series B (Statistical Methodology), 2013, 75 (2): 305-322.

[55] Fan S, Hyndman R J. Short-term load forecasting based on a semi-parametric additive model[J]. IEEE Transactions on Power Systems, 2012, 27 (1): 134-141.

[56] 邵臻, 杨善林, 高飞, 等. 基于可变区间权重的中期用电量半参数预测模型[J]. 中国管理科学, 2015, 23 (3): 123-129.

[57] 荆科. 基于重心权有理插值函数的预测模型研究[R]. 合肥: 合肥工业大学, 2018.

[58] Hastie T, Tibshirani R. Varying-coefficient models[J]. Journal of the Royal Statistical Society: Series B (Methodological), 1993, 55 (4): 757-779.

[59] Ma S, Song P X K. Varying index coefficient models[J]. Journal of the American Statistical Association, 2015, 110 (509): 341-356.

[60] Hastie T, Tibshirani R. Generalized additive models: Some applications[J]. Journal of the American Statistical Association, 1987, 82 (398): 371-386.

[61] Koenker R, Machado J A F. Goodness of fit and related inference processes for quantile regression[J]. Journal of

the American Statistical Association,1999,94（448）：1296-1310.

[62] McCulloch J H. Measuring the term structure of interest rates[J]. The Journal of Business,1971,44（1）：19-31.

[63] Yu X,Liu Y,Huang X,et al. Mining online reviews for predicting sales performance: A case study in the movie domain[J]. IEEE Transactions on Knowledge and Data Engineering,2012,24（4）：720-734.

[64] 章旭. 基于时间序列分析的汽车销量预测研究[D]. 合肥,合肥工业大学,2017.

[65] Lu C J,Lee T S,Lian C M. Sales forecasting for computer wholesalers: A comparison of multivariate adaptive regression splines and artificial neural networks[J]. Decision Support Systems,2012,54（1）：584-596.

[66] Vapnik V. The Nature of Statistical Learning Theory[M]. New York: Springer Science and Business Media,2013.

[67] Smola A J,Schölkopf B. A tutorial on support vector regression[J]. Statistics and Computing,2004,14（3）：199-222.

[68] Wu Q. The forecasting model based on wavelet v-support vector machine[J]. Expert Systems with Applications,2009,36（4）：7604-7610.

[69] Brühl B,Hülsmann M,Borscheid D,et al. A sales forecast model for the german automobile market based on time series analysis and data mining methods[C]//Industrial Conference on Data Mining. Berlin,Heidelberg: Springer,2009：146-160.

[70] Hong W C,Dong Y,Chen L Y,et al. Taiwanese 3G mobile phone demand forecasting by SVR with hybrid evolutionary algorithms[J]. Expert Systems with Applications,2010,37（6）：4452-4462.

[71] Du X F,Leung S C H,Zhang J L,et al. Demand forecasting of perishable farm products using support vector machine[J]. International Journal of Systems Science,2013,44（3）：556-567.

[72] 刘业政,张雪. 基于变量选择和支持向量回归的汽车销量预测研究[R]. 合肥：合肥工业大学,2017.

第6章 客户画像

互联网信息技术的快速发展和普及，已经改变了人们的日常生活，影响着消费者的消费理念。对于企业而言，深入了解目标客户和用户特征，判断不同产品适合于哪些人群，以及如何针对不同群体采取针对性的营销策略，是企业营销活动面临的重要问题。在大数据环境下，这些问题都可以通过客户画像解决。通过对消费者的个人属性、网络行为、聚类分团等的分析，可以抽象出一个标签化的用户模型。简而言之，客户画像就是给消费者的人口统计学信息、行为属性、生活习惯和消费行为等信息"标签化"的过程，这些标签是通过对消费者丰富的行为数据挖掘而来的。大数据与人工智能技术的结合，使得企业可以"勾勒"更加详细准确的多维度客户画像，精准描摹客户。对客户的精准画像，对于企业了解消费者需求、分析消费者偏好、制定个性化的营销方案具有重要意义。一方面，可以很好地描述客户的心理和行为特征，有助于产品设计人员展开针对性的产品设计；另一方面，对运营人员开展精准化营销、个性化推荐也起到了至关重要的作用。

本章主要介绍客户画像的相关理论及方法，内容组织如下。6.1节从用户人口统计特征、用户偏好、人格特质、用户角色等方面介绍用户画像国内外研究现状。6.2节介绍用户画像的定义和维度，主要包括地理因素、人口因素、社会因素、心理因素、能力因素和行为因素六个维度。6.3节介绍人格特质，具体介绍基于主题模型的人格特质预测方法。6.4节介绍网络角色，具体介绍基于交互式主题模型的网络角色划分方法。6.5节介绍面向汽车品牌管理的客户画像应用案例。

6.1 国内外研究现状

近年来，大数据、机器学习等新兴信息技术为用户画像的研究提供了新的方法和视角。Huang等[1]给出了基于用户的静态信息和动态信息分别构建静态用户画像与动态用户画像。陈志明和胡震云[2]通过对"知乎"网站的挖掘，构建了基于用户基本属性、社交属性、兴趣属性和能力属性四个维度的动态用户画像模型，并对"知乎"网站PM2.5话题下1303位用户进行了实证分析。孟巍等[3]使用大数据技术对电力用户进行了建模，以帮助电力企业进行科学决策。王宪朋[4]针对视频大数据的特点，提出了利用视频大数据所包含的基本信息和用户行为，构建用户画像的方法。在大数据时代，通过对多维数据的综合分析，构建用户画像，帮助企业实现精准营销，是一种重要的能力。Tang 等[5]针对缺乏详细的挖掘分析和仅有片面的用户属性分析的问题，提出了在用户已有的事实标签的基础之上，采用优化的 k-means 算法提取出用户的隐藏标签，以充分描述用户的行为特征。传统信息推送服务不考虑用户的个人因素，因此存在效率低和转化率低两个问题。姜建武等[6]提出了一种基于用户画像和大数据理论的智能信息推送方法，该方法将用户抽象为结构化信息本体，通过构建行为主题、主题词和行为词数学模型，研究基于用户画像的信息本体提取方法。简言之，用户画像的使用能为人们带来显著的效益，所以人们不仅在用户画像的使用方面进行创新，而且在用户画像的构建方面进行创新。

用户画像中重要的一部分就是根据用户的人口统计特征进行用户画像分析，或者利用模型预测用户的人口统计特征。这项工作利用网络和数据科学来模拟用户人口统计学与社交行为之间的相互作用，并进一步研究从手机通信数据上可以推测用户人口统计学特征的程度。Thelwall 通过对 MySpace 网站用户的样本数据分析，发现用户的年龄中位数为 21 岁，其中女性只占一小部分。并揭示了年轻单身女性用户在网络中更受欢迎，拥有更多的朋友[7]。在一项基于博客数据的工作[8]中通过对博客中的文本数据使用自然语言处理的方法进行语义分析获得文本特征，通过对博客用户的使用位置以及使用时间、语言等一系列使用信息进行详细的统计分析获得统计特征。最终将统计特征和文本特征结合在一起，结合经典的回归模型和分类模型对用户的年龄做了预测。另一项基于 Twitter 数据的工作中[9]，研究人员通过对 Twitter 数据进行预处理，构造了一个适用于弱监督学习的数据集，然后通过直接对这个数据集进行建模分析，最终实现了用户的工作类别、居住地、婚否等信息的预测。

在用户偏好识别方面。Pennacchiotti 和 Popescu[10]基于 Twitter 数据试图将用户的属性特征、文本特征和用户的行为特征收集到一起，然后使用梯度决策树（GBDT）对用户的政治倾向做回归分析。余本功等[11]将用户偏好分为短期偏好和长期偏好。通过设计人员浏览页面、使用方式、检索历史等用户行为分析得到设计人员的短期偏好，而长期偏好则是通过人员对推送结果的评价集计算得到该人员的相似用户组，采用相似用户组推荐以及短期偏好转化的方式得到。文献[12]提出了一种上下文移动用户偏好的自适应学习法，通过将上下文引入最小二乘法支持向量机中，判断用户的偏好是否受上下文影响，并进一步提取用户的偏好；针对个性化信息服务难以适应用户偏好变化的情况，文献[13]从行为动机的角度分析了偏好变化的原因，并通过分析用户行为记录和检测用户反馈等即时发现偏好的变化做出反应；Middleton 等[14]通过对用户浏览行为的隐式监督获取用户概要文件，在用户概要文件构造过程中使用了文档主题分类模型，使用了一种多分类方法进行分类，通过有监督的机器学习算法获取用户偏好的本体论表示。Lee 和 Koubek[15]从产品的易用性和美学角度理解用户偏好，他们研究了产品易用性和美学特征、可感知的产品易用性和美学之间的关系。结果显示，在实际使用之前，用户偏好会被产品或服务的美学水平之间的差异显著影响，产品或服务的易用性之间的差异对用户偏好的影响很小；在实际使用之后，用户对产品或服务的偏好会同时受其易用性和美学水平的影响。在微博中，用户通过状态和转发等文本内容来表达自己的意见，并从他们的朋友的状态和转发中获得信息。不同的用户对话题有不同的兴趣，但是用户之间往往有一些共同的话题。Cheng 等[16]分析了微博中用户、主题和状态之间的关系，找出用户和用户朋友之间的共同关系。基于这些关系，我们提出一种用户偏好模型来检测用户的偏好或状态。

在人格特质方面，Holleran 和 Mehl[17]表示陌生人通过阅读个体自由意识流露出的内容能够准确地判断出陌生人的人格特质，评判组根据参与者按照指令所写的内容对目标的人格特质的五个方面进行评分。实验结果显示评判者通过在个体自然思维意识流露出的文本内容的基础上形成了对目标人格的印象，并且对人格特质的所有五大维度的推断准确程度都很高，与测试者的自我评价相对一致。Nguyen 等[18]将社会媒体中社交链接的数据作为语料库的代表，通过抽取心理学特征和用户发布文本的情感倾向特征，预测用户的影响力以及人格特质。Qiu 等[19]证明基于 Twitter 博文中的语言学特征可以准确判断出 Twitter 用户的宜人性和神经质人格。Bai 等[20]基于从新浪微博中抽取的 29 种用户行为特征，客观地通过对新浪微博的使用情况，分别提出一种任务回归算法和一种增量回归算法以识别用户的大五人格特质，其实验结果表明，通过用户在线微博的使用情况能够较为准确地对用户人格特质进行识别。在研究人格特质与网络使用行为方面，Ross 等[21]以及 Amichai-Hamburger 和 Vinitzky[22]深入研究了大五人格特质与 Facebook 使用之间的关系。他们的研究结果表明一些特质因子与 Facebook 的特定使用模式具有紧密的联系。例如，与内向性的用户相比，外向性的个体一般拥有更多的朋友并且属于更多的 Facebook 群组。进一步，与情绪稳定型的用户相比，神经质特性比较明显的用户更喜欢使用 Facebook 墙。通过分析 1324 个自我报告（self-report）的用户数据，Ryan 和 Xenos 发现，神经质用户会在社交网络上花费更多的时间，而尽责性用户则花费较少的时间[23]。此外，作者还发现了大量的人格特质与 Facebook 特征（如 Like、Photos、Status 等功能）之间的关系，如外向型用户与沟通功能（Chat、Messages、Comments 以及 Wall）的使用频率呈正向相关性。Hughes 等[24]对比研究了人格特质与 Twitter 使用行为和 Facebook 使用行为之间的关系，并指出不同的人格特质对于社交网络平台的偏好是不同的。在国内，也有一些学者对这一领域展开了研究。西南大学的研究人员针对人格特质与国内大学生的社交网络使用行为进行了深入研究[25]。其中大部分研究结论能与国外已有成果相互印证，然而也有一些相互矛盾的地方，如 Ryan 和 Xenos[23]得出尽责性特质与社交网络的使用呈负向相关性，而文中并没有得到这样的结论。

　　角色识别是一个十分重要的研究问题，它对分析和理解社会网络、预测用户行为、研究用户之间的关系和交互过程具有重要意义。社会科学家致力于寻找有趣的角色，包括有影响力的领导者、回答者、讨论者、讨论催化剂和潜伏者等在内的几个特定角色，这些角色对营销来说非常重要。同时，先前的研究已经提出了一些方法来进行角色分析。例如，有影响力的领导者是能够以各种方式影响追随者的用户。有影响力的人往往是能够影响追随者购买决定的市场推动者。为了识别影响者，Agarwal 等[26]认为活跃用户不一定具有影响力，并且提出了一个简单的模型来量化博客网络中有影响力的用户。Goyal 等[27]认为有影响力的领导者是行动传播的结果。他们提出了一个基于图形的算法来识别领导者。回答者是另一个重要的角色，其主导行为是回答问题。他们贡献了大量有价值的知识给其他人，从而产生了宝贵的在线资源。为了发现回答者，Welser 等[28]利用网络属性和响应频率来区分回答者的角色，他们的方法不进行内容分析。该工作发现回答者主要为其他人发起的讨论提供了一个或几个信息。除了有影响力的领导人和回答者，讨论者和讨论催化剂在网上论坛中是另外两类重要的角色。这两类角色经常创造出很长的讨论帖子。然而，讨论者是很少创建帖子的人，而讨论催化剂通常是创建帖子而不参与帖子的用户。除了这些活跃的角色，大多数用户都是在线社交网络中的潜在用户或无声用户[29, 30]，即潜伏者。潜伏者是大部分时间都沉默的用户。然而，潜伏者在许多应用中非常重要，如推荐系统。为了了解无声用户，Gong 等[30]利用潜伏者的邻居内容来描述潜伏者。这些角色在许多应用中非常有用，如产品营销、推荐系统和在线社交网络平台管理等。除了识别预定义的关键角色，行为特征挖掘还用于发现未知的角色。在其他行为特征中，行为规律和网络属性对社交网络中角色的概念化具有重要的意义[31]。Welser 等[28]利用网络成员之间的通信模式来描述不同的角色。他们使用可视化方法来揭示角色的特征，如本地网络邻居特征，并探索了这些特征与其所在的 Usenet 新闻组中的相关角色之间的关系。Maia 等[32]认为交互属性是识别角色的良好鉴别因素，并据此发现了 YouTube 用户中的五种不同的角色。除了交互功能，信息共享行为也是理解社交角色的重要特征。例如，Han 和 Tang[33]提出了社区角色模型（CRM）来识别角色。CRM 将社交网络的各种元素整合为统一的概率生成框架。Yang 等[34]通过维基百科中的低等级的编辑行为，应用图形模型发现编辑历史中的潜在角色。先前的角色挖掘研究更侧重于行为和网络属性，而用户生成的内容很少用于分析在线用户的角色。Bodendorf 和 Kaiser[35]认为在线内容提供了丰富的个人经验和内容信息，是形成意见的一个非常重要的因素。意见领袖的角色是通过使用文本挖掘发现的。Lee 等[36]整合了基于内容的特征和行为特征，探索了在线社交网络中的用户角色。

6.2 客户画像概述

现代消费者无论在消费方式,还是消费内容、消费意识等方面都有了质的飞跃,其消费行为已经形成了一个复杂多样、庞大纷繁的系列。透过形形色色的行为现象,我们会发现千差万别的消费者行为受到某些共同因素的影响。这些具体的因素是什么,它们又是如何影响消费者的消费行为的。了解影响消费者行为的因素体系,有助于从总体上把消费者心理与行为形成和变化的基本规律,对于企业发现目标客户和挖掘潜在客户具有重要的意义。被誉为"现代营销学之父"的科特勒在《营销管理》一书中,将影响消费者行为的因素归为文化因素(消费者所处的文化、亚文化和社会阶层)、社会因素(群体、家庭、角色和地位)、个人因素(年龄、个性、生活方式和价值观),通过地理、人口统计学信息(年龄、性别、世代)、心理统计和行为对消费者市场进行细分。统筹其他的因素,我们将客户画像的维度细分为地理因素、人口因素、社会因素、心理因素、能力因素和行为因素,具体指标如表 6-1 所示。

表 6-1 客户画像维度

因素	变量	典型类别
地理因素	地理环境	山区、平原、丘陵
	城乡	县市级以上城市
	人口密度	高、中、低
人口因素	性别	男、女
	年龄	老年、中年、青年、少年、儿童、婴儿
	教育程度	高等、中等、初等
	职业	公务员、教师、工人、医生、军人
	民族	汉族、满族、蒙古族等
	家庭人口	多、少
	家庭生命周期	单身期、初婚期、满巢期、空巢期、解体期
	国籍	中国、美国、英国等
	收入	高、中、低、贫困
社会因素	信用-借贷	高、中、低
	信用-偿还	高、中、低
	信用-透支	高、中、低
	信用-处罚	高、中、低
	信用-诉讼	高、中、低

续表

因素	变量	典型类别
社会因素	社会角色	发起者、影响者、购买者、使用者
	社交关系	自然固有关系、影响型、选择型
	价值取向-理论	经验、理性
	价值取向-政治	权力、影响
	价值取向-经济	实用、功利
	价值取向-审美	形式、和谐
	价值取向-社会	利他、情爱
	价值取向-宗教	宇宙奥秘
心理因素	自我概念	实际、社会、理想
	生活方式	享受型、地位型、朴素型、自由型
	个性-人格	神经质、开放性、友善性、外向性、尽责性
	个性-气质	多血质、胆汁质、黏液质、抑郁质
	个性-态度	节俭型、保守型、随意型
	个性-行为	习惯型、慎重型、挑剔型、被动型
	购买动机	理想、成就、自我表达
能力因素	感知能力	高、中、低
	分析评价能力	高、中、低
	选择决策能力	高、中、低
	专业知识能力	高、中、低
	购买能力	高、中、低
行为因素	利益追求	便宜、实用、安全、方便、服务
	购买目的	生存需要、享受需要、发展需要
	购买时机	平时、双休日、节假日
	购买状态	未知、已知、试用、经常购买
	使用程度	大量、中量、少量、非使用者
	使用状态	经常、初次、曾使用
	对价格因素的反应程度	价格习惯心理、敏感心理、价格倾向心理、价格感受性
	对渠道因素的反应程度	线上销售、线下销售
	对促销因素的反应程度	降价策略、还价策略、促销策略、提价策略
	对产品因素的反应程度	创新采用者、早期购买者、早期大众、晚期大众、落后采用者
	偏好	极端、中等、未曾偏好
	态度	热心、积极、不关心、消极、敌意

消费者所处的地理因素直接构成了消费者的生存空间，居住于不同地理环境的用户，在消费需求和生活习惯上存在多种差异。消费者所处的地理环境，如山区、平原和丘陵等不同的环境特点对于用户的消费习惯产生了不同的影响。同时，不同的城市和人口密度同样对消费者的生活状况及消费需求有影响。

与地理因素相比，人口因素，即人口统计学特征对消费者的影响更为直接，内容也更加广泛，具体包括性别、年龄、教育程度、职业、民族、家庭生命周期等。消费者的人口统计学特征是用户与生俱来的"标签"，不具有可塑性。例如，性别的差异对消费者的影响是与生俱来的，研究表明：男女不同的消费行为差异表现在从需求到购买的各个方面。同时，经历和生理特征的不同，也让不同年龄的人有不同的消费行为，例如，儿童经常关注玩具等商品，老人则对保健品等有特殊的需求。

社会因素是影响消费者行为的外部因素，社会因素包含的内容更加广泛，包括消费者所处的文化背景、宗教信仰、道德观念、风俗习惯和经济环境等，都影响着消费者的行为习惯。社会环境对于消费者的影响是潜移默化的。实践表明，消费者所处的社会环境不同，表现出来的消费观念和消费行为方式具有明显的差异。社会因素对消费者的影响具体表现在消费者的价值观、社会角色、社会关系等方面。同时，消费者的社会关系又影响着消费者的信用，信用体系可以从消费者的借贷等历史得到。

人的行为是受其心理活动支配和控制的，在市场营销活动中，尽管消费者的需求千变万化、购买行为千差万别，但都建立在心理活动过程的基础上。影响消费者的心理因素包括自我概念、生活方式和个性等。自我概念是指与个人的自我认识有关的内容，是个人自我知觉的组织系统和看待自己的方式，是指人们以活动、兴趣和观点的形式表现出来的在世界上的生活模式。生活方式是一种群体现象，它反映了一个人的核心生活利益。由于先天和后天的因素，个体与个体之间存在明显的个性差异，我们可以通过人格、气质、态度和行为来刻画消费者的个性。

能力因素指人顺利完成某种活动所必须具备的并直接影响活动效率的个体能力。在实际实践中，要成功地完成一项活动，往往需要综合具备多种能力。消费者应具备感知能力、分析评价能力、选择决策能力、专业知识能力和购买能力等。感知能力指消费者对商品的外部特征和外部联系加以直接反映的能力；分析评价能力指消费者对接收到的各种商品信息进行加工整理，做出准确分析评价的能力，该能力的强弱主要取决于消费者的思维能力和思维方式，并受到个人相关知识经验的直接影响；选择决策能力是指消费者在充分选择比较商品的基础上，及时果断地做出购买决定的能力；专业知识能力是指消费者在购买特定商品之前，具体了解特殊商品的专业知识；购买能力指消费者以货币形式购买生产和生活所需的商品或服务的能力，或者说消费者在一定时期内可用于购买商品或服务的货币总额，它反映了一定时期内社会市场容量的大小。

消费者的购买行为是指消费者为满足其个人或家庭生活而发生的购买商品的决策过程。消费者的购买行为是复杂的，其购买行为的产生是受到其内在因素和外在因素的相互促进及交互影响的，具体的影响因素包括利益追求、购买目的、购买动机、购买时机和使用状态等。同时，消费者对于同样的产品具有不同的偏好，这体现在产品的价格、销售渠道等上，根据 4P 理论，我们刻画了消费者对于价格因素（price）、渠道因素（place）、促销因素（promotion）、产品因素（product）的反应程度和偏好。消费者偏好是指消费者对一种商品或商品组合的喜好程度，消费者可以根据自己的意愿对可供消费的商品或商品组合进行排序，这种排序反映了消费者个人的需要、兴趣和爱好。

6.3 人格特质

互联网为用户提供了一个与他人沟通、交流、表达观点的绝佳平台。学者可以分析用户行为、挖掘用户偏好以及识别用户的人格特质。一方面，作为一种典型的内在因素，人格特质已经被发现与网络用户行为特别是主题选择行为具有紧密的关联关系，这使得基于用户生成内容识别用户人格特质成为可能。Odekerken-Schröder 等[37]以及 Whelan 和 Davies[38]都发现人格特质与用户的商品选择偏好具有紧密的联系，据此，企业就可以通过大数据分析得到用户的人格特质信息从而挖掘潜在客户、实施广告和推荐产品。

我们提出了一种新颖的人格特质 LDA（personality traits LDA，PT-LDA）建模方法来识别用户的大五人格特质。PT-LDA 模型的核心是基于用户人格特质与从文本中挖掘的用户主题偏好之间的关联关系，在 PT-LDA 模型中，用户的人格特质也使用大五人格特质理论[39]来描述。为了抵消大量 N-grams 特征的负面影响，PT-LDA 扩展了经典的潜在狄利克雷分配模型，将成千上万的 N-grams 特征约简成若干潜在的主题，进而可以构建人格特质与用户主题偏好之间的关系模型。因为具有不同人格特质的用户偏好于发布不同主题的内容，所以本书假设每个主题不仅对应一个在词汇表上的多项式分布文本，还对应五个在人格特质分值上的高斯分布。

6.3.1 模型构建

假设网络上有 U 名用户，每名用户都发表了一系列的文本信息。用户 u 发表的文本信息集成起来为 d_u，这样每个文档实际就是 N_u 个单词的序列 $d_u = (w_{u,1},$

$w_{u,2},\cdots,w_{u,N_u}$）。文档中每个单词都是介于 $[1,V]$ 的一个索引值，其中 V 指的是词汇表的大小。为了与五因子模型（five factor model）一致，本书假设每个用户具有五个维度的人格特质，分别用 $p_{u,1}$，$p_{u,2}$，$p_{u,3}$，$p_{u,4}$ 和 $p_{u,5}$ 表示用户在这五个维度上的特质值，其中 $p_{u,1}, p_{u,2}, p_{u,3}, p_{u,4}, p_{u,5} \in [1,5]$。表 6-2 给出 PT-LDA 模型中出现的符号及其相应的解释。

表 6-2　PT-LDA 模型中使用的变量

符号	描述
U	用户的总数量
N_u	用户 u 发表的总单词数量
T	主题的总数量
V	词汇表的大小
S	特质的数量（本书中是五个）
$p_{u,1}, p_{u,2},\cdots, p_{u,5}$	用户 u 的五种人格特质值
θ_u	用户 u 独有的主题分布
ϕ_z	主题 z 独有的词分布
$\mu_{z,i}$	给定主题 z，特质 i 对应的高斯分布的均值
$M_{T\times S}$	在人格特质上的混合高斯分布对应的均值矩阵
$\sigma^2_{z,i}$	给定主题 z，特质 i 对应高斯分布的方差
$\Sigma_{T\times S}$	在人格特质上的混合高斯分布对应的方差矩阵
α, β	狄利克雷先验
$N_{u,k}$	用户 u 发布的内容中属于主题 k 的单词的数量
$N_{k,v}$	所有单词 v 被赋予主题 k 的次数
N_k	语料中属于主题 k 的单词总数

每一个训练样本包括用户的文档内容及其对应的五种人格特质分值，基于这些样本数据，PT-LDA 模型做出如下的假设。

（1）共有 T 个主题描述用户发布的所有内容，每个主题 z 都对应一个在词汇表 V 上的多项式分布 ϕ_z，并假设 ϕ_z 具有均匀的超参数先验值 β，超参数 β 可以理解为：在未观测到真实数据之前，从主题词分布 ϕ_z 中采样得到的各个单词的先验数量。

（2）PT-LDA 模型使用高斯分布建模用户的人格特质分值。具体地，在给定主题的情况下，PT-LDA 定义五个高斯分布 $N(\mu_{z,i}, \sigma_{z,i}^2)$ 生成用户的五种人格特质。后面将会解释 $\mu_{z,i}$ 和 $\sigma_{z,i}^2$ 是如何与人格特质相关联的。

（3）每个用户对应一个特定的主题分布 θ_u，并假设 θ_u 具有均匀的超参数先验值 α，超参数 α 可以理解为：在未观测到真实数据之前，从用户主题分布 θ_u 中采样得到的各个主题的先验数量。

用户所有文本内容的生成过程见算法 6-1。

算法 6-1　PT-LDA 模型的生成过程

1. 对于每个主题 $K \in [1, T]$
   采样词分布 $\phi_z \sim \text{Dirichlet}(\beta)$
2. 对于每个用户 $u \in [1, U]$
   采样主题分布 $\theta_u \sim \text{Dirichlet}(\alpha)$
   对于每个单词 $n \in [1, N_u]$
   采样主题 $z_{u,n} \sim \text{Dirichlet}(\theta_u)$
   采样单词 $w_{u,n} \sim \text{Dirichlet}(\phi_{z_{u,n}})$
   给定主题 $z_{u,n}$，采样其对应的人格特质值，$P_{u,i} \sim N(\mu_{z_{u,n},i}, \sigma_{z_{u,n},i}^2)$

概率图模型见图 6-1。为了简洁起见，图 6-1 中省去了超参数，并且只画出了五个高斯混合分布中的一个。每个特质-主题组合关联一个高斯分布，从图 6-1 可以看出，给定主题 $z_{u,n}$，PT-LDA 模型不仅需要采样单词 $w_{u,n}$，还需要采样用户 u 的人格特质 $P_{u,i}$。本书提出了一种吉布斯-EM 算法迭代地求解 PT-LDA 模型，该吉布斯-EM 算法的核心是交替执行吉布斯采样和 EM 算法。

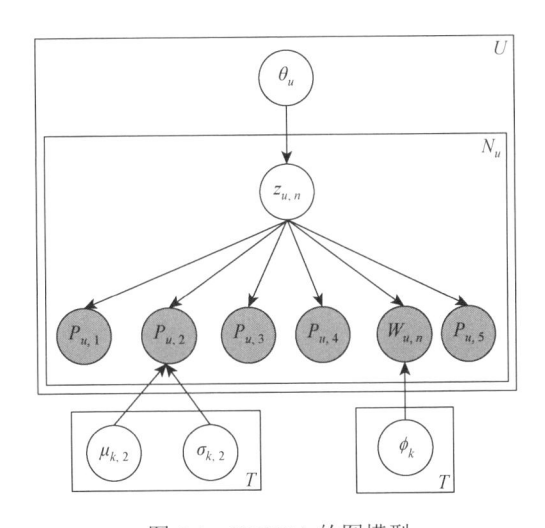

图 6-1　PT-LDA 的图模型

6.3.2 模型求解

PT-LDA 模型的推理和参数估计可以高效地通过 EM 算法实现。具体来说，在 E 步中使用吉布斯抽样采样每个单词的潜在主题，并在 M 步中通过极大似然估计的方法求解高斯分布的均值和方差。吉布斯采样是一种经典的采样高维样本的近似推理算法，核心思想是更新一个潜在变量的同时固定剩下的其他变量，并反复迭代。因为每一个人格特质都对应一个高斯混合分布，因此在得到每个单词的主题后还需使用极大似然估计求解高斯分布的均值和方差。由于篇幅限制，本书省去详细的推导过程并且只给出 E 步和 M 步中用到的公式。

E 步：应用吉布斯抽样给每个单词赋值主题索引。

（1）联合概率分布：人格特质、单词以及主题的联合分布可以分解为如下的三项相乘。

$$p(w,z,P\,|\,\alpha,\beta,M,\Sigma) = p(z\,|\,\alpha)p(w\,|\,\beta)p(P\,|\,z,M,\Sigma) \tag{6-1}$$

扩展式（6-1）中的第三项可以得到：

$$p(P\,|\,z,M,\Sigma) = \prod_{u=1}^{U}\prod_{n=1}^{N_u}\prod_{i=1}^{s} p(P_{u,i}\,|\,\mu_{l_{u_n},i},\sigma^2_{z_{u_n},i}) \tag{6-2}$$

因此，联合概率分布可以进一步写为如下的形式：

$$p(w,z,P\,|\,\alpha,\beta,M,\Sigma)$$

$$= \left(\frac{\Gamma(T\alpha)}{\prod_{k=1}^{T}\Gamma(\alpha)}\right)^U \times \prod_{u=1}^{U} \frac{\prod_{k=1}^{T}\Gamma(N_{u,k}+\alpha)}{\Gamma(N_u+T\alpha)} \tag{6-3}$$

$$\times \left(\frac{\Gamma(V\beta)}{\prod_{v=1}^{V}\Gamma(\beta)}\right)^T \times \prod_{k=1}^{T}\frac{\prod_{v=1}^{V}\Gamma(N_{k,v}+\beta)}{\Gamma(N_k+V\beta)} \times \prod_{u=1}^{U}\prod_{n=1}^{N_u}\prod_{i=1}^{s} p(P_{u,i}\,|\,\mu_{z_{u,n},i},\sigma^2_{z_{u,n},i})$$

（2）后验分布：给定 $z_{\neg(u,n)}$，后验分布可以通过采样 $z_{u,n}$ 得到。$\neg(u,n)$ 是指在语料中去掉用户 u 的文档中第 n 个位置的单词后剩下的所有单词。条件后验分布可以通过联合概率分布推导得到：

$$p(z_{u,n}=k\,|\,z_{\neg(u,n)},\alpha,\beta,M,\Sigma)$$
$$\propto \{(N_{u,k})_{\neg(u,n)}+\alpha\} \tag{6-4}$$
$$\times \frac{(N_{k,w_{in}})_{\neg(u,n)}+\beta}{(N_k)_{\neg(u,n)}+V\beta}\prod_{t=1}^{s}\frac{1}{\sigma_{k,i}}\exp\left(-\frac{(p_{u,i}-\mu_{k,i})^2}{2\sigma^2_{k,i}}\right)$$

M 步：主要使用极大似然方法估计五个高斯混合分布的均值和方差。具体来说，就是通过最大化式（6-5）求解在 $p+1$ 代的 $(M)^{p+1}$ 和 $(\Sigma)^{p+1}$。

$$(M)^{p+1},(\Sigma)^{p+1} = \arg\max_{M,\Sigma} \sum_{\overline{z} \in S^{p+1}} \ln p(w,z,P|\alpha,\beta,M,\Sigma) \quad (6\text{-}5)$$

其中，$(s)^{p+1}$ 为 $p+1$ 代在 E 步中得到的所有单词的主题索引。因此，我们可以得到如下求解 $(M)^{p+1}$ 和 $(\Sigma)^{p+1}$ 的公式：

$$\mu_{z,i} = \frac{\sum_{j=1}^{N_z} p_{j,i}}{N}$$

$$\sigma_{z,i}^2 = \frac{\sum_{j=1}^{N_z} (p_{j,i} - \mu_{z,i})^2}{N_z} \quad (6\text{-}6)$$

其中，$p_{j,i}$ 为 N_z 中第 j 个单词所对应的第 i 个特质的分值。

通过分析生成过程以及 PT-LDA 对应的概率图模型，用户 u 中不同的单词应该对应的是不同强度的特质分值。以开放性为例，不同的单词应该生成不同的开放性分值，但是事实上，在特质识别的问题中，该用户的所有的单词都对应相同的开放性分值。因此，毫无疑问，人格特质的生成将会受到词袋模型假设下单词模块的"压倒性"影响，进而会损害挖掘到的潜在主题的内在一致性。为了平衡人格特质模块和单词模块对似然函数的影响，本书使用一个可调节的超参数调节这两个模块的相对权重，即通过该超参数重新调节来自这两个模块的似然值。一般情况下，关于该超参数的选择是使用该文档中单词总数的倒数，并作为式（6-4）中最后一项的幂指数，这就等价于从文档特定的高斯混合分布中生成 N_u 个独立同分布的样本。在实践中，当似然函数结合了离散和连续模块时，这样的调节超参数是非常重要的。

最后，可以通过式（6-7）计算主题-词分布 ϕ 和用户-主题分布 θ。完整的抽样过程见算法 6-2。

算法 6-2　PT-LDA 模型的吉布斯-EM 推理算法

1：——初始化所有单词的主题分布
2：对于迭代次数 iter = 1 到 N_{iter} ：
3：　　对于 $u=1$ 到 U 执行：
4：　　　　对于 $n=1$ 到 N_u 执行：
5：　　　　　　从 $p(z_{u,n}=k|z_{\neg(u,n)},\alpha,\beta,M,\Sigma)$ 采样 $z_{u,n}$
6：　　　　　　更新 $N_{z_{u,n},n}$ 和 $N_{u,z_{u,n}}$
7：　　　　结束循环
8：　　结束循环
9：　　对于 $z=1$ 到 T 执行：

10:　　　对于人格 i
11:　　　　更新 $\mu_{z,i}$ 和 $\sigma_{z,i}^2$
12:　　　结束循环
13:　　结束循环
14:　计算 θ 和 ϕ

$$\theta_{u,k} = \frac{N_{u,k} + \alpha}{N_u + T\alpha}$$
$$\phi_{k,v} = \frac{N_{k,v} + \beta}{N_k + V\beta}$$
(6-7)

基于上述求解得到的参数 ϕ，可以识别出新用户 $\tilde{u}$ 的人格特质。与训练过程类似，首先也是随机初始化该用户每个单词的主题索引，然后运行如下的吉布斯抽样公式：

$$p(\tilde{z}_{\tilde{u},n} = k \mid \tilde{w}_{\tilde{u},n} = v, \tilde{\bar{z}}_{\neg(\tilde{u},n)}, \tilde{\bar{w}}_{\neg(\tilde{u},n)}) \propto \phi_{k,v}((N_{\tilde{u},k})_{\neg(\tilde{u},n)} + \alpha)$$
(6-8)

其中，参数 $\phi_{k,v}$ 的值是在训练阶段获得的；$(N_{\tilde{u},k})_{\neg(\tilde{u},n)}$ 指的是当前测试文档 $\tilde{u}$ 中，除去第 n 位置的单词，剩下的单词中属于主题 k 的数量。

基于式（6-8），可以进一步得到测试用户 $\tilde{u}$ 对应的主题分布的计算公式。

$$\theta_{\tilde{u},k} = \frac{N_{\tilde{u},k} + \alpha}{N_{\tilde{u}} + T\alpha}$$
(6-9)

其中，$N_{\tilde{u},k}$ 和 $N_{\tilde{u}}$ 分别为测试文档 $\tilde{u}$ 中属于主题 k 的单词的数量以及测试文档 $\tilde{u}$ 中共有的单词的数量。最后，可以通过式（6-10）获得测试用户 $\tilde{u}$ 的人格特质分值。

$$P_{\tilde{u},k} = \sum_{k=1}^{T} \theta_{\tilde{u},k} \times \mu_{k,i}$$
(6-10)

6.4 网络角色

Facebook、微博、维基百科等在线社交媒体和知识共享平台已经极大地影响了人们生成、共享信息与知识。研究表明，用户生成的内容是用户表达自己兴趣和态度的重要手段。信息的生产和消费是在线社交媒体平台的关键行为。越来越多的营销人员开始利用社交媒体推广他们的产品和服务。然而，不同的人有不同的动机加入这样的平台，因此表现出了各种各样的行为。了解用户及其行为对于平台的管理人员和企业的营销人员至关重要。随着越来越多的人开始使用在线社交网络服务（social networking services，SNS），用户角色分析在探索社交媒体和知识共享平台中发挥着重要作用。当前的用户角色分析方法更多地关注用户行为分析，忽略了用户发布的文本内容。用户生成的文本内容对于表征用户非常重要。

然而，该工作仅仅利用了情感来衡量用户隐藏在其帖子中的态度，但忽略了用户生成内容的主题偏好。

在社交网络中找到确切数量的角色是基于机器学习的角色分析技术中的挑战之一，其中包括 k 均值和模糊 c 均值等方法都需要预先定义用户角色的数量。Handcock 等[40]提出了一种基于模型的社交网络聚类方法。该模型专注于查找在线社交网络中的节点集群，并根据数据自动确定适当的群组数量。然而，所提出的方法侧重于用户网络属性而忽略了用户的内容偏好和行为属性。为了克服现有方法中存在的不足，我们使用了交互式主题模型挖掘用户的内容偏好。主题偏好和行为规则被组合成一个统一的框架来挖掘用户角色。此外，本书所提出的模型是一个非参数贝叶斯模型，它可以根据数据自动确定角色的数量。

6.4.1　用户特征描述

有两个主要特征可用于表征在线社交网络中的用户。一个是包含交互信息的行为特征。另一个是用户的兴趣偏好，可以使用主题分布来表征。本节详细阐述基于动机理论的行为特征识别以及使用交互式主题建模提取用户的兴趣偏好（图 6-2）。

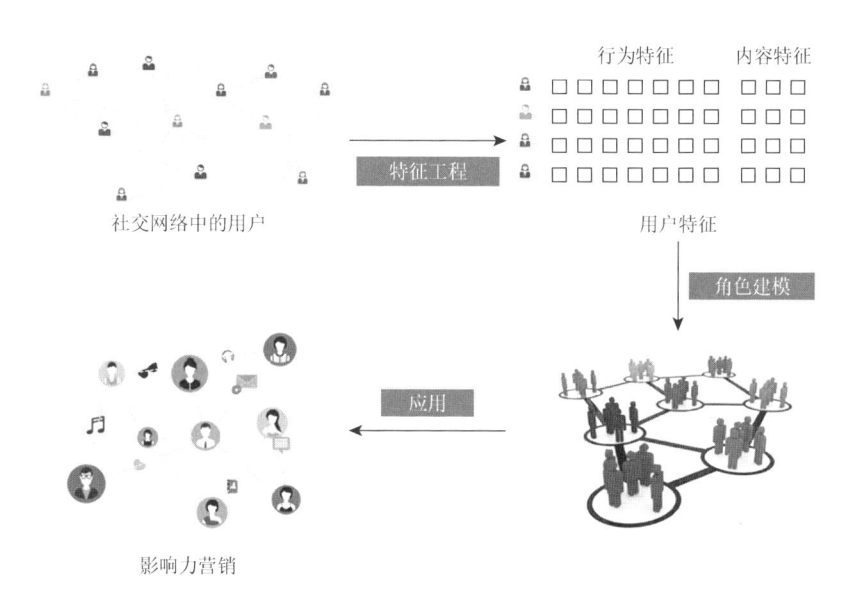

图 6-2　用户角色发现的框架

（1）行为特征。为了描述在线社交网络用户的特征，用户的行为根据动机理论可分为三类。在线社交网络中，用户因动机不同而表现出不同的特点。许多研究关注在线社交网络的使用和不同动机之间的关系。总的来说，有三种类型的动机让用户使用在线社交网络。第一个是社会影响力。社会影响力反映了他人受到当前用户影响的程度。由于社会影响力可以带来很多好处，因此许多用户有意加入在线社交网络以获得社会影响力。他们在网上拥有的追随者越多，可能获得的社会资本就越多，这会进一步带来更多收益。第二个是社会关系。在线社交网络可以看作用户在现实世界中好友关系的反映。人们打算加入在线社交网络与朋友保持联系。第三个是活跃性。

①社会影响力。社会资本是指通过人与人之间的关系积累的资源。社会资本与各种积极的社会成果有关，如更好的公共卫生、更低的犯罪率和更高效的金融市场等。社会影响力是社会资本最重要的形式之一。在在线社交网络中，社交影响力与信息行为密切相关。而自我网络可以用来衡量这个人的影响力。在社交媒体平台上，有三个指标可以用来衡量这种影响，即用户每个信息的平均评论数、每个信息的平均喜好数、用户的追随者数量。

②社会关系。在线社交网络既支持现有社交关系的维护，又支持新连接的形成。社交互动是在线社交网络中的主要行为。本书使用户的交互行为的数据作为描述用户社交联系的特征，分别是所有信息的平均评论数量、提及他人的次数、粉丝和关注者的比例。

③活跃性。活跃性是指用户、平台和其他用户之间的关联关系的强度，可以用来表示用户的活跃强度。本书使用微博提供的用户等级来衡量用户活跃性。用户等级涉及用户登录平台的频率与消息发布的频率。由于本书无法获取用户的浏览行为，所以这是描述用户活跃性的令人满意的指标。信息共享是信息使用行为的另一个重要特征。在在线社交网络中，信息生成和传播被当作两种不同形式的内容共享。因此，本书使用转帖率作为用户内容创建活跃性的新指标。

（2）内容特征。用户生成的内容是一个非常重要的特性，它反映了用户的兴趣。通过提取用户的内容偏好，研究者可以检测具有类似行为规律但具有不同兴趣的用户。主题建模是分析文本内容最有名的技术之一。其中，LDA 是能够推断文档主题分布的最著名的模型。LDA 假定每个文档都是关于主题的多项分布，每个主题都是固定词汇表上的多项分布。LDA 的一个优势是文档不需要标记主题或关键字。然而，LDA 在短文本中的应用效果有限。本书使用前面所述的交互式主题模型来提取用户的主题偏好。本书将一个用户发布的所有消息视为一个文档。

6.4.2 基于交互式主题模型的网络角色划分方法

为了更好地表达用户在网络中的行为和特征，本节提出一种交互式主题建模方法来划分网络角色。用户行为特征由多元高斯分布表示，而主题偏好由多项式分布表示。由于先前的角色分析模型将每个单独的用户视为具有同质特征的单一数据点。但是，这个假设可能会丢失一些信息。新提出的角色分析模型，可以将每个用户建模为具有异质信息的数据点。该模型是一个改进的狄利克雷过程混合模型（Dirichlet process mixture model，DPMM）。

狄利克雷过程混合模型是一种非参数贝叶斯聚类方法，它可以根据数据自动确定类别的数量。随着蒙特卡洛-马尔可夫链方法（MCMC）的发展，狄利克雷过程混合模型的使用已经在计算上变得可行。

假设有一组数据 $y_1,\cdots,y_i,\cdots,y_n$ 是可交换的。它们独立于几组未知的分布，不同的数据点可能来自相同的分布。其中 y_i 为来自 $F(\theta_i)$ 的样本，θ_i 的先验分布为 G_0。由于 θ_i 为不同类别的参数，因此一般来自于一个离散的分布。然而，当 θ_i 是连续型变量的时候，使用一般的分布当作先验无法产生离散的样本。因此，狄利克雷过程混合模型使用集中参数为 α，基分布为 G_0 的狄利克雷过程（Dirichlet process，DP）作为 θ_i 的先验分布，代替 G_0。使用 DP 作为先验可以产生几组与基分布相似的样本，因此，与上述要求一致。这个模型的生成过程如下：

$$y_i\,|\,\theta_i \sim F(\theta_i) \tag{6-11}$$

$$\theta_i\,|\,G \sim G \tag{6-12}$$

$$G \sim \mathrm{DP}(G_0,\alpha) \tag{6-13}$$

狄利克雷过程混合模型是非参数贝叶斯统计的基石。蒙特卡洛-马尔可夫链抽样方法的发展使非参数贝叶斯方法适用于各种实际的数据分析问题。然而，传统的狄利克雷过程混合模型不能应用于异构数据。因此，本节引入了一种新的混合狄利克雷过程混合模型（hybrid DPMM，h-DPMM），它扩展了经典的狄利克雷过程混合模型来解决这个问题。

该方法需要将用户行为特征和主题偏好特征组合成一个统一的模型，因此将每个用户视为两个不同分布的联合概率分布，即高斯分布和多项分布。图 6-3 给出了 h-DPMM 的概率图模型的表示结果。图 6-4 是与狄利克雷过程混合模型类似的结构。这里 α 是狄利克雷过程的集中参数，G_0 是基分布。那么 G 是由 $\mathrm{DP}(\alpha,G_0)$ 产生的

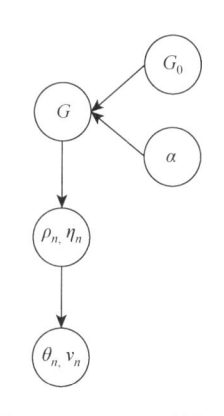

图 6-3 h-DPMM 的概率图模型的表示

一组有限的划分。用户通过由 ρ_n 和 η_n 表示的联合分布来描述。也就是说用户主题分布特征和行为特征分别用 θ_n 和 v_n 表示。

为了更加清晰地表示 h-DPMM，本书用图 6-4 表示 h-DPMM 的 stick-breaking 构造。该图的节点表示随机变量或分布，其中阴影节点是训练期间观察的数据，圆角矩形框是固定的超参数。

假设用户 n（第 n 个用户）是可以用 r_n 表示的角色的样本结果。从图 6-3 中可以看出，每个用户有两个特征向量，即主题分布 θ_n 和行为特征 v_n。这两个向量是从对应于用户所属角色的两个分布中抽取的。分布由 ρ_k 和 η_k 参数化，ρ_k 也表示由以 α_t 为参数的逆威沙特分布产生的高斯分布。η_k 表示由狄利克雷分布产生的多项分布，其参数是 α_b。k 是用户 n 的角色索引。角色的数量是无限的，这意味着 K 是无穷大的。这里 π 是由超参数 α 参数化的角色分布。

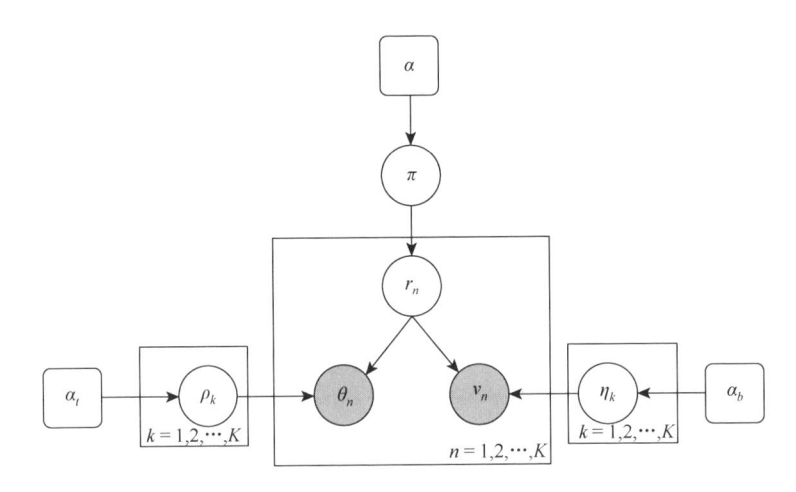

图 6-4　h-DPMM 的 stick-breaking 构造

最终，h-DPMM 的生成过程如下：

$$\pi \sim \text{Dirichlet}(\alpha) \tag{6-14}$$

$$r_n \sim \text{Multinomial}(\pi) \tag{6-15}$$

$$\eta_k \sim \text{Inv-Wishart}(\alpha_b) \tag{6-16}$$

$$v_n \sim \text{Gaussian}(\eta_k) \tag{6-17}$$

$$\rho_k \sim \text{Dirichlet}(\alpha_t) \tag{6-18}$$

$$\theta_n \sim \text{Multinomial}(\rho_k) \tag{6-19}$$

其中，角色数量 K 趋向于 ∞。表 6-3 列出了 h-DPMM 模型中使用的变量。

表 6-3　h-DPMM 的符号

符号	描述
α	角色分布的超参数
α_t	主题分布的超参数
α_b	行为分布的超参数
π	角色的多项式分布
n	第 n 个用户
N	用户总数
r_n	用户 n 的角色
ρ_k	角色 k 的主题分布
θ_n	用户 n 的主题特征
η_k	角色 k 的行为分布
v_n	用户 n 的行为特征向量

为了推导上述角色发现模型的学习算法，本节采用中国餐馆过程（Chinese restaurant process，CRP）[41, 42]表示其生成过程并使用吉布斯采样器推导结果。CRP是一种隐喻，类似于顾客去中国餐馆挑选餐桌并点餐的过程，它是求解狄利克雷过程混合模型的一种著名的方法。当一个顾客进入中国餐馆时，他/她首先选择一张桌子。选择一张桌子的概率与餐桌上的顾客数量有关。在本书的模型中，一个顾客代表一个数据点，一个桌子代表一种角色。每个顾客都是由一个多项式分布和高斯分布的联合概率分布表示的。h-DPMM 的生成过程如下：首先，从狄利克雷分布中抽取关于角色的多项式分布。对于用户特征的生成，需要为这个用户先确定一个角色。然后，将从先前的分布中选择相应的行为特征分布和主题偏好分布。最后，可以从两个不同的分布生成用户特征。在本节中，用户角色的多项式分布用 π 表示。每个用户 n 从角色分布 π 中采样一个角色，然后根据被采样的角色特征生成与该用户相关的主题分布 θ_n 和行为分布 v_n。

用户角色的条件概率如下：

$$f(r_n \mid r_{-n}) = \frac{c_r}{N-1+\alpha} \sum_{r \in r_{-n}} \delta(r_n, r) + \frac{\alpha}{N-1+\alpha} \delta(r_n, \bar{r}) \tag{6-20}$$

其中，$\delta(r_n, r)$ 为指示函数，当当前用户角色属于已存在的角色 r 时，有 $\delta(r_n, r) = 1$，否则 $\delta(r_n, r) = 0$。

在 h-DPMM 中，每个数据都是一个由高斯分布和多项式分布相乘的联合概率分布表示：

$$f(\text{user}\,|\,\eta_k,\rho_k,r_n=k) = \int f(v_n,\theta_n\,|\,\eta_k,\rho_k,r_n=k)p(\eta_k,\rho_k,r_n=k)\mathrm{d}\eta_k\mathrm{d}\rho_k$$
$$= \int f(v_n\,|\,\eta_k)f(\theta_n\,|\,\rho_k)p(\eta_k\,|\,r_n=k)p(\rho_k\,|\,r_n=k)\mathrm{d}\eta_k\mathrm{d}\rho_k \quad (6\text{-}21)$$

其中，η_k 和 ρ_k 为两个分布的参数。

可以使用 CRP 隐喻来生成来自 η_k 和 ρ_k 上的先验分布的样本。然而，一般情况下都不需要直接处理 η_k 和 ρ_k 的条件概率，而是推导用户所属的角色 k。

为了计算在其余变量已知情况下的当前数据点 n 的条件分布，假设 n 是前一个样本的最后一个用户。那么有

$$p(r_n\,|\,\overline{r}_{-n},\text{user},\eta_k,\rho_k,r_n=k,\alpha) = \left[\sum_r \frac{N_r}{N-1+\alpha} \cdot f_{\text{existing}}(\text{user}\,|\,\eta_k,\rho_k,r_n=k) \cdot \delta(r_n,r) \right.$$
$$\left. + \frac{\alpha}{N-1+\alpha} \cdot f_{\text{new}}(\text{user}\,|\,\alpha,\alpha_t,\alpha_b) \cdot \delta(r_n,\overline{r})\right]$$
$$(6\text{-}22)$$

其中，r 为现有角色之一；$\overline{r}$ 为新角色；N 为所有样本中用户的总数；N_r 为属于角色 r 的用户数量；$\overline{r}_{-n}$ 为除了当前用户以外其他用户的角色划分的结果。将似然和上述条件概率相乘之后就能得到最终的条件概率，如果角色是新角色，还必须对新桌子进行抽样。

最后，使用吉布斯采样过程的概述如算法 6-3 所示。

算法 6-3　吉布斯采样过程

输入：用户的特征向量 X 和超参数 α,α_t,α_b
输出：高斯参数 ρ_k 和多项式参数 η_k
随机初始化所有用户的角色分布
当迭代次数小于最大迭代次数时，执行：
对于 user = 1 到 N 执行
从 $p(r_n\,|\,\overline{r}_{-n},\text{user},\eta_k,\rho_k,r_n=k,\alpha)$ 中采样角色
如果角色存在，则
更新参数
继续
或者
从 $p(\rho_k)$ 和 $p(\eta_k)$ 中采样新的角色参数
更新参数
继续
s 计算参数 ρ_k 和 η_k

6.5　汽车品牌管理系统的客户画像

在汽车产业中，由于汽车产品自身复杂度高、专业性强，汽车从研发、生产、采购、销售到售后，如果不能准确把握消费者的需求和市场动向，汽车企业开发

出的新品一旦不被消费者接受，不仅会给企业带来巨大的经济损失，同时也是对汽车企业品牌形象的损害。在购买汽车时，消费者往往需要收集大量信息才能做出购买决策，互联网上的汽车媒体、汽车论坛、微博、帖吧等各种渠道产生的信息，不仅对消费者购车决策起到至关重要的作用，也是企业了解消费者需求的重要途径。

汽车品牌管理系统中的客户画像，通过对互联网上的全景数据（包括汽车媒体、销量、论坛、经济数据等）的采集，构建了一整套客户画像系统，从消费者的基本人口统计学信息，如位置、性别、年龄等，到大数据推测出的消费者体型、偏好以及消费者在网上论坛讨论中扮演的角色，进行了深度的分析，为之后的个性化推荐和网络营销策略提供了客户画像支持。最终展示效果如图 6-5 所示。

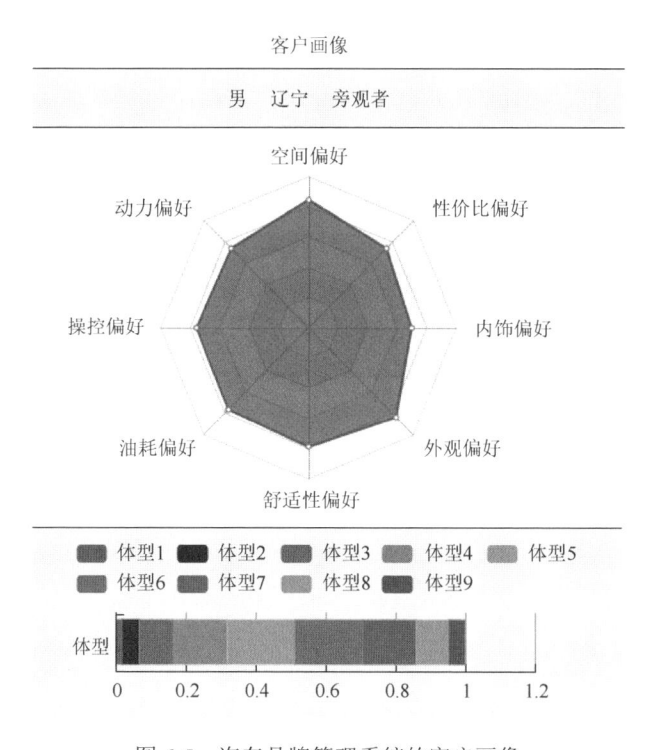

图 6-5 汽车品牌管理系统的客户画像

6.5.1 用户体型预测

一个客户的体型与该客户选择的许多产品是息息相关的，如服装行业需要了解客户体型分布情况来决定生产衣服的尺码，汽车行业也需要据此来设立相关型号的车型以满足不同客户的需求，同时，还可以根据所预测出来的网络上的用户的体型,给这些用户推荐相关型号的产品。本节借助汽车之家上的某个用户的收藏数据来预测其体型。但是如何通过收藏数据来预测体型,关键是要建立一个收藏与用户体型之间的联系,因此我们首先利用的是口碑数据,通过其中的用户购买的车型以及用户购买后的口碑评论(空间部分),借助有效的判定规则来推测出已购买车的用户体型。然后再根据口碑用户的收藏数据以及所推测出来的用户的体型之间的联系,建立起用户的收藏数据与用户体型之间的联系。最后通过这种收藏与体型之间的联系,推测出那些没有购买汽车而有收藏数据的用户的体型。

为了依据口碑用户所购车辆空间来判别用户的体型,首先需要对不同车型在尺寸上进行划分,在这里将车型主要分为大型车、中型车、紧凑型车、微型车。

根据汽车之家上的信息,汽车的关于尺寸级别的分类是微型车、小型车、紧凑型车、中型车、中大型车、大型车,这些车型在车轴距、车身长度以及发动机排量上有较大的区分。具体分类分别是:微型车,也称 A00 级车,车轴距小于 2450mm,车身长度在 4000mm 之内,搭载的发动机排量在 1.0L 左右;小型车,也称为 A0 级车,一般情况下,车轴距在 2350~2600mm,车身长度在 3650~4450mm,发动机排量在 1.0~1.5L;紧凑型车,也称为 A 级车,一般情况下,车轴距在 2500~2750mm,车身长度在 4100~4700mm,发动机排量在 1.6~2.0L;中型车,也称为 B 级车,一般情况下,车轴距在 2650~2920mm,车身长度在 4530~5000mm,发动机排量在 1.8~2.4L;中大型车,也称为 C 级车,一般情况下,车轴距在 2800~3100mm,车身长度在 4800~5200mm,发动机排量超过 2.4L;大型车,也称为 D 级车,一般情况下,车轴距超过 2900mm,车身长度超过 5000mm,发动机排量超过 3.0L。

由于每个相邻类别的车型上有交叉部分,为了便于处理,将车型分为四类,且我们现有的车型的相关数据是车辆的长宽高,因此取车身长度为度量标准。最终将划分标准确定为:大型车,车身长度超过 5000mm;中型车,车身长度在 4500~5000mm;紧凑型车,车身长度在 4000~4500mm;微型车,车身长度在 4000mm 之内。

对于用户的体型衡量标准,如果直接使用高胖或瘦小这类的形容词,这样的标准并不明确,因此,为了更清晰地判断用户的体型,我们使用数字来衡量,数字越大表示体型越大,在这里,将体型标准分为九个等级,记为 1~9 九个数字。

预测口碑用户的体型要依据的是所购车型以及口碑评论这两部分数据,规定用户已购买的车型大小这部分数据作为主要判定依据,因为用户在购车这一件比较重大的决策上一定会考虑到自身的体型适合哪种级别的车。结合用户购买后的口碑评论来推测用户的体型。比如,某一用户购买了一辆大型车,在他使用了一段时间后,在口碑上评论表达的意思是他感觉这个车对他来说还是偏小,那么这个人的体型一定是比较高大的。当某一用户买了微型车在使用后他认为空间偏小,另一用户买了大型车在使用后他认为空间偏大,这种交叉情况规定后者体型较大,依据的是用户在做买车的决策上一定会周全考虑,包括考虑到自身的体型,所以就以车型为主要依据判断。此外,还有一种情况是在临界车型上出现交叉,如某一用户买了大型车而认为车的空间偏大,某一用户买了中型车而认为车的空间偏小,这里规定以上两种用户的体型相当,在同一个等级上。综上所述,具体规则如图6-6所示。

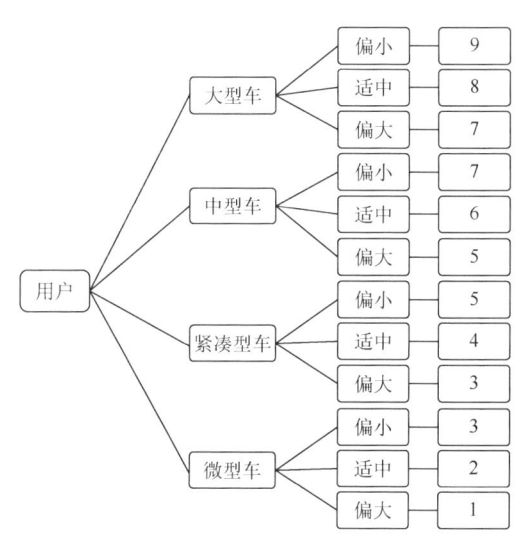

图6-6 体型判别准则

1. 数据及处理

口碑数据,包括用户id、所购买的车型id、车型及口碑评论,原始共有数据252 006条。汽车数据,包括车的品牌id、车型号id、车尺寸信息,总共有8250条车型信息。收藏数据,包括用户id、收藏的车id,总共有2 040 409条数据,将同一个用户的收藏数据整合后,包括832 741个用户的收藏数据。

根据汽车数据,按照车辆长度将用户所购买的车型分为四大类,即大型车、中型车、紧凑型车和微型车。对于口碑中的评论数据,在这个工作中需要的是关于空间那一部分的评论,所以首先将评论中的空间的那一部分提取出来,通过分词、去停用词等一系列处理。然后再通过不断地检验与完善,建立较完善的空间相关的本体词库,如"空间大""前排宽敞""空间合理"等;特征词库,如"前排空间""头部空间""横向空间"等;情感词库,如"大""满意""舒适"等。通过这些词库从口碑评论中抽取关键信息,然后通过情感词来将口碑上的评论信息分为三个类型。第一类是用户认为所买的车型空间较大,该类的情感词如充裕、充足、大等；第二类是认为所购买的车型空间合适，该类的情感词有合理、中、舒服等；第三类是觉得空间太小，相关的情感词有小、不够、拥挤等。

由于需要获取收藏与体型之间的联系，所以对于那些没有收藏数据的口碑用户的口碑数据也是没有作用的，即将以上处理后的数据匹配收藏数据，去除掉那些没有收藏信息的口碑数据。通过这一系列的数据处理剔除了许多没有价值的数据，最终保留了口碑数据 25 794 条。

2. 实验分析

对于处理得到的 25 794 条口碑数据，通过每个用户购买的车型以及该用户对所购买车型在空间上的评价性质，再根据上面所提出的判定规则，分别得出每一个用户的体型得分值。对于这些得分值，其实际上可以视作一个以该值为峰值点的正态分布或偏态分布。在分值为 5 时，为正态分布，如图 6-7（a）所示，当分值小于 5 时，其峰值位置在中位数左侧，为正偏态分布，如图 6-7（b）所示，分值大于 5 时与该情形相反，为负偏态分布，由于偏态分布难以处理，我们直接假设得到的每个口碑用户的体型值下，其体型分布是以该值为均值的正态分布，方差取总体方差，经计算方差为 1.5069，因此可以根据正态分布的性质，在知道均值方差时，再通过归一化处理，算出每一口碑用户的体型在 1~9 的等级上的分布。

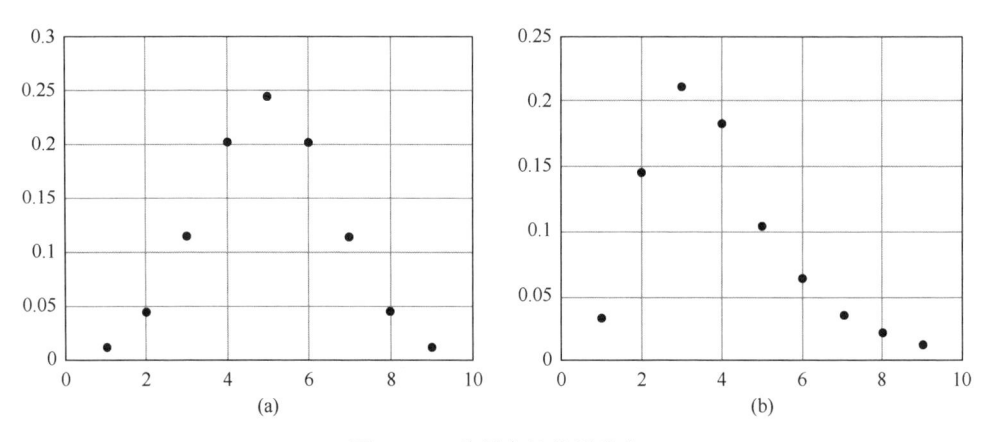

图 6-7　口碑用户的体型分布

联系这些口碑用户的收藏数据，根据用户的体型分布及其收藏的车型数据计算出每款车对应每一个体型等级分值的条件概率，即

$$p(M|C_i) = \frac{\sum_{j=1}^{m}(p(M|U_j)N(U_jC_i))}{\sum_{j=1}^{m}N(U_jC_i)} \quad (6-23)$$

其中，M 为某一体型分值，可取 1~9；C_i 为第 i 款车；$N(U_jC_i)$ 为口碑用户中第 j 位用户是否收藏了第 i 款车，如果是，则等于 1，否则，取 0；$p(M|U_j)$ 为口碑用户中第 j 位用户的体型分布情况。通过这个公式，可以得到口碑用户中收藏的所有车型在九个分值维度上的概率向量，经实验，总共得出了 1444 种车型的概率向量，整合到一块即一个 1444×9 的矩阵。在本实验中，也是借助这样一个矩阵来连接起收藏车型与用户体型之间的一个关系。部分概率矩阵数据如表 6-4 所示。

表 6-4 车型概率矩阵

车型	1	2	3	4	5	6	7	8	9
夏利	0.039 848	0.087 685	0.144 644	0.186 875	0.195 018	0.164 163	0.108 272	0.053 903	0.019 592
Mustang	0.017 451	0.038 684	0.079 110	0.137 563	0.194 167	0.213 186	0.174 225	0.102 680	0.042 933
普瑞维亚	0.000 758	0.056 32	0.027 278	0.086 565	0.181 232	0.252 296	0.235 367	0.148 004	0.062 868
花冠	0.011 758	0.025 958	0.059 976	0.122 359	0.195 484	0.230 138	0.193 306	0.114 050	0.046 977
凯美瑞	0.015 986	0.036 571	0.078 019	0.142 473	0.205 106	0.219 838	0.170 039	0.094 126	0.037 843
威驰	0.043 512	0.103 502	0.179 760	0.222 952	0.199 643	0.134 725	0.072 589	0.032 076	0.011 242
雷克萨斯 GX	0.048 752	0.049 093	0.061 139	0.108 218	0.173 191	0.205 408	0.178 490	0.116 891	0.058 818
蒙迪欧	0.009 731	0.026 798	0.065 604	0.132 247	0.204 666	0.231 265	0.185 223	0.103 793	0.040 673
牧马人	0.026 016	0.052 771	0.097 418	0.154 462	0.198 258	0.197 662	0.149 471	0.085 720	0.038 223
宝马 7 系	0.010 616	0.030 340	0.067 380	0.120 935	0.176 073	0.203 946	0.185 557	0.132 302	0.072 851

利用这个概率矩阵来预测那些有收藏数据的用户的体型分布情况，即当用户只收藏了一款车型，直接借助该款车型对应的体型概率向量来估计该用户在九个体型级别上的分布情况。而当用户收藏了多种车型时，就对这多种概率向量进行加权求值处理，最终得出该用户的体型分布。即

$$P\{M|C_1,C_2,\cdots,C_n\} = \frac{\sum_{i=1}^{n}(N(U_kC_i) \times p(M|C_i))}{\sum_{i=1}^{n}N(U_kC_i)} \qquad (6-24)$$

其中，C_i 为第 i 款车型，若 $N(U_jC_i)=1$，则表示第 k 位用户收藏了这款车，若 $N(U_jC_i)=0$，则表示没有收藏该款车；$P\{M|C_1,C_2,\cdots,C_n\}$ 为我们可以预测收藏数据为 $C_1,C_2,\cdots,C_n$ 的用户的体型分值是 M 的概率。

通过这种关系来计算，最终预测收藏数据中 821 846 个用户的 1~9 个体型分

值的概率分布。部分结果如表 6-5 所示。表中列举的是十位用户的体型分布情况，第一列标识的是用户在汽车之家上的注册 id，后面九列分别表示该用户在九个体型等级上的概率分布，如其中 id 为 1 019 863 719 的用户，体型为等级 1 的概率是 0.009 528，体型是 6、7 这两个等级的可能性较大，而且体型为 9 的概率也有 0.065 245，据此，可以推测该用户体型很有可能是偏高大的类型。

表 6-5　体型预测结果

user	1	2	3	4	5	6	7	8	9
1 017 633 797	0.024 707	0.059 604	0.114 225	0.171 680	0.203 589	0.189 860	0.135 890	0.072 344	0.028 102
1 019 285 392	0.012 916	0.034 564	0.072 701	0.124 866	0.174 416	0.195 414	0.177 037	0.131 079	0.077 007
1 019 863 723	0.075 015	0.123 126	0.163 893	0.184 184	0.176 357	0.139 202	0.085 817	0.039 384	0.013 023
1 019 863 719	0.009 528	0.026 078	0.061 070	0.118 316	0.182 381	0.215 978	0.192 529	0.128 874	0.065 245
1 013 268 164	0.015 986	0.036 571	0.078 019	0.142 473	0.205 106	0.219 838	0.170 039	0.094 126	0.037 843
1 015 944 666	0.026 095	0.070 717	0.139 258	0.199 634	0.212 890	0.173 350	0.108 656	0.051 499	0.017 900
1 015 234 410	0.032 204	0.059 742	0.101 394	0.154 269	0.196 939	0.197 261	0.147 489	0.079 849	0.030 852
1 018 006 247	0.021 530	0.046 437	0.088 955	0.144 877	0.192 157	0.200 208	0.160 083	0.098 294	0.047 459
1 018 006 249	0.022 549	0.052 967	0.100 996	0.154 070	0.190 299	0.190 221	0.150 699	0.093 211	0.044 989
1 011 315 380	0.016 274	0.037 746	0.076 616	0.132 299	0.186 257	0.205 846	0.174 765	0.113 522	0.056 670

6.5.2　网络角色分析

1. 数据处理

根据 6.4 节中提出的社会角色发现模型，我们利用已经采集的汽车之家网站上的论坛数据和口碑数据，通过用户属性、信息流动和角色之间的连接情况进行用户的网络角色分析。汽车之家是中国访问量最大的汽车网站。用户可以在汽车之家论坛上发布帖子、参与帖子的讨论和回复。同时，已经购买车的用户可以在口碑板块发表对车的评分以及各个维度的评价。我们抽取了 3406 个论坛用户及他们发表的文本内容，经过分词和文本预处理，剔除了一部分发布内容较少的用户，最终得到了 3225 个有效用户及他们发表的文本内容。

2. 实验分析

我们使用用户发表的评论内容作为 LDA 模型的训练数据。最后发现 25 个主题，其中部分用户使用差别较大的主题如图 6-8 所示。

第6章 客户画像

主题1	主题2	主题6	主题7	主题11	主题12
灯	汽车	不错	沙发	媳妇	优惠
效果	车友	谢谢	板凳	英菲尼迪	提车
大灯	保险公司	采纳	厂家	兄弟	价格
灯泡	保费	恭喜	地板	新车	便宜
透镜	车主	希望	主楼	奔驰	自动
感觉	机动车	帖子	瑞虎	买车	贷款
原车	交强险	论坛	建议	宝马	恭喜
改装	出险	时间	更换	万公里	脚垫
淘宝	车标	有用	降低	后悔	销售
型号	免赔	回答	区别	老婆	新车
雾灯	三者	精彩	零下	漂亮	买车
安装	平安	地方	旋钮	有钱	手动
远近	论坛	赞	司机	变速箱	儿子
晚上	车船税	技术	奇瑞	开瑞	红色
原厂	商业	感谢	丰田	凯翼	记录仪

主题14	主题15	主题17	主题18	主题22	主题25
交警	沙发	汽车	机油	沙发	奇瑞
开车	板凳	江淮	保养	板凳	价格
违章	轮毂	品牌	公里	地板	发动机
停车	轮胎	时间	首保	颜色	销量
司机	地板	合成	后轮	影像	车型
奇瑞	原厂	免费	检查	自动	车子
路上	回家	车展	发现	情况	瑞虎
牌照	喜欢	自主	发动机	兄弟	外观
楼主	主楼	公司	奇瑞	地方	空间
车辆	风云	中国	机滤	说明书	上市
货车	感觉	市场	儿子	估计	内饰
喇叭	楼主	合资	美孚	提醒	确实
高速	原车	国家	一年	没事	买车
事故	价格	参加	三保	不算	试驾
直行	谢谢	合肥	东西	牌子	艾瑞泽

图6-8 汽车之家论坛中的用户主题

除了图6-8所示主题，主题3包括发动机、离合、油门、转速等关于汽车动力的词语；主题4多和汽车的油耗相关，如油耗、公里、加油等；主题5是关于机油、防冻液、玻璃水等内容的；主题8和汽车的钥匙、仪表盘、空调等配件有关；主题9大多是刹车、生锈等汽车问题；主题10包含螺丝、座椅、记录仪、后视镜等内容；主题13多数与方向盘、轮胎、减震、维修等有关；主题16大多与消费者生活相关，如老婆、孩子、回家等；主题19与汽车的导航、胎压、前后轮、系统等有关；主题20大多在讨论汽车声音方面的问题，如异响、噪声、隔音等；主题21包含洗车、喷漆、打蜡等和汽车美容有关的词语；主题23则和汽车的倒车、内饰、空间等有关；主题24则是论坛用户之间的用语，如沙发、论坛、车友等。

除了用户在每个主题上的分布，我们使用汽车之家论坛作为数据源，测量了社会影响的三个指标：①发帖数量；②评论数量；③帖子得到的评论数量。

在网络论坛中，作者内容的产生、传播和互动都是重要的行为。发帖数量代表用户作为信息生产者，原创内容的数量；评论数量融合了用户参与不同帖子讨论的数量，是用户参与话题互动，在网络活跃的指数；帖子得到的评论数量，代表了用户原创内容会得到多少人的互动讨论，在一定程度上代表了用户的影响力。

实验结果：模型经过 500 次迭代后得到了 209 个簇。我们移除那些包含用户数少于 30（总人数的 1%）的簇，最终得到 9 个簇。每个簇的用户数量如图 6-9（a）所示。

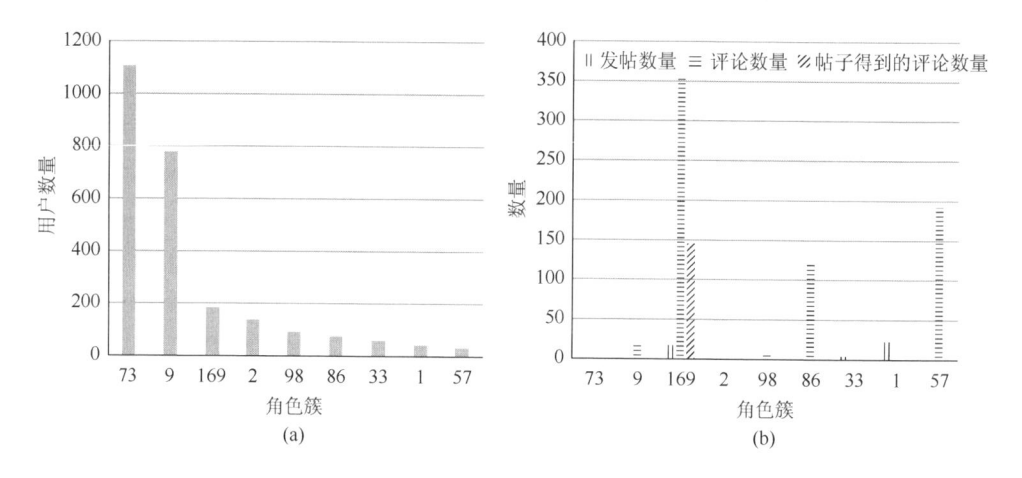

图 6-9　汽车之家论坛用户角色簇的结果

如图 6-9（b）所述，我们使用用户发帖数量、评论数量和帖子得到的评论数量分别代表用户的原创信息、参与话题讨论的活跃度和主题影响力，以及融合不同群体在不同主题的分布来分析每一个簇。

簇 73 的用户数量最多，但这些用户都是没有生产原创内容的用户，同时也很少参与话题讨论，关注的内容是大家都关心的主题 25；相比之下，簇 9 的用户同样没有原创内容，但活跃度有所提高，参与的主题有所偏向，在他们发表的内容中，主题 15 和主题 22 较多，但主题 2 的内容较少；簇 86 是相对于簇 73 和簇 9 更加活跃的用户，虽然他们没有主动发起主题，但是会积极参与到主题讨论中，同时这些人发表的内容中关于主题 17 的较少。

簇 169 是论坛社区中的意见领袖，他们积极发起主题，同时主题会得到更多人的回应，与此同时，他们也是各种主题的参与者，因此，簇 169 是论坛活跃的主干力量；簇 2 和簇 33 的用户虽然会主动发帖，但是频率较低，同时影响力较弱，他们也很少参与主题的讨论；相比之下，簇 1 的用户虽然影响力较弱，也很少参与讨论，但是他们会经常发帖。

簇 98 的用户很少主动发起主题，同时也很少参与讨论，他们参与的讨论内容也是群体共同关注的主题 22、主题 25 等，相比之下，虽然很少主动发帖，簇 57

的用户会积极参与到主题讨论中，但他们参与的主题同样是大家共同关注的主题22、主题25等，同时，他们也很少发表关于主题5和主题7的讨论。

6.5.3 用户偏好

我们使用了从汽车之家论坛上采集的2 040 409条用户的收藏数据，253 620条产品的口碑数据，8947条产品的竞争关系数据来对用户偏好建模。

1. 数据预处理

剔除评论数小于20的产品口碑数据，仅保留586款产品的251 625条口碑数据。利用口碑数据处理结果，将用户的收藏数据和产品的竞争关系数据按上述方案中的方法进行匹配，扩充了214款产品，将扩充的产品信息添加进口碑数据处理结果中，现在口碑数据处理结果中共有800款产品的信息，这些信息可以表示产品的属性特性。对于用户对产品的收藏数据，剔除产品口碑数据处理结果中800款产品以外的其他产品收藏数据，仅保留800款产品对应的1 921 229条收藏数据，将该收藏数据作为最终的收藏数据使用。

以某一用户的产品收藏数据为例，对以下实验步骤进行说明。该用户收藏了5款产品，利用竞争关系匹配后，得到的产品id分别为532、812、1007、2605和3661，且这5款产品均在处理后的口碑数据结果中。

2. 对口碑数据的分析

对id为532的产品而言，找出产品口碑数据中的405条评价数据，每条评价数据中均包含用户关于该款产品在8个维度上的打分信息，汇总用户对每个维度的打分信息，计算该产品在每个维度上的正态分布模型，5款产品在每个维度上的正态分布模型见表6-6。

表6-6　用户收藏的5款产品在8个维度上的正态分布模型

维度	532	812	1007	2605	3661
space	（4.7753，0.2241）	（3.6873，0.6602）	（4.6256，0.3741）	（4.6727，0.3499）	（4.7073，0.3367）
motivity	（3.5259，0.7301）	（4.6564，0.3731）	（3.8767，0.6027）	（3.4124，0.8528）	（4.0641，0.4974）
controller	（4.3636，0.4942）	（4.5251，0.4471）	（4.2018，0.5614）	（3.6624，0.9116）	（4.3419，0.5467）
oil	（3.6791，0.7036）	（4.0309，0.6722）	（3.9148，0.6983）	（4.0335，0.8438）	（3.9038，0.8922）
comfortable	（3.8469，0.6349）	（4.1583，0.6364）	（3.9619，0.7244）	（3.0182，1.0110）	（4.0556，0.7078）
appearance	（4.7877，0.2221）	（4.7046，0.3362）	（4.5785，0.4017）	（3.8892，0.8585）	（4.4081，0.5119）
trim	（4.3635，0.4694）	（3.8031，0.7774）	（3.3767，0.9095）	（3.1134，0.9380）	（4.1091，0.6712）
cost	（3.9802，0.6927）	（4.5012，0.56214）	（4.3117，0.6959）	（4.1701，0.7824）	（4.5812，0.5009）

3. 推测用户在某一维度上的偏好

使用我们提出的权重确定方法,计算出每个维度下每款产品的权重,见表 6-7。

表 6-7 每款产品在每个维度下的权重

维度	532	812	1007	2605	3661
space_score	0.2517	0.1466	0.1948	0.2014	0.2055
motivity_score	0.1774	0.2482	0.1952	0.1641	0.2151
controller_score	0.2138	0.2248	0.2006	0.1574	0.2033
oil_score	0.2071	0.2119	0.2079	0.1891	0.1839
comfortable_score	0.2139	0.2137	0.2003	0.1696	0.2026
appearance_score	0.2685	0.2183	0.1997	0.1366	0.1769
trim_score	0.2476	0.1924	0.1779	0.1751	0.2073
cost_score	0.1913	0.2128	0.1909	0.1817	0.2252

进而推测出该目标用户对每个维度打分的均值,并计算出该目标用户在每个维度上打分的标准差和方差,见表 6-8。

表 6-8 用户在每个维度上打分的均值、标准差及方差

维度	均值	标准差	方差
space_score	4.5521	0.6137	0.3766
motivity_score	3.9717	0.7742	0.5991
controller_score	4.2521	0.7634	0.5822
oil_score	3.9106	0.8715	0.7595
comfortable_score	3.8386	0.8584	0.7369
appearance_score	4.5379	0.6654	0.4428
trim_score	3.8084	0.8617	0.7425
cost_score	4.3235	0.8014	0.6422

4. 推测目标用户的总体偏好

通过对用户的产品收藏数据和产品口碑数据的分析,可以得到目标用户的兴趣偏好模型。在该模型中,我们以目标用户在每个维度上打分的分布表征目标用户的兴趣偏好。汇总用户在每一维度上的偏好信息,即可得到用户的总体偏好,将用户的总体偏好以向量的形式表示为 $(e_1, e_2, \cdots, e_8)$,其中 $e_1 \sim N(4.5221, 0.3766)$,$e_2 \sim N(3.9717, 0.5991)$,$e_3 \sim N(4.2521, 0.5822)$,$e_4 \sim N(3.9106, 0.7595)$,$e_5 \sim N(3.8386,$

0.7369），$e_6 \sim N(4.5379, 0.4428)$，$e_7 \sim N(3.8084, 0.7425)$，$e_8 \sim N(4.3235, 0.6422)$。在实际的实验过程中，我们根据用户的产品收藏数据和产品口碑数据推测出889 220 个用户的总体偏好。通过本实验，可以得到以下结论。

（1）给定目标用户及维度，可以大致预测出目标用户在该维度上的打分区间，将此区间作为用户在该维度上偏好的度量。以本实验中的目标用户为例，可以估计其对 space 的打分大致在区间（4.5521–0.6137，4.5521 + 0.6137）。

（2）通过比较目标用户在多个维度上打分的均值，可以给出目标用户比较重视的 top-N 个维度，继而得到目标用户对维度的偏好。以本实验中的目标用户为例，可以看出，在 space 方面，要达到 4.5521 左右，该用户才会感到满意；在 motivity 方面，只要达到 3.9717 左右用户就会感到满意。由此可以看出，与 motivity 相比，用户更加重视 space。同理，可以得到该目标用户比较重视的 4 个维度分别为 space、appearance、cost 和 controller。

参 考 文 献

[1] Huang K H，Deng Y S，Chuang M C. Static and dynamic user portraits[J]. Advances in Human-Computer Interaction，2012：2.

[2] 陈志明，胡震云. UGC 网站用户画像研究[J]. 计算机系统应用，2017（1）：24-30.

[3] 孟巍，吴雪霞，李静，等. 基于大数据技术的电力用户画像[J]. 电信科学，2017（S1）：23-28.

[4] 王宪朋. 基于视频大数据的用户画像构建[J]. 电视技术，2017（6）：20-23.

[5] Tang T，Yin Z，Zou Y. A method for telecom user portrait modeling[C]//2017 5th International Conference on Frontiers of Manufacturing Science and Measuring Technology（FMSMT 2017），Atlantis Press，2017.

[6] 姜建武，李景文，陆妍玲，等. 基于用户画像的信息智能推送方法[J]. 微型机与应用，2016（23）：86-89，92.

[7] Thelwall M . Social networks，gender，and friending：An analysis of myspace member profiles.[J]. Journal of the American Society for Information Science and Technology，2014，59（8）：1321-1330.

[8] Burger J D，Henderson J C. An exploration of observable features related to blogger age[C]//AAAI Spring Symposium：Computational Approaches to Analyzing Weblogs，2006：15-20，9.

[9] Li J，Ritter A，Hovy E. Weakly supervised user profile extraction from twitter[C]//Proceedings of the 52nd Annual Meeting of the Association for Computational Linguistics（Volume 1：Long Papers），2014，1：165-174.

[10] Pennacchiotti M，Popescu A M. Democrats，republicans and starbucks afficionados：User classification in twitter[C]//Proceedings of the 17th ACM SIGKDD International Conference on Knowledge Discovery and Data Mining，2011：430-438.

[11] 余本功，张卫春，汪柳. 基于用户偏好的产品设计知识的推送算法研究[J]. 科学技术与工程，2017，17（1）：265-271.

[12] 史艳翠，孟祥武，张玉洁，等. 一种上下文移动用户偏好自适应学习方法[J]. 软件学报，2012，23（10）：2533-2549.

[13] 谢海涛，孟祥武. 适应用户需求进化的个性化信息服务模型[J]. 电子学报，2011，39（3）：643-648.

[14] Middleton S E，Roure D C D，Shadbolt N R . Capturing knowledge of user preferences：Ontologies on recommender systems[C]//International Conference on Knowledge Capture. ACM，2001.

[15] Lee S, Koubek R J. Understanding user preferences based on usability and aesthetics before and after actual use[J]. Interacting with Computers, 2010, 22 (6): 530-543.

[16] Cheng H, Liu Y, Li J, et al. Content-based micro blog user preference analysis[J]. Journal of Convergence Information Technology, 2012, 7 (1): 282-289.

[17] Holleran S E, Mehl M R. Let me read your mind: Personality judgments based on a person's natural stream of thought[J]. Journal of Research in Personality, 2008, 42 (3): 747-754.

[18] Nguyen T, Phung D, Adams B, et al. Towards discovery of influence and personality traits through social link prediction[C]//Fifth International AAAI Conference on Weblogs and Social Media, 2011.

[19] Qiu L, Lin H, Ramsay J, et al. You are what you tweet: Personality expression and perception on Twitter[J]. Journal of Research in Personality, 2012, 46 (6): 710-718.

[20] Bai S, Hao B, Li A, et al. Predicting big five personality traits of microblog users[C]//Proceedings of the 2013 IEEE/WIC/ACM International Joint Conferences on Web Intelligence (WI) and Intelligent Agent Technologies (IAT) -Volume 01. IEEE Computer Society, 2013: 501-508, 21.

[21] Ross C, Orr E S, Sisic M, et al. Personality and motivations associated with Facebook use[J]. Computers in Human Behavior, 2009, 25 (2): 578-586.

[22] Amichai-Hamburger Y, Vinitzky G. Social network use and personality[J]. Computers in Human Behavior, 2010, 26 (6): 1289-1295.

[23] Ryan T, Xenos S. Who uses Facebook? An investigation into the relationship between the big five, shyness, narcissism, loneliness, and Facebook usage[J]. Computers in Human Behavior, 2011, 27 (5): 1658-1664.

[24] Hughes D J, Rowe M, Batey M, et al. A tale of two sites: Twitter vs. Facebook and the personality predictors of social media usage[J]. Computers in Human Behavior, 2012, 28 (2): 561-569.

[25] Wang J L, Jackson L A, Zhang D J, et al. The relationships among the big five personality factors, self-esteem, narcissism, and sensation-seeking to Chinese University students' uses of social networking sites (SNSs) [J]. Computers in Human Behavior, 2012, 28 (6): 2313-2319.

[26] Agarwal N, Liu H, Tang L, et al. Identifying the influential bloggers in a community[C]//Proceedings of the 2008 International Conference on Web Search and Data Mining. ACM, 2008: 207-218.

[27] Goyal A, Bonchi F, Lakshmanan L V S. Discovering leaders from community actions[C]//Proceedings of the 17th ACM Conference on Information and Knowledge Management. ACM, 2008: 499-508.

[28] Welser H T, Gleave E, Fisher D, et al. Visualizing the signatures of social roles in online discussion groups[J]. Journal of Social Structure, 2007, 8 (2): 1-32.

[29] Benevenuto F, Rodrigues T, Cha M, et al. Characterizing user navigation and interactions in online social networks[J]. Information Sciences, 2012, 195: 1-24.

[30] Gong W, Lim E P, Zhu F. Characterizing silent users in social media communities[C]//Ninth International AAAI Conference on Web and Social Media, 2015.

[31] Gleave E, Welser H T, Lento T M, et al. A conceptual and operational definition of'social role'in online community[C]//2009 42nd Hawaii International Conference on System Sciences, 2009: 1-11.

[32] Maia M, Almeida J, Almeida V. Identifying user behavior in online social networks[C]//Proceedings of the 1st Workshop on Social Network Systems. ACM, 2008: 1-6.

[33] Han Y, Tang J. Probabilistic community and role model for social networks[C]//Proceedings of the 21th ACM SIGKDD International conference on Knowledge Discovery and Data Mining. ACM, 2015: 407-416.

[34] Yang D, Halfaker A, Kraut R, et al. Who did what: Editor role identification in Wikipedia[C]//Tenth International

AAAI Conference on Web and Social Media，2016.

[35] Bodendorf F，Kaiser C. Detecting opinion leaders and trends in online social networks[C]//Proceedings of the 2nd ACM Workshop on Social Web Search and Mining，ACM，2009：65-68.

[36] Lee A J T，Yang F C，Tsai H C，et al. Discovering content-based behavioral roles in social networks[J]. Decision Support Systems，2014，59：250-261.

[37] Odekerken-Schröder G，De Wulf K，Schumacher P. Strengthening outcomes of retailer‐consumer relationships：The dual impact of relationship marketing tactics and consumer personality[J]. Journal of Business Research，2003，56（3）：177-190.

[38] Whelan S，Davies G. Profiling consumers of own brands and national brands using human personality[J]. Journal of Retailing and Consumer Services，2006，13（6）：393-402..

[39] McCrae R R，John O P. An introduction to the five-factor model and its applications[J]. Journal of Personality，1992，60（2）：175-215.

[40] Handcock M S，Raftery A E，Tantrum J M. Model-based clustering for social networks[J]. Journal of the Royal Statistical Society：Series A（Statistics in Society），2007，170（2）：301-354.

[41] Neal R M. Markov chain sampling methods for Dirichlet process mixture models[J]. Journal of Computational and Graphical Statistics，2000，9（2）：249-265.

[42] Teh Y W. Dirichlet process[J]. Encyclopedia of Machine Learning，2010：280-287.

第7章 个性化推荐

个性化推荐作为解决信息过载问题的重要工具已经被广泛应用在各个领域。推荐系统最重要的组成部分是推荐算法,随着近年来推荐算法的大量研究和应用,各类推荐算法层出不穷。尽管推荐系统应用的场景不尽相同,但是它们有着相同的目标:帮助用户过滤信息,给用户提供更高效的个性化推荐。同时由于应用环境、问题场景等差异性,推荐算法也越来越多样化。本章内容主要从以下三个方面展开。

(1) 面向用户的个性化推荐。个性化推荐系统作为连接用户和产品的桥梁,需要对用户和产品进行深入的了解。在对用户建模方面,人格特质是用户所具有的与他人相区别的独特而稳定的思维方式和行为风格,在人格特质可以合理识别出来的基础上(第6章),我们提出融合人格特质信息的矩阵分解模型(personality traits matrix factorization,PTMF),研究人格特质信息是否有助于提高个性化推荐的精度,特别是数据稀疏性情况下的推荐精度。

(2) 面向群体的个性化推荐。在群组推荐中,用户加入群体的动机不同,群体中的成员往往是异质的。现有方法忽略了群组和成员之间的交互。我们提出了一种协同矩阵分解(collaborative matrix factorization,CoMF)模型,它通过分解研究者-文章交互矩阵和学术群-文章交互矩阵来同时建模群体和个体的偏好。CoMF 的协同分解过程不仅提高了群体推荐的质量,而且反映了群体与成员之间的互动。另外,在社交群体环境下,群体偏好和个体偏好是相互关联的,群体偏好的形成更应该是一个双向交互的过程。此外,群体对不同个体成员的影响通常存在差异。为了解决这些问题,我们将群推荐问题建模为一个双向交互过程,并提出一种面向群体用户的双向张量分解模型(bidirectional tensor factorization model for group recommendation,BTF-GR),以刻画个体内在偏好和群体影响间的交互作用。

(3) 长尾产品推荐。个性化推荐中的产品种类繁多,其中流行产品更容易被用户所了解而销售出去,长尾产品则更难被用户发现。因此,为了提高用户满意度,长尾产品推荐中不仅需要考虑用户对长尾产品的兴趣偏好,还应该考虑长尾产品的质量。

本章将主要介绍个性化推荐的相关理论及方法,内容组织如下。7.1 节介绍围绕个性化推荐的国内外研究现状;7.2 节介绍面向用户的融合人格特质的个性化推荐方法；7.3 节介绍面向群体的基于协同矩阵分解的群推荐方法；7.4 节介绍融合产品描述的长尾产品推荐方法；7.5 节介绍面向汽车品牌管理的个性化推荐应用案例。

7.1 国内外研究现状

7.1.1 面向用户的个性化推荐

自从最早关于协同过滤推荐思想[1]提出后，越来越多的学者开始研究个性化推荐方法，个性化推荐成为一个热点研究领域。众多的个性化推荐方法被提出，应用在各种推荐场景中，并取得了很好的效果。协同过滤推荐算法（collaborative filtering recommendation algorithm）基于用户与产品之间的交互信息给用户推荐与他偏好的产品的相似产品。协同过滤推荐算法从用户和产品之间的交互信息中挖掘具有相似兴趣偏好的用户或者具有相似属性特征的产品，并假设在某方面有相同兴趣偏好的用户在其他方面也可能会有相似的兴趣偏好，从而给目标用户推荐相似用户偏好的产品。基于模型的协同过滤推荐算法（model-based collaborative filtering recommendation algorithm）[2]利用数据挖掘、机器学习等方法对用户与产品之间的交互信息进行建模，并利用评分预测模型预测用户对未评分产品的评分，从而实现 top-N 推荐。基于模型的协同过滤推荐算法主要采用用户-产品评分矩阵作为训练数据，使用贝叶斯网络[3]、矩阵分解[2]、聚类[4]等方法建立用户、产品模型。此外，在深度学习研究领域，研究者也对深度学习模型在个性化推荐中的应用进行了探索，一种主流思路就是利用深度学习中强大的特征学习能力学习产品的特征数据，如在线评论、文档内容等。Wang 等[5]提出利用栈式降噪自编码（stacked denoising auto encoder，SDAE）模型自动学习文档的特征表示并与基于隐式反馈的矩阵分解模型（weighted regression matrix factorization，WRMF）相结合，提出了 CDL（collaborative deep learning）模型进行文章推荐任务。Kim 等[6]基于类似的思想提出了 ConvMF 模型，与 CDL 模型不同的是，在进行特征学习时使用的是卷积神经网络。而 Liang 等[7]则利用神经语言模型中流行的 Word2Vec 模型的思想，构建了一个产品共现矩阵，与用户产品交互矩阵进行联合分解，提出了 CoFactor 模型，在不使用任何额外信息的情况下提升了模型的推荐精度。Rendle[8]在 2010 年提出了一种一般化模型因子分解机（factorization machines，FM）。FM 模型结合了矩阵分解模型和特征工程的思想，它利用分解的方式学习两个特征的交互，从而可以在训练数据稀疏时学习可信参数。在理想状态下，FM 模型可以囊括大多数上述基于用户或者产品特征数据的矩阵分解模型。最终的 FM 模型适用于协同过滤和点击率预测等任务[9]。Bayer[10]提出了 fastFM 模型，将其扩展到分类、回归和排序任务中。Zheng 等[11]提出了 DeepCoNN 模型，将 FM 模型与卷积神经网络（convolutional neural network，CoNN）相结合，基于产品在线评论进行评分预测。

7.1.2　面向群体的个性化推荐

面向群体用户的个性化推荐不是为单个用户提供推荐列表，而是针对拥有不同偏好的用户形成的兴趣群体进行推荐。群推荐系统已经应用于若干领域中，如网页/新闻页面[12]、旅游[13]、餐厅[14]、音乐[15]、电视节目[16]、电影[17]。现有的群推荐技术可以分为两种类型。第一类基于群体成员的个体偏好模型构建这个群体的偏好，然后基于聚合的群体偏好进行推荐[16]，称为偏好集结。第二类将不同成员的推荐列表聚合为最终的群推荐列表[12]。具体地，首先基于针对个体用户的个性化推荐方法独立为每个群成员生成推荐列表，然后聚合每个群成员的推荐列表形成群的推荐列表，称为结果集结方法。与偏好集结方法相比，结果集结方法通常具有更好的灵活性，因此得到更多的研究[18]。结果集结方法通常利用平均或最小痛苦策略来组合群体成员的推荐列表。Baltrunas 等[19]对不同的聚合策略进行比较发现，没有哪一种策略占绝对优势。因此，在我们提出的这种基于结果聚类的群推荐方法中使用的是平均策略。

最近几年，研究者相继将一些新方法如深度学习和非参数贝叶斯模型应用到群推荐中。Hu 等[20]提出了一个基于深度学习的模型以学习代表群偏好的高层特征，旨在解决现有群推荐方法对数据的高敏感性问题。概率图模型也是群推荐中常用的方法，Liu 等[21]在群推荐中引入了作者主题模型的思想，提出一种个体影响主题模型来仿真群体选择产品的过程。Feng 等[22]提出将主题模型和带重启的随机游走（random walk with restart，RWR）模型相结合进行群推荐。他们用一个主题模型来描述用户偏好和产品特征，然后将这种隐特征模型与 RWR 模型结合以估计群偏好。为了处理不定规模的群推荐问题，Chowdhury 和 Cai[23]提出了一种非参数贝叶斯的隐特征模型，利用群成员之间的交互生成群推荐，扩展了贝叶斯概率矩阵分解模型以学习用户偏好，考虑群体内部的交互从而对群偏好建模。Seko 等[24]提出了幂律平衡映射模型，实验发现这种群推荐方法可以推荐出新颖的产品。

7.1.3 长尾产品推荐

传统的个性化推荐算法主要关注推荐精度，导致为用户生成的推荐列表中大部分都是流行产品。然而现实世界中的长尾产品体量庞大，把长尾产品推荐给有需求的用户则更有意义[25]。已有研究表明[26]，仅仅考虑推荐精度的推荐算法只能为用户推荐流行产品，然而流行产品的信息用户很容易获取，所以仅仅考虑推荐精度的推荐算法不能给用户提供高满意度的推荐结果。因此，越来越多的学者开始研究长尾产品推荐，传统的长尾产品推荐算法主要通过以下两种方式来增加用户推荐列表中的长尾产品。

（1）基于重排序的长尾产品推荐方法。重排序推荐方法是从一个候选产品推荐集合中选取其中一部分产品作为最终的推荐列表，而候选产品推荐集合可以通过已有的推荐算法得到。由于长尾产品推荐算法主要考虑的是如何使得给用户生成的产品推荐列表中包含更多的长尾产品，而更多的长尾产品则意味着推荐列表具有更高的多样性、新颖性等，所以，基于重排序的长尾产品推荐算法主要构建一个包含推荐精度、推荐多样性等指标的目标函数，通过迭代更新推荐列表中的产品来实现最大化目标函数。例如，Wang等[27]提出了一种多目标优化的长尾产品推荐算法，构造了推荐精度和新颖性两个目标函数，为了最大化推荐精度和新颖性这两个目标，他们采用多目标进化算法来权衡推荐精度和新颖性，从而在个性化推荐中给用户推荐准确而且不流行的产品。Shi[28]构造了一个考虑推荐精度、推荐多样性和长尾等多个指标的多任务推荐系统，并利用基于马尔可夫图的图模型推荐方法来权衡推荐精度、推荐多样性和长尾等多个指标，从而有效地提高长尾产品推荐的效果。

（2）基于长尾产品建模的推荐方法。不同于重排序推荐技术，基于长尾产品建模的推荐方法通过直接构建长尾产品推荐模型给用户提供包含长尾产品的个性化推荐列表。例如，Yin等[29]基于用户与产品之间的评分信息构建用户-产品二分图模型，并提出了一种基于图模型的方法在长尾产品中挖掘用户感兴趣的产品推荐给用户。Valcarce等[30]提出了一种基于产品相关性模型的概率协同过滤推荐算法来实现长尾产品推荐。该模型先划分长尾产品，并利用产品相关性模型挖掘长尾产品的相似产品，然后利用协同过滤推荐思想挖掘长尾产品的相似产品的潜在用户，从而把长尾产品推荐给其相似产品的潜在用户。Bai等[31]构建了一个深度学习框架来解决长尾网页服务推荐中面临的数据稀疏性问题和产品描述信息质量低的问题。他们采用堆叠去噪自动编码器来提取网页特征以更好地利用产品描述信息，并学习开发者偏好模型来解决数据稀疏性问题以提高长尾产品推荐的效果。

7.2 融合人格特质的个性化推荐方法

随着互联网和社交网络的快速发展，信息量的爆炸增长使得用户变得越来越不知所措，进而难以快速地找到符合自己兴趣和偏好的信息或者商品。个性化推荐系统因此被广泛开发和使用，它支持用户高效地做出符合自己偏好和要求的决策。例如，帮助用户选择在 Lasf.fm 上听什么样的音乐，在亚马逊或者淘宝上选择什么样的商品以及在新浪微博或者 Twitter 上关注什么样的人。协同过滤（collaborative filtering，CF）是目前应用最为广泛的个性化推荐技术，它利用网络用户的评分信息预测用户对新物品的偏好情况。协同过滤包括多个变种，如基于用户（user-based）的方法、基于项目（item-based）的方法以及矩阵分解（matrix factorization，MF）方法。需要注意的是，无论使用哪种方法，协同过滤都存在一个共同的缺陷，即无法很好地处理数据的稀疏性问题，这种情况下，很难仅仅依靠用户的评分（rating）数据或者用户与物品的交互记录给用户推送精准的推荐列表。因此，为了解决这个问题，研究者开始将其他数据源信息融入协同过滤方法中。但是数据稀疏性问题依然存在巨大挑战，并且没有一种方法可以适应于任何领域。我们的研究发现用户人格特质与其偏好具有显著关系，且可以基于社交网络信息识别出用户的人格特质，因此探索用户人格特质信息是否有助于提高个性化推荐的精度将变得可行且必要。本书选择音乐作为要推荐的物品。此外，既然矩阵分解是一种更加精确的协同过滤技术，本书选择矩阵分解作为基本的模型。具体来说，本书构建两个矩阵，一个是用户-物品（user-item，UI）的交互矩阵，另一个是人格特质组合-物品（personality-item，PI）交互矩阵。通过将人格特质的每个维度进行离散化，每个用户属于一个人格特质组合，且每种组合包含若干名用户。通过将这两个矩阵进行联合分解，进而得到更加精确的用户和项目隐因子矩阵。其中 PI 矩阵可以看成 UI 矩阵的约束条件，因此可以缓解数据稀疏性的问题。

1. 人格特质-物品矩阵的构造

用户大五人格特质的每个维度是一个在区间[1, 5]上的连续值。为了使用人格特质信息，本书将大五人格特质的五个连续值映射成离散状态。具体来说，假设向量 $u = (\text{ope}_u, \text{ext}_u, \text{agr}_u, \text{cos}_u, \text{neu}_u)$ 是用户的五种人格特质值，本书将每个值映射成与其最近的整数值。因此，每种人格特质都对应五个离散值，5 种人格特质则共有 25 个离散值。举例来说，假如用户的人格特质向量值为 $u = (3.7, 3.4, 2.6, 4.2, 1.6)$，则离散化后的结果为 $u = (4, 3, 3, 4, 2)$。

大五人格特质的五个维度上，每一个维度都可以在 1 到 5 的范围内随机取值，这样得到的一种组合称为一种特定的人格特质组合。例如，（4，3，3，4，2）和

(2，3，4，5，1）都是一种特定的人格特质组合。理论上来说，这种人格特质组合有 5^5 种可能情况，但是实际上，人格特质组合则远远少于这个数量，如（1，1，1，1，1）和（5，5，5，5，5）这两种人格特质组合几乎不会出现。

有了人格特质组合的概念，就可以构造人格特质组合与物品之间的交互记录矩阵。具体来说，每种人格特质组合都会包含多个用户，这些用户所交互的物品就作为该人格特质组合所对应的物品。例如，假设用户 u_1 和 u_2 都属于人格特质组合（4，3，3，4，2），且分别与物品（1，4，6，7，10）和（6，11，12，15，3）产生了交互记录，则人格特质组合（4，3，3，4，2）对应的物品就为（1，3，4，6，7，10，11，12，15）。

2. PTMF 模型

在真实世界中更多出现的是隐式反馈（implicit feedback）信息，因此本书不考虑评分信息，只使用隐反馈信息。也就是说，如果用户与该物品有交互情况，则值为 1，否则为 0。这种情况下，用户的隐因子向量和物品的隐因子向量可以通过最小化如下的公式得到。

$$L_1 = \min_{u^*, i^*} \left(\sum b_{u,i}(r_{u,i} - x_u^T y_i)^2 + \lambda \left(\sum \|x_u\|^2 + \sum \|y_i\|^2 \right) \right) \quad (7\text{-}1)$$

其中，$r_{u,i}$ 为用户 u 对物品 i 的偏好情况，如果喜欢则为 1，不喜欢或者没有交互记录则为 0；$b_{u,i}$ 为用户 u 对物品 i 的偏好程度；λ 为正则化项对应的参数，用于避免模型过拟合；x_u 和 y_i 分别为用户 u 和物品 i 对应的隐因子向量。模型中用到的各个变量的含义见表 7-1。

研究表明人格特质与用户行为具有紧密的联系，特别是与音乐偏好具有显著的关联关系，人格特质信息可以提高个性化推荐的精度，因此本书进一步将人格特质组合-物品矩阵的分解融入式（7-1）中，得到：

$$\begin{aligned} L_2 = &\min_{u^*, i^*} \left(\sum_{u,i} b_{u,i}(r_{u,i} - x_u^T y_i)^2 + \lambda \left(\sum_u \|x_u\|^2 + \sum_i \|y_i\|^2 \right) \right) \\ &+ \min_{j^*, i^*} \left(\mu \sum_{j,i} c_{j,i}(p_{j,i} - z_j^T y_i)^2 + \lambda \left(\sum_j \|z_j\|^2 + \sum_i \|y_i\|^2 \right) \right) \end{aligned} \quad (7\text{-}2)$$

其中，$p_{j,i}$ 为人格特质组合 j 对物品 i 的偏好情况；$c_{j,i}$ 为人格特质组合 j 对物品 i 的偏好程度；z_j 为人格特质组合 j 对应的隐因子向量；μ 为对于人格特质信息的信任程度。

式（7-2）通过共享低维隐因子向量 y_i，将用户-物品矩阵和人格特质组合-物品矩阵结合起来，这种情况下，人格特质信息必然起到了协助求解用户和物品隐因子向量的作用，进而有助于缓解用户-物品矩阵的稀疏性问题。

表 7-1　PTMF 模型中使用的变量及解释

变量	解释
f	隐因子的数量
n	用户的数量
m	物品的数量
t	人格特质组合的数量
$R(n \times m)$	用户-物品交互矩阵，$r_{u,i}=1$ 表示用户 u 喜欢物品 i
$P(t \times m)$	人格特质组合-物品交互矩阵，$p_{j,i}=1$ 表示人格特质组合 j 喜欢物品 i
$X(n \times f)$	用户隐因子矩阵，x_u 为用户 u 对应的隐因子向量
$Y(m \times f)$	物品隐因子矩阵，y_i 为物品 i 对应的隐因子向量
$Z(t \times f)$	人格特质组合隐因子矩阵，z_j 为人格特质组合 j 对应的隐因子向量
$b_{u,i}$	表示用户 u 对物品 i 的偏好程度
$c_{j,i}$	表示人格特质组合 j 对物品 i 的偏好程度
λ	正则化参数
μ	表示对人格特质信息的信任程度

3. 模型求解

公式（7-2）对于整体的三个变量 x_u，y_i 和 p_j 而言并不是凸函数，但是对于每一个单独的变量却是凸函数，因此本书使用交替最小二乘法求解公式（7-2），具体来说，就是在更新一个变量的同时固定住其他几个变量。

固定变量 y_i 和 p_j，求解 x_u：此时就等价于求解上述的公式（7-1），有如下求解公式：

$$x_u = (Y^T B^u Y + \lambda I)^{-1} Y^T B^u s(u) \tag{7-3}$$

其中，B^u 为 $n \times n$ 的对角矩阵且 $B^u_{ii}=b_{u,i}$；向量 $s(u) \in R^n$ 包含用户所有的偏好信息。

固定变量 y_i 和 x_u，求解 p_j：与求解变量 x_u 类似，此时就等价于求解如下的公式：

$$\min_{j^*,i^*} \left(\mu \sum_{j,i} c_{j,i}(p_{j,i}-z_j^T y_i)^2 + \lambda \left(\sum_j \|z_j\|^2 + \sum_i \|y_i\|^2 \right) \right) \tag{7-4}$$

因此可得 z_j 的求解公式为

$$z_j = (\mu Y^T C^j Y + \lambda I)^{-1}[\mu Y^T C^j s(j)] \tag{7-5}$$

其中，C^j 为 $n \times n$ 的对角矩阵且 $C_{ii}^j = c_{j,i}$；向量 $s(j) \in R^n$ 包含人格特质组合所有的偏好信息。

固定变量 p_j 和 x_u，求解 y_i：此时就等价于求解如下的公式：

$$\begin{aligned} L_3 = &\min_{u^*,i^*} \left(\sum_{u,i} b_{u,i}(r_{u,i} - x_u^T y_i)^2 + \lambda \sum_i \| y_i \|^2 \right) \\ &+ \min_{j^*,i^*} \left(\mu \sum_{j,i} c_{j,i}(p_{j,i} - z_j^T y_i)^2 + \lambda \sum_i \| y_i \|^2 \right) \end{aligned} \tag{7-6}$$

对公式（7-6）求偏导数有

$$\begin{aligned} \frac{\partial L_3}{\partial y_i} &= 2\sum_u b_{u,i}(r_{u,i} - x_u^T y_i)(-x_u) + 2\lambda y_i + 2\mu \sum_j c_{j,i}(p_{j,i} - z_j^T y_i)(-z_j) + 2\lambda y_i \\ &= -2\sum_u b_{u,i} r_{u,i} x_u + 2\sum_u b_{u,i} x_u^T y_i x_u - 2u\sum_j c_{j,i} p_{j,i} z_j + 2u\sum_j c_{j,i} z_j^T y_i z_j + 4\lambda y_i \\ &= -2\left(\sum_u b_{u,i} r_{u,i} x_u + u\sum_j c_{j,i} p_{j,i} z_j \right) + 2\left(\sum_u b_{u,i} x_u^T y_i x_u + u\sum_j c_{j,i} z_j^T y_i z_j \right) + 4\lambda y_i \\ &= -2(X^T B^i s(i) + \mu Z^T C^i s^*(i)) + 2(X^T B^i X + \mu Z^T C^i Z + 2\lambda I) \end{aligned} \tag{7-7}$$

令 $\frac{\partial L_3}{\partial y_i} = 0$，有

$$y_i = (X^T B^i X + \mu Z^T C^i Z + 2\lambda I)^{-1}(X^T B^i s(i) + \mu Z^T C^i s^*(i)) \tag{7-8}$$

其中，B^i 为 $m \times m$ 的对角矩阵且 $B_{uu}^i = b_{u,i}$；C^i 为 $t \times t$ 的对角矩阵且 $C_{jj}^i = c_{j,i}$；$s(i) \in R^n$ 包含所有与物品 i 交互过的用户记录；$s^*(i) \in R^t$ 包含所有与物品 i 交互过的人格特质组合记录。具体的求解过程见算法7-1。

算法7-1　交替最小二乘法求解 PTMF 模型

1　输入：用户-物品矩阵 R，人格特质组合-物品矩阵 P，参数 μ，λ 以及 f 等
2　输出：用户隐特征矩阵 X、物品隐特征矩阵 Y 和人格特质组合隐特征矩阵 Z
3　初始化 X，Y，Z
4　当模型未收敛时：
　　依据公式（7-3）更新用户隐因子矩阵 X
　　依据公式（7-8）更新物品隐因子矩阵 Y
　　依据公式（7-5）更新人格特质组合隐因子矩阵 Z
　　结束循环
　　返回 X，Y，Z

7.3 基于协同矩阵分解的群推荐方法

在电影、音乐等领域，研究者已经提出了很多群推荐方法，将个体偏好融合形成群体偏好进而运用个性化推荐方法，或者将个体推荐结果整合形成群推荐结果是两种典型的群推荐方法，这两种群体推荐策略往往能满足大多数人的需求。但是，在线图书馆系统中，同一学术团体中的成员往往存在异质性，因为他们的加群动机存在差异。例如，在推荐系统学术团体中有新手和专家。新手需要推荐系统的经典论文来学习基础，而专家需要推荐系统新发表的论文来了解当前的研究趋势。所以现有群推荐方法不适应于学术群体推荐。除此之外，现有方法忽略了群组和成员之间的交互，还存在效率和可扩展性问题。另外，与电影和产品等领域相比，文章推荐领域几乎不存在评分数据。

研究者-文章矩阵分解是一种关注个人需求的传统个性化推荐方法，群组-文章矩阵分解是一种注重多数成员需求的标准群体推荐方法。因此，我们将这两种方法结合起来以发挥它们的优点。此外，通过考虑群间相似性和群内隶属度约束的影响，提出了三种 CoMF 扩展模型。

1. 问题定义

在一个学术群推荐系统中，有 N 篇文章（$|I|=N$），K 个群组（$|G|=K$），M 个研究者（$|U|=M$）。同时，每篇文章 i 都有一个文章隐向量 $y_i \in \mathbb{R}^f$，每个群 g 有一个群隐向量 $z_g \in \mathbb{R}^f$，每个研究者 u 有一个用户隐向量 $x_u \in \mathbb{R}^f$，其中 f 是隐因子的数量。因此可以得到文章隐矩阵 $Y \in \mathbb{R}^{N \times f}$、群隐矩阵 $Z \in \mathbb{R}^{K \times f}$、用户隐矩阵 $X \in \mathbb{R}^{M \times f}$。我们关注隐式反馈数据，使用 p_{ui} 表示用户 u 对文章 i 的偏好，用 p_{gi}^* 表示群 g 对文章 i 的偏好。如果用户 u 点击或者标记文章 i，则设置 $p_{ui}=1$，否则设置 p_{ui} 为 0，向量 $p(u) \in \mathbb{R}^N$ 包含用户 u 的所有偏好，即 p_{ui}。本书采用聚合策略来获取群体偏好。如果群组 g 的任何成员 u 在文章 i 上显示出偏好，即 $p_{ui}=1$，则为 p_{gi}^* 分配 1。类似地，向量 $p^*(g) \in \mathbb{R}^N$ 包含群组 g 的所有偏好，即 p_{gi}^*。一般地，在线图书馆系统中的群文章推荐问题可以定义如下。

给定研究人员和学术文章的交互行为数据与研究人员的群组信息，我们的目标是给群体 g 推荐可能感兴趣的学术文章列表。

2. 群推荐的 CoMF 模型

与将用户-项目交互矩阵单纯分解为用户和项目隐因素的 MF 模型相比，

CoMF 模型在关系学习的背景下联合分解多个矩阵。在群推荐中，群体偏好是研究者、学术群体和文章之间三维交互的结果。因此，我们提出了 CoMF 模型用于群体推荐，该模型能够同时将研究者-文章交互矩阵和学术群体-文章交互矩阵进行分解，这适合三个实体之间的交互作用。此过程提高了推断因素的质量，并且接近在线图书馆系统的文章群组推荐的实际场景。图 7-1 展示了 CoMF 模型的框架。

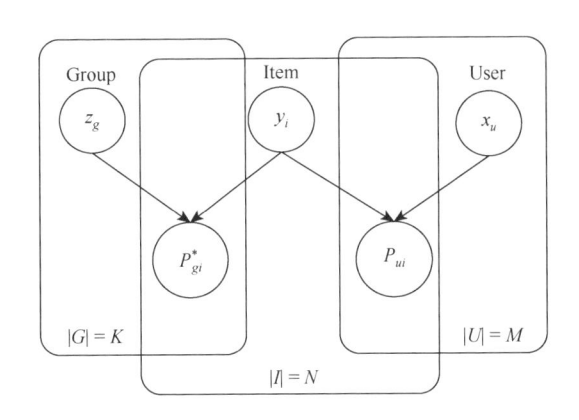

图 7-1 CoMF 模型

给定来自 M 个研究人员、N 篇文章和 K 个学术群组的稀疏的研究人员-文章交互矩阵 $C \in \mathbb{R}^{M \times N}$ 与学术群组-文章交互矩阵 $D \in \mathbb{R}^{K \times N}$。CoMF 模型分别将两个矩阵分解为 $x_u \in \mathbb{R}^{f \times 1}$，$y_i \in \mathbb{R}^{f \times 1}$，$z_g \in \mathbb{R}^{f \times 1}$。$x_u$，$y_i$ 和 z_g 通过最小化以下目标函数来学习：

$$\mathcal{L}_{co} = \min_{u^*, g^*, i^*} \overbrace{\left(\sum_{u,i} a_{ui}(p_{ui} - x_u^T y_i)^2\right)}^{\text{U-IMF}} + \overbrace{\sum_{g,i} b_{gi}(p_{gi}^* - z_g^T y_i)^2}^{\text{G-IMF}} \\ + \lambda_\alpha \left(\sum_u \|x_u\|^2 + \sum_i \|y_i\|^2\right) + \lambda_\beta \left(\sum_g \|z_g\|^2 + \sum_i \|y_i\|^2\right) \tag{7-9}$$

其中，U-IMF 指示分解矩阵 C；G-IMF 部分表示分解矩阵；a_{ui}，b_{gi} 为平衡未观察到的条目的置信度参数，其远远超过大数据单词中的观察值，如它们通过分别观察 p_{ui} 和 p_{gi}^* 测量置信度。设定 $b_{gi} = 1 + \text{bPos} \times p_{gi}^*$。如图 7-1 所示，项目因子 y_i 由物体的 U-IMF 和 G-IMF 部分共享。为了避免过度拟合，我们设置了正则化项 λ_α 和 λ_β，并且分别对应于 U-IMF 和 G-IMF 部分。

我们采用交替最小二乘法（alternating least squares，ALS）进行优化。对于

CoMF 模型中的参数 $\Theta = [x_u, y_i, z_g]$，其最小化等式（7-10）中的成本函数的分析表达式如下：

$$x_u = (Y^T A^u Y + \lambda_\alpha I)^{-1} Y^T A^u p(u)$$

$$y_i = X^T A^i X + Z^T B^i Z + (\lambda_\alpha + \lambda_\beta I)^{-1}(X^T A^i p(i) + Z^T B^i p^*(i)) \quad (7\text{-}10)$$

$$z_g = (Y^T B^g Y + \lambda_\beta I)^{-1} Y^T B^g p^*(g) \quad (7\text{-}11)$$

其中，A^u 为一个 $N \times N$ 对角矩阵，$A^u_{ii} = a_{ui}$；A^i 为一个 $M \times M$ 对角矩阵，$A^i_{uu} = a_{ui}$；B^i 为一个 $K \times K$ 对角矩阵，$B^i_{gg} = b_{gi}$；B^g 为一个 $M \times M$ 对角矩阵，$B^g_{ii} = b_{gi}$；向量 $p(i) \in \mathbb{R}^M$ 为用户中 i 的所有偏好；$p^*(i) \in \mathbb{R}^M$ 为群组中 i 的所有偏好。

算法 7-2 总结了 CoMF 模型的学习算法。

算法 7-2 CoMF 模型的参数学习

输入：研究者-文章交互矩阵，学术群组-文章交互矩阵，置信度参数 a_{ui}，b_{gi}，正则化参数 λ_α，λ_β
输出：隐矩阵 X，Y，Z
随机初始化 x_u, y_i, z_g；
重复
当 $u \in \{1, 2, \cdots, M\}$
{
$x_u \leftarrow (Y^T A^u Y + \lambda_\alpha I)^{-1} Y^T A^u p(u)$
}
更新 X
当 $i \in \{1, 2, \cdots, N\}$
{
$y_i \leftarrow X^T A^i X + Z^T B^i Z + (\lambda_\alpha + \lambda_\beta I)^{-1}(X^T A^i p(i) + Z^T B^i p^*(i))$
}
更新 Y
当 $g \in \{1, 2, \cdots, K\}$ do
{
$z_g \leftarrow (Y^T B^g Y + \lambda_\beta I)^{-1} Y^T B^g p^*(g)$
}
更新 Z
直到模型收敛

---

3. CoMF 模型的三个扩展模型

学术群组推荐有两个特点：一是每个小组都包含一类用户作为其成员，如组内成员约束；二是不同群体存在显著差异。即群间相似性。考虑到上述特征，我们提出了三种 CoMF 模型的变体。一是群间相似性对群体推荐结果的影响；二是组内成员约束如何影响推荐的性能；三是如果它们都影响绩效，这两个因素的综合影响是相互促进还是抵消？

1) CoMF 模型加入词嵌入模型

为了探索组间相似性的影响，我们提出了一个名为 CoMF_w 的模型，它结合了 CoMF 模型和 Word2Vec 模型。因此，在群组推荐上下文中，我们将词共现矩阵转换为群组-群组共现矩阵。对于每对群组，群组共现矩阵对它们都包含的用户进行编码，可以反映组间相似性。

基于以上分析，我们将群组共现矩阵纳入 CoMF 模型中，如我们将研究者-文章矩阵，学术群组-文章矩阵和群组-群组共现矩阵协同分解，如图 7-2 所示。

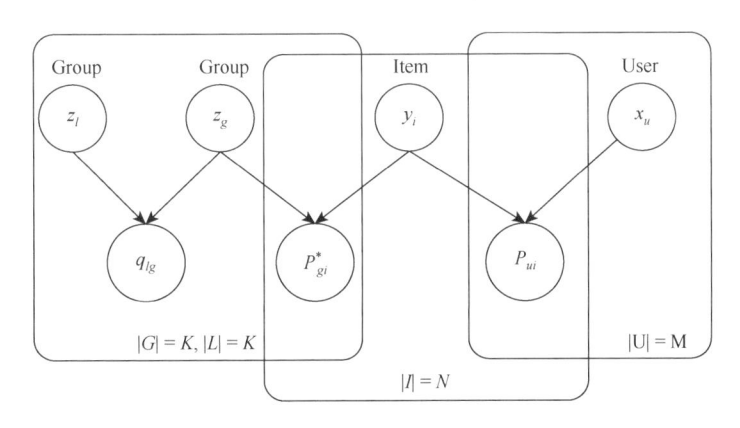

图 7-2 CoMF_w 模型

CoMF_w 模型的目标函数为

$$\mathcal{L}_{\text{co\_w}} = \min_{u^*, g^*, i^*} \overbrace{(\sum_{u,i} a_{ui}(p_{ui} - x_u^T y_i)^2}^{\text{U-IMF}} + \overbrace{\sum_{g,i} b_{gi}(p_{gi}^* - z_g^T y_i)^2}^{\text{G-IMF}} + \overbrace{\sum_{g,l}(q_{gl} - z_g^T z_l)^2}^{\text{GroupEmbedding}}$$

$$+ \lambda_\alpha \left(\sum_u \|x_u\|^2 + \sum_i \|y_i\|^2 \right) + \lambda_\beta \left(\sum_g \|z_g\|^2 + \sum_i \|y_i\|^2 \right) + \lambda_\eta \left(\sum_g \|z_g\|^2 + \sum_l \|z_l\|^2 \right)$$

（7-12）

其中，群向量 Group Embedding 部分表示分解群组-群组共现矩阵；群体因素 z_g 在群向量和 G-IMF 部分之间共享；q_{gl} 为 SPPMI（i, j）的经验估计；z_g 为群隐向量（群嵌入隐向量）；$z_l \in \mathbb{R}^f$ 为内容嵌入隐向量；λ_η 为正则化参数与群组嵌入部分相对应。

对于 CoMF_w 模型参数 $\Theta = [x_u, y_i, z_g, z_l]$，$x_u$ 和 y_i 的分析表达与式（7-9）和式（7-10）相同，最小化等式（7-12）中的成本函数的 z_g 解析表达式是

$$z_g = (Y^T B^g Y + Z_l^T Z_l + (\lambda_\beta + \lambda_\eta)I)^{-1}(Y^T B^g p^*(g) + Z_l^T q(g)) \quad (7\text{-}13)$$

$$z_l = (Z^T Z + \lambda_\eta I)^{-1} Z^T q(l) \quad (7\text{-}14)$$

其中，$Z_l \in \mathbb{R}^{K \times f}$ 为内容嵌入向量；$q(g) \in \mathbb{R}^K$ 包含群组 g 所有的 PMI，如 q_{gl}，$q(l) \in \mathbb{R}^K$ 包含群组 l 所有的 PMI。模型的学习算法与算法 7-2 类似。

2）CoMF 融合成员资格约束

为了研究组内隶属度约束的影响，我们提出了将约束集成到 CoMF 中的 CoMF_c 模型，学术群组-研究者关系矩阵可以直接分解为两个部分：研究者隐因子 x_u 和群组隐因子 z_g。

基于隶属度约束，我们将学术群体-研究者矩阵融合到 CoMF 模型中，即我们协同分解研究者-文章矩阵、学术群组-文章矩阵和学术群组-研究者矩阵，如图 7-3 所示。

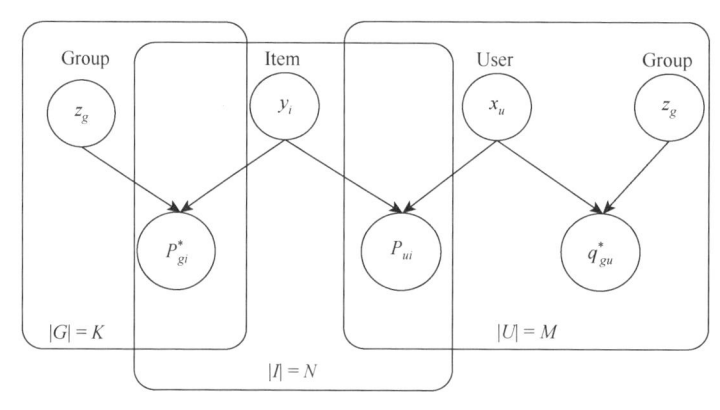

图 7-3 CoMF_c 模型

CoMF_c 模型的目标函数：

$$\mathcal{L}_{co\_c} = \alpha \min_{u^*,g^*,i^*} \left(\overbrace{\sum_{u,i} a_{ui}(p_{ui} - x_u^T y_i)^2}^{\text{U-IMF}} + \overbrace{\sum_{g,i} b_{gi}(p_{gi}^* - z_g^T y_i)^2}^{\text{G-IMF}} \right)$$

$$+ (1-\alpha) \min_{u^*,g^*} \overbrace{\sum_{g,u}(q_{gu}^* - x_u^T z_g)^2}^{\text{G-UConstraint}} + \lambda_\alpha \left(\sum_u \|x_u\|^2 + \sum_i \|y_i\|^2 \right) \quad (7\text{-}15)$$

$$+ \lambda_\beta \left(\sum_g \|z_g\|^2 + \sum_i \|y_i\|^2 \right) + \lambda_c \left(\sum_g \|z_g\|^2 + \sum_i \|y_i\|^2 \right)$$

其中，G-U 约束部分表示分解学术群组-研究者矩阵，并且研究者因子 x_u 在 U-IMF 和 G-U 约束部分之间共享；q_{gu}^* 为研究员 u 是否属于群组 g，如果 u 是 g 其中的成员，那么 $q_{gu}^* = 1$，否则 $q_{gu}^* = 0$；c_{gu} 为研究人员对群体的偏好的置信水平。与 a_{ui} 和 b_{gi} 设置类似，设定 $c_{gu} = 1 + \text{cPos} \times q_{gu}^*$；$\alpha$ 为权重参数，用于调整分解过程中交互信息和成员信息的比例；λ_c 为与 G-U 约束部分对应的正则化项。

对于 CoMF_c 中的模型参数 $\Theta = [x_u, y_i, z_g]$，其最小化等式（7-15）中的成本函数的分析表达式为

$$x_u = (\alpha Y^T A^u Y + (1-\alpha) Z^T C^u Z + (\lambda_\alpha + \lambda_c) I)^{-1} (\alpha Y^T A^u p(u) + (1-\alpha) Z^T C^u q^*(u))$$
（7-16）

$$y_i = \alpha(\alpha(X^T A^i X + Z^T B^i Z) + (\lambda_\alpha + \lambda_\beta) I)^{-1} (X^T A^i p(i) + Z^T B^i p^*(i))$$ （7-17）

$$z_g = (\alpha Y^T B^g Y + (1-\alpha) X^T C^g X + (\lambda_\beta + \lambda_c) I)^{-1} (\alpha Y^T B^*(g) + (1-\alpha) X^T C^g q^*(g))$$
（7-18）

其中，C^u 为 $K \times K$ 对角矩阵，$C^u_{gu} = c_{gu}$；C^g 为 $M \times M$ 对角矩阵，$C^g_{xx} = c_{gu}$；向量 $q^*(u) \in \mathbb{R}^K$ 包含 u 的所有成员，如 q^*_{gu}；$q^*(g) \in \mathbb{R}^M$ 包含 g 的所有成员。

3）混合模型

为了研究组间相似性和组内隶属度的组合效应是相互促进或抵消，我们将这两个因素加入 CoMF 模型中，名为 CoMF_w_c。换句话说，我们将研究者-文章矩阵、学术群组-文章矩阵、群组-群组共现矩阵和学术群组-研究者矩阵协同分解，如图 7-4 所示。

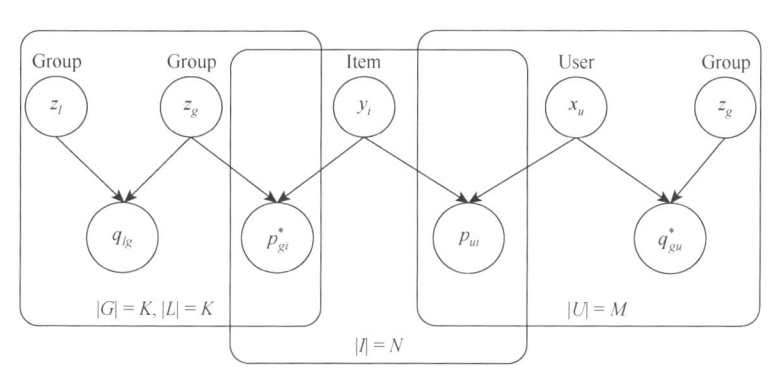

图 7-4　CoMF_w_c 模型

CoMF_w_c 模型的目标函数为

$$\mathcal{L}_{co\_w\_c} = \alpha \min_{u^*, g^*, i^*} \left(\overbrace{\sum_{u,i} a_{ui}(p_{ui} - x_u^T y_i)^2}^{\text{U-IMF}} + \overbrace{\sum_{g,i} b_{gi}(p^*_{gi} - z_g^T y_i)^2}^{\text{G-IMF}} + \overbrace{\sum_{g,l} (q_{gl} - z_g^T z_l)^2}^{\text{GroupEmbedding}} \right)$$

$$+ (1-\alpha) \min_{u^*, g^*} \overbrace{\sum_{g,u} (q^*_{gu} - x_u^T z_g)^2}^{\text{G-UConstraint}}$$

$$+ \lambda_\alpha \left(\sum_u \|x_u\|^2 + \sum_i \|y_i\|^2 \right) + \lambda_\beta \left(\sum_g \|z_g\|^2 + \sum_i \|y_i\|^2 \right)$$

$$+ \lambda_\eta \left(\sum_g \|z_g\|^2 + \sum_l \|z_l\|^2 \right) + \lambda_c \left(\sum_g \|z_g\|^2 + \sum_i \|y_i\|^2 \right)$$

（7-19）

其中，y_i 在 U-IMF 和 G-IMF 部分之间共享；x_u 由 U-IMF 和 G-U 约束部分共享；z_g 在 G-IMF、Group Embedding 和 G-U 约束部分之间共享。

对于 CoMF_w_c 中的模型参数 $\Theta = [x_u, y_i, z_g, z_l]$，$x_u$ 和 y_i 的解析表达式与式（7-16）和式（7-17）相同，其他为

$$z_q = (\alpha Y^T B^g Y + \alpha Z_l^T Z_l + (1-\alpha) X^T C^g X + (\lambda_\beta + \lambda_n + \lambda_c) I)^{-1}$$
$$\times (\alpha Y^T B^g p^*(g) + \alpha Z_l^T q(g) + (1-\alpha) X^T C_{q^*}^g(g))$$

（7-20）

$$z_l = \alpha (\alpha Z^T Z + \lambda_\eta I)^{-1} Z^T q(l)$$

（7-21）

7.4 融合产品描述的长尾产品推荐方法

传统的推荐算法的推荐方式是给每个用户提供一个包含产品的推荐列表。而在面向高质量长尾产品的个性化推荐中，传统的长尾产品推荐算法给用户生成的推荐列表很难包含全部高质量的长尾产品。因此，针对高质量长尾产品推荐，更适合为每个高质量长尾产品生成一个由用户组成的推荐列表。而且由于高质量长尾产品推荐面临更严重的数据稀疏性问题，在高质量长尾产品推荐中不处理数据稀疏性问题则难以取得好的推荐效果。因此，在解决高质量长尾产品推荐中应该借助合适的外部相关数据来缓解单一评分领域的数据稀疏性。

为解决高质量长尾产品推荐问题，本章融合产品描述信息和评分信息构建基于层次贝叶斯线性回归模型的长尾产品推荐模型来挖掘每个高质量长尾产品的潜在用户。首先根据长尾产品的评分区分高质量长尾产品和低质量长尾产品，并利用潜在狄利克雷分配（LDA）模型识别产品描述信息中潜藏的主题信息，基于所有产品的主题信息给每个高质量长尾产品构建一个包含相似主题的产品的子群。最后在每个高质量长尾产品子群中构建一个层次贝叶斯线性回归模型预测用户与高质量长尾产品之间的相关性，根据所有用户与每个高质量长尾产品之间的相关性的高低得到每个高质量长尾产品的潜在用户，并为每个高质量长尾产品生成一个由高相关性的用户组成的推荐列表。该高质量长尾产品推荐方法包含了两步策略缓解单一评分领域的数据稀疏性。首先，构建了一个高质量长尾产品子群，该子群中包含与高质量长尾产品有相同主题信息的产品，并在该子群中构建推荐模型。由于高质量长尾产品子群的数据稀疏性比整个数据集的数据稀疏性要低，所以通过构建子群的方式可以缓解高质量长尾产品推荐中面临的数据稀疏性。其次，

针对每个高质量长尾产品子群构建一个层次贝叶斯线性回归模型来预测用户与高质量长尾产品的相关性,由于层次贝叶斯模型可以通过共享产品的信息来缓解单一评分领域的数据稀疏性,所以基于层次贝叶斯线性回归的个性化推荐模型可以通过共享产品信息的方式来缓解高质量长尾产品推荐中面临的数据稀疏性。

1. 基于产品描述信息的主题建模

产品的描述信息是关于产品的介绍,如电影的剧情简介、书籍的内容简介等。产品的描述信息能够更为准确地反映产品的内容。所以,本章利用产品的描述信息来获取产品的潜在主题,从而挖掘具有相同主题的产品。我们利用主题分析领域经典的 LDA 模型来识别产品描述信息中潜藏的主题信息。

LDA 模型是 Blei 等提出的一种文档主题生成模型[32],它包含词、主题和文档三层结构。LDA 模型将每篇文档视为一个词频向量,从而将文本信息转化为易于建模的数学信息,进而发现文档中隐藏的语义结构,并能通过后验推理挖掘这些隐藏的语义结构,并将它们应用到数据分析、预测等方面[33-35]。LDA 模型的基本出发点是每篇文档并非只包含一个主题,而是包含多个主题,因此其假设每篇文档是由若干个潜在主题组成的,而每一个潜在主题则是在词上的一个多项式分布。

LDA 模型的生成过程如下所示。

(1) 对于每个主题 z,采样词分布 $\Phi_z \in \text{Dirichlet}(\beta)$。

(2) 对于每个文档 d,采样主题分布 $\theta_d \in \text{Dirichlet}(\alpha)$。

(3) 对于每个单词 c,采样主题 $z_{d,c} \in \text{Multinomial}(\theta_d)$;采样单词 $w_{d,c} \in \text{Multinomial}(\Phi_{z_{d,c}})$。

LDA 的概率图模型如图 7-5 所示。把 LDA 模型应用在产品描述信息的处理上,即把每个产品的描述信息当作一个文档,所有产品的描述信息作为总的语料库。利用 LDA 模型挖掘每个产品的描述信息的主题分布,从而获取每个产品的主题信息。根据所有产品的主题信息可以挖掘具有相似主题信息的产品从而构建高质量长尾产品子群。

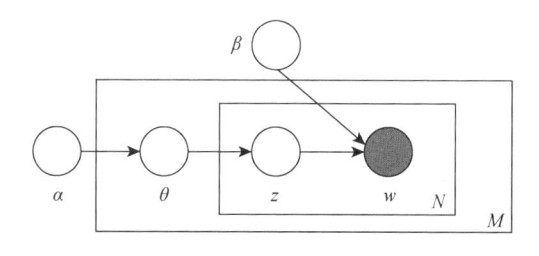

图 7-5 LDA 的概率图模型

2. 基于主题信息的长尾产品子群挖掘

利用 LDA 模型获取产品的描述信息中潜藏的主题信息之后，根据每个产品的主题分布可以挖掘具有相似主题信息的产品从而为每个高质量长尾产品构建一个子群。每个高质量长尾产品子群中的产品都具有相同的主题信息，从而可以基于每个高质量长尾产品子群构建个性化推荐模型，由于高质量长尾产品子群的数据稀疏性比总体的数据稀疏性要低，在高质量长尾产品子群上构建推荐模型的效果比在整个数据集上构建推荐模型的效果要好。

本章首先要把长尾产品划分为高质量长尾产品和低质量长尾产品。高质量长尾产品更能满足用户的兴趣偏好，容易得到用户的认可，因此高质量长尾产品的评价比低质量长尾产品的评价更高。基于此，本章根据用户对长尾产品的评分来区分高质量长尾产品和低质量长尾产品。针对每个长尾产品，根据所有用户对该长尾产品的评分计算该产品的平均评分值，然后可以得到所有长尾产品的平均评分值。我们设定一个阈值，选取平均评分值高于该阈值的长尾产品作为高质量长尾产品。

区分好高质量长尾产品和低质量长尾产品之后，针对每一个高质量长尾产品，从 LDA 模型获取的高质量长尾产品的主题分布中抽取一个主题作为该产品所属的主题。对于其他产品，也从 LDA 模型获取的产品的主题分布中抽取一个主题作为该产品所属的主题。然后，随机抽取一定数量的与高质量长尾产品有相同主题的产品组成一个高质量长尾产品子群。每个高质量长尾产品子群中包含一个高质量长尾产品与其他若干与高质量长尾产品有相同主题的产品。所以，本章为每个高质量长尾产品构建了一个包含相同主题信息的子群，并基于每个高质量长尾产品子群构建长尾产品推荐模型。

3. 基于子群的长尾产品推荐方法

层次贝叶斯模型广泛应用于信息检索领域。层次贝叶斯线性回归模型是应用最广泛的层次贝叶斯模型之一，它广泛应用于推荐系统中并实现了良好的效果[36, 37]。本节基于每个高质量长尾产品子群构建一个层次贝叶斯线性回归模型，图 7-6 展示了基于高质量长尾产品子群的层次贝叶斯线性回归模型的图模型。

从图 7-6 可以看出，针对每个高质量长尾产品 n，我们选取 $|J_n|$ 个与高质量长尾产品主题相同的产品构建一个高质量长尾产品子群，并基于每个高质量长尾产品子群中的所有 $|J_n|+1$ 个产品构建一个层次贝叶斯线性回归模型，基于每个产品构建一个线性回归模型预测用户与产品之间的相关性。每个产品 v 的评分数据集表示为 D_v，基于每个产品 v 的线性回归模型的参数用向量 ω_v 表示，ω_v 同样也是产品 v 的回归模型的回归系数。用户与产品之间的相关性 y 可以通过 k 维的用

户特征向量 x_u 和给定的产品 v 的回归模型的回归系数 ω_v 来预测，$y = \omega^T X + \varepsilon$，$\varepsilon$ 是一个随机误差，$\varepsilon \sim N(0, \sigma^2)$。假设产品 v 的回归模型的回归系数 ω_v 从先验分布 $P(\omega/\varphi)$ 中抽取，而贝叶斯线性回归模型中使用最多的先验分布是高斯分布，所以本章设置 ω_m 的先验分布是一个参数为 $\varphi = (\mu, \Sigma)$ 的高斯分布。

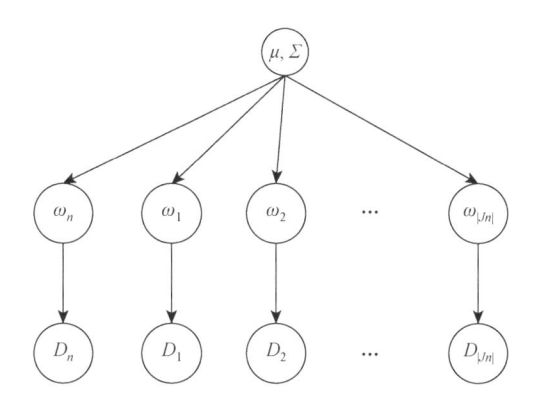

图 7-6　基于高质量长尾产品子群的层次贝叶斯线性回归模型

由于层次贝叶斯模型可以通过共享所有底层节点的信息来提高模型的预测效果，所以基于高质量长尾产品子群的层次贝叶斯线性回归模型可以通过共享所有产品的评分信息来提高预测用户与产品之间的相关性的精度。我们设置 μ 的先验分布是高斯分布，协方差矩阵 Σ 的先验分布是逆威沙特分布，因此我们可以基于共同的先验分布 $\varphi = (\mu, \Sigma)$ 共享单一高质量长尾产品子群中的所有产品的信息，更准确地估计出回归系数 ω_v 的值，这种信息共享的方式就是层次贝叶斯线性回归模型能够缓解数据稀疏性的方式。参数 μ 和 Σ 的联合先验分布如下：

$$p(\mu, \Sigma^2) = N(\mu \mid \mu_0, a\Sigma^2) \mathrm{IW}(\Sigma^2 \mid b, \Sigma_0^2) \quad (7\text{-}22)$$

其中，α, β, μ_0 和 Σ_0^2 为常数。

基于以上先验信息的设定，可以通过采样获取层次贝叶斯线性回归模型的参数。

（1）协方差矩阵 Σ 从逆威沙特分布中随机采样：$\Sigma \sim \mathrm{IW}(b, \Sigma_0^2)$，参数 μ 从高斯分布中随机采样：$\mu \sim N(\mu_0, a\Sigma^2)$。

（2）对于每个产品 v，回归系数 ω_v 从高斯分布中随机采样：$\omega_V \sim N(\mu, \Sigma^2)$。

（3）对于每个用户 u，用户 u 与产品 v 之间的相关性从高斯分布中随机采样：$y_{u,v} \sim N(\omega_v^T x_u, \sigma^2)$。

因此，层次贝叶斯线性回归模型中所有变量的联合似然分布可以表示为

$$P(D, \omega, \mu, \Sigma, \sigma) = P(\mu, \Sigma) P(\sigma) \prod_{v=1}^{|J_n|+1} \left(P(\omega_v \mid \mu_\omega, \Sigma_\omega) \prod_{u=1}^{U_v} P(y_{u,v} \mid x_u, \omega_v, \sigma) \right) \quad (7\text{-}23)$$

其中，U_v 为评分产品 v 的用户的数量。

当层次贝叶斯线性回归模型的联合先验 $\varphi = (\mu, \Sigma)$ 已知时，可以通过采样获得参数 ω 的值。最大化联合先验 $\varphi = (\mu, \Sigma)$ 如下：

$$\varphi_{\text{MAP}} = \arg\max_{\varphi} P(\varphi \mid D) = \arg\max_{\varphi} \int_{\omega} P(D \mid \omega, \varphi) P(\omega \mid \varphi) P(\varphi) \mathrm{d}\omega \quad (7\text{-}24)$$

由于上述联合先验的最优解很难获取，本章利用 EM 算法来估计层次贝叶斯线性回归模型的参数值。考虑每个产品 v 的贝叶斯线性回归模型中的回归系数是未知的隐变量，总体数据的似然函数如下：

$$P(y, \omega \mid x, \mu, \Sigma, \sigma) = \prod_{v=1}^{|J_n|+1} \left(P(\omega_v \mid \mu_\omega, \Sigma_\omega) \prod_{u=1}^{U_v} P(y_{u,v} \mid x_u, \omega_v, \sigma) \right)$$

$$= \prod_{v=1}^{|J_n|+1} \left((2\pi)^{-\frac{k}{2}} (\Sigma_\omega^2)^{-\frac{1}{2}} \exp\left(-\frac{1}{2} (\omega_v - \mu_\omega)^{\mathrm{T}} (\Sigma_\omega^2)^{-1} (\omega_v - \mu_\omega) \right) \right.$$

$$\left. \prod_{u=1}^{U_v} (2\pi\sigma^2)^{-\frac{1}{2}} \exp\left(-\frac{1}{2\sigma^2} (y_{u,v} - \omega_v^{\mathrm{T}} x_u)^2 \right) \right)$$

$$(7\text{-}25)$$

总体数据的对数似然函数为

$$\ln P(y, \omega \mid X, \mu, \Sigma, \sigma) = \sum_{v=1}^{|J_n|+1} \left(\ln P(\omega_v \mid \mu_\omega, \Sigma_\omega) + \sum_{u=1}^{U_v} \ln P(y_{u,v} \mid x_u, \omega_v, \sigma) \right)$$

$$= \sum_{v=1}^{|J_n|+1} \left(\left(-\frac{k}{2} \ln(2\pi) - \frac{1}{2} \ln(\Sigma_\omega^2) - \frac{1}{2} (\omega_v - \mu_\omega)^{\mathrm{T}} (\Sigma_\omega^2)^{-1} (\omega_v - \mu_\omega) \right) \right.$$

$$\left. + \sum_{u=1}^{U_v} \left(-\frac{1}{2} \ln(2\pi\sigma^2) - \frac{1}{2\sigma^2} (y_{u,v} - \omega_v^{\mathrm{T}} x_u)^2 \right) \right)$$

$$= \sum_{v=1}^{|J_n|+1} \left(-\frac{k+U_v}{2} \ln(2\pi) - \frac{U_v}{2} \ln(\sigma^2) - \frac{1}{2} \ln(\Sigma_\omega^2) \right.$$

$$\left. -\frac{1}{2\sigma^2} \sum_{u=1}^{U_v} (y_{u,v} - \omega_v^{\mathrm{T}} x_u)^2 - \frac{1}{2} (\omega_v - \mu_\omega)^{\mathrm{T}} (\Sigma_\omega^2)^{-1} (\omega_v - \mu_\omega) \right)$$

$$(7\text{-}26)$$

相应的期望为

$$Q = E(\ln P(y, \omega \mid X, \mu, \Sigma, \sigma))$$

$$= E\left(\sum_{v=1}^{|J_n|+1} \left(-\frac{k+U_v}{2} \ln(2\pi) - \frac{U_v}{2} \ln(\sigma^2) - \frac{1}{2} \ln(\Sigma_\omega^2) - \frac{1}{2\sigma^2} \sum_{u=1}^{U_v} (y_{u,v} - \omega_v^{\mathrm{T}} x_u)^2 \right.\right.$$

$$\left.\left. -\frac{1}{2} (\omega_v - \mu_\omega)^{\mathrm{T}} (\Sigma_\omega^2)^{-1} (\omega_v - \mu_\omega) \right) \right)$$

$$= \sum_{v=1}^{|J_n|+1} \left(-\frac{k+U_v}{2}\ln(2\pi) - \frac{U_v}{2}\ln(\sigma^2) - \frac{1}{2}\ln(\Sigma_\omega^2) - E\left(\frac{1}{2\sigma^2}\sum_{u=1}^{U_v}(y_{u,v} - \omega_v^{\mathrm{T}} x_u)^2\right) \right.$$
$$\left. -\frac{1}{2}E((\omega_v - \mu_\omega)^{\mathrm{T}}(\Sigma_\omega^2)^{-1}(\omega_v - \mu_\omega)) \right)$$
$$= \sum_{v=1}^{|J_n|+1} \left(-\frac{k+U_v}{2}\ln(2\pi) - \frac{U_v}{2}\ln(\sigma^2) - \frac{1}{2}\ln(\Sigma_\omega^2) \right)$$
$$-\frac{1}{2\sigma^2} E\left(\sum_{v=1}^{|J_n|+1}\sum_{u=1}^{U_v}(y_{u,v} - \omega_v^{\mathrm{T}} x_u)^2 \right) - \frac{1}{2} E\left(\sum_{v=1}^{|J_n|+1}(\omega_v - \mu_\omega)^{\mathrm{T}}(\Sigma_\omega^2)^{-1}(\omega_v - \mu_\omega) \right)$$
(7-27)

基于 EM 算法，我们通过迭代以下 E 步骤和 M 步骤来获取层次贝叶斯线性回归模型中的最优参数值。

E 步骤：首先基于联合先验信息 φ 估计贝叶斯线性回归模型 $P(\omega_v | D, \varphi) = N(\bar{\omega}_v, \Sigma_{\omega_v}^2)$ 的回归系数 ω_v：

$$\bar{\omega}_v = \left((\Sigma_\omega^2)^{-1} + \frac{1}{\sigma^2}\sum_{u=1}^{U_v} x_u x_u^{\mathrm{T}} \right)^{-1} \left(\frac{1}{\sigma^2}\sum_{u=1}^{U_v} x_u y_{u,v} + (\Sigma_\omega^2)^{-1}\mu_\omega \right) \quad (7-28)$$

$$\Sigma_{\omega_m}^2 = \left((\Sigma_\omega^2)^{-1} + \frac{1}{\sigma^2}\sum_{u=1}^{U_v} x_u x_u^{\mathrm{T}} \right)^{-1} \quad (7-29)$$

M 步骤：基于以上 E 步骤得到的参数值来优化联合先验 φ 和参数 σ 的值。

$$\mu_\omega = \frac{1}{|J_n|+1}\sum_{v=1}^{|J_n|+1}\bar{\omega}_v \quad (7-30)$$

$$\Sigma_\omega^2 = \frac{1}{|J_n|+1}\sum_{v=1}^{|J_n|+1}(\Sigma_{\omega_v}^2 + (\bar{\omega}_v - \mu_\omega)(\bar{\omega}_v - \mu_\omega)^{\mathrm{T}}) \quad (7-31)$$

$$\sigma^2 = \frac{1}{\sum_{v=1}^{|J_n|+1} U_v}\sum_{v=1}^{|J_n|+1}\sum_{u=1}^{U_v}(y_{u,v} - \omega_v^{\mathrm{T}} x_u)^2 \quad (7-32)$$

EM 算法通过交替迭代 E 步骤和 M 步骤进行计算，估计参数值直到收敛，然后得到最终的层次贝叶斯线性回归模型的参数。首先初始化联合先验 φ 和参数 σ 的值，并基于联合先验 φ 和参数 σ 的值来估计 E 步骤中的回归系数 ω_v 值，然后基于得到的回归系数 ω_v 来估计 M 步骤中联合先验 φ 和参数 σ 的值，保持 E 步骤和 M 步骤交替迭代直到收敛。

基于以上单一高质量长尾产品子群的层次贝叶斯线性回归模型的构建，可以预测单一高质量长尾产品子群中所有用户与高质量长尾产品之间的相关性，从而得到高质量长尾产品的潜在用户，即与高质量长尾产品相关性最高的 N 个用户。首先，基于上述 EM 算法得到基于每个高质量长尾产品子群的层次贝叶斯线性回归模型的参数最优值，通过抽样高斯分布 $y_{u,v} \sim N(\omega_v^T x_u, \sigma^2)$ 获取用户 u 与高质量长尾产品 v 之间的相关性 $y_{u,v}$。然后，根据所有用户与每个高质量长尾产品之间的相关性进行排序，选取与每个高质量长尾产品相关性最高的 N 个用户作为推荐算法为高质量长尾产品生成的推荐列表。

7.5 面向汽车品牌管理的个性化推荐

在互联网中，用户不仅被显式连接关系（如好友、关注的人和信任或不信任的人）影响偏好，还有可能被存在隐式连接关系的用户影响偏好。例如，有着相似兴趣的人形成一个兴趣群体，发表分享对事物的观点偏好等；在同一个兴趣群体中，用户都存在一个与该群体的隶属关系，但是用户两两之间不一定存在直接的连接关系。如何利用这种隐式连接关系进行个性化推荐需要解决以下三个方面的问题。

（1）个体兴趣影响和信息影响的区分问题。在兴趣群体中，个体兴趣和信息影响都有可能决定用户的选择偏好，如何对每个用户的个体兴趣和信息影响进行精确建模直接关系个性化推荐质量。

（2）信息影响的非对称性问题。例如，A 用户和 B 用户都选择了同一产品，需要确定是 A 影响了 B 的决定还是 B 影响了 A 的决定。区分影响用户对于后续建模至关重要。

（3）最具影响力的信息影响者问题。在用户所属的多个兴趣群体中，可能存在多个信息影响者影响用户的决定，如何在这些影响者中找出最具影响力的用户是基于隶属度关系的个性化推荐的难题。

为利用信息网络中的隐式连接关系进行个性化推荐，本章首先利用时间戳信息和用户选择产品信息过滤潜在信息影响用户，随后提出一种基于概率生成模型的 SILDA 模型，对用户在信息网络环境下的汽车产品选择过程进行建模。

本章提出的 SILDA 模型的概率图表示如图 7-7 所示。该模型通过用户和产品的历史交互记录来学习下列参数：①每个用户 u 在所有隐主题上的兴趣分布 θ_u；②每个隐主题 z 在所有项目上的分布 φ_z；③每个用户的兴趣分布在决策时的影响权重 λ_u。该生成模型通过生成过程来刻画用户选择产品时的决策过程。例如，用户 u 想要选择访问产品 v，那么用户可以依据自身的兴趣也可以依据信息影响来选择。如果用户 u 要根据自身兴趣进行选择（概率为 λ_u），那么他首先要依据自己的兴趣分布 θ_u 选择一个主题 z，随后被选择的主题 z 再依据主题在项目上的分布 φ_z 生成项目 v。类似地，如果用户 u 是依据信息影响来选择产品（概率为

$1-\lambda_u$），生成模型先从用户的信息影响好友 f_u 中选择一个影响力最大的好友 f，然后根据好友 f 的兴趣分布 θ_f 选择一个主题 z，随后被选择的主题 z，再依据主题在项目上的分布 φ_z 生成项目 v。这样，SILDA 模型模拟了用户 u 选择项目 v 的过程。

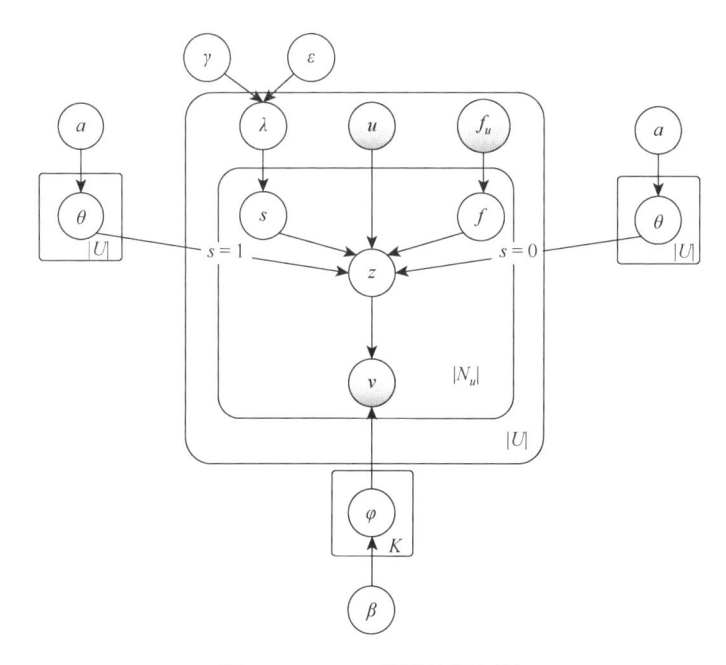

图 7-7 SILDA 模型的概率图

根据 SILDA 模型，本节利用汽车之家的数据集，将发布帖子用户和回复帖子的用户之间的关系作为一种隐式连接关系的象征，将用户收藏的车型数据作为一种反映用户对汽车的兴趣偏好的元素。本部分用的数据集是从汽车之家网站上爬取的数据，包含汽车之家论坛的 6 359 288 条用户发布帖子记录、6 247 712 条用户回复帖子记录以及 2 040 409 条用户收藏车型记录为原始数据，其中每条发布帖子记录代表用户发布帖子的列表，每条回复帖子记录代表用户回复帖子的列表，每条用户收藏车型记录代表用户收藏的汽车车型的列表，可以表明用户对汽车的偏好。发布帖子记录和回复帖子记录结合起来，可以显示隐式连接关系的用户影响偏好。经过用户发布帖子记录、用户回复帖子记录以及用户收藏车型记录进行匹配处理，得到最终实验用到的数据集，包括 810 115 条用户发布帖子-回复帖子记录和 122 811 条用户收藏车型记录。数据集包含 46 868 位活跃用户（活跃用户指的是有发布帖子记录和收藏车型记录的用户）和 1631 款车型。表 7-2 为我们实验使用的汽车之家数据集的统计信息。

表 7-2　汽车之家数据集统计

数据集	汽车之家
用户个数	46 868
发布帖子-回复帖子数据/条	810 115
车型数据/款	1 631

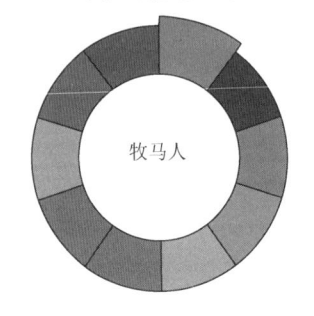

图 7-8　汽车品牌管理系统中的推荐列表展示

我们在回复帖子用户对发布帖子用户决策的影响建模过程中，考虑不同回复帖子用户的影响权重，使用 6.3.1 节所述基于自适应权重社会影响的隐狄利克雷分布推荐模型（SILDA-2）对用户提供推荐，进而挖掘出所有产品的潜在客户，该模型引入用户的个体影响权重参数来刻画不同用户的影响权重。在推荐结果中我们为每一位用户推荐 10 款其很有可能喜欢的车型。在汽车品牌管理系统中，我们展示了为每个用户推荐的 10 款车型，如图 7-8 所示。

参 考 文 献

[1] Breese J S，Heckerman D，Kadie C. Empirical analysis of predictive algorithms for collaborative filtering[C]//Proceedings of the Fourteenth Conference on Uncertainty in Artificial Intelligence. San Francisco：Morgan Kaufmann Publishers Inc.，1998：43-52.

[2] Koren Y，Bell R，Volinsky C. Matrix factorization techniques for recommender systems[J]. Computer，2009（8）：30-37.

[3] Jin R，Si L. A Bayesian approach toward active learning for collaborative filtering[C]//Proceedings of the 20th Conference on Uncertainty in Artificial Intelligence，2004：278-285.

[4] Ungar L H，Foster D P. Clustering methods for collaborative filtering[C]//AAAI Workshop on Recommendation Systems，1998，1：114-129.

[5] Wang H，Wang N，Yeung D Y. Collaborative deep learning for recommender systems[C]//Proceedings of the 21th ACM SIGKDD International Conference on Knowledge Discovery and Data Mining，2015：1235-1244.

[6] Kim D，Park C，Oh J，et al. Convolutional matrix factorization for document context-aware recommendation[C]//Proceedings of the 10th ACM Conference on Recommender Systems，2016：233-240.

[7] Liang D，Altosaar J，Charlin L，et al. Factorization meets the item embedding：Regularizing matrix factorization with item co-occurrence[C]//Proceedings of the 10th ACM Conference on Recommender Systems，2016：59-66.

[8] Rendle S. Factorization machines[C]//2010 IEEE International Conference on Data Mining，2010：995-1000.

[9] Rendle S，Gantner Z，Freudenthaler C，et al. Fast context-aware recommendations with factorization machines[C]//Proceedings of the 34th International ACM SIGIR Conference on Research and Development in Information Retrieval，2011：635-644.

[10] Bayer I. FastFM: A library for factorization machines[J]. Immanuel Bayer, 2016, 17 (184): 1-5.

[11] Zheng L, Noroozi V, Yu P S. Joint deep modeling of users and items using reviews for recommendation[C]// Proceedings of the Tenth ACM International Conference on Web Search and Data Mining, 2017: 425-434.

[12] Pizzutilo S, De Carolis B, Cozzolongo G, et al. Group modeling in a public space: Methods, techniques, experiences[C]//Proceedings of the 5th WSEAS International Conference on Applied Informatics and Communications. World Scientific and Engineering Academy and Society (WSEAS), 2005: 175-180..

[13] McCarthy K, Salamó M, Coyle L, et al. Cats: A synchronous approach to collaborative group recommendation[C]// Florida Artificial Intelligence Research Society Conference (FLAIRS), 2006: 86-91.

[14] McCarthy J F. Pocket restaurantfinder: A situated recommender system for groups[C]//Workshop on Mobile Ad-Hoc Communication at the 2002 ACM Conference on Human Factors in Computer Systems, 2002: 8.

[15] Crossen A, Budzik J, Hammond K J. Flytrap: Intelligent group music recommendation[C]//Proceedings of the 7th International Conference on Intelligent User Interfaces, 2002: 184-185.

[16] Yu Z, Zhou X, Hao Y, et al. TV program recommendation for multiple viewers based on user profile merging[J]. User Modeling and User-Adapted Interaction, 2006, 16 (1): 63-82.

[17] O'connor M, Cosley D, Konstan J A, et al. PolyLens: A recommender system for groups of users[C]//ECSCW 2001. Dordrecht: Springer, 2001: 199-218.

[18] Amer-Yahia S, Roy S B, Chawlat A, et al. Group recommendation: Semantics and efficiency[J]. Proceedings of the VLDB Endowment, 2009, 2 (1): 754-765.

[19] Baltrunas L, Makcinskas T, Ricci F. Group recommendations with rank aggregation and collaborative filtering[C]//Proceedings of the fourth ACM Conference on Recommender Systems, 2010: 119-126.

[20] Hu L, Cao J, Xu G, et al. Deep modeling of group preferences for group-based recommendation[C]//Twenty-Eighth AAAI Conference on Artificial Intelligence, 2014: 1861-1867.

[21] Liu X, Tian Y, Ye M, et al. Exploring personal impact for group recommendation[C]//Proceedings of the 21st ACM International Conference on Information and Knowledge Management, 2012: 674-683.

[22] Feng S, Cao J, Wang J, et al. Group recommendations based on comprehensive latent relationship discovery[C]// 2016 IEEE International Conference on Web Services (ICWS), 2016: 9-16.

[23] Chowdhury N, Cai X. Nonparametric Bayesian probabilistic latent factor model for group recommender systems[C]// International Conference on Web Information Systems Engineering, Springer, 2016: 61-76.

[24] Seko S, Motegi M, Yagi T, et al. Video content recommendation for group based on viewing history and viewer preference[C]//ITE Technical Report 35.7. The Institute of Image Information and Television Engineers, 2011: 25-26.

[25] Brynjolfsson E, Hu Y, Simester D. Goodbye Pareto principle, hello long tail: The effect of search costs on the concentration of product sales[J]. Management Science, 2011, 57 (8): 1373-1386.

[26] McNee S M, Riedl J, Konstan J A. Being accurate is not enough: How accuracy metrics have hurt recommender systems[C]//CHI'06 Extended Abstracts on Human Factors in Computing Systems, 2006: 1097-1101.

[27] Wang S, Gong M, Li H, et al. Multi-objective optimization for long tail recommendation[J]. Knowledge-Based Systems, 2016, 104: 145-155.

[28] Shi L. Trading-off among accuracy, similarity, diversity, and long-tail: A graph-based recommendation approach[C]// Proceedings of the 7th ACM Conference on Recommender Systems, 2013: 57-64.

[29] Yin H, Cui B, Li J, et al. Challenging the long tail recommendation[J]. Proceedings of the VLDB Endowment, 2012, 5 (9): 896-907.

[30] Valcarce D, Parapar J, Barreiro Á. Item-based relevance modelling of recommendations for getting rid of long tail products[J]. Knowledge-Based Systems, 2016, 103: 41-51.

[31] Bai B, Fan Y, Tan W, et al. DLTSR: A deep learning framework for recommendation of long-tail web services[J]. IEEE Transactions on Services Computing, 2017: 1-13.

[32] Blei D M, Ng A Y, Jordan M I. Latent Dirichlet allocation[J]. Journal of Machine Learning Research, 2003, 3 (Jan): 993-1022.

[33] Blei D M. Build, compute, critique, repeat: Data analysis with latent variable models[J]. Annual Review of Statistics and Its Application, 2014, 1: 203-232.

[34] Steyvers M, Griffiths T. Probabilistic topic models[J]. Handbook of Latent Semantic Analysis, 2007, 427 (7): 424-440.

[35] 关鹏, 王日芬. 基于LDA主题模型和生命周期理论的科学文献主题挖掘[J]. 情报学报, 2015, 34 (3): 286-299..

[36] Zhang Y, Koren J. Efficient Bayesian hierarchical user modeling for recommendation system[C]//Proceedings of the 30th Annual International ACM SIGIR Conference on Research and Development in Information Retrieval, 2007: 47-54.

[37] Pomerantz D, Dudek G. Context dependent movie recommendations using a hierarchical Bayesian model[C]// Canadian Conference on Artificial Intelligence, Berlin, Heidelberg: Springer, 2009: 98-109.

第 8 章　面向潜在客户的营销策略

为了能够抓住更多的潜在用户并将其转化为真实用户，企业需及时制定出有针对性的、创新性的面向潜在客户的营销策略来满足消费者不断提高以及不断变化的需求，这对扩大企业的市场份额、保证公司持续稳定发展尤为重要。互联网环境下，企业面对实时变化的网络环境与顾客需求，需要制定出有针对性的价格策略、促销策略以及渠道策略。互联网环境下，企业记录的消费者个人特征、定制信息、购买记录以及产品特征等信息，隐藏着消费者的行为特征、购买习惯以及兴趣偏好等，这些信息是分析消费者兴趣和偏好、制定营销策略吸引消费者购买、提高消费者满意度的重要依据。本章依据上述信息分析消费者的兴趣与偏好，研究价格策略、促销策略和渠道策略，将潜在用户转化为实际用户，提高转化率。本章内容主要从以下三个方面展开。

（1）面向推荐产品的个性化价格策略。随着电子商务的兴起，网上商品的销售价格不再是固定不变的，在线动态定价已经成为网络驱动的新经济特征之一。互联网使得线上企业能够跟踪消费者的线上购物行为，分析他们的偏好并动态改变价格以激励顾客购买。例如，当客户购买两件或更多件商品时，可以利用"捆绑折扣"或者"电子优惠券"这种直接作用于价格的策略，提高客户购买概率。基于在线动态定价的优点，本章提出在线动态捆绑定价（online dynamic bundle pricing, ODBP）模型，根据消费者在线购物的决策过程，制定动态的个性化价格，满足顾客需求。

（2）面向推荐产品的个性化促销策略。价格促销和产品推荐是企业获得电子商务市场份额的重要手段。通过有吸引力的价格折扣，可以激励消费者购买促销产品；通过在线推荐系统，可以鼓励顾客购买非打折产品。

（3）渠道策略。开拓线上渠道已经成为电子商务环境下企业营销的必然选择。在这种情况下，制造商面临着直接将产品销售给消费者还是选择零售商间接销售的问题。

本章将主要介绍面向潜在客户营销策略的相关理论及方法，内容组织如下。8.1 节从价格策略、促销策略和渠道策略等方面介绍国内外研究现状；8.2 节介绍面向推荐产品的个性化价格策略；8.3 节介绍面向推荐产品的个性化促销策略；8.4 节介绍渠道策略；8.5 节介绍面向汽车品牌管理的 4S 店推荐营销应用案例。

8.1 国内外研究现状

通过第 7 章所提方法找到潜在客户后,企业需对潜在客户制定出有针对性的、创新性的、个性化的营销策略,以提高消费者满意度、增加客户转化率、实现企业收益最大化。围绕价格、促销和渠道等方面进行策略设计是目前营销的主要研究思路。本节从价格、促销和渠道三方面来介绍营销策略的国内外研究现状。

8.1.1 价格策略

价格策略是企业吸引消费者、建立竞争优势、增加利润的有效手段,在企业营销实践中得到了广泛应用[1, 2]。电子商务环境为企业设计个性化的价格策略提供了有利的条件:企业可以方便地获取竞争对手的价格、分析消费者的购买决策,进而提供实时、动态的个性化价格。基于消费者的历史购买记录,企业可以分析消费者的购买意愿,对相同的产品收取不同的价格[3];通过跟踪消费者的购买过程,企业可以制订更优的交叉销售计划,并对交叉销售的产品制订个性化的价格[4];基于消费者的支付意愿,企业可以组织产品的在线拍卖活动,通过拍卖获取最大的销售利润[5];企业也可以参与消费者定价活动(name-your-price),根据消费者的需求和支付能力,组织产品生产和服务活动[6]。此外,企业可以更加灵活地更新销售价格、分发电子优惠券、提供定量折扣等价格策略,影响消费者的购买决策过程。

本章研究的价格策略是同个性化产品推荐相结合,研究基于消费者购买决策过程的定价方法,以个性化的价格引导消费者的购买行为。基于产品捆绑的定价是目前应用较为成功的个性化价格策略。电子商务环境下,企业一方面可以在消费者购买某件产品后,推荐其他产品,并制订个性化的捆绑价格;另一方面,可以分析消费者的购买历史,找出经常被一起购买的产品集合,并利用捆绑定价方法计算产品捆绑的价格。基于产品捆绑的个性化价格策略虽然也分析消费者的购买历史和跟踪消费者的购买决策行为,但是,由于购买相同产品(捆绑)的消费者支付相同的价格,这种策略已经受到了消费者的广泛认可。

价格捆绑策略是将两种或两种以上的相关产品,捆绑打包出售,并制订一个合理的价格实现企业利润最大化,在电子产品、食品、服装等销售领域有着广泛的应用。以产品 A 和 B 为例,捆绑定价研究的主要问题是:A 与 B 应该单独销售

（pure component）、捆绑销售（pure bundle）还是混合销售（mixed bundle），并在每种销售策略中制订合理的价格。在单独销售策略中，A 与 B 不进行捆绑，其定价原则是单独销售每件产品时，企业利润最大化。在捆绑销售中，A 与 B 不再单独销售，此时的定价策略是制订最优的捆绑价格。在混合销售中，A 与 B 既捆绑销售，又作为个体单独销售，企业的策略是制订合理的捆绑价格及单个产品的价格，实现企业利润的最大化。根据捆绑中包含产品的数量，捆绑定价的研究可以分为以下两个方面。一方面，确定两个产品捆绑销售的最优价格。例如，Venkatesh 和 Mahajan 以季票销售为例，研究了单独销售、捆绑销售和混合销售时的定价策略，研究表明，混合销售可以为企业带来最大的利润[7]。Venkatesh 和 Kamakura 探讨了替代品和补充品的捆绑策略，研究表明，产品的边际成本水平和补充、替代的相关程度影响着不同类型产品的捆绑收益[8]。McCardle 等对零售行业的产品捆绑问题进行了研究，基于消费者对产品的保留价格以及企业的补货策略，所提模型可以对基本商品以及流行性商品的捆绑进行合理定价[9]。另一方面，也有研究多个商品的捆绑策略。例如，Bakos 和 Brynjolfsson 对大量（多于两个）商品的捆绑策略进行了研究，并以在线内容服务、电视节目预订等实际问题验证了所提模型的有效性[10]；Hanson 和 Martin 用混合线性规划模型对多产品捆绑定价问题进行研究，并利用聚类分析方法简化模型输入参数的获取，提高了模型的实用性[11]；Ansari 等则对上述模型进行扩展，对产品组合中所包含的最优产品数量展开研究，所提模型可以为多产品捆绑定价中如何选择产品提供参考[12]。

现有定价策略以企业利润最大化为目标，在考虑消费者需求、企业库存、产品成本等的基础上，研究单产品及多产品的定价策略。现有模型的提出丰富了企业收益管理研究的内容，为企业进行有效定价提供了方法上的指导。但是，这些方法极少考虑在线购物的特征，尤其是消费者在线购物的多阶段性和实时性，因此，难以为电子商务企业的在线价格策略提供有效的指导[13]。基于此，本章提出 ODBP 模型[14]，在消费者购物过程中制订动态的、个性化的价格策略，以"买的越多，省的越多"为原则吸引消费者购买更多的产品，引导消费者的购买决策过程，实现企业利润的最大化。

8.1.2 促销策略

随着信息技术的快速发展，利用网络进行产品宣传与促销已经成为企业促销活动的重要选择。与传统环境倚重人员推广和电视广告不同，电子商务企业可以有效地利用网络传递产品和服务信息，启发消费者需求，激发消费者的购买欲望和购买行为。销售促进、网络广告、站点推广和关系营销是电子商务环境下企业进行促销的主要策略[15]，而个性化对提高上述策略的效果具有积极的作用。例如，基于消费者的需求和偏好，企业可以在旗帜广告、电子邮件广告、公告栏广告等网络广告中选择消费者最容易接受的形式进行促销宣传[16-18]；利用消费者的在线社会性网络设计个性化的关系营销策略[19]；在价格折扣、有奖销售、积分促销等销售促进策略中选择最适合的方式诱导消费者的购买行为[15]。

以价格折扣进行销售是企业最常使用的促销策略。电子商务环境为企业实施更加有效的价格促销策略提供了理想的平台。利用网络这一有效工具，企业收集消费者的在线行为数据，对目标消费者进行准确定位，为具有不同需求的消费者提供不同内容的价格促销信息。如亚马逊网站根据消费者的浏览历史，向具有不同兴趣的消费者分别提供电子产品、图书、日用品等不同类别的价格促销信息（图8-1）。基于消费者对不同价格促销策略的偏好，企业可以从直接价格折扣、提供电子优惠券或邮寄退款（mail-in-rebates）折扣中选择消费者喜欢的方式进行促销[20, 21]。与上述研究主要强调消费者定位不同，Zhang 和 Krishnamurthi[22]基于消费者的品牌选择、购买数量、购买时间及其效用函数提出了一种个性化价格折扣方法，该方法能够有效回答在什么时间向谁提供多少价格折扣这一复杂的个性化促销问题。Zhang 和 Wedel[23]对上述研究进行了扩展，比较了不同环境（在线环境和离线环境）下不同的价格促销策略（忠诚度促销和竞争促销）对消费者购买决策的影响，为企业在不同环境下实施正确的促销策略提供了理论依据。

图8-1 亚马逊网站的个性化促销信息

上述研究致力于帮助企业针对某一产品制定有效的价格促销活动，提高企业促销策略的有效性。然而，产品促销并不是针对单一产品的孤立行为，受交叉类别效应（cross-category effect）和同类别效应（inter-category effect）的影响，针对某一产品的促销活动势必影响其他产品的销售[24]。基于企业层面（store-level）和家庭层面（household-level）数据的研究表明，交叉类别和同类别产品之间存在替代或互补效应。例如，Walters[25]利用企业层面的数据发现某一产品的促销活动对其替代品和互补品的销售具有较大影响。因此，企业在进行促销活动时，必须同时考虑促销对其他产品销售的影响，才能实现最优的促销效果。

近年来，众多研究者对产品之间的替代和互补效应进行了研究，这些研究对企业制定有效的价格促销策略具有借鉴意义。为测试不同类别产品间的互补效应，Duvvuri 等[26]对三对互补产品进行分析，研究表明，充分利用产品的互补效应对提高企业的促销效果具有非常重要的作用。Song 和 Chintagunta[27]利用企业层面的数据对四种产品类别进行分析，在两种特定产品类别（liquid softeners 和 detergents）之间发现了明显的互补效应。为研究产品之间的替代效应，Gonzalez-Benito 等[28]提出了替代产品的最优定价模型，在考虑同类别产品替代效应的基础上，为企业实施最优的价格策略提供指导。与上述研究关注同类别产品之间的替代效应不同，Bandyopadhyay[24]研究了交叉类别之间的替代效应，探索处于相邻类别的产品之间（如冰激凌、酸奶等）促销活动的相互影响。

上述文献为企业制定和实施价格促销活动、利用产品的互补和替代效应提高收益提出了建议，企业以此为基础可以决定哪些产品一起销售、哪些产品同时促销[29]。但是，企业无法从这些研究中得到最优的销售价格和促销折扣。尤其是面对众多替代品和互补品时，只关注少量类别的替代和互补效应显然无法实现最优的促销策略。实际应用中，企业也极少利用消费者对非促销产品的需求优化促销活动，制定更为有效的个性化促销策略。

传统环境下，企业通常对促销产品提供价格折扣，对相关产品的货架摆放进行微调。例如，在对某款咖啡进行降价促销时，在周围摆放咖啡伴侣。上述研究受传统价格促销策略的影响，通常只研究有限类别产品销售和促销的相互影响。实际上，传统价格促销策略只是在由于无法跟踪消费者的购买决策过程以及受成本约束（如布置货架等相关活动的成本）导致的无奈之举。电子商务环境下，企业可以实时跟踪消费者的购买决策过程，以较低的成本实施更加灵活的价格促销活动。电子商务环境为制定更为有效的个性化促销策略提供了良好的机遇。基于此，本章的促销策略结合个性化产品推荐进行研究[30]，提出了促销活动中不同类型消费者的产品需求函数、促销产品和非促销产品（替代品、互补品和独立品）的收益计算方法以及企业促销收益的综合优化模型，模型不仅可以辅助企业制定最优的促销折扣，而且可以选择最优的推荐产品组合，在促销活动中获取最大的收益。

8.1.3 渠道策略

营销渠道是整个营销系统的重要组成部分，选择正确的营销渠道对降低企业成本和提高企业竞争力具有重要意义。同时，营销渠道的选择将直接影响到企业的营销决策，如产品的定价以及促销。它同价格策略和促销策略一样，是企业开拓市场、实现销售及经营目标的重要手段。随着电子商务的不断发展，零售商和制造商的渠道选择不仅包括传统的线下渠道，还有新增的线上渠道。合适的渠道选择策略有助于零售商和制造商降低成本，获取更多的利润。

在零售商的渠道选择中，早期的学者主要通过定性的方法对双渠道的优势进行分析，并普遍认为零售商采用双渠道结构要优于采用单渠道结构。Lal 和 Sarvary[31]通过定性分析的方法，对单一线下零售商之间的竞争状况与双渠道零售商之间的竞争状况进行了对比研究，研究发现，线上渠道的出现可以降低零售商之间的价格竞争强度。Zettelmeyer[32]认为零售商通过线上渠道和线下渠道同时销售产品有利于消费者更加全面地了解产品的功效，从而有利于销量的提升。Wallace 等[33]研究了渠道结构对消费者忠诚度的影响，基于数据分析发现，相对于单一分销渠道而言，零售商采用双渠道分销结构有利于提升消费者的忠诚度。Biyalogorsky 和 Naik[34]研究表明实体零售商增加线上销售渠道并不会对线下渠道的销售产生显著的负面影响。近年来有些学者开始建立相关数学模型，采用定量的分析方法对零售商的渠道选择进行研究。通过研究发现，对于零售商而言，双渠道分销结构并不一定优于单渠道分销结构。Bernstein 等[35]建立了一个零售商寡头垄断模型，对零售商的均衡分销渠道结构进行研究并发现，无论初始状态如何，零售商最终都会采用双渠道分销结构，消费者会从中获益，但零售商的利润不一定会上升；零售商如果不自己建立线上渠道而是通过与纯电商合作实现线上销售时，零售商之间的渠道结构博弈可能会陷入囚徒困境。Ofek 等[36]在考虑线上渠道可以为消费者提供购物便利增加潜在销量的同时，还进一步考虑了消费者对于从线上渠道购买的产品缺乏直观的感知会增加潜在退货量的情况，研究发现当两个零售商销售的产品区别不大时，两个零售商的渠道结构将会均衡在一种非对称的情况，即一个零售商将会采用双渠道结构，而另一个零售商将会采用单一线下渠道结构，并且采用双渠道的零售商的利润会低于单渠道零售商。

在制造商的渠道选择中，许多学者开始关注制造商的渠道选择问题，即制造商是否应该开设线上直销渠道，并进行了大量的研究。Park 和 Keh[37]建立了一个新的需求模型，将制造企业采用单一线下渠道分销模式和采用双渠道分销模式关联起来使之具有可比性，通过博弈分析发现制造商采用双渠道模式可以提高自身的利润和供应链的利润，同时消费者也能够获得更低的价格，但传统实体零售商的利润会降低。Fruchter 和 Tapiero[38]对制造商建立线上直销渠道进行分析,除了得到与 Park 和 Keh[37]类似的结论,还发现制造商将线上直销渠道的价格与零售企业的价格保持一致对其最有利。Chiang 等[39]基于消费者效用理论建立了新的需求模型,并假设消费者对于同种商品从线下购买的效用要大于线上。通过对模型的分析,找出了制造商开设线上直销渠道的阈值,并为制造商和零售商在开设线上直销渠道情形下如何获得帕累托改进提出了有效的建议。陈明洋等[40]考虑了产品的差异性,建立营销渠道选择的概念模型,并运用层次分析对制造商渠道选择进行了研究,发现附加值高的产品更加适合通过传统线下渠道进行销售,而价值低的产品更加适合线上渠道。许传永等[41]考虑了制造商采用单一线上渠道的可能性,并将其与双渠道结构和单一线下渠道结构进行对比,研究发现,如果供应链采用集中决策模式,双渠道将是最优的渠道结构;如果供应链采用分散决策模式,对于制造商来说,单一线上渠道与混合渠道结构所带来的利润相同,而单一线下渠道结构所带来的利润与其他两种渠道结构相比则不确定。Yao 和 Liu[42]对 Park 和 Keh[37]的模型进行了拓展,进一步考虑了服务水平对于需求的影响,发现制造商开设线上渠道可以促使零售商提高其服务水平,增加供应链利润,同时也提出了一种策略确保制造商和零售商达到帕累托改进。Dumrongsiri 等[43]也考虑了服务水平对于需求的影响,同样发现制造商开设线上渠道可以增加供应链利润,与 Park 和 Keh[37]不同的是,他们发现需求变动程度和两个渠道的边际成本对是否采用双渠道模式有着重要的影响,并提出当线下渠道边际成本较大和市场需求变动较多时,制造商有更强的动机去开设线上直销渠道。

以上的文献都是考虑一个制造商和一个零售商所组成的供应链。一些学者在此基础上对于供应链的结构进行了拓展。Kumar 和 Ruan[44]考虑了由两个制造商和一个零售商所组成的供应链系统,分析了其中一个制造商开设线上直销渠道对于自身的影响,发现零售商对于其的支持力度和顾客对于不同品牌差异的敏感度起着至关重要的作用。当零售商支持力度低、顾客敏感度大时,采用双渠道模式可能对自身不利。Hendershott 和 Zhang[45]考虑了一个制造企业和多个零售企业所组成的供应链结构,假设存在退货并且线上直销渠道的退货率和退货成本要高于线下渠道,则当贴现因子、制造商的交易成本与退货成本都较高时,制造商采用单一线下渠道结构比较好;当制造商的交易成本与退货成本都不是很高,而贴现因子较低时,制造商更应该采用线下渠道与线上直销渠道相结合的模式。Netessine 和 Rudi[46]将单一渠道结构与双渠道结构进行了对比,发现零售商数量、批发价格和运输成本等因素都会对制造商的渠道选择产生影响。

尽管以上文献研究了网络推广和双渠道协调,但都将在线市场视为一个市场,没有解决多市场环境下的双渠道零售的多周期性和经常性促销的问题，基于此，本章的渠道策略中介绍了 Wu 等[47]研究的制造商在零售商异质的情况下如何将消费者推荐给零售商的情形，从而达到双方利益最大化。

8.2　面向推荐产品的个性化价格策略

产品推荐策略通过对消费者的在线行为进行建模，推荐消费者感兴趣的产品。然而，兴趣偏好并不是影响消费者购买决策的唯一因素。在企业信誉、支付安全性以及售后服务等得到保障的基础上，产品价格对消费者的购买决策起着决定性的作用。为了防止消费者从企业的竞争对手购买产品，在找到消费者感兴趣的产品后，企业应该采用一定的价格策略吸引消费者购买。为此，本章以"买的越多，省的越多"为宗旨，研究如何为产品制定合理的个性化价格，吸引消费者购买企业的产品，实现企业利润的最大化。本章的基本思路是，消费者的在线购物是一个多阶段的决策过程，在每一个购买决策阶段（向购物车添加或删除某一产品），首先利用个性化产品推荐策略分析消费者的需求和偏好，进行个性化产品推荐；然后将推荐产品与购物车中的产品进行捆绑定价，计算消费者可能享受的价格优惠，以个性化的价格策略吸引消费者购买更多的产品。研究表明，所提模型不仅可以为企业带来更多的利润，还可以为消费者带来更多的优惠，是一个双赢的策略。

8.2.1　问题分析

从企业的角度，个性化营销策略通过产品推荐预测消费者的需求，并以个性化的促销策略和价格策略吸引消费者进行购买。从消费者的角度，在线购物实际上是一个需求认知、信息搜索、选择性评价、购买决策和购后评价的决策过程。在选择性评价和购买决策阶段，消费者首先确定需要购买的产品，然后确定从哪家企业以何种价格购买。

在企业信誉、支付安全、售后服务等得到保障的前提下，价格是影响消费者购买决策的最重要因素[48]。为了取得有利的竞争地位，企业通常根据其库存和成本等实际情况制定最合理的销售价格，吸引消费者购买本企业的产品。各种价格比较搜索引擎（Microsoft Bing、Google Shopping 等）的出现使得消费者可以极为方便地得到各企业的销售价格，进而选择低价的企业购买产品。以购买苹果手机为例，消费者可以选择亚马逊、京东商城、当当等众多电子商务网站进行购买。假设通过亚马逊网站的个性化产品推荐信息，消费者确定需要购买 iPhone X 手机。如果消费者对 iPhone X 手机的预期价格是 5000 元，而亚马逊的售价是 5100 元，那么消费者不会从亚马逊网站购买该手机，而会到京东商城、当当等售价低于消费者预期的企业购买。显然，现有的个性化产品推荐策略虽然可以找到消费者需要的产品，但是却缺乏将产品推荐转化为消费者购买的有效方案。

  采取价格策略将潜在的消费者转换为实际的购买者是企业最为常用的营销策略。各种定价方法，如动态定价[49]、捆绑定价[50]等在营销实践中已经得到了广泛的应用。但是，这些定价策略很少集成在线购物的动态特征，因此很难根据消费者在线购买的决策过程提供有吸引力的个性化价格[13]。目前，电子商务企业的在线定价方法通常借鉴传统的定价思路，如规定在线购买满 100 元则享受 10%的价格优惠或者对交叉销售的产品给予一定的价格折扣。以亚马逊为例（图 8-2），消费者将图书 *How to Win Friends & Influence People* 加入购物车后，如果该消费者继续购买图书 *The 7 Habits of Highly Effective People*，则可以享受到 5%的价格折扣。但是，如图 8-2（b）所示，该策略是与某种特定商品对应的静态价格折扣方法。无论消费者是否继续购买其他产品（如将 *Outliers：The Story of Success* 加入购物车），消费者只能享受图书 *The 7 Habits of Highly Effective People* 销售价格 5%的优惠。

  在离线环境下，由于无法跟踪消费者的购物过程，企业只能根据消费者结账时的状态（如每次购物的总数量、总金额或特定商品的购买情况）实施相应的价格策略。显然，这些措施无法有效地引导消费者的购买决策过程。电子商务环境为跟踪消费者的购买决策过程提供了有效的工具。通过跟踪消费者的在线行为，如浏览产品信息、更新购物车（添加或删除产品）等，企业可以实时分析消费者的需求和偏好，利用个性化价格策略引导消费者的购买决策。

  为了在消费者购物过程中制定个性化的价格策略，引导消费者的购买决策过程，本章提出 ODBP 模型。ODBP 模型根据消费者在线购物的决策过程，制定动态的个性化价格，以"买的越多，省的越多"为原则吸引消费者购买更多的产品，实现企业利润的最大化。消费者在线购物是一个多阶段的决策过程：在一次购物过程中，消费者通常购买多件产品，向购物车中加入一件产品可以看作一个阶段的购买决策[51]。同样，在购买决策过程中，消费者可能将先前决定购买的产品移出购物车，产生新的购买决策。ODBP 模型利用非线性混合整数规划方法对这一多阶段决策过程进行建模：当消费者更新购物车后，首先利用个性化产品推荐策略帮助消费者找到需要的产品；然后，将每一件推荐产品与购物车中的产品进行捆绑，计算推荐产品的捆绑价格。在 ODBP 模型中，产品的捆绑价格取决于消费者已经购买的产品（购物车中的产品），因此，购买相同产品的消费者将获得相同的捆绑价格，保证了个性化营销策略的公平性。此外，由于产品的捆绑价格低于目前的销售价格，消费者总是可以从后续购物过程中得到额外的节省。ODBP 模型的基本思路如图 8-3 所示。

(a)

(b)

图 8-2　亚马逊的交叉销售策略

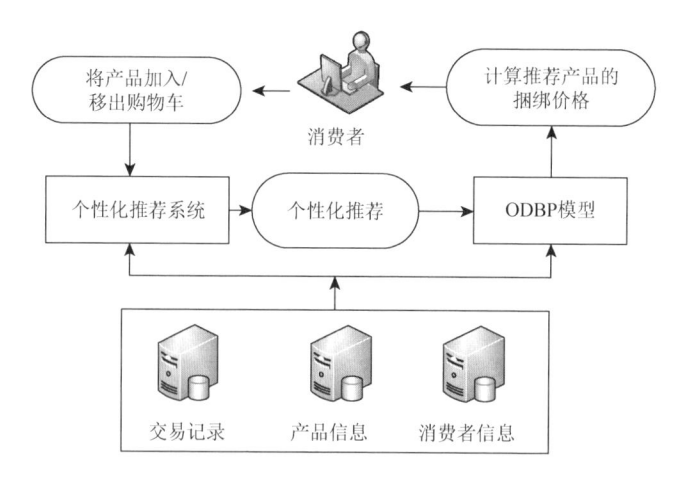

图 8-3　ODBP 模型的基本思路

8.2.2 模型假设及建模要求

为了对消费者在线购物的决策过程进行建模，本章首先做如下假设。

（1）企业有足够的交易记录和消费者信息进行消费者兴趣偏好分析。基于消费者的购买历史、浏览记录以及个人特征等信息源，企业可以利用产品推荐及其优化策略，产生符合消费者偏好的推荐方案。

（2）根据捆绑定价和个性化推荐领域的研究，本章假设消费者对不同产品具有相互独立的保留价格[50,52]，消费者对捆绑的保留价格等于消费者对捆绑中每一产品的保留价格之和[53]。当消费者对产品的保留价格相互依赖时，我们可以利用超加性（super additive）和次加性（sub additive）计算消费者对捆绑的保留价格。具体计算方法请参考文献[8]。

（3）消费者的购买决策由其剩余效用（消费者对产品或捆绑的保留价格-产品或捆绑的实际销售价格）决定，消费者只会购买剩余效用为正的产品。

（4）企业已经在其网站上单独销售相关产品，企业利用价格优化模型计算产品单独销售的最优价格，并将该价格在企业网站上加以标示。价格优化模型的基本思路如下[9]。

假设消费者对产品 g_n 的保留价格在区间 $[r_l, r_u]$ 内服从分布 $f(x)$，则企业以价格 p_n 销售产品 g_n 时的期望利润为 $\text{Profit}_n = \left(M * \int_{p_n}^{r_u} f(x) \mathrm{d}x \right) * (p_n - c_n)$。函数 $f(x)$ 可以为均匀分布 $U(u-b, u+b)$、正态分布 $N(\mu, \sigma^2)$ 或其他分布形式。$\left(M * \int_{p_n}^{r_u} f(x) \mathrm{d}x \right)$ 值是市场规模为 M 时以价格 p_n 销售产品 g_n 的需求量。产品 g_n 的最优价格 p_n^* 是销售利润最大时产品的售价，可由下述公式得出：

$$\text{profit}^* = \underset{p_n}{\text{Max}} \left(M * \int_{p_n}^{r_u} f(x) \mathrm{d}x \right) * (p_n - c_n) \tag{8-1}$$

模型假设表明，ODBP 模型主要需要如下两类数据。①产品信息数据：产品成本、单独销售的价格、需求数量等。②消费者数据：如购买历史、浏览记录、市场规模、消费者保留价格等。其中，产品成本、购买历史、浏览记录等是企业经营活动所依据的基本资料，因此，企业应该对产品成本、购买记录等信息有着准确的掌握。消费者保留价格是 ODBP 模型的基础，企业可以利用购买记录分析和问卷调查等方式获得消费者对产品的评价，也可以基于已有研究对消费者保留价格进行仿真。

消费者在线购物的多阶段性和实时性要求 ODBP 模型必须满足如下要求，才能在营销实践中加以应用。

（1）捆绑价格与产品加入购物车的顺序相互独立。例如，消费者在下面两种情况下必须具有相同的支出：①购物车包含图书 *Outliers：The Story of Success* 时，将图书 *How to Win Friends & Influence People* 加入购物车；②购物车包含图书 *How to Win Friends & Influence People* 时，将图书 *Outliers：The Story of Success* 加入购物车。如果简单地采用"第二件商品享受价格5%优惠"的策略，消费者将会因为产品购买顺序的差异支付不同的费用。采取这种策略，消费者会尝试不同的购买顺序，以便获得最低的价格，这显然是不合理的。

（2）不允许有价格违背的现象。所谓价格违背主要包括两方面：一方面捆绑价格必须小于所有产品单独销售的价格，否则，捆绑定价便毫无意义；另一方面，消费者购买推荐产品的额外支出必须低于单独购买该产品的费用，否则一个理性的消费者会首先支付购物车中的产品，然后购买推荐的产品。

由于传统的捆绑策略根据企业是否采取捆绑销售、单独销售和混合销售进行定价，各种定价策略可能产生不同的销售价格，因此，如果利用传统方法计算产品捆绑的价格，可能出现价格违背现象。下面用表 8-1 所示数据对价格违背现象进行说明。表 8-1 给出了三位消费者对产品 A、B 和捆绑 $\{A, B\}$ 的保留价格。假设 A 和 B 是相互独立的两个产品（非替代品和互补品），捆绑 $\{A, B\}$ 的保留价格等于消费者对产品 A 和 B 的保留价格之和。产品 A 和 B 的成本分别为￥3 和￥16。

表 8-1 价格违背现象举例

消费者 ID	产品 A 的保留价格/元	产品 B 的保留价格/元	捆绑 $\{A, B\}$ 的保留价格/元
消费者 1	8	22	30
消费者 2	7	25	32
消费者 3	7	26	33

根据最优定价理论[9]，为了在单独销售产品 A 和 B 的过程中取得最大化的利润，产品 A 和 B 的最优销售价格分别为￥7 和￥22，此时，企业利润分别为￥12（=（7-3）×3）和￥18（=（22-16）×3）。根据本章假设，在应用捆绑定价模型前，企业已经以上述价格在网站上销售产品 A 和 B。根据表 8-1 最后一列所示的保留价格，如果利用捆绑销售策略进行定价，企业应该以￥30 的价格销售捆绑 $\{A, B\}$ 以取得最大的利润￥33（=（30-3-16）×3），该策略得到的价格（￥30）高于产品 A 和 B 单独销售的价格之和，产生了价格违背。显然，这种价格违背现象是不合理的，个性化捆绑定价策略应该加以克服。

（3）当消费者从购物车中移除产品时，购物车中产品的价格必须保持合理。例如，购物车中有 A、B 和 C 三件产品，如果消费者决定将产品 B 移出购物车，那么，购物车此时的价格（A 和 C 的捆绑价格）必须与消费者将产品 A 和 C 按不同顺序(先购买 A 后购买 C 或者先购买 C 后购买 A)加入购物车时的价格保持一致。这样,无论消费者按何种顺序将产品加入购物车,只要购买相同的产品,他们都会支付相同的费用。该策略保证了定价策略的公平性,也使得消费者不会尝试不同的购买顺序以获得不同的价格。

(4)模型求解效率必须满足在线环境的要求。消费者在线购物是一个实时的过程,消费者点击页面、将产品加入购物车等行为都必须得到快速响应。消费者在线购物的等待时间直接关系到消费者对企业的满意度。研究表明,即使 10 秒钟的等待,都会造成大量的消费者流失[48]。因此,电子商务环境下,个性化定价模型的求解效率必须得到保障。

显然,传统的动态定价和捆绑定价策略无法完全满足上述要求。为此,我们提出 ODBP 模型。在消费者多阶段购物的决策过程中,制定合理的个性化价格,在吸引消费者购买更多产品的同时,最大化企业利润。

8.2.3　推荐商品动态捆绑价格模型

1. ODBP 模型构建

ODBP 模型参数见表 8-2。

表 8-2　ODBP 模型参数

参数	含义	参数	含义
M	潜在消费者数量	c_i^S	产品 g_i^S 的成本
N	企业在线销售的产品种类	$r_{m,i}^S$	消费者 m 对产品 g_i^S 的保留价格,m=1, 2, $\cdots$, M
I	购物车中已有产品的数量	g_j^R	推荐列表中的产品,j=1, 2, $\cdots$, J
J	推荐列表中产品的数量	p_j^R	产品 g_j^R 的销售价格
g_i^S	购物车中的产品,i=1, 2, $\cdots$, I	c_j^R	产品 g_j^R 的成本
p^S	购物车中产品的捆绑价格	$r_{m,j}^R$	消费者 m 对产品 g_j^R 的保留价格
p_i^S	产品 g_i^S 的销售价格	b_m	消费者 m 的预算
p_{-i}	中间决策变量,产品 $\{g_1^S,\cdots,g_{i-1}^S,g_{i+1}^S,\cdots,g_I^S,g_j^R\}$ 的捆绑价格,i=1, 2, $\cdots$, I	p	决策变量,产品 $\{g_1^S,\cdots,g_I^S,\cdots,g_j^R\}$ 的捆绑价格
X_m	决策变量,当消费者购买捆绑 $\{g_1^S,\cdots,g_i^S,\cdots,g_I^S,g_j^R\}$ 时,X_m=1,否则,X_m=0	Y_k	决策变量,消费者收到优惠券(o_k, d_k)

假设企业在线销售的产品数量为 N，潜在顾客数量为 M。消费者已经将 I 件产品加入购物车，用 $G_S = \{g_1^S, \cdots, g_i^S, \cdots, g_I^S\}$ 表示。这些产品的销售价格、成本、消费者保留价格以及运费分别为 $\{p_1^S, \cdots, p_i^S, \cdots, p_I^S\}$，$\{c_1^S, \cdots, c_i^S, \cdots, c_I^S\}$，$\{r_{m,1}^S, \cdots, r_{m,i}^S, \cdots, r_{m,I}^S\}$，$\{f_{m,1}^S, \cdots, f_{m,i}^S, \cdots, f_{m,I}^S\}$，$m=1,2,\cdots,M; i=1,2,\cdots,I$，运费 $f_{m,i}^S$ 的计算主要基于消费者购买的产品、选择的配送方式（1 天送到、2 天送到或 5 天送到）以及企业的配送费率。一旦消费者将产品加入购物车并选择相应的配送方式，我们便可以得到相应的配送费用。购物车中产品的捆绑价格为 p^S，当购物车中只有一件产品时，$p^S = p_1^S$。根据 G_S 中的产品，个性化推荐系统产生 J 件推荐产品，$G_R = \{g_1^R, \cdots, g_j^R, \cdots, g_J^R\}$，这些产品的销售价格、成本、保留价格和运费分别为 $\{p_1^R, \cdots, p_j^R, \cdots, p_J^R\}$，$\{c_1^R, \cdots, c_j^R, \cdots, c_J^R\}$，$\{r_{m,1}^R, \cdots, r_{m,j}^R, \cdots, r_{m,J}^R\}$，$\{f_{m,1}^R, \cdots, f_{m,j}^R, \cdots, f_{m,J}^R\}$，$j=1,2,\cdots,J$。

对推荐列表 G_R 中的每一件产品 g_j^R，将其与集合 G_S 中的产品相结合形成一个捆绑，即 $\{g_1^S, \cdots, g_i^S, \cdots, g_I^S, g_j^R\}$，计算捆绑价格作为捆绑产品的最终销售价格。消费者的预算设为 $\{b_1, \cdots, b_m, \cdots, b_M\}$。表 8-2 列出了建立 ODBP 模型所需的参数及其说明。

ODBP 模型的目标是当消费者已经将产品 g_i^S 加入购物车后，以个性化价格吸引消费者购买推荐的产品 g_j^R 以最大化企业利润：

$$\max \sum_{m=1}^{M} \left(p - \left(\sum_{u=1}^{I} c_u^S + c_j^R \right) \right) X_m \tag{8-2}$$

企业从每一个消费者获取的利润是产品的捆绑价格与产品成本的差值，即 $p - \left(\sum_{u=1}^{I} c_u^S + c_j^R \right)$，总利润是从所有可能将推荐产品 g_j^R 加入购物车的消费者处获取的利润总和。

$$\left(\left(\sum_{u=1}^{I} r_{m,u}^S + r_{m,j}^R - p - f_m \right) - (r_{m,j}^R - p_j^R - f_{m,j}^R) \right) X_m \geqslant 0, \quad m=1,2,\cdots,M \tag{8-3}$$

式（8-3）表明，为了吸引消费者购买产品 g_j^R，消费者从捆绑价格获得的剩余效用必须高于单独购买产品 g_j^R 的剩余效用。否则，消费者不会将 g_j^R 加入购物车。

$$\left(\left(\sum_{u=1}^{I} r_{m,u}^S + r_{m,j}^R - p - f_m \right) - (r_{m,i}^S - p_i^S - f_{m,i}^S) \right) X_m \geqslant 0, \quad i=1,2,\cdots,I; m=1,2,\cdots,M$$

$$\tag{8-4}$$

式（8-4）表明，虽然消费者已经将 g_i^S 加入购物车，但是，如果捆绑 $\{g_1^S, \cdots, g_i^S, \cdots, g_I^S, g_j^R\}$ 产生的剩余效用低于单独购买 g_i^S 的剩余效用，消费者可能将产品 g_i^S 移出购物车，继而单独购买产品 g_i^S。

$$\left(\sum_{u=1}^{I} r_{m,u}^{S} + r_{m,j}^{R} - p - f_m\right) X_m \geqslant 0, \quad m = 1, 2, \cdots, M \tag{8-5}$$

式（8-5）表明，只有从捆绑中获得的剩余效用非负时，消费者才可能将 g_j^R 加入购物车，否则，企业无法从销售 g_j^R 获得利润。

式（8-3）、式（8-4）和式（8-5）共同决定了当产品 $\{g_1^S, \cdots, g_i^S, \cdots, g_I^S, g_j^R\}$ 以捆绑价格 p 销售时，消费者是否有兴趣购买。消费者 m 对购物车中产品的保留价格为 $\sum_{u=1}^{I} r_{m,u}^{S}$，对捆绑 $\{g_1^S, \cdots, g_i^S, \cdots, g_I^S, g_j^R\}$ 的剩余效用为 $\sum_{u=1}^{I} r_{m,u}^{S} + r_{m,j}^{R} - p - f_m$，$f_m$ 为所有捆绑产品的运费。

在实际购物过程中，消费者通常设定一个支出预算，即购买产品的最大金额[54]。消费者的支出预算受其经济条件和购买经验决定，支出预算决定了消费者的购买能力和支付意愿。

$$(p + f_m - b_m) X_m \leqslant 0, \quad m = 1, 2, \cdots, M \tag{8-6}$$

而式（8-6）表明，只有当实际支出（捆绑价格+运费）低于预算时，消费者才可能购买推荐产品。

$$p - p^S - p_j^R \leqslant 0 \tag{8-7}$$

式（8-7）表明，消费者将产品 g_j^R 加入购物车的额外支出必须不超过产品单独销售的价格。否则，由于将产品 g_j^R 加入购物车的额外支出大于产品单独销售的价格，消费者可能产生不公平的感觉。

由于消费者可以任何顺序将产品加入购物车，因此，除了将产品 g_j^R 加入购物车形成捆绑 $\{g_1^S, \cdots, g_i^S, \cdots, g_I^S, g_j^R\}$，还有 I 种方式可以形成该捆绑：当购物车中已有产品为 $\{g_1^S, \cdots, g_{i-1}^S, g_{i+1}^S, \cdots, g_I^S, g_j^R\}$ 时，消费者将 g_i^S 加入购物车，$i=1, 2, \cdots, I$。

$$p - p_{-i} - p_i^S \leqslant 0, \quad i = 1, 2, \cdots, I \tag{8-8}$$

其中，p_{-i} 为产品集合 $\{g_1^S, \cdots, g_{i-1}^S, g_{i+1}^S, \cdots, g_I^S, g_j^R\}$ 的捆绑价格。

式（8-8）保证了这 $I+1$ 种情况可以获得相同的捆绑价格，即捆绑价格不依赖于消费者购买产品的顺序。

$$p \geqslant \sum_{u=1}^{I} c_u^S + c_j^R \tag{8-9}$$

式（8-9）表明，捆绑价格必须高于捆绑产品的成本，否则企业无法从捆绑产品销售中获取利润。

$$p \leqslant \sum_{u=1}^{I} p_u^S + p_j^R \tag{8-10}$$

式（8-10）表明，捆绑价格必须低于捆绑产品单独销售时的价格总和，否则捆绑变得毫无意义，也无法吸引消费者购买更多的产品。

给定式（8-7）和式（8-8），式（8-10）是一个冗余约束，在模型求解过程中，可以将其删除。

决策变量 X_m 表明消费者 m 是否会以价格 p 购买捆绑产品。当消费者产生购买行为时，$X_m=1$ 否则 $X_m=0$。

$$X_m = 0 \text{ 或 } 1, \quad m=1,2,\cdots,M \tag{8-11}$$

给定式（8-3）～式（8-11），ODBP 模型通过最大化目标（8-2）使企业获得最大的利润。值得注意的是，最优捆绑价格 p 是基于所有 M 个消费者的保留价格得到的优化结果，而非基于某一个消费者对产品价值的评价。这样，只要消费者购买相同的产品，他们就会得到相同的捆绑价格。

如果企业决定根据消费者的特征进行区分度更大的差别定价（如采取第一价格歧视策略），那么，企业可以首先对消费者群体进行细分，评估不同消费者群体对产品的评价，为不同的消费者群体设定不同的保留价格分布；然后，根据消费者的购买历史和在线行为，预测消费者所属的群体，并将该群体的保留价格分布输入 ODBP 模型得到捆绑价格，并将其展示给该消费者。显然，公平是上述操作的基本原则，否则，歧视定价策略会给企业声誉和消费者的满意度带来不利的影响。

2. ODBP 模型求解

电子商务环境的实时性要求 ODBP 模型必须得到快速求解。近似搜索方法是快速求解非线性规划问题的可靠思路[55]。算法 8-1 给出了求解 ODBP 模型的近似算法。约束（8-7）的存在使得模型求解成为一个不断循环的过程。为了得到 $\{g_1^S,\cdots,g_i^S,\cdots,g_I^S,g_j^R\}$ 的捆绑价格 p，必须首先得到价格 p_{-i}，$i=1, 2, \cdots, I$。价格 p_{-i} 的计算需要考虑集合 $\{g_1^S,\cdots,g_{i-1}^S,g_{i+1}^S,\cdots,g_I^S,g_j^R\}$ 的所有子集。这种情况下，我们需要 $\sum_{v=2}^{I-1} C_v + 1$ 次循环操作才能得到模型的近似最优解。显然，这是一个非常耗时的过程，这种求解方法无法满足在线环境的实时性要求。为此，采用算法 8-2 所示启发式方法对 p_{-i} 进行求解。

算法 8-1　ODBP 模型的近似求解方法

1. 根据式（8-9）计算最优价格 p 的下界 lowBound：

$$\text{lowBound} = \sum_{i=1}^{I} c_i^S + c_j^R$$

2. 根据式（8-7）和式（8-8）计算最优价格 p 的上界 upBound：

For $i=1$ to I

计算产品集合 $\{g_1^S,\cdots,g_{i-1}^S,g_{i+1}^S,\cdots,g_I^S,g_j^R\}$ 的捆绑价格 p_{-i}

End For
upBound = min$\{\{p_{-i} + p_i^S, i=1,2,\cdots,I\} \cup \{p^S + p_j^R\}\}$.

3. 利用固定步长方法搜索最优捆绑价格 p：
设置步长 stepLen 为某一适合的常数；初始化候选价格点：altPrice=upBound；初始化最大利润和候选最大利润：maxProfit=altProfit=0.
While altPrice≥=lowBound
计算在候选价格点 altPrice 时，可能购买捆绑的消费者数量 NC；计算候选最大利润：altProfit=NC×(altPrice-cost)，其中 cost 为捆绑产品的总成本。

4. If altProfit＞maxProfit
p=altPrice；maxProfit=altProfit.
End If
altPrice=altPrice-（upBound-lowBound）/stepLen
End While

算法 8-2　计算 p_{-i} 的启发式算法

计算 p_{-i} 的下界：
lowBound$P_{-i} = \sum_{u=1}^{i-1} c_u^S + \sum_{u=i+1}^{I} c_u^S + c_j^R$

查找产品集合 $\{g_1^S,\cdots,g_{i-1}^S, g_{i+1}^S,\cdots,g_I^S, g_j^R\}$ 中具有最低价格的产品 g_v^S；

按照如下方法计算 p_{-i} 的上界：
upBound$P_{-i}=p_{-v}+p_v$
其中 p_{-v} 是产品集合 $\{g_1^S,\cdots,g_{i-1}^S, g_{i+1}^S,\cdots,g_I^S, g_j^R\} - \{g_v^S\}$ 的最优捆绑价格；

在区间[lowBoundP_{-i}, upBoundP_{-i}]中利用固定步长方法搜索最优捆绑价格 p_{-i}。

首先找到 $\{g_1^S,\cdots,g_{i-1}^S, g_{i+1}^S,\cdots,g_I^S, g_j^R\}$ 中具有最低价格 p_v 的产品 g_v^S，然后利用 $p_{-v}+p_v$ 作为 p_{-i} 上界的近似。该启发式方法主要基于如下观察。假设三件商品 g_1，g_2，g_3 的价格分别为￥10，￥100 和￥200，组成捆绑 $\{g_1,g_2,g_3\}$ 的方式主要有如下三种：①产品 g_2 和 g_3 已经在购物车中，将产品 g_1 加入购物车，即$\{g_2,g_3\} \cup \{g_1\}$；②产品 g_1 和 g_3 已经在购物车中，将产品 g_2 加入购物车，$\{g_1,g_3\} \cup \{g_2\}$；③产品 g_1 和 g_2 已经在购物车中，将产品 g_3 加入购物车，$\{g_1,g_2\} \cup \{g_3\}$。由于ODBP模型以"买的越多，省的越多"为原则吸引消费者购买更多的产品，因此，假设三种情况下消费者从购物车节省的钱分别为￥15，￥10 和￥6。也就是说，三种情况下购物车的捆绑价格分别为￥285，￥200 和￥104。根据式（8-6）和式（8-7），产品$\{g_1,g_2,g_3\}$的捆绑价格必须低于 295（=285+10），300（=200+100）和 304（=104+200）。显然，295 是产品$\{g_1,g_2,g_3\}$的捆绑价格的最小上界。利用算法 8-2 中所示的启发式方法，只要执行（I–1）次计算即可得到价格 p_{-1}，当 I 大于 2 时，执行 I×（I–1）+1 次运算即可得到最终的捆绑价格 p，极大地提高了算法运行的效率。

虽然各种优化软件可以较好地解决各种小规模的优化问题，但是在很多情况下这些软件无法充分考虑问题本身的结构，因此往往需要长时间的运算以得到问题的最优解。在线环境下，要求消费者进行长时间的等待是不现实的。根据ODBP

模型的特征，我们设计了模型求解的启发式算法，极大地提高了模型求解的效率，使得 ODBP 模型的在线应用成为可能。

3. ODBP 模型举例

我们用图 8-4 说明 ODBP 模型的基本过程。

阶段1

推荐产品	A	B	C
保留价格	9.50	16.00	16.50
原始价格	9.00	11.99	16.47

购物车：B

阶段2

推荐产品	A	C	D
保留价格	9.50	16.50	15.00
Marginal_Price_UB	9.99	17.46	14.71
Marginal_Price_B	8.69	17.18	14.51
剩余效用	0.81	−0.68	0.49

购物车：B, A

阶段3

推荐产品	C	F	G
保留价格	16.50	7.00	15.50
Marginal_Price_UB	17.46	7.58	15.74
Marginal_Price_B	16.81	6.55	15.49
剩余效用	−0.31	0.45	0.01

购物车：B, A, F

阶段4

推荐产品	D	E	H
保留价格	15.00	8.00	16.00
Marginal_Price_UB	14.71	8.52	16.62
Marginal_Price_B	14.34	7.59	16.27
剩余效用	0.66	0.41	−0.27

购物车：B, F

计算产品 B 和 F 的捆绑价格

阶段5

推荐产品	C	E	H
保留价格	16.50	8.00	16.00
Marginal_Price_UB	17.46	8.52	16.62
Marginal_Price_B	16.65	7.81	16.59
剩余效用	−0.15	0.19	−0.59

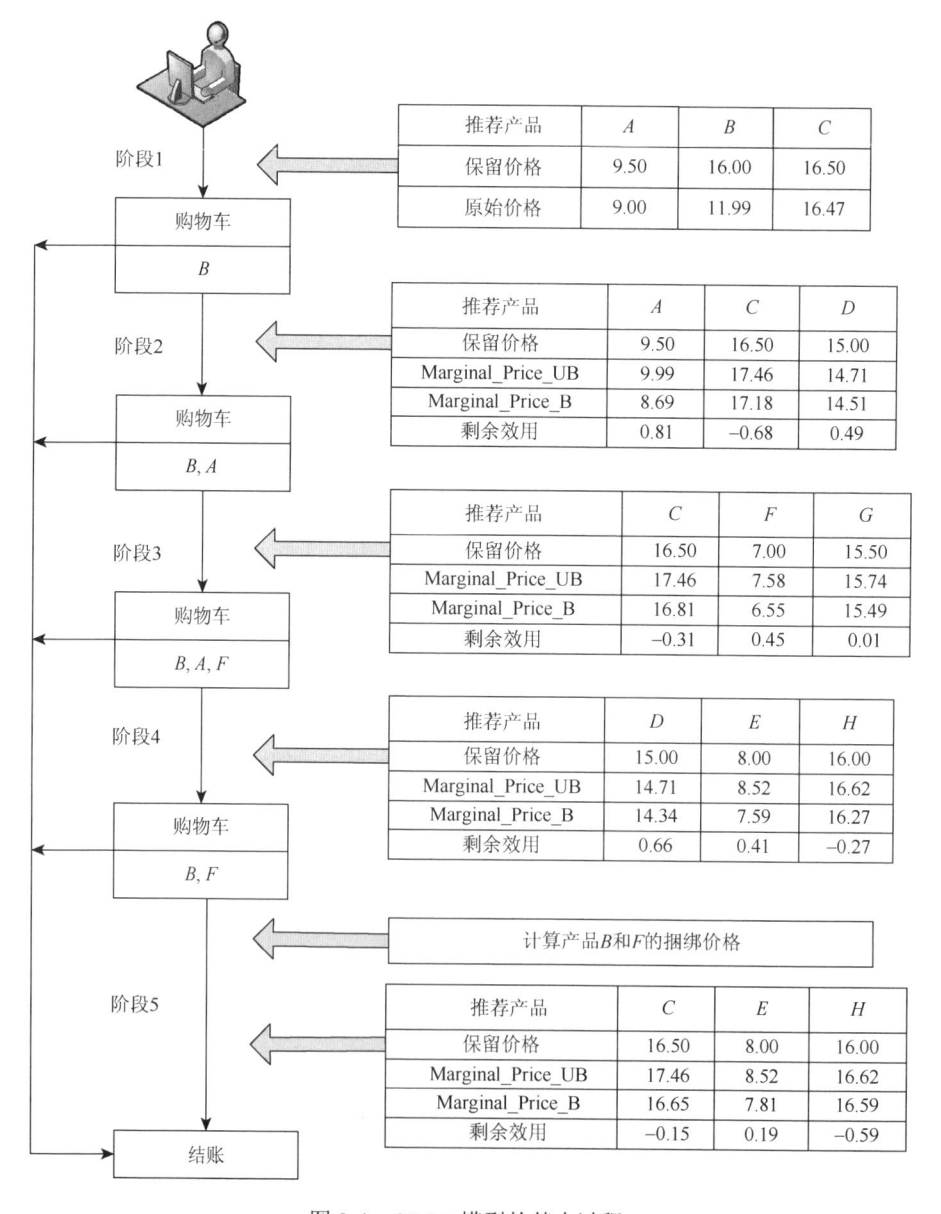

结账

图 8-4　ODBP 模型的基本过程

假设企业有 8 个待售产品（产品 A～H），产品标价分别为￥9.00，￥11.99，￥16.47，￥13.72，￥7.53，￥6.59，￥14.75 和￥15.63，消费者对产品的保留价格分别为￥9.50，￥16.00，￥16.50，￥15.00，￥8.00，￥7.00，￥15.50 和￥16.00。为方便起见，我们假设消费者总是选择基本方式进行产品配送，配送费用为：3.00+0.99×购买产品的数量。图 8-4 中，Marginal_Price_UB 为基于销售价格的边际支出，定义为边际运费 0.99 与产品销售价格之和，Marginal_Price_B 为基于捆绑价格的边际支出，定义为边际费用 0.99 与捆绑价格变化之和。

当消费者登录企业网站后，根据消费者的历史购买和浏览等信息，个性化推荐系统推荐{A, B, C}三件产品。消费者根据其兴趣和当前需求，将产品 B 加入购物车。此时，个性化推荐系统首先向其推荐{A, C, D}三件产品，然后利用 ODBP 模型，分别计算产品集合{B, A}，{B, C}和{B, D}的捆绑价格。假设 A，C，D 三件产品的边际捆绑价格分别为￥8.69，￥17.18 和￥14.51。值得注意的是，如果没有捆绑折扣，消费者对于产品 A 的保留价格（￥9.50）小于基于销售价格的边际支出（￥9.99），消费者不会购买产品 A。但是，由于基于捆绑价格的边际支出（￥8.69）小于消费者的保留价格（￥9.50），消费者便可能被吸引继续购买产品 A。

以最大化剩余效用为原则，消费者在购买决策的阶段 2 和阶段 3 分别将产品 A 和 F 加入购物车。由于受当前需求及消费预算的影响，消费者可能决定不购买产品 A，而将 A 移出购物车（阶段 4）。此时，ODBP 模型重新计算产品集合{B, F}的捆绑价格，进而推荐产品{C, E, H}并计算{B, F}与每个产品的捆绑价格（阶段 5）。值得注意的是，产品{B, F}的捆绑价格与产品 B 和 F 以任何顺序加入购物车的捆绑价格相同。

4. ODBP 模型应用说明

由于消费者面对替代品、互补品和独立品时通常会产生不同的购买决策行为，而个性化产品推荐过程中，上述三种关系经常遇到。因此，企业应该根据个性化营销的具体情况，设计 ODBP 模型的应用策略。图 8-5 给出了产品推荐的一个实例。当消费者将惠普笔记本电脑和微软 Office Home & Student 加入购物车后，亚马逊网站产生一系列的推荐产品，包括宏碁笔记本电脑（与惠普笔记本电脑互为替代品），笔记本电脑包（与惠普笔记本电脑互为互补品），MP3 播放器（与购物车中的产品互为独立品）和微软 Office All-in-One（与微软 Office Home & Student 互为替代品）。在实际购物过程中，与互补品和独立品不同，消费者通常在互为替代品的产品中只选购一件。因此，在 ODBP 模型的实际应用过程中下面两种情况必须区别对待。

在关系 1 中，推荐产品是购物车中某件产品的替代品。在 ODBP 模型中，

如果产品 g_j^R 是 g_I^S 的替代品，我们应该计算产品集合 $\{g_1^S,\cdots,g_i^S,\cdots,g_{I-1}^S,g_j^R\}$ 的捆绑价格。营销策略与亚马逊网站的 Frequently Bought Together 的推荐策略相似，其中，捆绑的产品集合为 $\{g_1^S,\cdots,g_i^S,\cdots,g_{I-1}^S,g_j^R\}$。在关系 2 中，推荐产品与购物车中的产品互为独立品或互补品。在这种情况下，由于消费者可能购买多件互补品或独立品，我们可以直接利用 ODBP 模型计算推荐产品和购物车中产品的捆绑价格。营销策略与亚马逊网站的 Customers Who Bought Items in Your Shopping Cart Also Bought 推荐策略相似。另外，如果消费者选择推荐列表以外的产品，我们也可以直接利用 ODBP 模型和上述捆绑策略计算产品的捆绑价格。

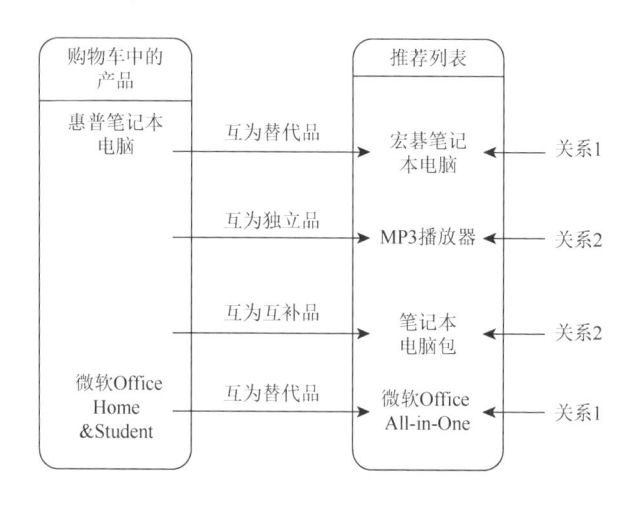

图 8-5　产品关系举例

8.3　面向推荐产品的个性化促销策略

在竞争激烈的市场环境下，以价格折扣的形式进行产品促销是企业最常使用的促销策略。掌握个性化产品推荐与价格促销的相互影响，有利于指导企业制定有效的促销决策，提高促销活动的收益。

8.3.1　问题分析

价格折扣是企业经营活动中最为常用的促销方式，直接价格折扣、提供电子优惠券或邮寄退款等形式为企业以价格优势吸引消费者提供了丰富的选择。通过价格折扣，企业可以从如下两方面获取促销收益：一方面，以优惠的价格吸引消费者购买促销的产品；另一方面，由于交叉类别效应和同类别效应的影响，消费者可能购买促销产品的互补品、独立品甚至替代品。掌握价格促销与非促销产品需求的关系可以帮助企业：①识别消费者的交叉类别购买行为，从而在促销活动中合理地展示其他产品；②协调不同类别产品的促销活动以取得最佳的促销效果；③设计有效的策略应对竞争对手的促销威胁。

在促销实践中，企业经常采取相应的推荐策略以得到最佳的促销结果。例如，在对 Canon SD1200IS 相机进行打折促销的活动中，亚马逊同时推荐该相机的替代品（Canon SD780IS 相机）、互补品（存储卡、相机盒）和独立品（MP3 播放器、桌子）等（图 8-6），吸引购买相机的消费者继续采购相关产品。传统环境下，较大的成本（如安排货架、布置产品等）使得企业很难为每一次促销活动制定相应的产品推荐规划。网络环境为企业制定促销活动中的最优推荐策略提供了便利。在产品的促销活动中，企业可以借助个性化推荐系统推荐相关产品，最大化促销收益。由于操作方便、成本低廉，个性化产品推荐系统的存在使得结合价格促销和个性化产品推荐获得最优的促销利润成为可能。

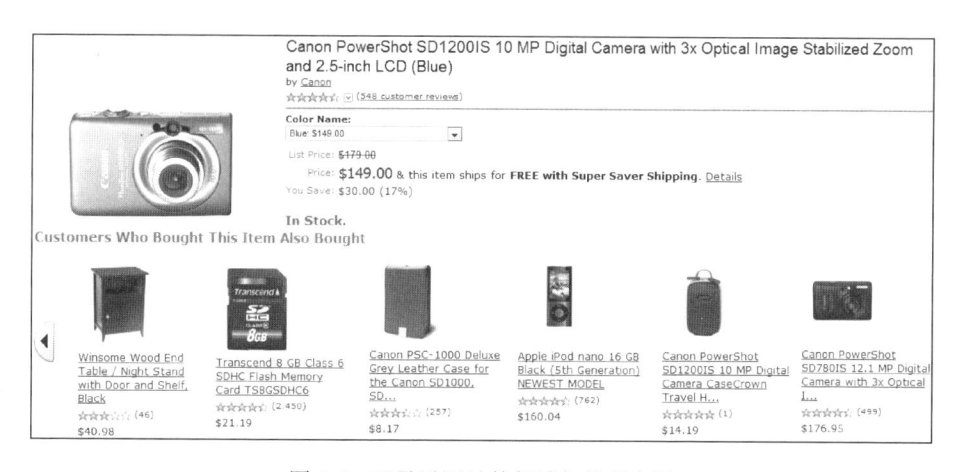

图 8-6 亚马逊网站的促销与推荐实例

现有产品推荐系统通常从消费者的角度进行推荐，较少考虑推荐过程中企业利润最大化的问题[56]，促销活动与产品推荐的结合策略在已有文献中研究极少。关于交叉类别效应和同类别效应的研究虽然可以帮助企业分析促销活动中产品销量的相关关系，但是无法指导企业制定最优的促销价格，在面对大量相关产品时难以提供合理的产品推荐方案。为了分析企业促销策略与个性化产品推荐策略的关系，结合个性化产品推荐优化促销收益，本章提出了以促销收益最大化为目标的促销推荐优化模型。该模型可以解决如下两方面难题。

（1）在面对大量替代品、互补品和独立品时，促销产品的最优价格折扣是多少？由于产品促销是以降低价格为手段吸引足够多的客户流，增加促销产品及相关产品（替代品、互补品和独立品）的销售量以实现更多的利润，因此，一方面，企业应该设置足够大的促销折扣以增加促销产品的低价效应；另一方面，过大的价格折扣会降低促销产品的盈利能力，尤其在无法保障相关产品的销量时，过大的折扣会给企业带来损失。因此，如何制定一个最优的促销折扣成为促销活动的首要问题。例如，在不考虑相关产品影响的情况下，图8-6中Canon SD1200IS相机的促销折扣设为17%。如果考虑推荐产品的影响，这一折扣价格是否最优？

（2）在产品促销活动中，如何推荐相关产品能够最大化促销收益？由于消费者的购买决策受交叉类别效应和同类别效应的影响，与某一特定的促销活动相对应，企业应该寻找最优的推荐产品组合以改善产品促销的效果。如图8-6所示，企业应该通过控制促销活动中替代品（推荐Canon SD780IS相机还是其他型号的相机）、互补品和独立品（是否推荐Transcend存储卡、Winsome桌子等）的利润，在Canon SD1200IS相机的促销活动中获得最好的整体效果。

实际上，上述两个决策问题是相互影响的。一方面，促销折扣影响着消费者对其他产品的购买，不同的价格折扣决定着不同的推荐产品组合；不同的推荐产品组合使得企业必须制定不同的折扣价格，才能在促销活动中取得最大化收益。例如，当Canon SD1200IS相机的促销折扣为17%时，企业通过推荐AppleMP3播放器、Transcend存储卡和Canon相机盒可能取得最优的收益；另一方面，当企业推荐Canon SD780IS相机、Transcend存储卡和Winsome桌子时，Canon SD1200IS相机以20%的折扣促销才能取得最大化的促销收益。因此，企业必须在促销活动中综合考虑促销折扣和推荐产品组合的相互影响，以实现最优的促销收益。

8.3.2 最优促销折扣和推荐策略模型

1. 模型假设

1）关于产品价格

价格折扣是企业吸引消费者购买的最有效手段。价格促销并非表示原始价格（促销前的售价）无法为企业带来最大化的利润。通过价格促销，企业可以实现增加企业知名度、引起消费者对产品和品牌的关注、清理库存以及差别定价等目的。虽然价格促销降低了促销产品的利润率，但是，由于相关产品（互补品、替代品和独立品等）销量的增加，企业往往可以从促销活动中获取更多的收益。因此，本书假设促销产品的原始价格是产品单独销售时的最优价格，即不考虑相关产品影响时能够为企业带来最佳收益的价格[9]。本书中企业促销的目的是增加企业网站的关注度，吸引顾客流，并通过增加非促销产品的销量最大化企业的促销收益。以上述目的为指导的价格促销在实际中得到了广泛的应用。例如，很多企业通过 Groupon.com 为某一产品提供非常大的价格折扣。虽然企业通过促销产品只能获得很少的利润甚至可能亏损，但是，由于可以通过相关产品的销售弥补促销产品利润的损失，Groupon.com 等网站的价格促销模式受到了企业的广泛关注[57]。

2）关于互补品、替代品和独立品

促销产品的替代品是指与促销产品一样可以满足消费者相同需求的产品，而互补品则是指需要与促销产品互相配合，才能满足消费者特定需求的产品[58]。本书以产品功能为准则对促销产品的互补品、替代品和独立品进行区分。虽然从消费者预算的角度，所有产品均可以看作替代品，这种产品划分方式不在本书考虑范围之内。Walters[25]和Duvvuri等[26]提出了多种方法对互补品、替代品和独立品进行区分。从需求的角度，互补品（替代品）之间具有负向（正向）的交叉价格弹性。从消费者的角度，当产品互为互补品（替代品）时，消费者对产品捆绑的保留价格满足超加性（次加性）特点。

3）关于个性化推荐

个性化推荐不仅可以帮助消费者找到感兴趣的产品，而且可以改变消费者的购买意愿。例如，亚马逊网站不仅以 Customers Who Bought This Item Also Bought 的形式推荐消费者可能感兴趣的产品，而且以 What Do Customers Ultimately Buy after Viewing This Item 的形式显示消费者兴趣的变化。本书对个性化推荐的上述两方面作用进行建模，以产品推荐获得消费者感兴趣的产品，以消费者保留价格的变化抽象个性化推荐对购买意愿的影响。

虽然网络环境下的个性化推荐具有极低的成本，但是推荐所有产品并非企业明智的选择。一方面，推荐所有产品不利于帮助消费者克服信息过载的影响，难以帮助消费者找到感兴趣的产品；另一方面，网页上的最佳广告空间是有限的，企业必须选择最合适的产品在有限的广告位中加以显示。因此，网络环境下推荐列表的空间决定了企业只能推荐有限数量的产品。

4）关于促销收益

本章假设企业以最大化促销收益为目标对产品 g 进行打折促销。促销收益是指企业通过促销活动得到的利润（正/负），不包括企业在非促销情况下的利润。以互补品为例，我们只考虑产品 g 的促销为互补品带来的额外利润，而不考虑互补品日常销售的所得利润。因此，互补品的促销收益包括促销前没有购买 g 和互补品的消费者以及促销前购买了 g 而没有购买互补品的消费者带来的利润，不包括在产品 g 促销前购买互补品的消费者带来的利润（与产品 g 的促销活动无关）。基于此定义，促销收益主要包括如下三方面。

（1）促销产品 g 带来的利润变化。通过价格折扣，企业虽然可以吸引更多的新顾客购买产品 g，但是促销活动降低了企业从已有消费者（促销活动前愿意购买 g 的消费者）获取利润的能力。因此，企业在促销活动中从产品 g 本身获得的收益包括两方面：一是企业从新顾客群体获得的利润；二是企业在已有顾客群体中的利润损失。

（2）互补品和独立品带来的额外利润。产品促销活动会产生显著的互补效应是营销实践的基本认识。互补效应的存在使得企业在促销产品 g 的过程中，可以采取推荐、搭售等策略吸引消费者购买与 g 具有互补关系的产品。互补品和独立品销量增加产生的丰厚利润是企业进行价格促销的主要动力。

（3）替代品的利润转移。替代效应一方面吸引本来计划购买替代品的消费者转向购买促销产品；另一方面，由促销产品 g 吸引而来的新顾客可能改变决策，购买 g 的替代品。因此，替代品的促销收益主要包括两部分：一是消费者由购买替代品转向购买促销产品导致的利润损失；二是由促销产品吸引而来的新顾客购买替代品带来的额外利润。

2. 模型参数定义

假设产品 g 的当前价格、成本和消费者对产品 g 的保留价格分别为 p、c 和 R_g。"消费者对不同产品具有不同的保留价格"在市场营销领域得到了广泛认同[59, 60]。保留价格是消费者根据当前需求对产品价值的综合评价，是决定其是否购买的重要因素。在企业信用、支付安全等得到保障的前提下，（消费者对产品的保留价格–产品的实际销售价格）构成消费者的剩余效用。只有当剩余效用大于 0 时，消费者才可能采取购买行为。例如，假设消费者对产品的保留价格为¥10，产品的实际售价为¥12，由于消费者的剩余效用为¥–2，因此消费者不会购买该产品。

产品 g 的替代品、互补品和独立品分别表示为 $SUB = \{g_1^S, \cdots, g_s^S, \cdots, g_{|SUB|}^S\}$，$COM = \{g_1^C, \cdots, g_c^C, \cdots, g_{|COM|}^C\}$ 和 $IND = \{g_1^I, \cdots, g_i^I, \cdots, g_{|IND|}^I\}$。产品的销售价格分别为 $\{p_1^S, \cdots, p_s^S, \cdots, p_{|SUB|}^S\}$，$\{p_1^C, \cdots, p_c^C, \cdots, p_{|COM|}^C\}$ 和 $\{p_1^I, \cdots, p_i^I, \cdots, p_{|IND|}^I\}$，成本分别为 $\{c_1^S, \cdots, c_s^S, \cdots, c_{|SUB|}^S\}$，$\{c_1^C, \cdots, c_c^C, \cdots, c_{|COM|}^C\}$ 和 $\{c_1^I, \cdots, c_i^I, \cdots, c_{|IND|}^I\}$。

假设市场上共有 M 个以最大化剩余效用为目标的潜在消费者，他们愿意在促销活动中通过选择不同的产品得到最大化效用。只有对某一产品的剩余效用非负并且大于相关替代品的剩余效用时，消费者才会购买该产品。消费者对替代品、互补品和独立品的保留价格分别为 $\{R_1^S, \cdots, R_s^S, \cdots, R_{|SUB|}^S\}$，$\{R_1^C, \cdots, R_c^C, \cdots, R_{|COM|}^C\}$ 和 $\{R_1^I, \cdots, R_i^I, \cdots, R_{|IND|}^I\}$。

为了在促销活动中取得最好的效果，企业需要进行两方面决策：①在价格 p 的基础上，为产品 g 确定一个最优折扣 $d, d \in [0, 1]$，以 $p \times (1-d)$ 的价格对产品进行促销；②从产品集合 SUB、COM 和 IND 中选择商品，在促销活动中进行推荐。本章所用变量及其说明如表 8-3 所示，下面详细介绍产品 g 及其替代品、互补品和独立品的促销收益计算方法。

表 8-3 促销推荐优化模型参数

参数	含义	参数	含义
M	潜在顾客数量	|COM|	产品 g 的互补品数量
n	可以推荐的最大产品数量	p_c^C	产品 g_c^C 的价格，$c=1, 2, \cdots, $|COM|
g	促销产品	c_c^C	产品 g_c^C 的成本
p	促销产品 g 的当前价格	R_c^C	消费者对产品 g_c^C 的保留价格
c	促销产品 g 的成本	$R_c^{C,r}$	消费者对推荐互补品的保留价格
R_g	消费者对产品 g 的保留价格	θ_{gc}^C	产品 g 和 g_c^C 的互补度
SUB	产品 g 的替代品集合	IND	产品 g 的独立品集合
g_s^S	产品 g 的替代品，$s=1, 2, \cdots, $|SUB|	g_i^I	产品 g 的独立品，$i=1, 2, \cdots, $|IND|
|SUB|	产品 g 的替代品数量	|IND|	产品 g 的独立品数量
p_s^S	产品 g_s^S 的价格，$s=1, 2, \cdots, $|SUB|	p_i^I	产品 g_i^I 的价格，$i=1, 2, \cdots, $|IND|
c_s^S	产品 g_s^S 的成本	c_i^I	产品 g_i^I 的成本
R_s^S	消费者对产品 g_s^S 的保留价格	R_i^I	消费者对产品 g_i^I 的保留价格
$R_s^{S,r}$	消费者对推荐替代品的保留价格	$R_i^{I,r}$	消费者对推荐独立品的保留价格
COM	产品 g 的互补品集合	pd	产品的促销需求
g_c^C	产品 g 的互补品，$c=1, 2, \cdots, $|COM|	gain	产品的促销收益
d	产品 g 的促销折扣	X_c^C	是否推荐 g_c^C，1：推荐；0：不推荐
X_s^S	是否推荐 g_s^S，1：推荐；0：不推荐	X_i^I	是否推荐 g_i^I，1：推荐；0：不推荐

3. 促销需求与促销收益

1）基于购买决策的消费者分类

由于本书主要研究价格促销对企业收益的影响，因此，我们定义促销需求为受促销影响的相关产品（促销产品、互补品、替代品和独立品）需求量的变化。基于促销前的购买决策，我们可以将消费者划分为如图 8-7 所示的 12 个群体。对于促销产品 g，促销前不会购买 g 的消费者（消费者群体 $G \sim L$），由于价格折扣的吸引而改变购买决策，引起 g 销量的增加；促销前购买 g 的消费者（消费者群体 A～F），由于推荐替代品的吸引而改变购买决策，造成 g 销量的减少。

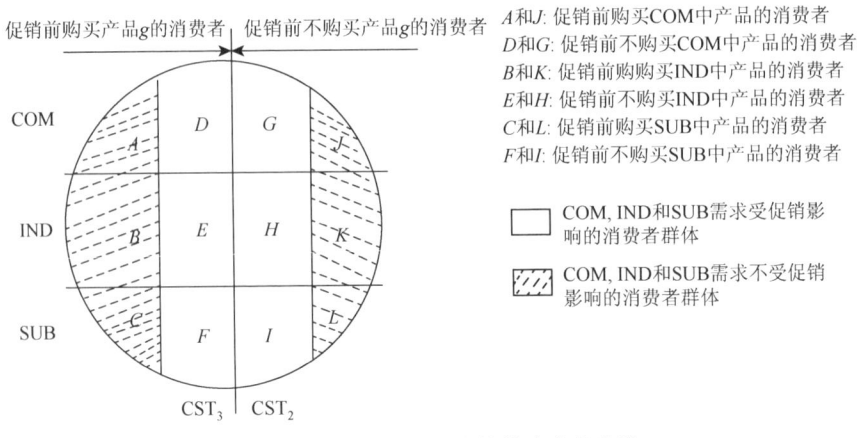

图 8-7 基于产品购买决策的消费者分类

对于互补品 g_c^C 和独立品 g_i^I，由于群体 A 和 B 中的消费者在没有价格促销的情况下也会购买相关产品，群体 A 和 B 对 g_c^C 和 g_i^I 的需求量不是价格促销引起的，因此，该需求量不在本书考虑范围之内。本书主要关注消费群体 {D, G} 和 {E, H} 引起的产品销量变化。同样，本书不考虑群体 J 和 K 对产品 g_c^C 和 g_i^I 的需求。

对于替代品，本书假设消费者在一次交易过程中只购买一件产品，即消费者在产品 g 和 g_s^S ($s=1, 2, \cdots, |SUB|$) 中进行选择。因此，本书不考虑群体 C 对促销需求的影响。对于群体 F 和 I 中的消费者，企业的推荐可能增加消费者对替代品的效用，并最终购买相关替代品，从而增加产品 g_s^S 的销售量；而产品 g 的价格促销可能使得群体 L 中的消费者改变购买决策，导致产品 g_s^S 销量的减少。

下面对产品的促销需求及企业的促销收益进行具体讨论。

2）产品 g 的促销收益

由于替代效应的存在，产品 g 的购买决策由消费者从 g 及其替代品获得的剩余效用共同决定。为了吸引消费者购买产品 g，企业必须制定促销价格保证消费者获得非负的剩余效用 ($R_g - p \times (1-d) \geq 0$)，并且该剩余效用大于相关替代品的剩余效用，包括推荐替代品的效用 ($R_g - p \times (1-d) \geq R_s^{S,r} - p_s^S$) 和未被推荐替代品的效用 ($R_g - p \times (1-d) \geq R_s^S - p_s^S$)。因此，企业以价格 $p \times (1-d)$ 进行促销时，购买产品 g 的消费者其保留价格满足约束 CST_1：

$$CST_1 = (R_g \geq p \times (1-d)) \bigcap_{s=1}^{|SUB|} ((R_g - p \times (1-d) > (R_s^{S,r} - p_s^S)) \\ \times X_s^S \bigcup (R_g - p \times (1-d) > (R_s^S - p_s^S)) \times (1 - X_s^S)) \quad (8\text{-}12)$$

产品 g 的促销需求为

$$\mathrm{pd}_g = M \times \Pr\{\mathrm{CST}_1\} \tag{8-13}$$

其中，$\Pr\{\cdot\}$ 是具有保留价格 R_g 的消费者在促销活动中购买产品的可能性。二元变量 X_s^S 表示企业的推荐决策，如果企业推荐产品 g_s^S，则 X_s^S 为 1，否则为 0。当企业不推荐产品 g_s^S 时，消费者的保留价格为 R_s^S；当企业推荐产品 g_s^S 时，受产品推荐的影响，消费者的保留价格为 $R_s^{S,r}$。

消费者的保留价格是决定其是否购买、以何种价格购买产品 g 的重要因素。保留价格不同决定了消费者对促销活动的反应也不尽相同。销售量 pd_g 主要来自于两类对促销活动具有不同反应的消费者。

（1）第一类消费者在促销活动之前没有购买产品 g（群体 $G{\sim}L$），但是在促销活动中产生了购买行为（满足约束 CST_1）。该类消费者的保留价格满足如下约束：

$$\mathrm{CST}_2 = (R_g < p) \cup \left((R_g \geqslant p) \cap \bigcap_{s=1}^{|\mathrm{SUB}|} (R_g - p < R_s^S - p_s^S) \right) \tag{8-14}$$

CST_2 说明，消费群体 $G{\sim}L$ 的保留价格低于促销前的价格 p；或者虽然消费者的保留价格高于 p，但是至少存在一件替代品能够比产品 g 产生更高的剩余效用。该类消费者产生的促销需求为

$$\mathrm{pd}_{G{\sim}L} = M \times \Pr\{\mathrm{CST}_1 - \mathrm{CST}_2\} \tag{8-15}$$

$\mathrm{pd}_{G{\sim}L}$ 表示企业利用价格促销从群体 $G{\sim}L$ 获得的销量增加，产生的促销收益为

$$\mathrm{gain}_{G{\sim}L} = (p \times (1-d) - c) \times \mathrm{pd}_{G{\sim}L} \tag{8-16}$$

（2）第二类消费者在企业促销活动之前已经决定购买产品 g（群体 $A{\sim}F$），消费者的保留价格满足：

$$\mathrm{CST}_3 = (R_g \geqslant p) \cap \bigcap_{s=1}^{|\mathrm{SUB}|} ((R_g - p) \geqslant (R_s^S - p_s^S)) \tag{8-17}$$

约束 CST_3 表示，群体 $A{\sim}F$ 中消费者的保留价格高于价格 p 而且能够产生比替代品更高的剩余效用。从该类消费者得到的促销需求以及企业相应的促销收益分别为

$$\mathrm{pd}_{A{\sim}F} = M \times \Pr\{\mathrm{CST}_1 \cap \mathrm{CST}_3\} \tag{8-18}$$

$$\mathrm{gain}_{A{\sim}F} = (p \times (1-d) - c) \times \mathrm{pd}_{A{\sim}F} - (p-c) \times \mathrm{pd}_{A{\sim}F} = -p \times d \times \mathrm{pd}_{A{\sim}F} \tag{8-19}$$

由于 $\mathrm{pd}_{A{\sim}F}$、p 以及 d 均为非负实数，$\mathrm{gain}_{A{\sim}F}$ 说明企业从消费群体 $A{\sim}F$ 只能得到非正的促销收益。对比约束 CST_3 和 CST_2 可以看出，消费群体 $A{\sim}F$ 具有较高的保留价格，即使产品 g 以价格 p 进行销售，该类消费者也会购买。因此，企业在促销活动中从该类消费者得到的是利润损失。为了弥补该损失，企

业必须吸引消费者购买更多的相关产品（COM，IND，SUB），以获得正向的促销收益。

综上所述，企业从促销产品 g 获得的促销收益为

$$\text{gain}_g = \text{gain}_{G\sim L} + \text{gain}_{A\sim F} = (p\times(1-d)-c)\times \text{pd}_{G\sim L} - p\times d\times \text{pd}_{A\sim F} \quad (8\text{-}20)$$

3）互补品的促销收益

由于互补效应的存在，消费者对互补品的购买决策可能因为产品 g 的价格折扣而发生变化。互补品的促销收益主要源于两类消费者：促销前没有购买 g 及其互补品的消费者以及促销前购买了 g 而没有购买其互补品的消费者。下面对两类消费者的购买决策进行讨论。

（1）对于在促销活动前购买了产品 g 而没有购买产品 g_c^C 的消费者（群体 D），其保留价格不仅满足约束 CST_3 而且产品捆绑 g 和 g_c^C 无法为消费者带来更大的剩余效用（$(R_{gc}^C - p - p_c^C) < (R_g - p)$）。价格折扣 d 和产品推荐的存在可能改变消费者保留价格与产品捆绑价格的上述关系，即当产品 g_c^C 被推荐时，存在 $(R_{gc}^{C,r} - p\times(1-d) - p_c^C) \geqslant (R_g - p\times(1-d))$ 的可能性。$R_{gc}^{C,r}$（R_{gc}^C）是企业推荐（不推荐）产品 g_c^C 时，消费者对捆绑 $\{g, g_c^C\}$ 的保留价格。该类消费者的保留价格满足约束 CST_4：

$$\text{CST}_4 = ((R_{gc}^C - p - p_c^C) < (R_g - p)) \cap ((R_{gc}^{C,r} - p\times(1-d) - p_c^C)\times X_c^C \geqslant (R_g - p\times(1-d)))$$
$$(8\text{-}21)$$

该类消费者对互补品的促销需求及企业的促销收益如下：

$$\text{pd}_D = M \times \Pr\{\text{CST}_3 \cap \text{CST}_4\} \quad (8\text{-}22)$$

$$\text{gain}_D = (p_c^C - c_c^C)\times \text{pd}_D \quad (8\text{-}23)$$

保留价格 R_{gc}^C 和 $R_{gc}^{C,r}$ 对消费者购买互补品 g_c^C（$c=1, 2, \cdots, |\text{COM}|$），的决策具有重要影响[26, 61]。对于独立品形成的产品捆绑，由于消费者对相关产品的保留价格相互独立，企业可以将消费者的保留价格简单相加计算独立产品捆绑的保留价格[50]。对于互补品形成的产品捆绑，消费者对相关产品的保留价格具有超加性特点，企业可以利用文献[8]和文献[61]等所提的方法计算消费者对互补产品捆绑的保留价格。本书在敏感性分析部分将对保留价格的影响进行分析。

（2）对于在促销活动前既没有购买产品 g（群体 G）也没有购买产品 g_c^C 的消费者，其保留价格满足约束 CST_2 而且对 g_c^C 的保留价格低于其销售价格（$R_c^C < p_c^C$）。在产品 g 的促销过程中，如果消费者的保留价格高于产品的促销价格（$R_g \geqslant p\times(1-d)$），那么消费者可能被吸引购买产品 g。如果产品推荐增加了消费者对 g_c^C 的保留价格，使得购买捆绑 $\{g, g_c^C\}$ 产生更多的剩余效用，消费者则可能继续购买产品 g_c^C

$$R_{gc}^{C,r} - p\times(1-d) - p_c^C \geqslant R_g - p\times(1-d) \quad (8\text{-}24)$$

该类消费者的保留价格满足：

$$\mathrm{CST}_5 = (R_c^C < p_c^C) \cap (R_g \geqslant p \times (1-d)) \cap (R_{gc}^{C,r} - p \times (1-d) - p_c^C \geqslant R_g - p \times (1-d)) \tag{8-25}$$

该类消费者产生的促销需求及企业对应的促销收益如下：

$$\mathrm{pd}_G = M \times \Pr\{\mathrm{CST}_2 \cap \mathrm{CST}_5\} \tag{8-26}$$

$$\mathrm{gain}_G = (p_c^C - c_c^C) \times \mathrm{pd}_G \tag{8-27}$$

综上所述，企业从互补品 g_c^C 得到的促销收益为

$$\mathrm{gain}_c^C = \mathrm{gain}_D + \mathrm{gain}_G = (p_c^C - c_c^C) \times (\mathrm{pd}_G + \mathrm{pd}_D) \tag{8-28}$$

4）独立品的促销收益

与互补品的促销需求和促销收益计算方法相似，企业从群体 E 和 H 购买独立品 g_i^I 获得的促销收益为

$$\mathrm{gain}_i^I = (p_i^I - c_i^I) \times (\mathrm{pd}_E + \mathrm{pd}_H) \tag{8-29}$$

其中，促销需求 pd_E 和 pd_H 分别为

$$\mathrm{pd}_E = M \times \Pr\{\mathrm{CST}_3 \cap \mathrm{CST}_6\} \tag{8-30}$$

$$\mathrm{pd}_H = M \times \Pr\{\mathrm{CST}_2 \cap \mathrm{CST}_7\} \tag{8-31}$$

$$\begin{aligned}\mathrm{CST}_6 = &((R_g + R_i^I - p - p_i^I) < (R_g - p)) \cap ((R_g + R_i^{I,r} - p \\ &\times (1-d) - p_i^I) \times X_i^I \geqslant (R_g - p \times (1-d)))\end{aligned} \tag{8-32}$$

$$\begin{aligned}\mathrm{CST}_7 = &(R_i^I < p_i^I) \cap (R_g \geqslant p \times (1-d)) \cap (R_g + R_i^{I,r} - p \\ &\times (1-d) - p_i^I \geqslant R_g - p \times (1-d))\end{aligned} \tag{8-33}$$

保留价格 $R_i^{I,r}$ 是企业推荐产品 g_i^I 时消费者对产品价值的评价。

5）替代品的收益

对于群体 L，如果产品 g 的价格折扣为消费者带来更多的效用，消费者则可能放弃购买替代品转而购买 g。这类消费者的保留价格满足 CST_1、CST_2 和 CST_8。其中，约束 CST_2 和 CST_8 说明消费者属于群体 L，约束 CST_1 表明消费者在促销活动中会购买 g 而非替代品。

$$\mathrm{CST}_8 = (R_s^S \geqslant p_s^S) \cap \left((R_s^S - p_s^S \geqslant R_g - p) \cap \bigcap_{\substack{t=1 \\ t \neq s}}^{|\mathrm{SUB}|} (R_s^S - p_s^S \geqslant R_t^S - p_t^S)\right) \tag{8-34}$$

由于替代效应，消费者购买决策的改变使得互补品 g_s^S 的促销需求减少。减少的促销需求及其引起的促销收益变化如下：

$$\mathrm{pd}_L = M \times \Pr\{\mathrm{CST}_1 \cap \mathrm{CST}_2 \cap \mathrm{CST}_8\} \tag{8-35}$$

$$\mathrm{gain}_L = -(p_s^S - c_s^S) \times \mathrm{pd}_L \tag{8-36}$$

对于群体 F，如果企业对 g_s^S 的推荐增加了消费者的保留价格，与购买产品 g

以及其他替代品相比，购买 g_s^S 产生更大的剩余效用。那么，消费者则可能改变原有购买决策，增加 g_s^S 的促销需求。该类消费者的保留价格满足 CST_9：

$$CST_9 = ((((R_s^{S,r} - p_s^S) \times X_s^S \geqslant 0) \bigcap ((R_s^{S,r} - p_s^S) \geqslant R_g - p \times (1-d)) \times X_s^S)$$

$$\bigcap \bigcap_{\substack{t=1 \\ t \neq s}}^{|SUB|} (((R_s^{S,r} - p_s^S) \times X_s^S > (R_t^{S,r} - p_t^S) \times X_t^S) \bigcap ((R_s^{S,r} - p_s^S) \times X_s^S$$

$$> (R_t^S - p_t^S) \times (1 - X_t^S))))$$

$$\bigcap$$

$$(((((R_s^S - p_s^S) \times (1 - X_s^S) \geqslant 0) \bigcap ((R_s^S - p_s^S) \geqslant R_g - p \times (1-d)) \times (1 - X_s^S))$$

$$\bigcap \bigcap_{\substack{t=1 \\ t \neq s}}^{|SUB|} (((R_s^S - p_s^S) \times (1 - X_s^S) > (R_t^{S,r} - p_t^S) \times X_t^S) \bigcap ((R_s^S - p_s^S) \times (1 - X_s^S)$$

$$> (R_t^S - p_t^S) \times (1 - X_t^S))))$$

（8-37）

群体 F 对替代品 g_s^S 的促销需求以及对应的促销收益分别为

$$pd_F = M \times Pr\{CST_3 \cap CST_9\} \quad (8\text{-}38)$$

$$gain_F = (p_s^S - c_s^S) \times pd_F \quad (8\text{-}39)$$

此外，群体 I 中的消费者受产品推荐的影响可能购买替代品 g_s^S。该类消费者满足约束 CST_2 和 CST_{10}：

$$CST_{10} = (R_s^S - p_s^S < 0) \bigcup \left((R_s^S - p_s^S \geqslant 0) \cap \bigcup_{\substack{t=1 \\ t \neq s}}^{|SUB|} (R_t^S - p_t^S \geqslant R_s^S - p_s^S) \right) \quad (8\text{-}40)$$

约束 CST_{10} 表示，当消费者从产品 g_s^S 得到的效用为负或存在另一替代品 g_t^S（$t \neq s$）可以给消费者带来更大的效用时，消费者在促销活动之前不会购买替代品 g_s^S。该类消费者对应的促销需求及收益如下：

$$pd_I = M \times Pr\{CST_2 \cap CST_9 \cap CST_{10}\} \quad (8\text{-}41)$$

$$gain_I = (p_s^S - c_s^S) \times pd_I \quad (8\text{-}42)$$

综上所述，企业从替代品 g_s^S 获得的促销收益为

$$gain_s^S = gain_E + gain_I + gain_L = (p_s^S - c_s^S) \times (pd_F + pd_I - pd_L) \quad (8\text{-}43)$$

4. 促销推荐收益

为了实现促销收益最大化，企业需要选择最优的促销价格 $p \times (1-d)$ 并推荐最合理的产品集合。企业的促销推荐决策可用如下模型表示：

$$\underset{d, X_c^C, X_i^I, X_s^S}{\text{Max}} (\text{gain}_g + \sum_{c=1}^{|\text{COM}|} \text{gain}_c^C + \sum_{i=1}^{|\text{IND}|} \text{gain}_i^I + \sum_{s=1}^{|\text{SUB}|} \text{gain}_s^S) \quad (8\text{-}44)$$

$$\text{s.t.} \sum_{c=1}^{|\text{COM}|} X_c^C + \sum_{i=1}^{|\text{IND}|} X_i^I + \sum_{s=1}^{|\text{SUB}|} X_s^S < n \quad (8\text{-}45)$$

模型约束表明，企业不可能推荐 SUB, COM, IND 中的所有产品。传统环境下（如实物店），货架空间的有限性使得企业必须将利润最高、消费者最有可能购买的产品摆放在货架上。网络环境下，最大推荐数量 n 主要由推荐列表或在线广告位的空间决定。例如，虽然亚马逊通常推荐大量产品以吸引消费者购买，但是推荐列表第一页上的产品最容易吸引消费者注意，其推荐效果最好。

8.3.3 基于遗传算法的模型求解

为了最大化企业的促销收益，上述模型对促销价格和推荐产品集合进行同时优化。实际上，收益最大化通常是一个理想目标，其实现需要以大量的优化时间和优化成本为代价。由于所提模型以购买概率模型和最优化模型为基础对问题进行建模，传统的模型求解技术，如求解规划问题的松弛与分解方法[62]很难在有限的时间内解决促销和推荐的优化问题。为此，本章提出一种基于遗传算法的模型求解方法，通过对问题可行空间的搜索找到模型的近似最优解。

1. 算法框架

遗传算法是解决复杂优化问题的有效方法[63]。遗传算法中，问题的每个可行解用一个符合某种编码方式的字符串表示，称为染色体。经过编码和初始染色体的生成，我们得到求解问题的初始种群。以此为基础，遗传算法进行多代进化，对问题进行逐代优化。在每一代中，算法以复制、选择、交叉和变异等操作模拟自然界的生命进化规律。当满足预先设定的停止条件时，算法停止，得到问题的近似最优解。近年来，遗传算法被广泛应用于市场营销领域的优化问题求解，如销售预测[64]、车辆分布[65]、分销网络设计[66]等。

基于遗传算法的基本原理，促销推荐优化模型的求解框架如算法 8-3 所示。

算法 8-3 促销推荐优化模型求解框架

输入：消费者保留价格，产品价格，产品成本
输出：最优促销折扣和推荐产品集合
1. 编码：对模型进行初始编码，每条染色体包括与促销折扣和推荐产品等相对应的基因位。
2. 初始化：基于模型约束条件产生初始种群，种群规模根据待推荐产品的数量和推荐折扣的范围确定。
3. 当算法不满足最优停止条件时，执行下面的操作。
{
4. 评价：根据种群中染色体对应的促销收益，计算适应值。

5. 复制：选择具有最优适应值（最大促销收益）的染色体并将其复制到下一代种群中。
6. 选择：根据适应值选择父代染色体。
7. 交叉：对父代染色体进行单体交叉，产生下一代染色体。
8. 变异：对新产生的染色体进行随机基因位交换，完成变异操作。
}
9. 返回具有最优适应值的染色体，作为促销推荐优化模型的近似最优解。

2. 编码及初始染色体生成

促销活动的价格折扣和产品推荐是促销推荐优化的主要决策变量。在遗传算法编码过程中，我们设置多个基因位以包含问题的所有决策变量。如图 8-8 所示，染色体中第一个基因位与产品 g 的价格折扣相对应，其值为区间[0, 1]内的任意实数。其他基因位与集合 COM, IND, SUB 中的所有产品一一对应，其值为二元变量 0 或 1：如果基因值为 1，则表示该染色体支持推荐对应的产品，否则不推荐。由于推荐产品数量（n）的限制，每条染色体中值为 1 的基因位数为 n。为此，在编码过程中，我们随机选择 n 个基因位，将其值设置为 1，而其他基因值设置为 0。根据这一编码策略，我们随机产生一定数量的染色体组成初始解空间。

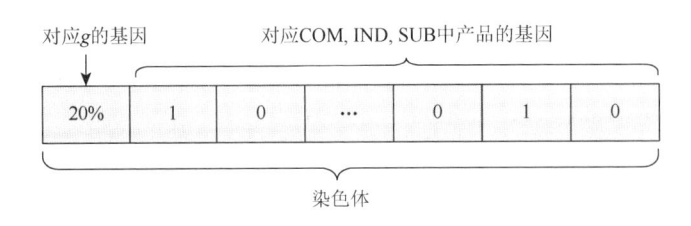

图 8-8 染色体编码

3. 遗传算法求解过程

对于初始解空间中的染色体，算法首先计算每条染色体的适应值。在促销推荐优化模型中，我们根据企业在促销活动中的总收益计算染色体的适应值，能够取得较高收益的染色体获得高的适应值。根据染色体的适应值，算法复制适应值较高的染色体进入下一代，其目的是对优化的个体进行遗传，使得后代进化能够产生更优的个体。我们将具有最优适应值的个体在染色体空间中进行直接复制。染色体选择是遗传算法的第三步操作：一定数量具有较高适应值的染色体被选中作为父代染色体，通过对父代染色体的交叉以及变异等操作产生新的染色体，进而实施下一代的遗传操作。

遗传算法中，从父代任意选择两条染色体进行基因位互换是最为常用的交叉

策略。然而，最大推荐数量（n）的约束使得这一策略可能产生许多无效染色体。例如，假设最大推荐数量 $n=3$，如图 8-9 所示，尽管父代染色体中推荐产品的数量均为 3，但是交叉操作以后，子代染色体中推荐产品的数量分别为 4 和 2，显然，这是两条不符合编码规则的染色体。为此，我们采用部分匹配算子（PMX）实现染色体的交叉操作。通过对基因位进行序列编码（对基因值为 1 的基因位从 1 到 n 进行编码，对基因值为 0 的基因位从 $n+1$ 到（|COM|+|IND|+|SUB|−n）进行编码，PMX 算子从父代染色体中随机选择两个交叉点，并对交叉点间的基因位进行交换以满足约束（8-45）的限制。同样，为保证染色体的有效性，我们采用基因位两两交换的变异策略，即从某条染色体中随机选择两个基因位，交换对应的基因值。如图 8-10 所示，随机选择基因位 2 和基因位 5 后，我们将基因位 2 的值 0 和基因位 5 的值 1 进行交换完成染色体的变异操作。

在遗传进化的每一代，算法执行上述复制、选择、交叉和变异等操作，直到算法达到预先设置的停止阈值。具有最优适应值的染色体所对应的价格折扣和推荐产品就是促销推荐优化模型的近似最优解。

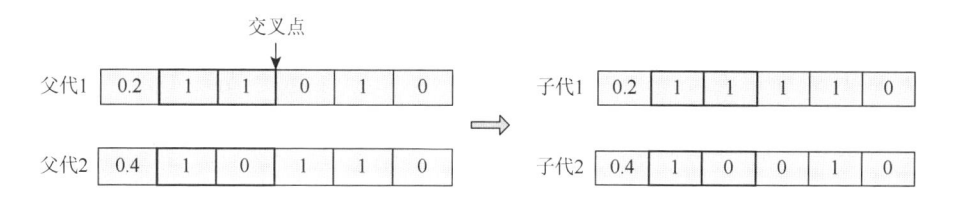

图 8-9　染色体交叉操作

图 8-10　染色体变异操作

8.4　渠 道 策 略

随着市场发展进入新阶段，企业的营销渠道不断发生新的变革，旧的渠道模式已经不能适应新形势的发展。在电子商务发展的大背景下，零售商和制造商开拓线上渠道已成为必需。对于零售商而言，如何根据不同的子市场制定出不同的促销以及线上线下渠道组合策略是一个亟待解决的问题。本章利用长期优化模型，帮助双渠道零售商了解在所有子市场上促销产品所需的条件，研究在每个时间段内如何对市场组合进行定价和选择。通过规划多个时期、多个市场和多个目标，最大限度地提高零售商长期盈利能力和竞争力，最大化零售商利润。

8.4.1 模型构建

本节考虑一个制造商通过两个异构零售商销售其产品的电子商务环境。首先，假设制造商拥有一个吸引消费者寻求产品和采购信息的网站，制造商不在自己的网站上销售产品或者即使在线销售也将依靠零售商渠道进行销售。然后，定义的异构零售商拥有独特的品牌名称、服务水平、运输政策和退货政策，并且它们的初始市场规模和运营成本总体上不同。制造商对于访问的消费者可以推荐给两个零售商（即非垄断性推荐）、一个零售商（即独家推荐）或者不进行推荐。制造商的推荐原则是该种推荐类型是否比其他推荐类型更有利。

本节假设市场被分为传统市场和推荐市场两个独立的细分市场。在传统市场中，消费者已经知道两个零售商，并可能选择从其中一个零售商处购买。在推荐市场中，消费者访问制造商的网站并从制造商推荐的零售商处购买。这些被推荐的消费者被认为忠诚于制造商，并一定从制造商推荐的零售商处购买。如果一个消费者属于两个市场，因其对零售商足够了解，认为他属于传统市场。

为描述两个零售商的需求，从总需求角度采用代表消费者的效用函数来对每个细分市场进行表示。在传统的细分市场中，由代表消费者的效用减去购买成本得到：

$$u_t \equiv \sum_{i=1,2}\left(\alpha_{ti}D_{ti} - \frac{D_{ti}^2}{2}\right) - \theta D_{t1}D_{t2} - \sum_{i=1,2} p_i D_{ti} \qquad (8\text{-}46)$$

其中，ti 为在传统市场的零售商；tj 为在传统市场的其他零售商，且 $j = 3-i$，$i = 1,2$；α_{ti} 为零售商 i 在传统市场最初的市场规模，也反映了消费者从零售商 i 购买的偏好以及消费者从零售商 i 获取的忠诚度和增值服务；p_i 为零售商 i 的价格；D_{ti} 为传统市场中的零售商 i 的实际需求，$i = 1,2$。$\theta(0 \leqslant \theta \leqslant 1)$ 表示渠道或者商店的可替代性。当 $\theta = 0$ 时，渠道纯粹垄断；当 θ 接近 1 时，渠道为可替代的。随着可替代性的增强，消费者效用下降。效用函数还涵盖了边际替代率递减和边际效用递减的典型特征。

最大化 u_t 产生了每个零售商在传统市场中的需求：

$$D_{ti} = \frac{\alpha_{ti} - \theta\alpha_{tj} - p_i + \theta p_i}{1-\theta^2}, \quad j = 3-i; i = 1,2 \qquad (8\text{-}47)$$

这种需求函数同常用的典型线性需求函数类似，与其不同的是，较低价格的零售商并不能够得到所有需求。

在推荐市场中，由代表消费者的效用减去购买成本得到：

$$u_r \equiv \sum_{i=1,2}\left(\alpha_{ri}D_{ri} - \frac{D_{ri}^2}{2}\right) - \theta D_{r1}D_{r2} - \sum_{i=1,2} p_{ri}D_{ri} \tag{8-48}$$

其中，α_{ri} 为推荐市场中的零售商 $i=1,2$ 的初始市场规模；D_{r1} 和 D_{r2} 为相应的需求。ri 代表推荐市场的零售商 i，其中 $j=3-i$，$i=1,2$。为了公式简洁和易处理，采用对称设置。令 $\alpha_{ri} = \alpha_m, i=1,2$，其中 α_m 表示假设只有一个零售商存在时最大的潜在推荐市场规模。采用对称假设的原因主要是消费者在推荐市场中对零售商不了解，并对零售商无偏好。p_{ri} 表示零售商 i 在推荐市场的价格，为了避免渠道冲突，每个零售商的零售价格在所有的细分市场中是相同的，即 $p_{ri} = p_i$。由于市场细分和定价相同，α_m 必须足够大才能保证制造商推荐的盈利能力，否则公司可能会选择不推荐。

最大化 u_r 产生了每个零售商在推荐市场中的需求：

$$D_{ri} = \alpha_m - p_i, \quad D_{rj} = 0$$

推荐市场中非垄断推荐需求如下：

$$D_{ri} = \frac{(1-\theta)\alpha_m - p_i + \theta p_j}{1-\theta^2} \tag{8-49}$$

因此，零售商 i 的总需求是 $D_i = D_{ti} + D_{ri}$。为了满足实际情况，每个零售商在不同细分市场的需求必须是非负的。

为表示利润函数，假设每个零售商都会产生一个运营成本 $c_i, i=1,2$。制造商向两个零售商收取相同的批发价格 w 并假设制造商没有推荐费用。因此，零售商和制造商的利润函数用以下公式描述：

$$\Pi_i = (p_i - w - c_i) + (D_{ti} + D_{ri}) \tag{8-50}$$

$$\Pi_m = w\sum_{i=1}^{2}(D_{ti} + D_{ri}) \tag{8-51}$$

8.4.2 均衡分析

本节具体分析制造商推荐消费者到零售商的三种情形，分别为无推荐、非垄断性推荐和独家推荐，并通过比较不同推荐类型中企业的利润来研究均衡推荐的决策。

1. 无推荐

在无推荐情形中，制造商不会将顾客推荐给推荐市场的任何零售商。因此，零售商只能看到传统市场中的消费者。用上标 nr 来表示这种没有推荐的情况。下面描述这个子博弈中的均衡策略。

$$p_i^{\text{nr}} = \frac{(10+\theta(1-4\theta))\alpha_{ti} + (6-\theta)c_i + (2-3\theta)(\alpha_{tj}-c_j)}{4(4-\theta^2)} \quad (8\text{-}52)$$

$$w^{\text{nr}} = \frac{1}{4}(\alpha_{t1}+\alpha_{t2}-c_1-c_2) \quad (8\text{-}53)$$

$$\Pi_m^{\text{nr}} = \frac{(\alpha_{t1}+\alpha_{t2}-c_1-c_2)^2}{8(2-\theta)(1+\theta)} \quad (8\text{-}54)$$

在只有传统市场的情形下，初始市场规模较大的零售商会对产品收取更高的价格。更具成本效益的零售商（运营成本更低的零售商）价格越低越能获得更大的市场份额。制造商的批发价格和利润随着零售商的初始市场规模而增加，随着零售商的运营成本上升而下降。

2. 非垄断性推荐

考虑制造商将消费者推荐给两个零售商的非垄断性推荐情形。制造商首先提供推荐，然后两个零售商决定是否接受推荐。只有在两个零售商都接受推荐优惠的情况下才会形成以 ne 为上标的非垄断性推荐。最后制造商确定批发价格，零售商确定零售价格。

$$p_i^{\text{ne}} = \frac{(10+\theta(1-4\theta))\alpha_{ti} + 2(6-\theta)c_i + (2-3\theta)(\alpha_{tj}-2c_j) + 2(6-\theta-2\theta^2)\alpha_m}{8(4-\theta^2)}, i=1,2$$

$$(8\text{-}55)$$

$$w^{\text{ne}} = \frac{1}{8}(\alpha_{t1}+\alpha_{t2}+2\alpha_m-2c_1-2c_2) \quad (8\text{-}56)$$

$$\Pi_m^{\text{ne}} = \frac{(2\alpha_m+\alpha_{t1}+\alpha_{t2}-2c_1-2c_2)^2}{16(2-\theta)(1+\theta)} \quad (8\text{-}57)$$

在非垄断性推荐中，零售价格随着推荐市场规模的增加而增加，批发价格也随着推荐市场规模的增加而增加，制造商的利润也是如此。假设 $0 \leqslant \theta < 1$，有

$$\frac{\partial p_i^{\text{ne}}}{\partial \alpha_m} = \frac{2(6-\theta-2\theta^2)}{8(4-\theta^2)} > \frac{\partial w^{\text{ne}}}{\partial \alpha_m} = \frac{1}{4} \quad (8\text{-}58)$$

同样，有

$$\frac{\partial p_i^{\text{ne}}}{\partial \alpha_{ti}} = \frac{10+\theta(1-4\theta)}{8(4-\theta^2)} > \frac{\partial w^{\text{ne}}}{\partial \alpha_{ti}} = \frac{1}{8} \quad (8\text{-}59)$$

这个结果表明，零售价格上涨的速度比整个批发价格上涨得更快，也就是说随着市场规模 α_m 和 α_{ti} 的增长，双重边际化程度加剧。因为 $\dfrac{2(6-\theta-2\theta^2)}{8(4-\theta^2)}$ 和

$\frac{10+\theta(1-4\theta)}{8(4-\theta^2)}$ 随着 $\theta(0 \leqslant \theta \leqslant 1)$ 增加而减少,故而随着竞争的加剧,双重边缘化现象有所减少。

推荐市场为零售商创造了新的竞争前沿。如果推荐市场规模 α_m 足够大,零售价格和批发价格将超过无推荐情形。否则,零售商可能会降低零售价格,争夺被推荐的消费者;随后,双边边缘化可以减轻。批发价格降低对制造商不一定有好处。因此,推荐市场规模必须足够大,才能使制造商从非垄断推荐中受益。

3. 独家推荐

在独家推荐中,制造商将消费者推荐给唯一的零售商。制造商首先确定要推荐哪个零售商,然后由被指定的零售商决定是否接受该提议。之后,制造商确定批发价格,最后零售商确定零售价格。类似于非垄断性推荐,零售价格和批发价格随着推荐市场规模和传统市场规模的增加而增加。

比较独家推荐和无推荐时制造商的利润,可以得出:在对零售商 i 的独家推荐中,存在一个下限阈值 $\hat{\alpha}_m^{Li}$,以至于当且仅当 $\alpha_m \geqslant \hat{\alpha}_m^{Li}$ 时,独家推荐给零售商 i 才是均衡选择。

如果制造商只推荐一家零售商,则制造商和被推荐的零售商必须比没有推荐时获得更多的利润;否则推荐没有意义。类似于非垄断性推荐,推荐部分的市场规模 α_m 必须足够大,才利于独家推荐。如果推荐市场的规模太小,零售商可能会为吸引新推出的消费者下调零售价格,或者由于推荐领域的额外需求而导致批发价格上涨。在这种情况下,追加需求的好处无法弥补边际利润的损失。如果其他零售商的零售价格更低,情况可能会更糟糕。

在独家推荐的情形中有两个值得注意的问题:①制造商该把消费者推荐给成本效益更高的还是成本效益更低的零售商?②制造商该把消费者推荐给大零售商还是小零售商?

比较了制造商把消费者推荐给零售商 1 或者零售商 2 这两种独家推荐时的利润,得到如下结论:当 $\alpha_m \geqslant \max\{\hat{\alpha}_m^{L1}, \hat{\alpha}_m^{L2}\}$ 时,当且仅当 $(\alpha_{t1} - \alpha_{t2}) + \frac{4-3\theta^2}{\theta(1+\theta)}(c_1 - c_2) \geqslant 0$ 时,只推荐给零售商 1。

零售商的异构性使独家推荐取决于零售商的传统市场规模 α_{t1} 和运营成本 c_i。如果零售商具有相同的初始市场规模(即 $\alpha_{t1} = \alpha_{t2}$),制造商推荐更具成本效益的零售商更有利。因为更具成本效益的零售商价格相对较低,会产生更大的实际需求。如果零售商具有相同的成本效益,则推荐小零售商对于制造商而言更有利。当初始市场规模和运营成本不相等时,如果它们在相反的方向上变化(例如,$\alpha_{t1} > \alpha_{t2}$ 且 $c_1 < c_2$),则它们之间存在均衡。如果制造商选择较大的零售商,则零

售商的运营成本必须足够低,才能弥补其较大的初始市场规模所带来的劣势。当 $\frac{4-3\theta^2}{\theta(1+\theta)}$ 随着 θ 减小并且穿过整体线时,即 $\frac{4-3\theta^2}{\theta(1+\theta)}=1$,$\theta=0.88$。这意味着当零售商更具垄断性时($\theta<0.88$),运营成本比最初的市场规模带来更高的权重。当 $\alpha_m \geqslant \max\{\hat{\alpha}_m^{L1},\hat{\alpha}_m^{L2}\}$ 时,能够使所有参与的公司从独家推荐中受益。在 $(\alpha_{t1}-\alpha_{t2})+\frac{4-3\theta^2}{\theta(1+\theta)}(c_1-c_2) \geqslant 0$ 时,如果 $\min\{\hat{\alpha}_m^{L1},\hat{\alpha}_m^{L2}\} \leqslant \alpha_m \leqslant \max\{\hat{\alpha}_m^{L1},\hat{\alpha}_m^{L2}\}$,只推荐零售商 2 对制造商是更好的选择。

4. 推荐选择

现在探究制造商的推荐选择。制造商可以选择非垄断性推荐、独家推荐或不推荐。通过比较非垄断性推荐,独家推荐给零售商 1,独家推荐给零售商 2,不推荐的企业利润,可以得到以下结果。

当 $(\alpha_{t1}-\alpha_{t2})+\frac{4-3\theta^2}{\theta(1+\theta)}(c_1-c_2) \geqslant 0$ 时,存在阈值 $\hat{\alpha}_m^{Li}$ 和 $\hat{\alpha}_m^{H}$。

(1)如果 $\alpha_m \geqslant \hat{\alpha}_m^{H}$,则无垄断性推荐。
(2)如果 $\min[\hat{\alpha}_m^{H},\hat{\alpha}_m^{L1}] \leqslant \alpha_m \leqslant \hat{\alpha}_m^{H}$,则推荐零售商 1。
(3)如果 $\min[\hat{\alpha}_m^{H},\hat{\alpha}_m^{L1},\hat{\alpha}_m^{L2}] \leqslant \alpha_m \leqslant \min[\hat{\alpha}_m^{H},\hat{\alpha}_m^{L1}]$,则推荐零售商 2。
(4)如果 $\alpha_m \leqslant \min[\hat{\alpha}_m^{H},\hat{\alpha}_m^{L1},\hat{\alpha}_m^{L2}]$,则不进行推荐。

当 $\alpha_{t1}=1$,$\alpha_{t2}=0.8$,$c_1=0$,$c_2=0.05$ 时,使用图 8-11 表示各种推荐的选择结果。从图中可以得到独家推荐和非垄断性推荐都会产生额外的需求,当制造

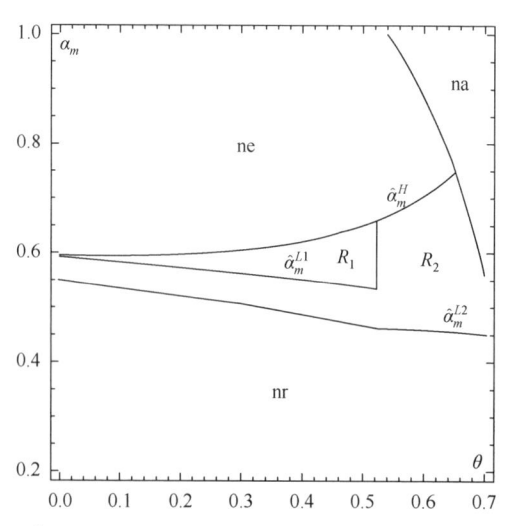

图 8-11 在 $\alpha_{t1}=1$,$\alpha_{t2}=0.8$,$c_1=0$,$c_2=0.05$ 时的均衡推荐类型

商的批发价格较高时导致零售价格上涨，需求增长的幅度在不同的推荐类型上有所不同。一般来说，非垄断性推荐比独家推荐带来更大的需求，因为消费者被推荐给更多的零售商从而得到更多的购买选择。然而随着需求的增加，制造商会要求更高的批发价格，促使零售商提高零售价格。与垄断性推荐相比，独家推荐显著地加剧了双边边缘化。当 α_m 足够大时，非垄断性推荐需求越大则制造商的获益更加显著，并且被推荐的零售商也能够从该种推荐类型中获益。

另外，当推荐市场规模不够大（即 $\alpha_m < \hat{\alpha}_m^H$）时，非垄断性推荐中的额外需求可能小于独家推荐中的额外需求，当可替代性较高时情况更加明显。制造商在非垄断性推荐情形下必须降低批发价格，以补偿由于激烈的同行竞争而导致的零售价格下降。因此，制造商会选择给它带来更多利益的独家推荐。

独家推荐情形下只推荐零售商 1 和只推荐零售商 2 存在细微差别。当 $(\alpha_{t1} - \alpha_{t2}) + \frac{4-3\theta^2}{\theta(1+\theta)}(c_1 - c_2) \geq 0$ 时，只要 $\alpha_m > \hat{\alpha}_m^{L1}$，那么制造商独家推荐零售商 1 可以获得更多的利润。如果 $\alpha_m < \hat{\alpha}_m^{L1}$，零售商 1 的推荐需求为 0，则推荐零售商 1 无利润。此时，独家推荐零售商 2 成为唯一可行的选择。当 $\alpha_m \leq \min[\hat{\alpha}_m^H, \hat{\alpha}_m^{L1}, \hat{\alpha}_m^{L2}]$ 时，所有推荐需求非正，不推荐。

推荐选择还取决于零售商的初始市场规模和运营成本。当 $(\alpha_{t1} - \alpha_{t2}) + \frac{4-3\theta^2}{\theta(1+\theta)}(c_1 - c_2) \geq 0$，$\alpha_m$ 足够大时，向零售商 2 的独家推荐比推荐零售商 1 更有利。当 α_{t1} 和 c_1 增加或者 α_{t2} 和 c_2 减少时，制造商为获得更多的利润，推荐消费者到零售商 2，可以获得更好的利润。推荐选择中，非垄断性推荐或独家推荐的选择取决于推荐市场的规模、商店的可替代性、零售商的初始市场规模以及他们的运营成本。

8.5 面向汽车品牌管理的 4S 店推荐营销

1. 实验数据

本节运用 8.4.1 节在线制造商推荐异质零售商的渠道策略进行 4S 店推荐并在汽车品牌管理网站上进行展示。原模型是针对一个制造商和两个异质零售商的模型，我们将制造商映射为生产某款车型的企业，零售商映射为某市销售该款车型的 4S 店，具体给用户推荐哪个 4S 店取决于是否能够最大化企业和 4S 店的收益以及不违背跨市调车的原则。原模型仅仅考虑存在两个 4S 店的情形，我们对模型进行如下扩充：①用户所在城市不存在销售用户目标车型的 4S 店时，不给用户进行 4S 店推荐；②用户所在城市存在一家销售用户目标车型的 4S 店时，推荐唯一的一家 4S 店；③用户所在城市存在两家及两家以上的 4S 店时，从中选取规模最大的两家 4S 店，运用一个制造商和两个异质零售商模型进行 4S 店推荐。

在 4S 店推荐中我们使用的数据包括以下几类。

（1）用户目标车型的竞争车型，主要来源于车型竞争网络。因为每一款车的竞争车型过多，本节从中随机抽取三个作为目标车型的竞争车型。

（2）车型销量数据，主要来源于搜狐汽车中的销量板块。我们设定车型销量为该款车型的月平均销量。

（3）4S 店数据，主要来源于汽车之家，我们爬取全国 22543 家 4S 店的数据，该数据涉及 4S 店具体地理位置，4S 店主营车型，以及 4S 店在售车型总数量，分布在全国 320 个城市，共有 8250 款在售车型。

2. 实验参数

实验中涉及的主要参数如下。

（1）产品替代率。本章运用目标车型销量与竞争车型销量计算得到。产品替代率=目标车型销量/(目标车型销量+竞争车型销量)。

（2）4S 店 1 和 4S 店 2 在目标车型上传统市场的份额。直接利用 4S 店 1 和 4S 店 2 在该车型上的销量作为传统市场份额。运用仿真方法，从正态分布中随机抽取数值作为车型销量。正态分布的均值为该车型销量/全国销售该款车型的 4S 店数量，方差设置为 1000。

（3）4S 店 1 和 4S 店 2 在目标车型上推荐市场的份额。两家 4S 店设置相同，均设置为 0.55。

（4）4S 店 1 和 4S 店 2 的操作成本。操作成本根据店的地理位置、在售车型数量、主营车型进行设置。

3. 实验结果

在汽车品牌管理系统中，我们基于车型推荐的结果为用户推荐 4S 店。当我们使用推荐算法得到用户对不同车型的偏好时，可以为用户推荐 4S 店。根据模型，用户的推荐结果可能包含多种情况。首先，我们需要了解用户所在的城市，然后对用户推荐的某款车型寻找该城市的 4S 店的信息。当该城市不包含销售当前车型的 4S 店时，不进行推荐。否则，根据 4S 店的推荐结果计算，如果需要推荐 4S 店，当且仅当只有一家候选 4S 店的时候，只推荐该 4S 店。当该城市包含两个及以上的 4S 店的信息的时候，则根据上述模型的推荐结果，选择不同的 4S 店的信息。

本实验的过程如下。

（1）首先确定某款车型的用户，以江淮-星锐为例，图 8-12 可以看到江淮-星锐款车型的部分用户。点击其中任意用户，可以得到用户所在城市信息，进而得到用户的期望车型与所在地区，根据该数据可以推荐用户所在地的 4S 店。

图 8-12　江淮-星锐的部分用户组

（2）根据上述输入和参数设置，进行 4S 店推荐。

①当用户所在地区的 4S 店只有一家的时候，选择这一家推荐，如图 8-13 所示。

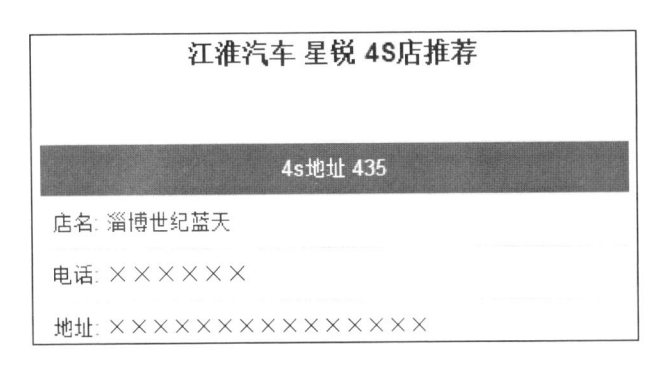

图 8-13　仅有一家 4S 店的推荐结果

②当候选 4S 店有两家及以上的时候，根据模型的结果进行选择，如图 8-14 所示。

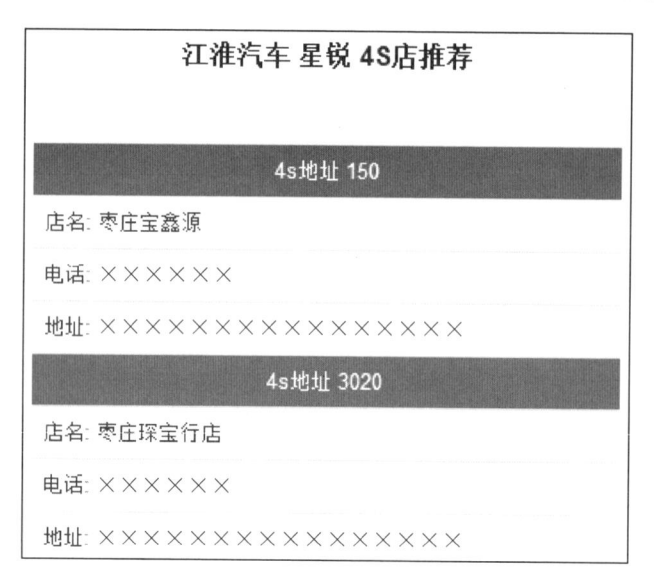

图 8-14　存在两家及以上 4S 店时的推荐结果

在汽车品牌管理系统中，我们为约 80 万用户推荐了不同的 4S 店。根据不同用户对不同车型的喜好及其所在的位置，可以通过系统中的用户列表得到所有用户的推荐结果。

参 考 文 献

[1] Feng Y, Gallego G. Optimal starting times for end-of-season sales and optimal stopping times for promotional fares[J]. Management Science, 1995, 41 (8): 1371-1391.

[2] Elmaghraby W, Keskinocak P. Dynamic pricing in the presence of inventory considerations: Research overview, current practices, and future directions[J]. Management Science, 2003, 49 (10): 1287-1309.

[3] Acquisti A, Varian H R. Conditioning prices on purchase history[J]. Marketing Science, 2005, 24 (3): 367-381.

[4] Netessine S, Savin S, Xiao W Q. Revenue management through dynamic cross-selling in e-commerce retailing[J]. Operations Research, 2006, 54 (5): 893-913.

[5] Reynolds K E, Gilkeson J H, Niedrich R W. The influence of seller strategy on the winning price in online auctions: A moderated mediation model[J]. Journal of Business Research, 2009, 62 (1): 22-30.

[6] Hann I H, Terwiesch C. Measuring the frictional costs of online transactions: The case of a name-your-own-price channel[J]. Management Science, 2003, 49 (11): 1563-1579.

[7] Venkatesh R, Mahajan V. A probabilistic approach to pricing a bundle of products or services[J]. Journal of Marketing Research, 1993, 30 (4): 494-508.

[8] Venkatesh R, Kamakura W. Optimal bundling and pricing under a monopoly: Contrasting complements and substitutes from independently valued products[J]. Journal of Business, 2003, 76 (2): 211-231.

[9] McCardle K F, Rajaram K, Tang C S. Bundling retail products: Models and analysis[J]. European Journal of Operational Research, 2007, 177 (2): 1197-1217.

[10] Bakos Y, Brynjolfsson E. Bundling information goods: Pricing, profits, and efficiency[J]. Management Science, 1999, 45（12）: 1613-1630.

[11] Hanson W, Martin R K. Optimal bundle pricing[J]. Management Science, 1990, 36（2）: 155-174.

[12] Ansari A, Siddarth S, Weinberg C B. Pricing a bundle of products or services: The case of nonprofits[J]. Journal of Marketing Research, 1996, 33（1）: 86-93.

[13] Dana J D J. New directions in revenue management research[J]. Production and Operations Management, 2008, 17（4）: 399-401.

[14] Jiang Y, Shang J, Kemerer C F, et al. Optimizing e-tailer profits and customer savings: An online dynamic bundle pricing model[J]. Marketing Science, 2011, 30: 737-751.

[15] 何建民. 网络营销[M]. 北京: 电子工业出版社, 2010.

[16] Kim J W, Lee K M, Shaw M J, et al. A preference scoring technique for personalized advertisements on Internet storefronts[J]. Mathematical and Computer Modelling, 2006, 44（1-2）: 3-15.

[17] Lohtia R, Donthu N, Yaveroglu I. Evaluating the efficiency of Internet banner advertisements[J]. Journal of Business Research, 2007, 60（4）: 365-370.

[18] Gordon M E, Lima-Turner K D. Consumer attitudes towards Internet advertising: A social contract perspective[J]. International Marketing Review, 1997, 14（5）: 362-375.

[19] Cheung C M K, Lee M K O. A theoretical model of intentional social action in online social networks[J]. Decision Support Systems, 2010, 49（1）: 24-30.

[20] Lu Q, Moorthy S. Coupons versus rebates[J]. Marketing Science, 2007, 26（1）: 67-82.

[21] Shor M, Oliver R L. Price discrimination through online couponing: Impact on likelihood of purchase and profitability[J]. Journal of Economic Psychology, 2006, 27（3）: 423-440.

[22] Zhang J, Krishnamurthi L. Customizing promotions in online stores[J]. Marketing Science, 2004, 23（4）: 561-578.

[23] Zhang J, Wedel M. The effectiveness of customized promotions in online and offline stores[J]. Journal of Marketing Research, 2009, 46（2）: 190-206.

[24] Bandyopadhyay S. A dynamic model of cross-category competition: Theory, tests and applications[J]. Journal of Retailing, 2009, 85（4）: 468-479.

[25] Walters R. Assessing the impact of retail price promotions on product substitution, complementary purchase, and interstore sales displacement[J]. Journal of Marketing, 1991, 55（2）: 17-28.

[26] Duvvuri S D, Ansari A, Gupta S. Consumers' price sensitivities across complementary categories[J]. Management Science, 2007, 53（12）: 1933-1945.

[27] Song I, Chintagunta P K. Measuring cross-category price effects with aggregate store data[J]. Management Science, 2006, 52（10）: 1594-1609.

[28] Gonzalez-Benito O, Martiez-Ruiz M P, Molla-Descals A. Retail pricing decisions and product category competitive structure[J]. Decision Support Systems, 2010, 49（1）: 110-119.

[29] Niraj R, Padmanabhan V, Seetharaman P B. Research note—A cross-category model of households' incidence and quantity decisions[J]. Marketing Science, 2008, 27（2）: 225-235.

[30] Jiang Y, Liu Y. Optimization of online promotion: A profit-maximizing model integrating price discount and product recommendation[J]. International Journal of Information Technology and Decision Making, 2012, 11（05）: 961-982.

[31] Lal R, Sarvary M. When and how is the Internet likely to decrease price competition? [J]. Marketing Science, 1999, 18（4）: 485-503.

[32] Zettelmeyer F. Expanding to the Internet: Pricing and communications strategies when firms compete on multiple channels[J]. Journal of Marketing Research, 2000, 37 (3): 292-308.

[33] Wallace D W, Giese J L, Johnson J L. Customer retailer loyalty in the context of multiple channel strategies[J]. Journal of Retailing, 2004, 80 (4): 249-263.

[34] Biyalogorsky E, Naik P. Clicks and mortar: The effect of on-line activities on off-line sales[J]. Marketing Letters, 2003, 14 (1): 21-32.

[35] Bernstein F, Song J S, Zheng X. Bricks-and-mortar vs. clicks-and-mortar: An equilibrium analysis[J]. European Journal of Operational Research, 2008, 187 (3): 671-690.

[36] Ofek E, Katona Z, Sarvary M. "Bricks and clicks": The impact of product returns on the strategies of multichannel retailers[J]. Marketing Science, 2011, 30 (1): 42-60.

[37] Park S Y, Keh H T. Modelling hybrid distribution channels: A game-theoretic analysis[J]. Journal of Retailing and Consumer Services, 2003, 10 (3): 155-167.

[38] Fruchter G E, Tapiero C S. Dynamic online and offline channel pricing for heterogeneous customers in virtual acceptance[J]. International Game Theory Review, 2005, 7 (02): 137-150.

[39] Chiang W K, Chhajed D, Hess J D. Direct marketing, indirect profits: A strategic analysis of dual-channel supply-chain design[J]. Management Science, 2003, 49 (1): 1-20.

[40] 陈明洋,孙毅,吕本富. 网络环境下主要营销渠道选择策略[J]. 管理评论, 2008, 20 (9): 9-13.

[41] 许传永,荀清龙,周垂日,等. 两层双渠道供应链的定价问题[J]. 系统工程理论与实践, 2010, 30 (10): 1741-1752.

[42] Yao D Q, Liu J J. Competitive pricing of mixed retail and e-tail distribution channels[J]. Omega, 2005, 33 (3): 235-247.

[43] Dumrongsiri A, Fan M, Jain A, et al. A supply chain model with direct and retail channels[J]. European Journal of Operational Research, 2008, 187 (3): 691-718.

[44] Kumar N, Ruan R. On manufacturers complementing the traditional retail channel with a direct online channel[J]. Quantitative Marketing and Economics, 2006, 4 (3): 289-323.

[45] Hendershott T, Zhang J. A model of direct and intermediated sales[J]. Journal of Economics and Management Strategy, 2006, 15 (2): 279-316.

[46] Netessine S, Rudi N. Supply chain choice on the internet[J]. Management Science, 2006, 52 (6): 844-864.

[47] Wu H, Cai G, Chen J, et al. Online manufacturer referral to heterogeneous retailers[J]. Production and Operations Management, 2015, 24 (11): 1768-1782.

[48] Garfinkel R, Gopal R, Tripathi A, et al. Design of a shopbot and recommender system for bundle purchases[J]. Decision Support Systems, 2006, 42 (3): 1974-1986.

[49] Levina T, Levin Y, McGill J, et al. Dynamic pricing with online learning and strategic consumers: An application of the aggregating algorithm[J]. Operations Research, 2009, 57 (2): 327-341.

[50] Wu S, Hitt L M, Chen P, et al. Customized bundle pricing for information goods: A nonlinear mixed-integer programming approach[J]. Management Science, 2008, 54 (3): 608-622.

[51] Häubl G, Trifts V. Consumer decision making in online shopping environments: The effects of interactive decision aids[J]. Marketing Science, 2000, 19 (1): 4.

[52] Fan M, Kumar S, Whinston A. Selling or advertising: Strategies for providing digital media online[J]. Journal of Management Information Systems, 2008, 24 (3): 143-166.

[53] Wang T, Venkatesh R, Chatterjee R. Reservation price as a range: An incentive-compatible measurement approach[J].

Journal of Marketing Research, 2007, 44 (2): 200-213.

[54] Eggert A, Ulaga W. Managing customer share in key supplier relationships[J]. Industrial Marketing Management, 2010, 39 (8): 1346-1355.

[55] 《运筹学》教材编写组. 运筹学[M]. 北京: 清华大学出版社, 2005.

[56] Chen L S, Hsu F H, Chen M C, et al. Developing recommender systems with the consideration of product profitability for sellers[J]. Information Sciences, 2008, 178 (4): 1032-1048.

[57] Edelman B, Jaffe S, Kominers S D. To groupon or not to groupon: The profitability of deep discounts[J]. Marketing Letters, 2016, 27 (1): 39-53.

[58] Quandt R E, Henderson J M. Microeconomic Theory: A Mathematical Approach[M]. New York: McGraw-Hill, 1958.

[59] Chen Y, Iyer G. Research note consumer addressability and customized pricing[J]. Marketing Science, 2002, 21 (2): 197-208.

[60] Yao S, Mela C F. Online auction demand[J]. Marketing Science, 2008, 27 (5): 861-885.

[61] Jedidi K, Jagpal S, Manchanda P. Measuring heterogeneous reservation prices for product bundles[J]. Marketing Science, 2003, 22 (1): 107-130.

[62] Nowak I. Relaxation and Decomposition Methods for Mixed Integer Nonlinear Programming[M]. New York: Springer Science and Business Media, 2005.

[63] Balakrishnan P V, Jacob V S. Genetic algorithms for product design[J]. Management Science, 1996, 42 (8): 1105-1117.

[64] Venkatesan R, Krishnan T V, Kumar V. Evolutionary estimation of macro-level diffusion models using genetic algorithms: An alternative to nonlinear least squares[J]. Marketing Science, 2004, 23 (3): 451-464.

[65] Du J, Xie L, Schroeder S. Pin optimal distribution of auction vehicles system: Applying price forecasting, elasticity estimation, and genetic algorithms to used-vehicle distribution[J]. Marketing Science, 2009, 28 (4): 637.

[66] Shang J, Yildirim T P, Tadikamalla P, et al. Distribution network redesign for marketing competitiveness[J]. Journal of Marketing, 2009, 73 (2): 146-163.

第 9 章　可视化方法

大数据的力量，正影响着社会的方方面面，对于身处大数据时代的企业而言，成功的关键在于找出大数据所隐含的真知灼见。要想探索和理解那些大型数据集，可视化是最有效的途径之一。可视化是对数据进行交互的可视表达以增强认知的技术。它将不可见或难以直接显示的数据映射为可感知的图形、符号、颜色、纹理等，增强了数据的识别和传递效率。通过可视化呈现，可以揭示多维数据之间的关联，归纳数据内在模式和结构，帮助人们理解各种各样的数据集合。

可视化的功能包括：信息记录、信息推理和分析、信息传播。

（1）信息记录。将大量的繁杂的信息以可视化形式记录下来，可以让人们更直观地理解这些信息，同时也能极大地激发智力和洞察力，帮助验证科学假设。

（2）信息推理和分析。将信息以可视的方式呈现给用户，可以引导用户从可视化结果中分析和推理出有效信息，以提升信息认知效率。这种方式突破了常规分析方法的局限性，可以极大地降低数据理解的复杂度，同时可视化也可以起到支持上下文的理解和数据推理方面的作用。

（3）信息传播。将复杂信息传播给公众的最有效途径是将数据可视化，以达到信息共享的目的。商业智能可视化是在商业智能理论和方法发展过程中与数据可视化融合的概念和方法，商业智能的目标是将商业和企业运营中收集的数据转换为知识，辅助决策者做出明智的业务经营决策。

可视化的基本流程包括以下几个步骤：描述数据、确定可视化目的、选择可视化方式、评估可视化结果。数据可视化流程如图 9-1 所示。

（1）描述数据。理解数据内涵并将数据处理成需要的格式。例如，在地图上标注地址清单，则需要经纬度坐标。

（2）确定可视化目的。当有一个包含数以千计甚至数百万个观察结果的数据集时，明确可视化的目标，展示适量的信息内容，可有效保证用户获取数据信息的效率。在失败的可视化案例中，存在两种极端情况，即过少或过多地展示了数据的信息。在实际情况中，很多数据仅包含两到三个不同属性的数值，这些不同属性的数值之间可能是相互关联的，即可由其中的一个属性的数值推导出另外一个，在这种情况下，直接通过表格或文字描述即可完整而快速地传递信息。另一种情况是传递过多的信息，使可视化结果变得混乱，造成用户难以理解、重要信息被掩盖的弊端。

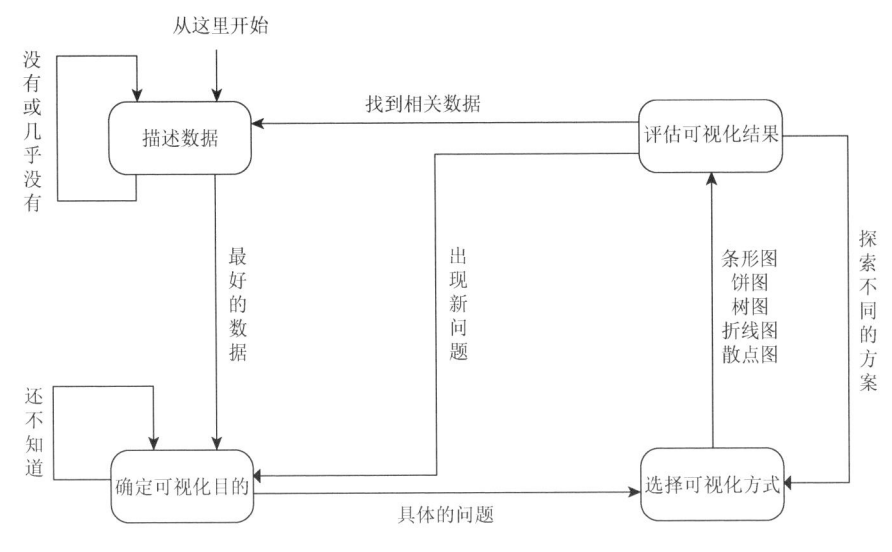

图 9-1　数据可视化流程图

（3）选择可视化方式。在选择合适的可视化元素进行数据映射的时候，设计者首先需要考虑的是数据的语义和可视化用户对象的个性特征。一般而言，数据可视化的一个重要的核心目的是使用户在最短的时间内获取数据的整体信息和大部分的细节信息，这是通过直接阅读数据无法完成的。数据可视化元素的映射需要充分利用人们已有的先验知识，从而降低人们在信息感知和认知方面所需要的时间。举例来说，如果两种数据在属性上有时间上的关联性，则可以使用动画形式来表达。

（4）评估可视化结果。可视化数据后可以发现一些数据组合和模式，但是数据估值的不确定性、人为或技术的错误都可能导致观察结果与预想中不一致，因此应确保不要在模式中混入干扰信息。

本章主要介绍可视化的相关理论及方法，内容组织如下。9.1 节介绍信息可视化的国内外研究现状；9.2 节介绍竞争网络可视化方法；9.3 节介绍竞争分析可视化方法；9.4 节介绍客户分析可视化方法；9.5 节介绍面向汽车品牌管理的可视化应用案例。

9.1　国内外研究现状

可视化技术起源于 20 世纪 80 年代出现的科学计算可视化[1]。"信息可视化"一词最早出现在 1989 年发表的文章《用于交互性用户界面的认知协处理器》中[2]。信息可视化是可视化技术在非空间数据领域的应用，是将数据信息转化为视觉形式的过程，可以增强数据呈现效果，让用户以直观交互的方式实现对数据的观察和浏览，从而发现数据中隐藏的特征、关系和模式。多维数据、时态数据、文本数据和网络数据是当前信息可视化研究的热点。

9.1.1　多维数据可视化

Inselberg 提出的平行坐标系是经典的多维数据可视化技术之一[3]，该技术能简洁而快速地展示出多维数据。由于其经典性和广泛应用性，在此基础上发展出了很多改进技术。例如，盛秀杰等[4]使用平行坐标系中的坐标轴和平行折线的可视化渲染方法提出了一种新的颜色渐变渲染方案，Johansson 等[5]使用可视化聚类的方法调整折线的形状。当数据集的规模变得非常大时，密集的折线容易使平行坐标系变得复杂且难以解释。因此如何降低视觉混淆的问题受到了很多学者的关注，现有的基于平行坐标系的视觉混淆处理方法包括维度重排[6]、交互方法[7]、聚类[8]、过滤[8]等。Radviz 法[9]使用圆形坐标系展示可视化结果，圆形的 k 条半径表示 k 维空间，通过引入物理学中物体受力平衡定理，将多维数据对象表示为坐标系内的一个点，点的位置使用弹簧模型计算得到。Schmid 和 Hinterberger[10]整合了散点图矩阵、平行坐标系、Addrews 曲线来展示多维数据。星绘法采用由一点向外辐射的多条线段代表数据维度，不同的线段长度代表了每一个数据项的不同维度的值。

9.1.2　时态数据可视化

时间序列数据是由不同时间上的数据在时间维度上顺序排列得到的，将带有时间属性的数据集以可视化的形式表达称为时态数据可视化。Bederson 等[11]综合树图提供全局概貌和坐标轴统计图提供趋势特征的优势，设计了一种表示时间序列数据的树图可视化交互系统；文献[12]用热力图表示"9·11"恐怖袭击事件之后 4 个监测站点的 9 种多环芳烃浓度值的变化规律；文献[13]提出基于聚类和日历图的可视化方法，可表现和识别多时间尺度（天、周、月）的单变量时间序列数据的模式和趋势。

9.1.3　文本数据可视化

文本数据可视化可以将文本中复杂的或者难以通过文字表达的内容和规律以视觉符号的形式表达出来，使人们能够利用与生俱来的视觉感知的并行化处理能力快速获取大数据中所蕴含的关键信息。最常用的文本可视化的思路是将文本看作一个词汇的集合（词袋模型），利用词频信息来呈现文本特征。标签云[14]将关键词按照一定顺序和规律排列，以文字的大小代表词语的重要性。但是标签云只是对文本中高频词汇的简单罗列，无法提供连贯的上下文信息。document card[15]在克服这一问题上做出了尝试，它通过自动提取重要文字和图片，将文本信息综合到一系列信息连续的卡片上，使用户能够快速地了解文本的关键信息。Hearst[16]将文献按段落、章节等划分为文本单元，通过矩形条的灰度显示每个查询词在文献中的分布，使得用户能够通过观察查询词组在相同的文本单元里的同现情况，快速了解文本内容与查询意图的相关度。

9.1.4 网络数据可视化

网络数据是一种无层次结构的关系数据，通常以图的形式呈现，其基本构成要素是点和边，根据每条边的有无权重及有无方向，可分为加权图、无权图、有向图、无向图。网络数据常用来表征节点间的关系，如社交网络、竞争网络。自动布局算法是网络数据可视化的核心算法，目前主要有以下三类：力导向布局（force-directed layout）、分层布局（hierarchical layout）和网格布局（grid layout）。当数据节点的连接很多时，容易产生边交叉现象，导致视觉混淆，可以采用集束边（edge bundle）技术解决该问题，集束边是一种将网络中相邻接的边用平滑的曲线收拢集束，在端点分散开[17]的技术，可以解决视觉混淆问题，提升数据的可视化效果。常见的集束边技术有力导向的集束边技术、层次集束边技术、基于几何的边聚类技术、多层凝聚集束边技术和基于网格的方法等。

上述信息可视化方法已广泛应用到商业智能可视化、社交可视化领域。例如，Ringel 和 Skiera[18]基于消费者搜索产品在线点击流数据，提出 drmabs 模型，以市场为中心显示 1000 多种产品的不对称竞争的市场结构图，展示了全部和局部的非对称竞争关系的可视化。卢璐[19]将社交网络中的个性化推荐工具 HRVis 应用于微博的企业信息检索的可视化，将个性化推荐技术与可视化技术相结合，通过节点的合理布局，提出网状数据高亮视图算法，将关系图中相对重要的信息突显出来，帮助企业快速搜索到与自己相似的竞争对手。汪强兵和章成志[20]利用在移动端的用户手势行为数据及手势行为所对应的内容信息，挖掘用户兴趣，构建用户兴趣画像。葛志远等[21]通过建立无向网络图，研究企业合作竞争网络中企业的同种业务的竞争、上下游企业的合作关系。梁磊等[22]基于汽车之家论坛数据，提出了基于图挖掘的社群搜索算法 MDect，设计并开发了一个汽车品牌竞争分析系统，能够根据用户输入的车系快速定位其所在的竞争社群，通过弦图、流量图、口碑词云等多种可视化视图，分析车系之间的竞争情况。

9.2 竞争网络可视化

网络数据可以表现为更加自由、更加复杂的竞争关系网络。分析竞争网络数据的核心是挖掘竞争关系网络中的重要结构性质，清晰表达个体之间的关系。本节从竞争网络可视化方法、网络图简化技术、图交互技术、竞争网络可视化工具四个方面进行描述。

9.2.1 竞争网络可视化方法

主流的网络可视化方法按布局策略分为节点链接法、相邻矩阵布局和混合布局法三种。其中，节点链接法是网络的直观表达，节点表示个体，连接节点的边表示个体之间的关系。常用的节点链接法有力引导布局[23]和弧长链接图[24]，两种布局都是通过节点在低维空间的距离表达个体之间的竞争强度。节点链接法对关系稀疏的竞争网络表达较好，但在处理关系复杂的竞争网络时，边与边形成大量的交叉，易产生严重的视觉混乱问题。相邻矩阵布局采用 $N \times N$ 的矩阵表现个体之间的两两关系，个体之间的竞争相关性用颜色编码，用以解决关系密集网络中的边交叉问题，但是不能有效地表达网络拓扑结构。混合布局法兼取两家之长，对关系密集型数据采用相邻矩阵布局，而对关系稀疏型数据采用节点链接法，辅以有效的交互手段，可实现较好的可视化布局。

1. 节点链接法

竞争网络的节点链接法采用节点表达数据个体、链接表达个体之间的竞争关系，这种形式容易被用户理解和接受。由于竞争关系的节点不存在位置信息，因此如何通过合理节点布局表达个体间的竞争强度是节点链接法的核心问题，目前主流的节点链接法的实现方式有力引导布局和弧长链接图。

1）力引导布局

力引导布局的核心思想是采用弹簧模型模拟动态布局的过程，使得最终布局中节点之间不相互遮挡，比较美观，同时能够反映数据点之间的竞争强度关系。图 9-2 表现了力引导布局对竞争网络描述的效果，气泡代表单个产品，气泡颜色表示品牌，从图中可以清晰地识别出产品之间的竞争关系，气泡距离越近，则表示竞争关系越强，力引导布局能直观得出网络中的重要拓扑属性。

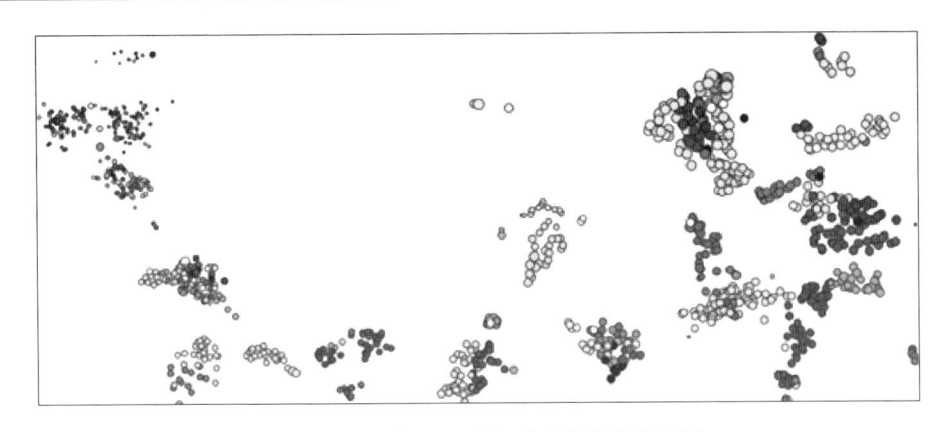

图 9-2 1124 款 LED 电视的市场竞争格局图

力引导布局算法的目的是减少布局中边的交叉，本质是一种局部优化方法，其以质点为节点，弹簧为边，质点之间受到弹簧的拉力而拉近或弹开，经过多次迭代后达到整个布局的动态平衡。随着力引导概念的提出，引入质点之间的静电力，弹簧模型被更一般化的能量模型替代，通过最小化系统的总能量达到优化布局的目的。力引导布局的算法本质是解一个能量优化问题，不同力引导布局算法的优化函数选择各不相同。对于平面上两个点 i 和 j，$d(i,j)$ 为两个点的欧氏距离，$s(i,j)$ 为弹簧的自然长度，k 为弹力系数，r 为两点之间的静电力常数，w 为两点之间的权重，则两个基本的模型优化函数如下。

弹簧模型：
$$E_S = \sum_{i=1}^{n}\sum_{j=1}^{n} \frac{1}{2} k(d(i,j) - s(i,j))^2 \tag{9-1}$$

能量模型：
$$E = E_S + \sum_{i=1}^{n}\sum_{j=1}^{n} \frac{rw_i w_j}{d(i,j)^2} \tag{9-2}$$

给定初始条件，经过反复迭代可达到整个模型的能量最小化。力引导布局易于理解、容易实现，可以用于大多数竞争网络数据集，而且实现效果具有较好的对称性和局部聚合性，比较美观。该算法交互性好，用户可以通过界面观察到整个布局逐渐趋于动态平衡的过程。很多可视化的工具都实现了力引导布局，只需要定义节点、边和权重，就能快速获得力引导布局的竞争网络可视化。

2）弧长链接图

弧长链接图（arc diagram）采用一维布局方式，即节点沿某个线性轴或环状排列，圆弧表达节点间的链接关系（图 9-3 和图 9-4）。这种方法不能像二维布局那样表达图的全局结构，但在节点良好排序后可清晰地呈现环和桥的结构。

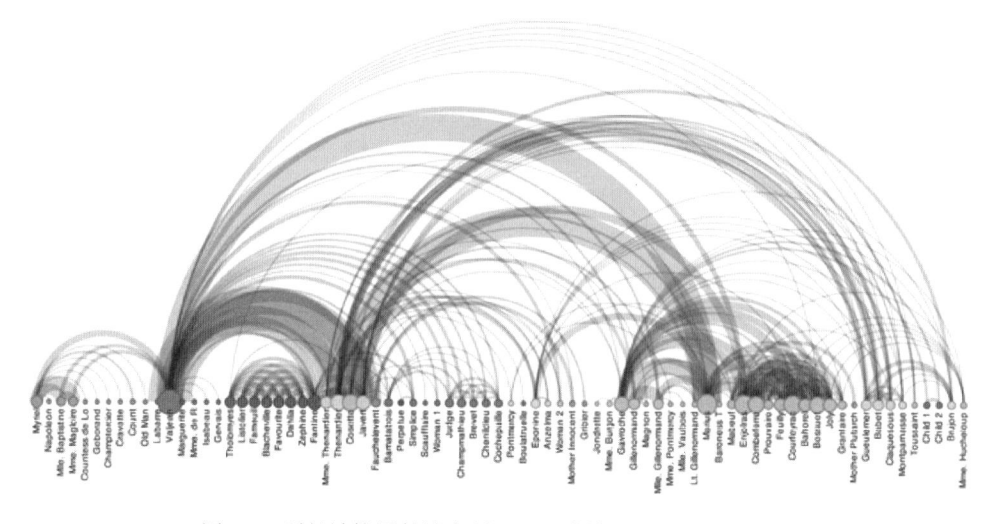

图 9-3　弧长链接图算法实例——《悲惨世界》的人物图谱

从链接图 9-3 中可以看出小说中的人物间关系，弧长（线条）密集程度代表该人物的重要性，高链接关系的人对于剧情（发展/走向）越重要，通过某一重要人物可以在两个不相关的人物之间建立联系。

图 9-4　弧长链接图算法实例

图 9-4 是 2011 年欧债危机时 BBC 新闻制作的各国之间错综复杂的借贷关系的可视化图示。各个国家被放置在圆环布局上，曲线的箭头表示两国之间的债务关系，箭头的粗细表示债务的多少，灰度标识了债务危机的严重程度，每个国家

外债的数额决定了它们在圆环上所占的大小。由于债务关系过于复杂，所以只有当用户点击某一国家时，该国家与其他国家间的债务关系才会被标注出来。

2. 相邻矩阵布局

相邻矩阵（adjacency matrix）是表示 N 个节点之间关系的 $N \times N$ 的矩阵，矩阵内的位置 (i, j) 表达了第 i 个节点和第 j 个节点之间的关系。对于无权重的关系网络，用 0-1 矩阵表达两个节点之间的关系是否存在；对于带权重的关系网络，相邻矩阵则可用 (i, j) 位置上的值代表其关系紧密程度；对于无向关系网络，相邻矩阵是一个对角线对称矩阵；对于有向关系网络，相邻矩阵不具对称性；相邻矩阵的对角线表达节点与自己的关系。相邻矩阵的表达简单易用：可采用数值矩阵，也可以将数值映射到灰度空间。图 9-5 用城市交易相邻矩阵表达城市之间的网上交易物流关系。横向—纵向表示收货—发货的关系。饱和度越低、灰度越浅表示交易值越小；饱和度越高、灰度越深表示交易值越大[25]。

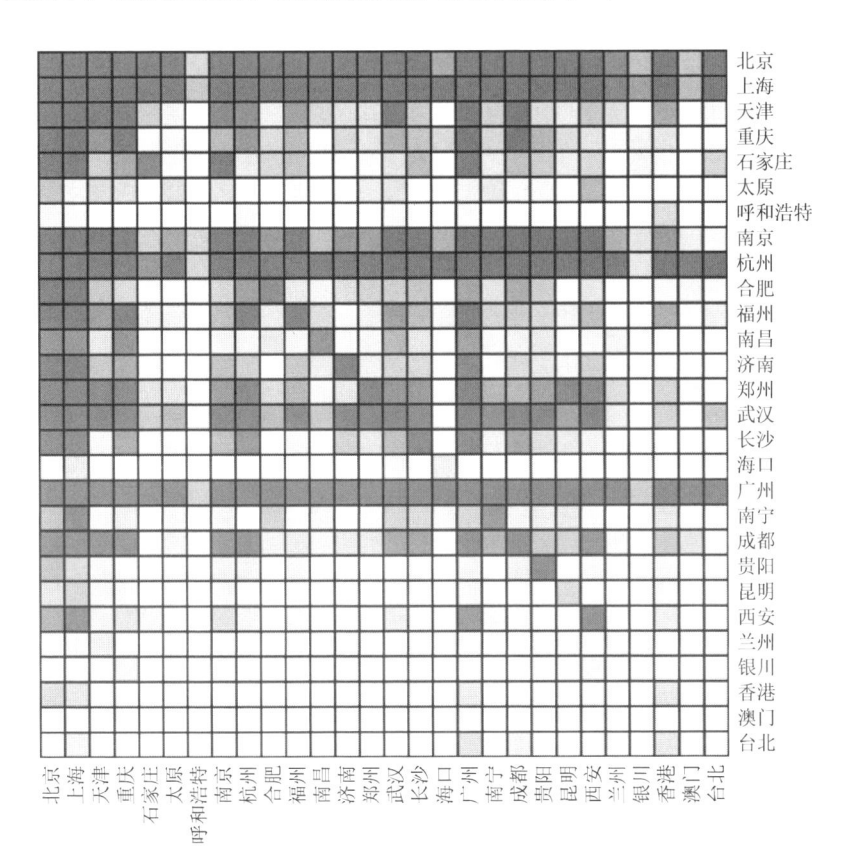

图 9-5 城市交易相邻矩阵

相比节点链接法，相邻矩阵能够如实记录任意两节点之间的相互关系，不会引起可视元素的交叉重叠，但是相邻矩阵在关系的传递表达上不如节点链接法那么明显。

3. 混合布局法

节点链接法适用于节点规模大，但边关系较为简单，并且能从布局中看出图的拓扑结构的网络数据；而相邻矩阵恰恰相反，适用于节点规模较小，但边关系复杂，甚至是两两节点之间都存在关系的数据。这两种数据的特点是用户选择布局的首要区分原则，对于部分稀疏部分稠密的数据，单独采用任何一种布局都不能很好地表达数据，可以在布局设计中混合使用两种方法。

简单的多种布局罗列称为仪表盘或多视图模式，即将不同的布局结果放置于同一个页面，在视图之间实现可视交互的同步，对于可视化布局组合的研究，除并列式组合外，还有载入式、嵌套式、主从式、结合式四种组合模式，可视化布局更丰富的组合能大大提高可视化结果的分析效率。

NodeTrix 方法[26]是一种典型的混合布局法，如图 9-6 所示，该方法结合了节点链接法和相邻矩阵两种布局，呈现了信息可视化学术圈学者的合作关系。首先对网络数据进行聚类，使同一类别的节点之间关系比较紧密，类与类之间关系相对疏远，对于类内部关系和跨类关系分别用相邻矩阵和节点链接布局进行可视化。

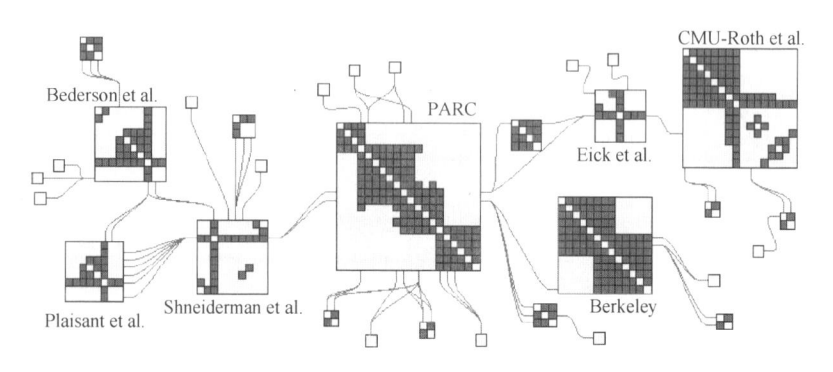

图 9-6 NodeTrix 方法示意图

9.2.2 网络图简化技术

在当今的大数据环境背景下，网络数据规模的扩大给传统图布局方法带来了巨大挑战，节点和链接不得不挤占于同一狭小空间内，造成视觉混杂，增加了绘制的压力，也阻碍了用户对真实数据的认知。信息可视化和图绘制两个研究领域都涌现出大量的成果来解决这些问题。这些研究大致可分为两种基本思路：根据信息可视化的分级原则，对大规模图进行拓扑简化；在尽量不减少原图信息量（包括边和节点）的前提下，对竞争网络图进行基于骨架的聚类。

1. 拓扑简化

图的拓扑结构包括两个部分：节点和边。相对应的图拓扑简化也存在两种方法，即分别对节点和边进行层次化简化。

对于一个节点数为 N 的无向图，在不允许两个节点之间存在重复边的情况下，最多可以拥有 $G_N^2 = \dfrac{N(N-1)}{2}$ 条边。对于某些 N 相对较小而边数较多的图，可以通过绘制其最小生成树的方式来对边进行简化。最小生成树的定义是：在一个具有多个顶点的连通图 G 中，如果它的一个连通子图 G'包含 G 中所有的顶点和一部分边，且不形成回路，则称 G'为图 G 的生成树，在所有 G'中，代价最小的生成树称为最小生成树。在信息可视化领域，"代价"通常指边的长度，而最小生成树意味着边的总长度最短、占用像素最少的树。图 9-7 展示了一个节点数为 10、边长为 21 的图和它的一棵最小生成树（用粗线表示）。在这个结果里，使用最小生成树展现了图的骨架特征，大大减少了绘制边的

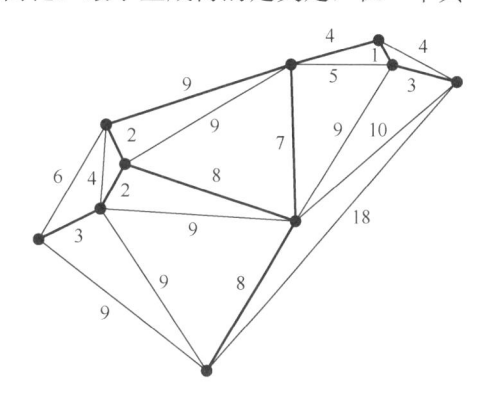

图 9-7 利用最小生成树表达图的骨架结构

强度。产生最小生成树的算法有很多，比较著名的有反向删除算法（reverse-delete algorithm）[27]和 Prim 算法（Prim's algorithm）[28]。

另一种图简化方法是将强连通的节点进行聚类，并把聚类后的节点集作为一个新的超级节点绘制到可视化结果中。图 9-8 是对一个节点数为 6128、边数高达 643 万个的图的简化结果。简化之前的原图表述的是自然科学领域的 6128 种学术杂志的文章之间相互引用的关系，可以想象，如果把全部的节点和边绘制在下面一个小小的区域中，会是多么拥挤和杂乱。再者，即使我们有可能清晰地绘制出完整的网络，也无法指望读者从中寻找出更多规律。然而，当使用社区发现算法对节点进行合理的聚类后，原有的 6000 多个节点被迅速缩小为 88 个超级节点，每个节点代表一个聚类结果，而节点的大小被编码为聚类中原来节点的数目。节点聚类在绘制阶段从图像层面合并像素点，会导致较抽象的可视化效果，不可避免地造成信息的丢失，在获得更高层次数据抽象结果的同时，丢失细节信息。

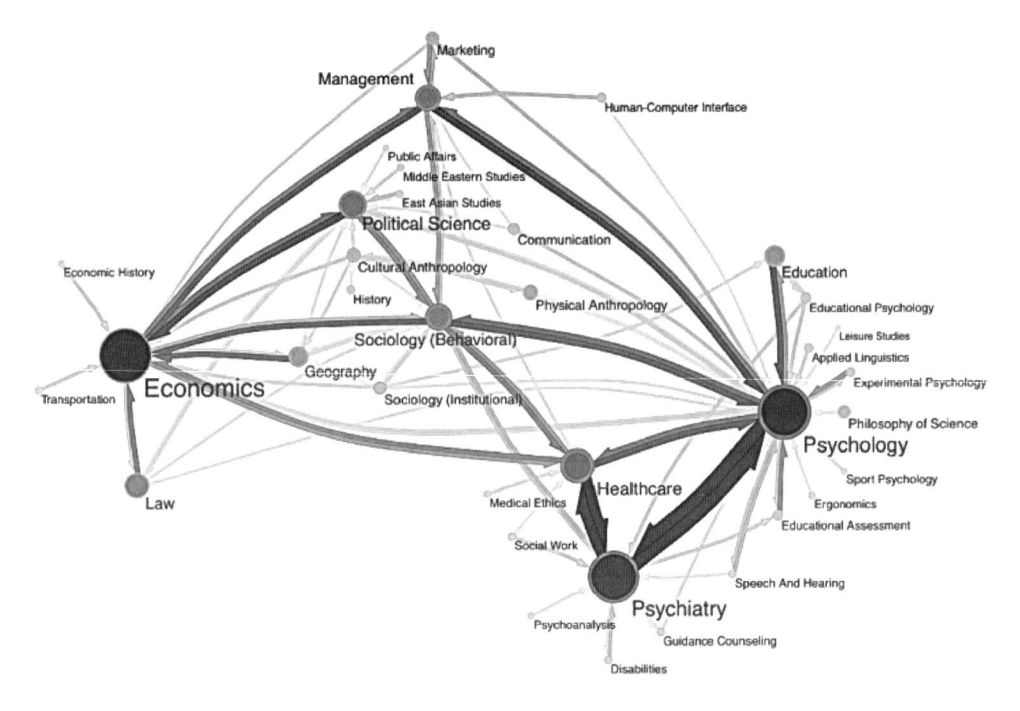

图 9-8　自然科学领域的 6128 种学术杂志互相引用的聚类可视化

2. 边绑定

边绑定是一种可视化压缩算法，主要用于解决节点链接图中关系过多造成的边互相交错、重叠、难以看清等问题。边绑定不减少边和节点总数，而是将图上互相靠近的边捆绑成束，从而达到去繁就简的效果。已有的边绑定技术有层次化边绑定技术（hierarchical edge bundling，HEB）[17]、基于几何的边绑定技术（geometric-based edge bundling，GBEB）[29]、基于力引导的边绑定技术（force-directed edge bundling，FDEB）[30]、层次化递归聚合边绑定技术（multilevel agglomerativeedge bundling algorithm，MINGLE）[31]、基于骨架的边绑定技术（skeleton-based edge bundling，SBEB）[32]和基于密度的边绑定技术（divided edge bundling，DEB）[33]。图 9-9 展示了部分边绑定技术的效果对比，该数据集表示的是美国 235 个城市之间的 2101 条航线，绑定之后的结果清楚地展现了原图中较难发现的数据规律，如较大的中转站、航空联络图的平均走向等。选择一定的标准对相似的边进行绑定，最终形成图的骨架结构，尽管边绑定不丢失节点和边的数据信息，对边的走向扭曲却非常大。

原图　　　　　　　　　　　　　　　FDEB

GBEB　　　　　　　　　　　　　　MINGLE

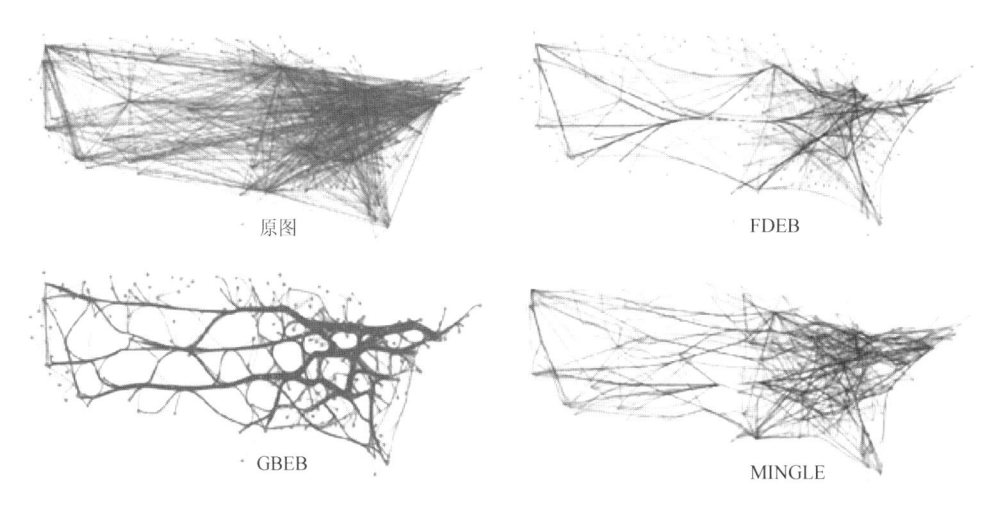

图 9-9　边绑定算法在美国航空数据集上的结果对比

9.2.3　图交互技术

再好的布局，面对大规模复杂的网络数据，无论从计算还是绘制上都无能为力，因此需要结合图的交互方法提高布局的可读性，恰当表达不同层次的信息。

图的可视化交互中比较常规的方法是界面的平移、缩放、旋转等操作，对于某个可视化映射元素，可以根据数据可视的要求，进行节点选择、高亮、删除、移动、下行和上行，其中节点下行用于获取子节点结构，使用户的注意力聚焦到感兴趣的局部数据；节点上行用于隐藏子节点结构，降低整个布局的视觉复杂度，使布局更加美观。图 9-10 展示了鱼眼技术对一个网络图进行探索的可视化结果，随着图中鼠标即用户关注焦点的移动，位于其周围的节点按照距离中心的远近被成比例放大，从而帮助我们看清在局部区域内节点的连接关系。

9.2.4　竞争网络可视化工具

（1）GraphViz。GraphViz 是由 AT&T 实验室开发的开源工具包，它的基本图元是节点和边，允许用户在 dot 脚本中定义节点和边的各自属性，如形状、颜色、填充模式、字体、样式等，并采用合适的布局算法进行布局。GraphViz 提供了众多的布局算法，其中，dot 是默认的布局方式，主要用于有向图绘制；twopi 是径向布局；circo 是圆环布局。

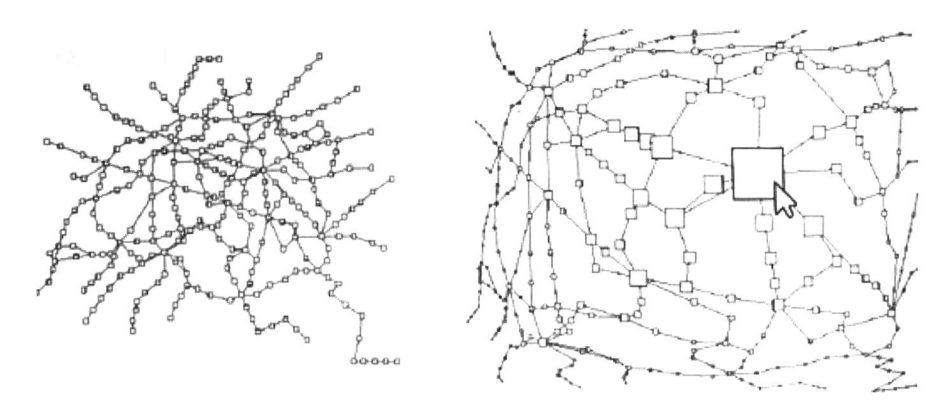

图 9-10　基于鱼眼技术的图的交互

（2）Gephi。Gephi 是进行网络图谱数据可视化分析的工具，不但能处理大规模数据集并生成漂亮的可视化图形，还能对数据进行清洗和分类。其对大图的可视化进行了改进，使用图形硬件加速绘制，提供了各类代表性图布局方法并允许用户进行布局设置。此外，Gephi 在图的分析中加入了时间轴用以支持动态的网络分析，提供交互界面支持用户实时过滤网络，从过滤结果建立新网络。Gephi 使用聚类和分层图的方法处理较大规模的图，通过加速探索编辑大型分层结构图来探究多层图，利用数据属性和内置的聚类算法聚合图网络。Gephi 处理的图规模上限约为 50 000 个节点和 1 000 000 条边。

（3）Cytoscape。Cytoscape 是一个用于复杂网络数据融合、分析和可视化的开源平台，它本来用于生物信息研究，现在则扩展到一般图数据的可视分析。Cytoscape 提供了数据融合和可视化的功能，能够处理 100 000 个以上节点的图，具备良好的交互手段。

（4）UCINET。UCINET 是一款经典的功能全面的复杂图分析工具，主要用于分析社群网络，是社群网络分析领域最著名同时也是最为常用的一款网络分析软件包。相对于易用性来说，UCINET 更注重的是速度，因此它的交互界面和交互手段都不尽如人意，不过与其他可视化工具（如 Pajek、Mage、NetDraw 等）的集成在一定程度上弥补了这方面的缺陷。UCINET 支持多种数据输入输出方式，支持的布局算法和网络分析算法也比较多。不过由于它出现得比较早，所以支持的算法不够新，也不支持算法扩展，它能处理的节点上限为 32 767 个。

（5）ECharts。ECharts 是一个纯 JavaScript 的图表库，可以流畅地运行在个人计算机和移动设备上，兼容当前绝大部分浏览器，提供了常规的折线图、柱状图、散点图、饼图、K 线图，用于统计的盒形图，用于地理数据可视化的地图、热力图、线图，用于关系数据可视化的关系图，多维数据可视化的平行坐标，还有用于 BI 的漏斗图、仪表盘，并且支持图与图之间的混搭。

（6）D3。D3 是支持 SVG 渲染的一种 JavaScript 库，能够提供大量线性图和条形图之外的复杂图表样式，如 Voronoi 图、树形图、圆形集群和单词云等。

9.3 竞争分析可视化

对品牌进行可视化的竞争分析，首先需要对品牌自身进行可视化画像。品牌画像是指企业或其某个品牌在市场上、在社会公众心中所表现出的个性特征，它体现公众特别是消费者对品牌的评价与认知，反映了品牌的实力与本质。品牌画像可通过雷达图、条形图、气泡图、马赛克图等进行可视化展示，可以更好地把控当前的市场。通过对现有品牌客户的性别分布、年龄分布和地域分布等基本统计信息进行可视化分析，利用饼图、地图、树图等对人口统计信息进行可视化展示，可以预测品牌的潜在销量，比较竞争品牌间的市场潜力。销量预测可通过折线图、金字塔图、热力图、螺旋图等进行可视化展示，为了增加图表展示的趣味性和可读性，也可以采用动画表达方式，动态、连续地展现销量的变化趋势。

9.3.1 品牌画像

在品牌丛生的时代，各类品牌层出不穷，甚至同类的品牌也不胜枚举。给品牌画张与众不同的像，可以有效地帮助企业进行品牌形象的传播，同时也可以帮助消费者进行购买行为的决策。因此，品牌画像对于企业和消费者而言都是十分重要的。从消费者需求的角度出发，运用文本挖掘方法，经过对线上用户的评论等内容的提取，构建消费者关注的、可理解的画像维度，确立了品牌画像维度之后，对各层指标进行量化，描绘出品牌画像。在做出具有自身特色和差异性的品牌画像之后，对品牌画像进行可视化的操作，这也是把品牌画像真正运用起来的重要一步，通过图形和色彩将关键数据和特征直观地传达出来，如通过雷达图、条形图、气泡图、马赛克图等进行展示，有效地传达品牌各维度的信息，让企业从中获取价值的同时使消费者对品牌有一个直观的、生动的、立体的认识。

1. 雷达图

雷达图可以在同一坐标系内展示多指标的分析比较情况，它是由一组坐标和多个同心圆组成的图表。雷达图分析法是综合评价中常用的一种方法，尤其适用于对多属性体系结构描述的对象作出全局性、整体性评价。

雷达图适用于多维数据（三维以上），且每个维度的数据是有序的。但是，它的局限性在于数据点不能超过六个，否则无法辨别，因此适用场合有限。

图 9-11 使用雷达图描述了篮球选手的画像。表 9-1 是迈阿密热火队首发的五名篮球选手的数据。除了 Player，每个数据点有五个维度，分别是 Points、Rebounds、Assists、Steals、Blocks。面积越大的数据点，就表示越重要。很显然，Lebron James 是迈阿密热火队最重要的选手。需要注意的是，一旦用户不熟悉雷达图，解读起来就会有困难。因此在使用时尽量加上说明，以减轻用户的解读负担。

表 9-1 迈阿密热火队选手数据

Player	Points	Rebounds	Assists	Steals	Blocks
Chris Bosh	17.2	7.9	1.6	0.8	0.8
Shane Battier	5.4	2.6	1.2	1.0	0.5
Lebron James	28.0	8.4	6.1	1.9	0.8
Dwayne Wade	22.3	5.0	4.5	1.7	1.3
Mario Chalmers	10.2	2.9	3.6	1.4	0.2
Team Total	98.2	41.3	19.3	8.5	5.3

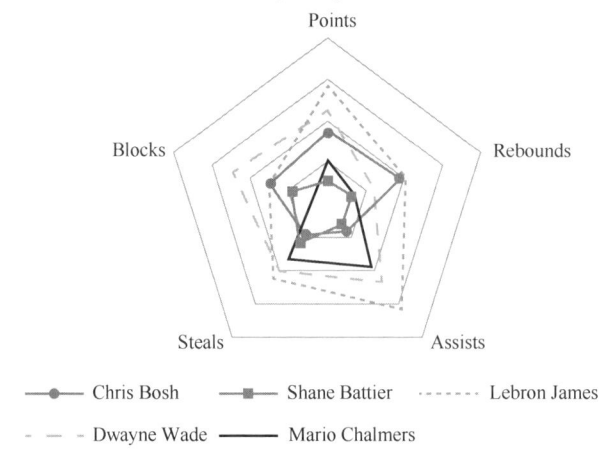

图 9-11 迈阿密热火队选手

2. 条形图

条形图通过条形的长短来表示数据的大小，显示各个项目之间的对比，条形图可进一步分为簇状条形图和堆积条形图。

条形图适用于二维数据集（每个数据点包括两个值 x 和 y），但只有一个维度需要比较。

图 9-12 通过条形图描述了上证指数中的十家企业在 2014 年 6 月的每股净资

产，由条形长度以及标注数值可知，在宝钢股份、保利地产、华夏银行、民生银行、浦发银行、上汽集团、招商银行、中国联通、中国石化、中信证券中，上汽集团每股净资产最多，表明上汽集团每股股票代表的资本最为雄厚，创造利润的能力和抵御外来因素影响的能力最强。

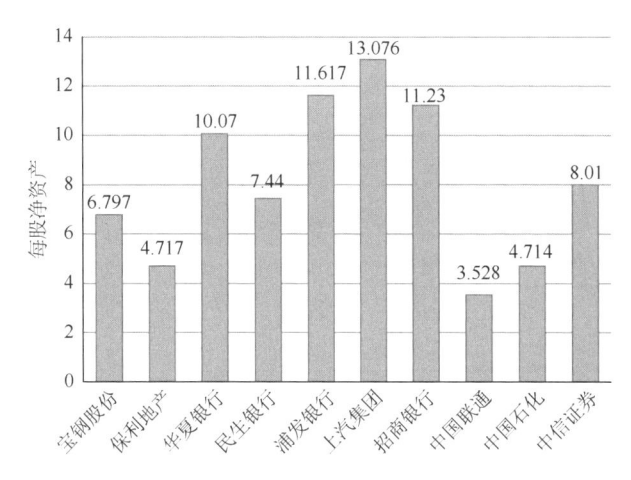

图 9-12 多家企业的每股净资产

3. 气泡图

气泡图是散点图的一种特殊形式。气泡图在坐标平面上呈现出来的形式就如气泡，它是在散点图的基础上进一步衍生出来的一种图表形式。应用气泡图时，不仅可以通过气泡在坐标中的位置反映一个变量，还可以通过气泡的大小反映另一个变量。

当展示的数据涵盖四个维度时，可以使用气泡图，能够描述四个维度的信息是气泡图独有的特征。

表 9-2 是不同国家糖和脂肪摄入量一览表。除了项目序号，每个数据点还有两个维度，分别是每日脂肪摄入量和每日糖摄入量。气泡图展示见图 9-13，横坐标表示每日脂肪摄入量，纵坐标表示每日糖摄入量，气泡的大小表示肥胖率（成人），气泡越大，该国家的肥胖率越高。使用时应阐述气泡图中的数据所指，以方便理解。

表 9-2 不同国家的糖和脂肪摄入量

序号	国家	肥胖率（成人）	每天糖摄入量	每天脂肪摄入量
1	葡萄牙	15.4%	51.8g	63.4g
2	新西兰	31.3%	82.9g	64g

续表

序号	国家	肥胖率（成人）	每天糖摄入量	每天脂肪摄入量
3	匈牙利	28.5%	50.8g	65.4g
4	美国	35.3%	126.4g	65.5g
5	俄罗斯	16%	20g	68.6g
6	意大利	10.4%	57.6g	69.2g
7	英国	24.7%	93.2g	71g
8	挪威	10%	83.1g	73.5g
9	法国	14.5%	68.5g	74.2g
10	西班牙	16.6%	70.1g	78.4g
11	瑞典	11.8%	86.1g	80.3g
12	荷兰	12%	102.5g	80.4g
13	芬兰	15.8%	91.5g	80.8g
14	德国	14.7%	102.9g	86.5g
15	比利时	13.8%	95g	95g

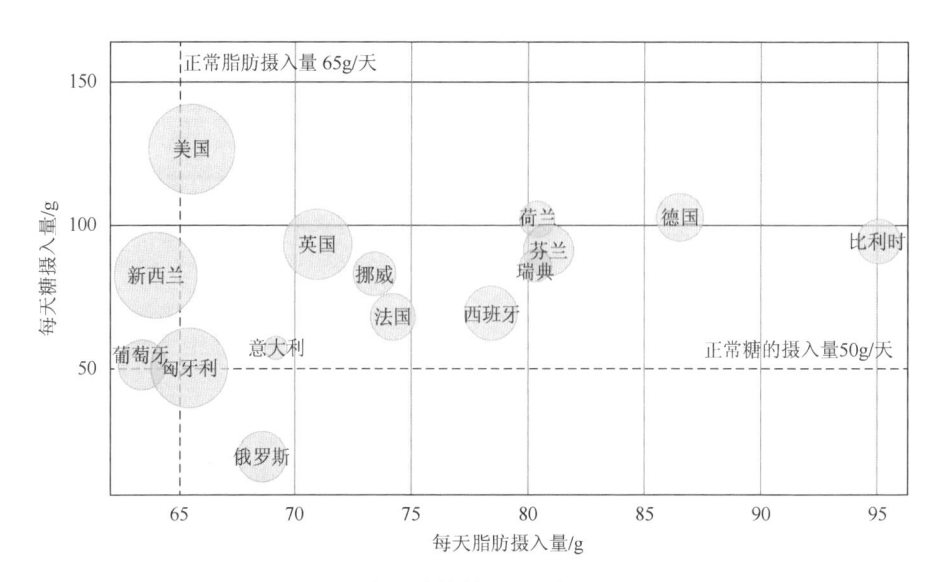

图 9-13 各国家的糖和脂肪摄入量对比

4. 马赛克图

马赛克图常常用来展示分类数据（categorical data），其强大的地方在于它能够清晰地展示出两个或者多个分类型变量（categorical variable）的关系。它也可以通过图像的方式展示分类数据，允许在一个视图中进行跨分类比较，当变量是类别变量且数目多于三个时，可使用马赛克图。

表 9-3 是在泰坦尼克事件中不同等级船舱中男女的死亡人数。这里一共有三个变量：性别（男，女）、幸存（是，否）、身份（头等舱、次等舱、低等舱和船员）。具体步骤如下：我们使用一个长度为 1 的正方形，根据男女把正方形按比例分割成两部分。然后根据幸存和死亡的比例把这两部分分割为四部分。以此类推，最后得到的马赛克图如图 9-14 所示。其中，深色部分表示死亡（no survive），浅色部分表示存活（survive），从左到右，可以看到有四个栏分别表示头等舱（1st）、次等舱（2nd）、低等舱（3rd）和船员（crew）。由上到下可以表示性别为男（male）和女（female），在图中可以看到男性在船上占了绝大多数。

表 9-3　泰坦尼克事件中不同等级船舱中男女的死亡人数

性别（gender）	幸存（survive）	头等舱（1st）	次等舱（2nd）	低等舱（3rd）	船员（crew）
男（male）	否（no）	118	154	422	670
	是（yes）	62	25	88	192
女（female）	否（no）	4	13	106	3
	是（yes）	141	93	90	20

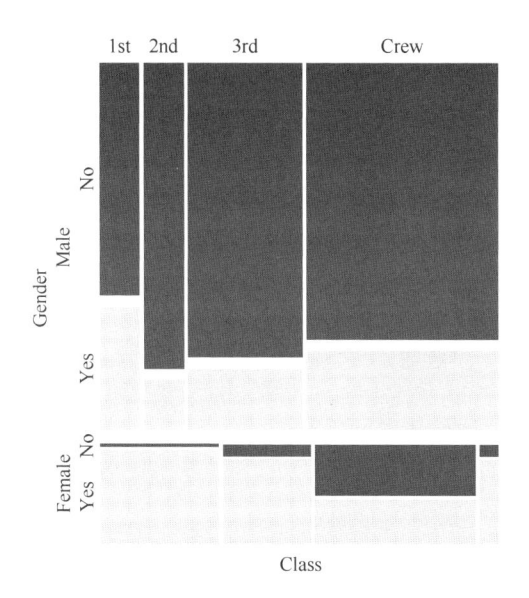

图 9-14　泰坦尼克事件中不同等级船舱中男女的死亡比例

9.3.2 品牌客户群的基本统计信息

随着移动互联网及智能技术的迅速发展，消费者的消费习惯将被彻底改变，而客户数据的挖掘和客户价值的创造，成为企业的挑战性课题。为了对当前的市场进行精准的把控，对现有品牌客户的性别分布、年龄分布和地域分布等基本统计信息进行可视化分析，需要搜集整理品牌客户基本信息。品牌客户群的基本统计信息可视化能使营销者获得准确的市场定位与预测，同时能够帮助企业发现最有价值的客户。人口统计信息可视化通常借助饼图、地图、树图等进行展示。饼图可以直观地显示一个数据系列中各项占总和的比例；地图适用于展示空间数据的层次结构；树图是一种有效地实现层次结构可视化的图表结构。不同的可视化方法，可为企业多角度地提供更为全面的品牌客户群信息。

1. 饼图

饼图显示一个数据系列中各项占总和的比例，图表中的每个数据系列具有唯一的颜色或图案，饼图作为统计图形的一种表现形式，具有直观性强、一目了然的特点。

饼图适用于分析各类数据在数据总体中的占比情况，但是因为肉眼对面积大小不敏感，因此使用时需谨慎。

图 9-15 为我国 2011 年和 2012 年服装网购市场各细分品牌市场份额占比。2011 年国内网络购物市场份额中，男装占 15.1%，在所有服装品类中排名第三，仅次于女装和其他，而 2012 年，男装的市场份额上升到了 17.5%。

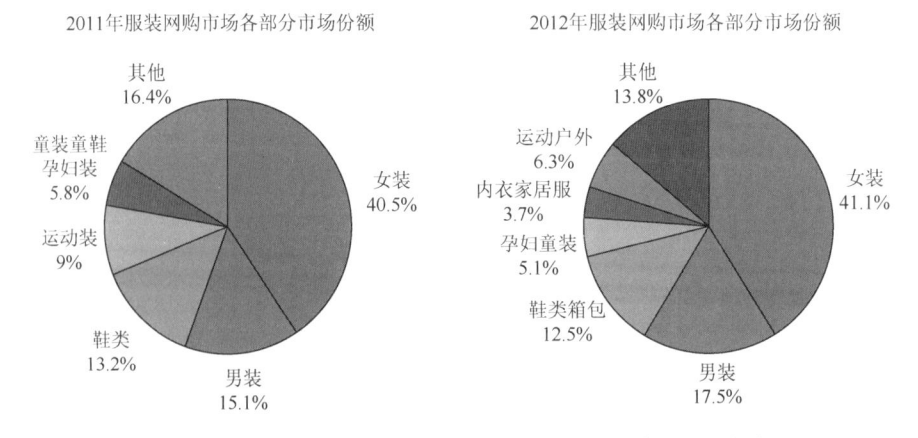

图 9-15　2011 年和 2012 年服装网购市场各细分品牌市场份额占比

2. 树图

矩形树图（又称树图）是一种有效地实现层次结构可视化的图表结构。在树图中，各个小矩形的面积表示每个子节点的大小，矩形面积越大，表示子节点在父节点中的占比越大，整个矩形的面积之和表示整个父节点。树图的特点是可以清晰地显示树状层次结构，在展示横跨多个粒度的数据信息时非常方便，从图中可以直观地看到每一层的每一项占父类别和整体类别的比例。在树图中，面积表示占比，颜色表示种类。

图 9-16 是北上广餐厅数量的占比情况，从图中可以清晰地看出广东餐厅数量占比最大，达 58.88%，北京、上海分别占比 20.60%和 20.51%。北上广每个地方的不同餐厅种类的占比情况也一目了然。

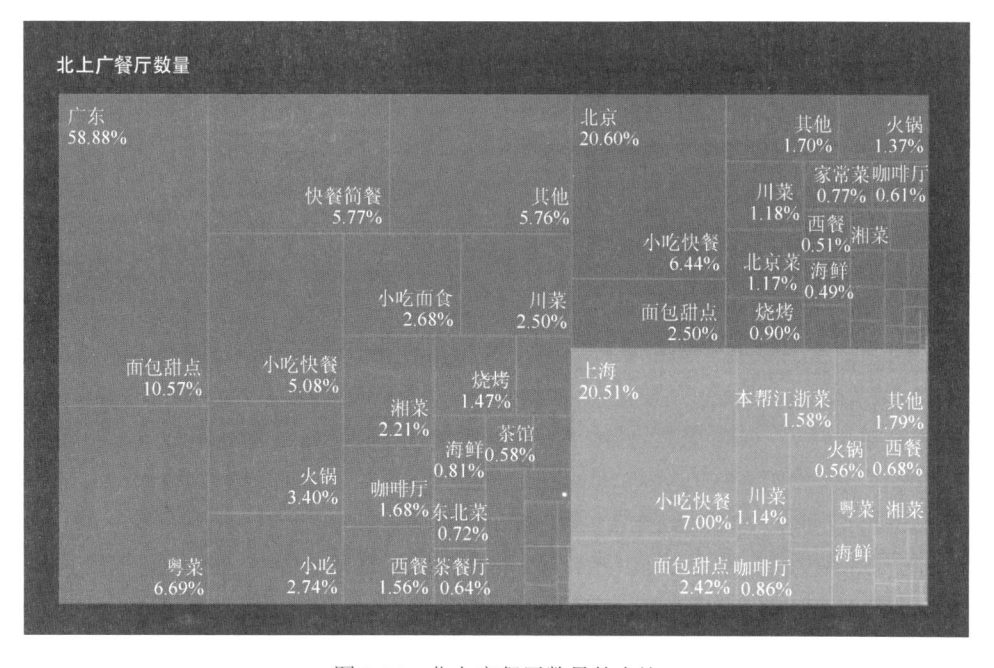

图 9-16 北上广餐厅数量的占比

9.3.3 销量预测

对产品进行销量预测，有利于及时地了解市场需求、合理有效地管理产品库存，对企业的生产决策具有指导意义。销量预测可视化通过从不同维度对数据进行分析，探索数据中隐含的市场发展模式及规律，预测未来发展趋势，有效地提高企业精准营销水平。常用的销量预测可视化方式有折线图、金字塔图、热力图、螺旋图等。其中，折线图可用于展示二维的较大的数据集，比较多个竞争品牌的销量情况，及时掌握市场动态。金字塔图主要用于比较两个竞争品牌的销量情况。热力图将产品的销售数据与空间信息相结合，形象地展现消费者群体的组织结构和地理分布状态。螺旋图可用于展示具有周期性连续的时间序列数据，发现市场的周期变化规律，为企业及时应对市场变化提供参考依据。

1. 折线图

折线图可以显示随时间（根据常用比例设置）而变化的连续数据，因此非常适用于显示在相等时间间隔下数据的趋势。在折线图中，类别数据沿水平轴均匀分布，所有值数据沿垂直轴均匀分布。

折线图适合二维的大数据集，尤其是那些趋势比单个数据点更重要的场合。它还适合多个二维数据集的比较。

图9-17是2004年1~12月重点汽车销量折线图。从折线图中可以看出，多数汽车厂商9、10月份普遍汽车销量成绩平平，上海通用等厂商9、10月份汽车销量还有所回落。

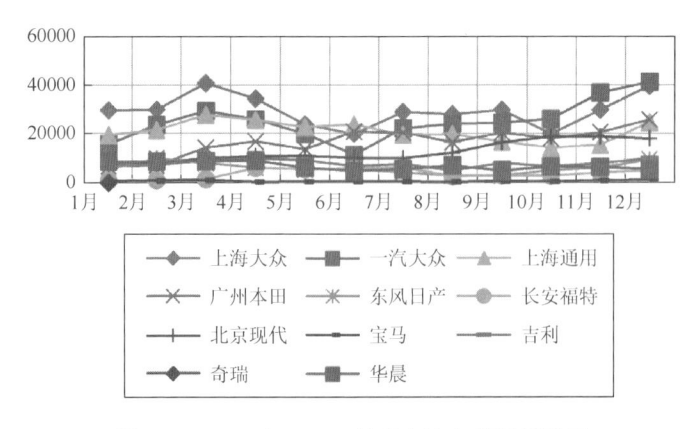

图9-17 2004年1~12月重点汽车销量折线图

2. 金字塔图

金字塔图在普通柱状图的基础上对两组数据进行比较，能够形象地、直观地、综合地反映某一对象的结构特征和未来发展趋势。

图9-18为2010年北京市常住（常住户籍、外来）人口金字塔图，其中阴影柱形图表示外来人口占总人口数的比例，实心柱形图表示常住户籍人口占总人口数的比例，柱形图合并的总体即常住人口状况。图形横轴表示不同类别人口对应总人口所占的比例，纵轴表示不同年龄段。从图中可以看出，年龄段20~24岁是

北京市常住人口年龄段的分界点，此年龄段外来人口占比最大。分界点年龄段20~24岁以上各年龄段的分布呈现严格单调递减，其分布总体呈现标准的金字塔式。20~24岁以下的四个年龄段则为先减后增。就常住户籍人口而言，年龄段分界的特点不够显著，除去20~29岁两个年龄段，常住户籍人口总体类似菱形。北京市常住（常住户籍、外来）人口的性别年龄金字塔图基本呈现对称式，表明北京市常住（常住户籍、外来）人口的性别比例基本平衡。

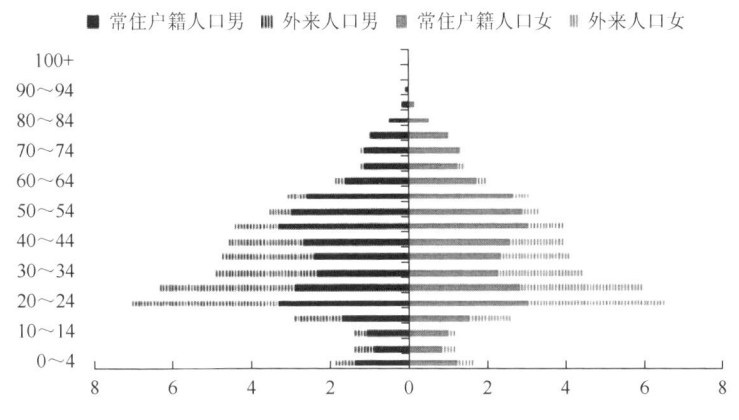

图9-18 2010年北京市常住（常住户籍、外来）人口金字塔图

3. 热力图

热力图是时间序列数据进行聚类分析的有效方法，它采用颜色编码系统对数据进行可视化。主要分为两类：一类为颜色矩阵图，用颜色值对二维阵列中的数值编码；另一类以地图为背景，叠加显示与地理位置相关的热点，生成热点图。

热力图适用于多个维度或有空间位置的数据集。按由深到浅的颜色来表示数据的从大到小、从集中到稀疏的特性，通过高亮的形式显示访客热衷的页面区域和访客所在的地理区域。

4. 螺旋图

螺旋图常用于绘制随时间变化的数据，从螺旋的中心开始向外绘制。通过连续的螺旋线展现数据在时间上的连续性以及不同时间周期上的变化规律，螺旋图在周期性连续的时间序列数据领域得到了广泛的应用。

图9-19使用螺旋图显示了G2官网2016年5月13日至2016年10月28日的日浏览次数，图中以28天为一圈，共画了6圈，每圈含四周数据。从图中可以看

出，一圈内有明显的四个周期，经分析发现，访问 G2 网址的流量主要来自工作日的 5 天。

9.3.4 竞争分析可视化工具

（1）Tableau。Tableau 是可视化领域标杆性的商业智能分析软件，起源于美国斯坦福大学的科研成果。其设计目标是以可视的形式动态呈现关系型数据之间的关联，并允许用户以所见即所得的方式完成数据分析和可

图 9-19　G2 官网 2016 年 5 月 13 日至 2016 年 10 月 28 日的日浏览次数

视图表与报告的创建。

（2）Spotfire。Spotfire 是面向商业企业数据的分析和可视化软件平台，其特色在于自然的可视化人机交互界面和高效的数据分析功能。相比 Tableau，Spotfire 有更强的数据分析能力以及更清晰的可视化交互界面，能够帮助数据分析人员迅速发现新的问题，做出最优选择。

9.4　客户分析可视化

客户分析就是根据客户信息数据来分析客户特征，评估客户价值，从而为客户制订相应的营销策略与资源配置计划。通过合理、系统的客户分析可视化，企业可以知道不同的客户有着什么样的需求，分析客户消费特征与商务效益的关系，使运营策略得到最优的规划；更为重要的是可以发现目标客户，从而进一步扩大商业规模，使企业得到快速的发展。客户分析数据有客户间的链接数据、客户画像的标签数据等，本节从客户的社交网络可视化和客户画像可视化两部分进行描述。

9.4.1　社交网络可视化

社交网络是一种网络结构，由节点和节点之间的链接组成。这些节点通常指个人或者组织，节点之间的链接关系有朋友关系、亲属关系、关注或转发关系、支持或反对关系、拥有共同的兴趣爱好等。随着社交网站的不断发展，社交网络在人们日常生活中扮演着越来越重要的角色，作为传播、交流和获取信息的平台，它的重要价值日益显现。

伴随着社交网络的快速发展，社交网络的用户数目呈爆炸式增长，用户之间的联系也越来越复杂。社交网络中的节点和联系不断增加，仅用简单的数据表格

和文字已很难全面有效地展现社交网络，难以满足用户对社交网络进行了解、分析、管理、决策等需求。

社交网络可视化是信息可视化的一个重要研究方向。社交网络的复杂性增加了研究分析的难度。对社交网络进行可视化可以充分地利用人们的视觉通道，将社交网络信息以生动易理解的方式呈现，使专家和普通用户有效地从可视化结果中获得需要的信息。对社交网络的整体结构可视化可以揭示隐藏在社交网络背后的社区结构模式，展示社交网络的潜在结构，帮助专家发现网络中的社区以进行决策或管理；对社交网络中用户交流内容可视化，可以了解社情民意，挖掘网络中有价值的舆论信息。

1. 社群图构建方法

根据可视化所需揭示的内容，社群图的可视化方法可以分为三类：结构型、统计型和语义型，下面对这三类进行说明。

1）结构型

结构型可视化着重于展示社交网络的结构，即体现社交网络中的参与者和他们之间关系的拓扑结构。常用于结构型社交网络可视化的方法是节点链接图：节点表示社交网络的参与者，节点之间的链接表示两个参与者之间的某种联系，如亲属关系、微博的转发或关注关系、共同的兴趣爱好等。通过对节点和边的合理布局，节点链接图可以反映一个社交网络中的聚类、社区、潜在模式等。图9-20显示了Facebook中某一用户及其朋友的社交网络可视化结果，可以清晰地发现该用户的若干个不同的朋友社交圈。

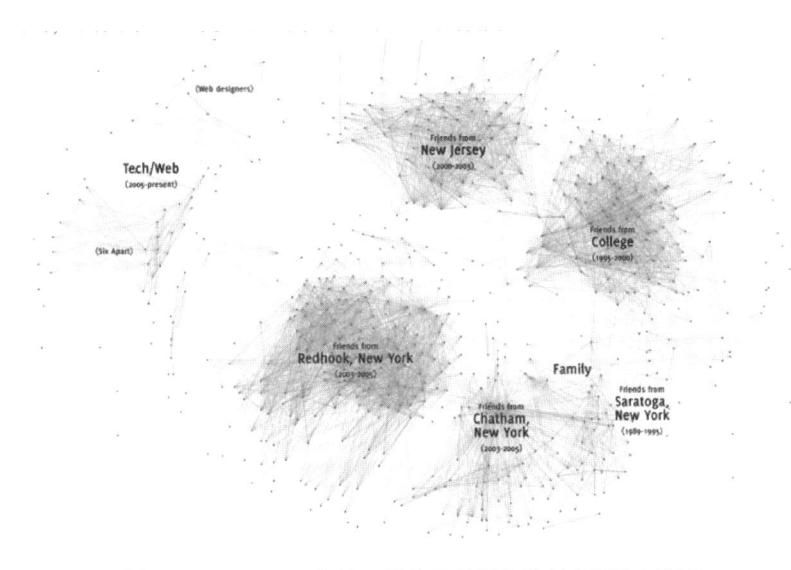

图9-20 Facebook中某一用户及其朋友的社交网络可视化

2）统计型

社交网络某些特性的统计变量的分布可用柱状图、折线图、饼图等基本统计图表进行可视化。图 9-21 为基于 Twitter 数据的美国人在社交网络中的一些行为统计信息图表。图 9-21（a）表示 48%的博客在美国发表，说明美国人比其他国家的人更倾向于通过博客表达自己；图 9-21（b）表明美国人在 Facebook 上平均拥有的 229 个朋友中，9%为大学同学，22%为高中同学，说明了美国人的怀旧情结较强；图 9-21（c）统计了对英国皇室婚礼的报道和谈论分布情况，从中可看出 65%的内容来自于美国，而英国仅为 20%，可见美国人对皇室婚礼更有兴趣；图 9-21（d）说明了社交网络对美国人日常娱乐生活的影响，77%的人会在社交网络上谈论和分享喜爱的节目。

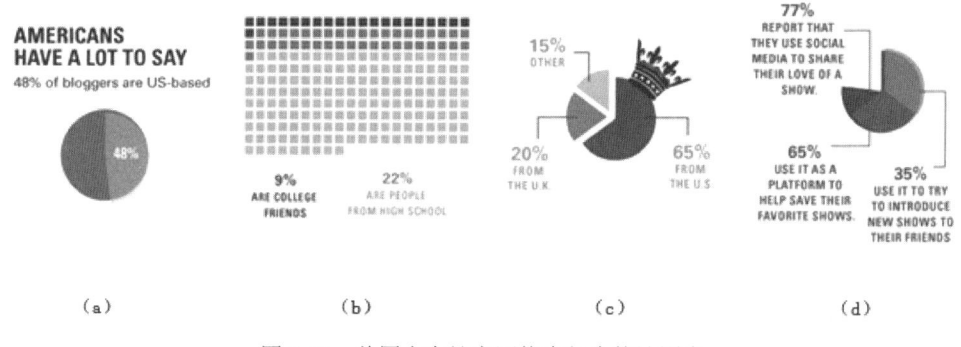

图 9-21　美国人在社交网络中行为统计图表

3）语义型

社交网络是现实世界的反映，蕴含着丰富的语义信息。对复杂社交网络中的语义信息进行可视化，可以有效地发现社交网络中的舆情和突发事件等。图 9-22

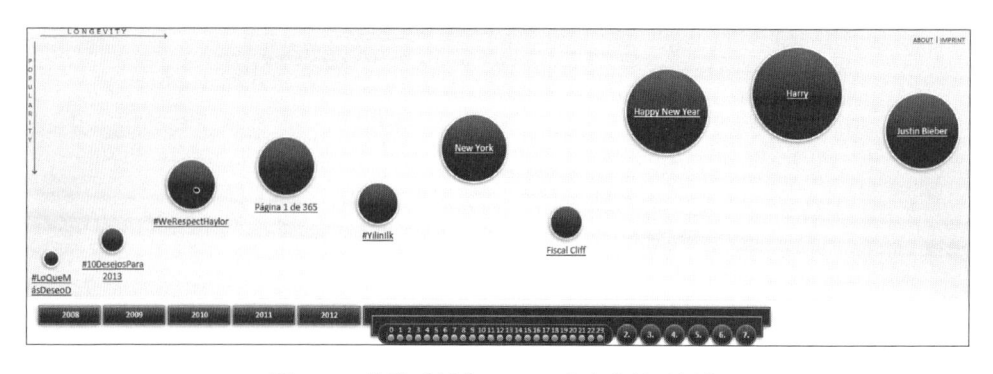

图 9-22　某段时间内 Twitter 上内容的可视化

是一段时间内 Twitter 上内容的可视化。图中点的大小表示话题的热门程度，x 轴表示时间。选择不同的时间段时，整个视图中表示的话题圆点或消失或出现，展现了热门话题随时间的兴衰和变化。

2. 社群图的动态可视化交互

社群图中有多种可视化交互方式，核心思路是：先看全局，放大并过滤信息，继而按要求提供细节，具体的交互方法可分为以下几类。

（1）选择：在可视化中，用户通常需要用选择操作将感兴趣的数据元素和其他数据区分开。当可视化中的数据元素较多时，选择操作有助于用户在可视化中追踪这些元素。选择操作的方法有多种，大致可以分为直接方式和间接方式两种。直接方式包括鼠标直接点击、用鼠标画出方框来选择数据等形式；间接方式通过用户输入一些约束条件选择数据，如制定数据某种属性的取值范围。用户选择数据后，通过可视化生成最终画面。画面可以只绘制当前选取的数据，或者所有曾经选取过的数据。

（2）探索：由于数据的维度、大小、可视化视角和用户感知能力等限制，任何用户在任何一个时间段只能看到有限的数据。可视化交互中的探索操作让用户主动寻找并调动可视化程序去寻找感兴趣的数据。探索过程中，通常需要在可视化中加入新数据或去除不相关的数据。探索通常以寻找某种清晰的图案为目标，或者在不明确的图案基础上进行调节，如由用户制定更多的细节数据。在三维空间中，可通过调整绘制的参数，包括视角位置、方向、大小和绘制细节程度等实现调节。

（3）布局：通过可视化元素在空间中的合理布局，有助于揭示蕴含于数据中的信息。单一的数据摆放方式往往不能表现所有数据中的信息，重新摆放数据可以让用户对数据产生新的认识。布局操作的例子包括重新排列平行坐标轴上的变量、在网络可视化中移动节点的位置。布局可以由用户手工或者依靠自动算法来完成。优化布局的目的是避免绘制元素的过度重叠，显示数据中的某种隐藏图案，或者展示数据之间的某种关系等。

（4）可视化编码：可视化编码指采用可视化元素对数据进行编码。可以选用的可视化元素包括颜色、位置、方向、尺寸等。不同的可视化元素在感知上有不同的优先权，对数据元素之间的关系的刻画角度也不同，而且占有的显示空间也不同。通过交互，用户可以实现不同的可视化编码，有针对性地表达数据中的信息。

（5）抽象/具体：面向大规模数据的可视化通常需要先简化数据再进行显示。抽象或具体的程度可以划分为不同的等级。简化数据不可避免会丢失一部分低层细节或掩盖一些高层结构。通过用户交互改变数据的简化程度并且显示不同层次上的结构是一个可视化中广泛应用的方法。由于简化数据可以显著地提高绘制速度，可视化中常用的一种方法是对用户关注的数据部分显示更多细节，而对周围其他数据显示较少细节。最直观的调整数据抽象程度的方法是可视化视图的放大或缩小操作。放大或缩小可以控制显示的数据细节，而不改变其他的可视化参数。另一种方法是在表达数据简化程度的分级结构中选择不同的层次。

社会网络可视化工具可详见 9.2.4 节。

9.4.2 客户画像可视化

客户画像是根据客户人口因素、社会因素、心理因素、生活习惯和消费行为等信息而抽象出的标签化的用户模型。人口因素包括客户性别、年龄、教育程度、职业、民族、收入，社会因素主要涉及客户的社会角色（发起者、影响者、购买者、使用者），心理因素包括人格个性特征（神经质、开放性、友善性、外向性、尽责性），行为因素包括购买目的（生存需要、享受需要、发展需要）、购买时机（平时、双休日、节假日）、购买状态（未知、已知、试用、经常购买）、使用程度（大量、中量、少量、非使用者）、使用状态（经常、初次、曾使用者）、对价格因素的反应程度（习惯心理、敏感心理、价格倾向心理、价格感受性）、渠道因素（线上、线下）、促销因素（降价策略、还价策略、促销策略、提价策略）、对产品因素的反应程度（创新采用者、早期购买者、早期大众、晚期大众、落后采用者）和产品态度（热心、积极、不关心、消极、敌意）。

以上人口因素、社会角色、人格个性特征和客户行为因素均为标签化的数据，相关客户画像的可视化形式可采用"标签云"。标签云将关键词按照一定顺序和规律排列，如频度递减、字母顺序等，并以文字的大小代表词语的重要性。Wordle便是其中最被广泛采用的代表之一，见图 9-23，在 Wordle 中词语的布局遵循了严格的条件，使得文字间的空隙得以充分利用、可视化结果更加美观；Tagxedo 遵循了更为美观和复杂的布局，允许用户选择不同的文字轮廓甚至自定义轮廓。ManiWordle 在 Wordle 的基础上提供了对标签云进行高效编辑的功能，使用户能够得心应手地定制文本可视化呈现形式。

当客户属性维度较多时，直接采用单一的标签形式无法准确地描述客户，可以对不同属性的标签信息分模块进行展示，使用方框进行模块区分，如图 9-24 所示，将客户的基本属性、社会/生活属性、行为习惯、兴趣偏好倾向和心理学属性的相关用户画像信息通过圆角方框区分，或者如图 9-25 所示，通过颜色分块进行区分。分区环形图可以更为直观地划分标签的属性类别，如图 9-26 所示，可以使用内环代表标签属性类别（人口因素、社会因素、心理因素等），外环为更加细致的用户画像标签，或者如图 9-27 所示，每一环代表一种标签属性。图 9-28 直接

第 9 章 可视化方法

图 9-23 使用 Wordle 制作的文字云

图 9-24 对不同属性的标签信息分模块进行展示

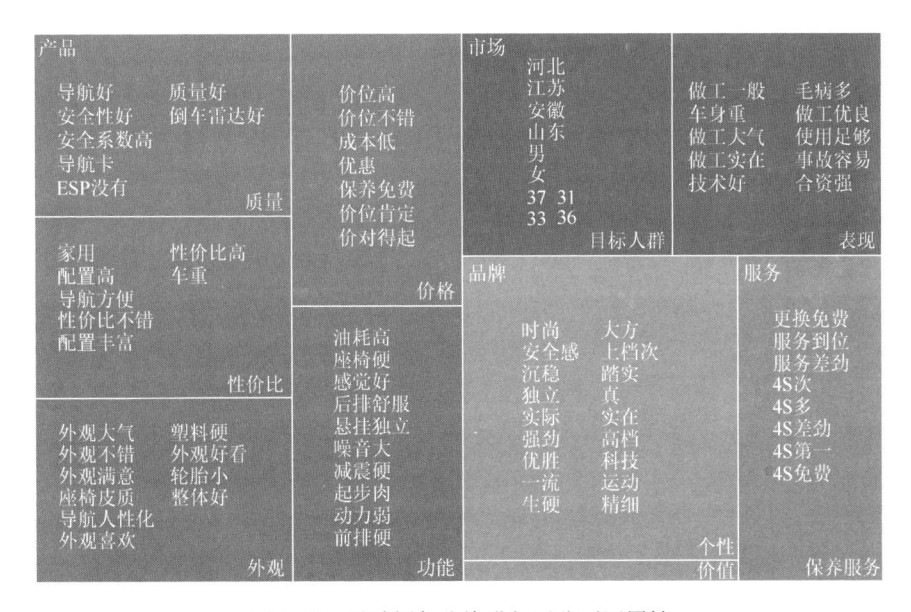

图 9-25 通过颜色分块进行区分不同属性

将所有用户特征标签信息列出，以颜色区分标签类别，颜色这一视觉要素可以降低理解的复杂度。

图 9-26　使用分区环形图划分标签的属性类别

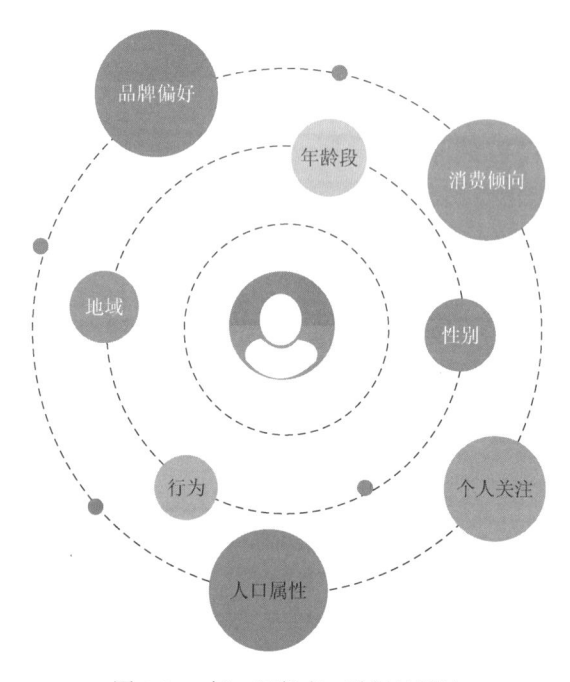

图 9-27　每一环代表一种标签属性

图 9-28　所有用户特征标签信息以颜色区分

9.5　实例：汽车品牌管理系统可视化

本节对汽车品牌管理系统进行实例化的可视化呈现，汽车品牌管理系统主要实现以下功能：识别给定汽车品牌的竞争品牌，预测给定品牌的销量，识别给定品牌的目标用户，包括用户的年龄分布、性别分布和地域分布，预测给定品牌的潜在客户人数，构建目标用户网络，对单个目标用户进行标签化画像，给单个用户推荐 4S 店。本节从竞争网络可视化、竞争分析可视化和客户分析可视化这三个角度进行汽车品牌管理系统的可视化实例说明，本实例的可视化实现均采用 echarts 包。

9.5.1　竞争网络可视化

数据描述：每款汽车品牌有相应的 name 和 label，name 表示品牌的标识号，label 表示品牌名称（表 9-4），当两款汽车品牌之间存在竞争关系时，其在表 9-5 中存在数据对应关系，source、target 均为品牌的标识号，value 为两品牌间的竞争强度。

表 9-4　汽车品牌标识号和名称对应表

name	label
2	大众

表 9-5　汽车品牌竞争关系强度表

source	target	value
2	13	5

功能实现：构建汽车品牌竞争网络。

可视化设计：使用节点链接法中的力导向布局算法，每一个汽车品牌为一个节点，每两个品牌若存在竞争关系，则在这两个品牌节点间进行连线，连线的长度由竞争强度决定，通过力导向布局最优布局节点位置，具体的汽车品牌竞争网络图见图 9-29。因汽车品牌节点过多，无法完全一屏展示，默认一屏共展示 100 个节点，可通过鼠标的拖放查看屏幕外部不显示的节点，通过鼠标上小滑轮的滚动进行图片的放大缩小。为了更加清晰地展示某汽车品牌 A 的竞争品牌，当鼠标移至品牌 A 节点上时，品牌竞争图上只显示和品牌 A 有竞争关系的品牌节点，具体可视化效果见图 9-30。

图 9-29　汽车品牌竞争网络图

9.5.2　竞争分析可视化

本实例汽车品牌管理系统的竞争分析可视化包括客户群的基本统计信息可视化、品牌画像可视化、销量预测可视化以及潜在客户人数可视化。

图 9-30 帕萨特的竞争车型

1. 客户群的基本统计信息可视化

数据描述：针对具体某款汽车品牌，都有如表 9-6 所示的客户群基本统计信息，其中有该汽车品牌的性别分布（男性用户、女性用户和未知性别用户）、年龄分布（18～30 岁、31～40 岁、41～50 岁、51～60 岁、61～75 岁和未知年龄）和地域分布（华北、华东、中南、西南、西北、港澳台和未知地区）数据。表 9-7 是以省为单位的地域分布。

表 9-6 客户群基本统计信息

分类	子分类	值
性别分布	男性用户人数	166
	女性用户人数	2
	未知性别用户人数	5178
年龄分布	18～30 岁用户人数	28
	31～40 岁用户人数	25
	41～50 岁用户人数	5
	51～60 岁用户人数	1
	61～75 岁用户人数	0
	未知年龄用户人数	5287
地域分布	华北地区用户统计人数	33
	华东地区用户统计人数	68
	中南地区用户统计人数	47

续表

分类	子分类	值
地域分布	西南地区用户统计人数	9
	西北地区用户统计人数	11
	港澳台地区用户统计人数	0
	未知地区用户统计人数	5178

表 9-7　以省为单位的地域分布人数

name	value
天津用户人数	15
北京用户人数	16
河北用户人数	5
……	……

功能实现：实现用户群的基本统计信息可视化，直观形象地呈现各分布内的人数比。

可视化设计：该数据为分层数据，第一层区分不同类别的分布，第二层为不同类别分布内具体的数值，分层数据可使用下行法，首先将饼图三等分，分别代表不同的统计分布（图9-31），然后使用下行法将用户的注意力聚焦到感兴趣的分布数据上。

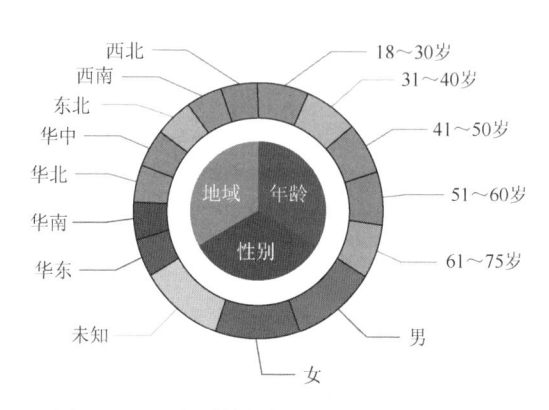

图 9-31　用户群的年龄、性别、地域分布图

2. 品牌画像可视化

数据描述：每款汽车品牌有如表 9-8 和表 9-9 所示的对应品牌画像数据，

表 9-8 中 text 表示品牌画像的维度，有内饰、油耗、空间、操控、价格、外观、动力、安全性、舒适性和其他这十个维度，indicatorvalue 表示在对应维度上的打分值。表 9-9 中 name 表示一级分类维度，children1 表示在 name 维度下的二级分类维度，children2 表示在 children1 维度下的描述标签词。

表 9-8 品牌画像的维度打分值

text	indicatorvalue
内饰	1.0218
油耗	2.9782
空间	0.0436
操控	2.9781
价格	2.9782
外观	1.0218
动力	2.9781
安全性	2.9782
舒适性	0.5327
其他	2.9782

表 9-9 品牌画像的维度标签

name	children 1	children2
产品	质量	导航好，质量好
	价格	价位高，成本低
	性价比	家用，配置高
	外观	外观大气
	功能	动力弱
市场	目标人群	安徽，山东
	表现	做工一般，故障多
品牌	个性价值	时尚，大方
服务	保养服务	更换免费

功能实现：使用表 9-8 数据直观地呈现汽车品牌在各个维度上的打分，能够对每个维度上的分值进行直观的比较；使用表 9-9 数据展示汽车品牌在用户心中的画像标签信息，同时能够对标签的维度进行区别。

可视化设计：表 9-8 数据是多维数据，可通过雷达图进行可视化展示，见

图 9-32。对应维度上的分值越高，则距离中心点越远，表示用户越满意，面积越大，该品牌在用户心中的满意度越高。表 9-9 数据是分层标签数据，可通过分区圆形图可视化展示，见图 9-33。内环为一级分类维度，中环为二级分类维度，最外圈为对应维度下的特征描述词，不同的维度采用不同的颜色。

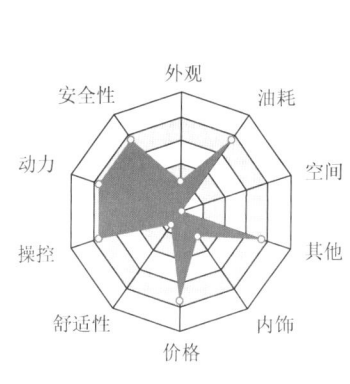

图 9-32　品牌画像雷达图

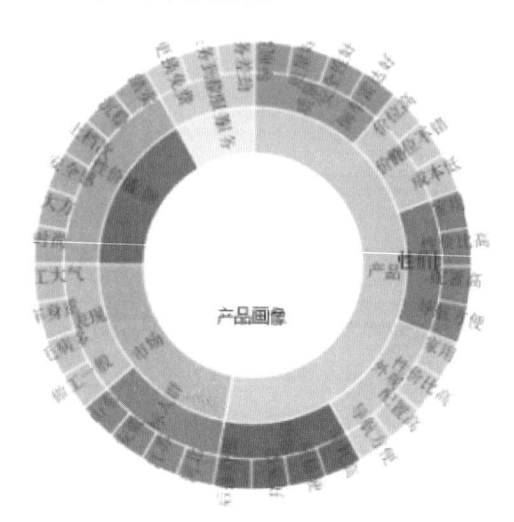

图 9-33　品牌画像标签分区图

3. 销量预测可视化

数据描述：每款汽车品牌有对应未来 7 个月的销量预测数据。

功能实现：展现随着时间的推移预测销量的变化情况。

可视化设计：销量预测数据作为一维数据可直接在直角坐标系上展示，折线图可直观地描述数据的变化趋势，见图 9-34，并且发现变化趋势中的周期性规律。横坐标为时间，以月为单位，纵坐标为预测销量，不同的汽车品牌采用不同的颜色，当鼠标移至折线上具体某个点时，会有当前点的时间和预测销量展示的交互效果，加强折线图的可读性。

图 9-34　销量预测折线图

4. 潜在客户人数可视化

数据描述：每款汽车品牌有如表 9-10 所示的潜在客户人数表，value 为客户人数，夏朗潜在客户是相对于竞争品牌而言的，如竞争品牌凌渡，这些客户只是夏朗的潜在客户，而共同潜在客户是指这些客户既可能是夏朗的潜在客户，也可能是凌渡的潜在客户。

表 9-10 潜在客户人数表

name	value
夏朗潜在客户	325
共同潜在客户（凌渡）	28

功能实现：展现品牌潜在客户人数，并且能够区分私有潜在客户人数和共同潜在客户人数。

可视化设计：可视化分类数据可使用饼图呈现，完整的圆表示整体，见图 9-35，使用不同的明暗度表示不同的类别，鼠标移至具体某个类别上时，会显示该类别名称、总体占比及人数。

图 9-35 顾客关系网

9.5.3 客户分析可视化

本实例汽车品牌管理系统的客户分析可视化包括潜在客户的社会关系网可视化、潜在客户的用户画像可视化、购车概率可视化和 4S 店推荐可视化，以下从这四部分进行汽车品牌系统可视化的实例描述。

1. 潜在客户的社会关系网可视化

数据描述：每款汽车品牌有相应的潜在客户关系网，在表 9-11 中，name 表示潜在客户的标识号，label 表示客户的名称，当两客户之间存在连接关系时，其在表 9-12 中存在数据对应关系，source、target 均为客户的标识号，value 为两客户间的关系强度。

表 9-11　客户标识号和名称对应表

name	label
2	张三

表 9-12　客户关系强度表

source	target	value
2	13	5

功能实现：构建潜在客户关系网络。

可视化设计：使用节点链接法，每一个客户为一个节点，每两个客户间若存在交互关系，则在这两个客户节点间进行连线，连线的长度由关系强度决定，通过力导向布局最优布局节点位置，具体的潜在客户关系网见图 9-36。通过鼠标上小滑轮的滚动进行图片的放大缩小，为了更加清晰地展示某客户 A 的社会关系网，当鼠标移至 A 节点上时，网络图上只显示和客户 A 有连接关系的客户，具体可视化效果见图 9-37。

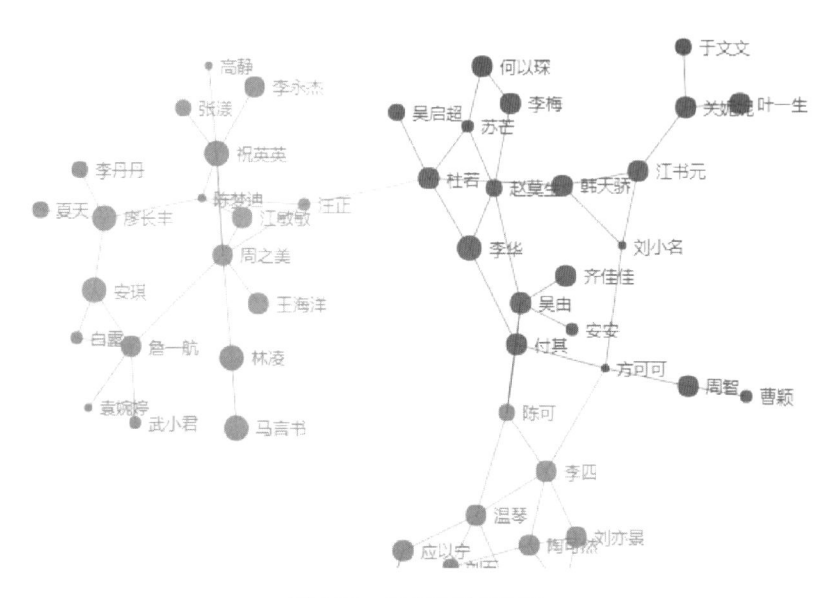

图 9-36　用户关系网络图

2. 潜在客户的用户画像可视化

数据描述：每个用户都包含表 9-13 所示的数据，其中包括标签数据：性别、地域和角色，用户从体型 1 到体型 9 的分布数据，加和为 1，体型 1 到体型 9 是指用户偏好的车型从小型车到大型车，还有用户对空间/动力等汽车性能的关注度，最高分为 5 分。

图 9-37　单节点用户关系网络图

表 9-13　用户画像标签数据

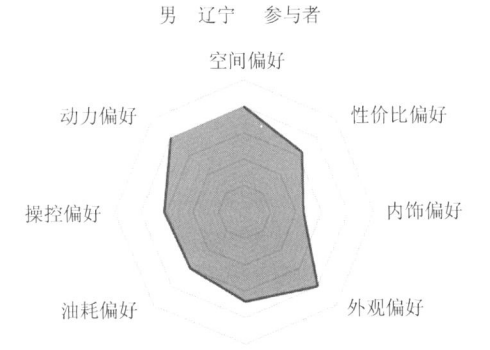

name	value	name	value
User_id	1012222356	体型 8	0.02
性别	男	体型 9	0.01
地域	上海	空间偏好	4.5
角色	意见领袖	动力偏好	3.2
体型 1	0.12	操控偏好	4.1
体型 2	0.17	油耗偏好	3.8
体型 3	0.18	舒适性偏好	3.9
体型 4	0.17	外观偏好	4.1
体型 5	0.14	内饰偏好	2.8
体型 6	0.12	性价比偏好	3.6
体型 7	0.07		

图 9-38　用户画像

功能实现：实现单个用户的性别、地域、角色的标签数据可视化，体型分布数据的可视化和用户偏好打分数据的可视化。

可视化设计：该可视化实例中用户标签较少，直接以标签形式展示即可，用户对汽车性能的偏好打分数据是多维度上的数据比较，本实例采用雷达图展示，用户偏爱车型的体型分布数据采用横状条形图展示，每一个色块区域代表一种体型，具体的可视化形式见图 9-38。

3. 购车概率可视化

数据描述：对于每个潜在用户，有相应的购车概率数据，如表 9-14 所示，name 表示购车品牌名，value 表示可能购车的概率比。

表 9-14　潜在用户的不同品牌购车概率表

name	value
奇瑞	20.16%
奥拓	18.65%
大众	32.19%
福特	14.08%
雪铁龙	14.92%

功能实现：实现相应用户购车概率可视化。

可视化设计：用户购车概率比是一维数据，需要对购车概率的分布进行直观的呈现，可通过环形图进行可视化，购车概率越大，汽车品牌占据的环形面积越大，如图 9-39 所示。当鼠标移至某款品牌区域时，显示该品牌的购车占比。

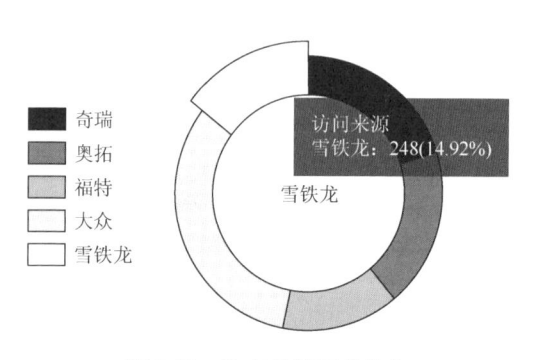

图 9-39　购车品牌概率分布

4. 4S 店推荐可视化

数据描述：潜在用户的 4S 店推荐数据记录包括店名、电话和地址。
功能实现：有条理地呈现 4S 店的相关信息。

可视化设计：使用表形式展现即可，表可以清晰有条理地展示多条记录，见图 9-40。

图 9-40　4S 店推荐信息

参 考 文 献

[1] Defanti T A，Brown M D，Mccormick B H. Visualization：Expanding scientific and engineering research opportunities[J]. IEEE Computer Society，1989，22（8）：12-16.

[2] Robertson G，Card S K，Mackinlay J D. The cognitive coprocessor architecture for interactive user interfaces[C]//ACM Siggraph Symposium on User Interface Software and Technology，1989：10-18.

[3] Inselberg A. The plane with parallel coordinates[J]. Visual Computer，1985，1（2）：69-91.

[4] 盛秀杰，金之钧，王义刚. 一种新的面向多元统计分析的信息可视化技术[J]. 石油地球物理勘探，2013，48（3）：488-496.

[5] Johansson J，Ljung P，Jern M，et al. Revealing structure within clustered parallel coordinates displays[C]// Proceedings of the 2005 IEEE Symposium on Information Visualization，2005：125-132.

[6] Yang J，Peng W，Ward M O，et al. Interactive hierarchical dimension ordering，spacing and filtering for exploration of high dimensional datasets[J]. Computer Science Faculty Publications，2003：105-112.

[7] Zhou H，Yuan X R，Qu H M，et al. Visual clustering in parallel coordinates[J]. Computer Graphics Forum，2008，27（3）：1047-1054.

[8] Johansson J，Cooper M. A screen space quality method for data abstraction[J]. Computer Graphics Forum，2008，27（3）：1039-1046.

[9] Kandogan E. Visualizing multi-dimensional clusters, trends, and outliers using star coordinates[J]. ACM SIGKDD International Conference on Knowledge Discovery and Data Mining, 2001: 107-116.

[10] Schmid C, Hinterberger H. Comparative multivariate visualization across conceptually different graphic displays[C]//International Working Conference on Scientific and Statistical Database Management, 1994: 42-51.

[11] Bederson B B, Shneiderman B, Wattenberg M. Ordered and quantum treemaps: Making effective use of 2D space to display hierarchies[J]. Craft of Information Visualization, 2002, 21 (4): 833-854.

[12] Pleil J D, Stiegel M A, Madden M C, et al. Heat map visualization of complex environmental and biomarker measurements[J]. Chemosphere, 2011, 84 (5): 716-723.

[13] van Wijk J J, van Selow E R. Cluster and calendar based visualization of time series data[C]//IEEE Symposium on Information Visualization, 1999: 4-9.

[14] Gas F B, Wattenberg M. TIMELINES: Tag clouds and the case for vernacular visualization[J]. Interactions, 2008, 15 (4): 49-52.

[15] Strobelt H, Oelke D, Rohrdantz C, Document cards: A top trumps visualization for documents[J]. IEEE Transactions on Visualization and Computer Graphics, 2009, 15 (6): 1145.

[16] Hearst M A. TileBars: Visualization of term distribution information in full text information access[C]// Proceedings of the ACM Conference on Human Factors in Computing Systems, Addison-Wesley, 1995: 59-66.

[17] Holten D. Hierarchical edge bundles: Visualization of adjacency relations in hierarchical data[J]. IEEE Transactions off Visualization and Computer Graphics, 2006, 12 (5): 741-748.

[18] Ringel D M, Skiera B. Visualizing asymmetric competition among more than 1,000 products using big search data[J]. Marketing Science, 2016, 35 (3): 511-534.

[19] 卢璐. 社交网络可视化工具在企业竞争情报搜集中的应用[J].情报探索, 2016, 1 (11): 129-134.

[20] 汪强兵, 章成志. 融合内容与用户手势行为的用户画像构建系统设计与实现[J].现代图书情报技术, 2017, 1 (2): 80-86.

[21] 葛志远, 段丽萍, 刘佳媚. BDA 企业合作竞争网络结构实证分析[J]. 科技管理研究, 2011, 31 (10): 92-95.

[22] 梁磊, 刘玉华, 王晓玲, 等. 面向汽车行业的品牌竞争分析与可视化[J]. 计算机辅助设计与图形学学报, 2017, 29 (4): 651-660.

[23] Eades P. A Heuristic for graph drawing[J]. Congressus Nutnerantiunt, 1984 (42): 149-160.

[24] Morrison A, Ross G, Chalmers M. A hybrid layout algorithm for sub-quadratic multidimensional scaling[C]. IEEE Symposium on Information Visualization, Boston, MA, USA, 2002: 152-158..

[25] 陈为, 沈则潜. 数据可视化[M]. 北京: 电子工业出版社, 2013.

[26] Henry N, Fekete J D, Mcguffin M J. NodeTrix: A hybrid visualization of social networks[J]. IEEE Transactions on Visualization and Computer Graphics, 2007, 13 (6): 1302-1309.

[27] Mohanram S, Sudhakar T D. Power system restoration using reverse delete algorithm implemented in FPGA[C]// International Conference on Sustainable Energy and Intelligent Systems, 2012: 20-22.

[28] van de Rvalk B P, Mccarthy E L, Wilkinson M D. Optimization of distributed SPARQL queries using edmonds' algorithm and prim's algorithm[C]//2009 International Conference on Computational Science and Engineering, Vancouver, BC, 2009: 330-337.

[29] Cui W, Zhou H, Qu H, et al. Geometry-based edge clustering for graph visualization[J]. IEEE Transactions on Visualization and Computer Graphics, 2008, 14 (6): 1277-1284.

[30] Holten D, Wijk J J V. Force-directed edge bundling for graph visualization[J]. Computer Graphics Forum, 2009, 28 (3): 983-990.

[31] Gansner E R, Hu Y, North S, et al. Multilevel agglomerative edge bundling for visualizing large graphs[C]//IEEE Pacific Visualization Symposium, Hong Kong, 2011: 187-194.

[32] Ersoy O, Hurter C, Paulovich F V, et al. Skeleton-based edge bundling for graph visualization[J]. IEEE Transactions on Visualization and Computer Graphics, 2011, 17 (12): 2364-2373.

[33] Selassie D, Heller B, Heer J. Divided edge bundling for directional network data[J]. IEEE Transactions on Visualization and Computer Graphics, 2011, 17 (12): 2354-2363.